Diogenes Taschenbuch 21779

detebe

August Strindberg
Dramen in drei Bänden
Dritter Band

August Strindberg

Gespenster-sonate

und
sechs andere
Dramen

Herausgegeben von
Artur Bethke

Mit einem Essay von
Ernst Wendt

Aus dem
Schwedischen von
Artur Bethke und
Anne Storm

Diogenes

›Der Totentanz‹ und ›Ein Traumspiel‹ wurde
von Anne Storm übersetzt,
die übrigen Dramen von Artur Bethke.

Umschlagillustration:
Edvard Munch, ›Abend in Saint-Cloud‹,
1890 (Ausschnitt)

Veröffentlicht als Diogenes Taschenbuch, 1989
Lizenzausgabe mit freundlicher Genehmigung des
Carl Hanser Verlag München Wien
Diogenes Verlag AG Zürich
60/89/43/1
ISBN 3 257 21779 X

Der Totentanz

(Dödsdansen)

Erster Teil

PERSONEN

Edgar, *Hauptmann bei der Festungsartillerie*
Alice, *seine Frau, ehemalige Schauspielerin*
Kurt, *Quarantänemeister*
Jenny, *Dienstmädchen*
Die Alte
Wachtposten *(stumm)*

Das Innere eines runden Festungssturms aus Feldsteinen.
Im Hintergrund ein großes Portal mit Glastüren, durch die man den Strand mit Geschützen und das Meer sieht.
Auf jeder Seite des Portals ein Fenster mit Blumen und Vogelbauern.
Rechts vom Portal ein Klavier, weiter vorn auf der Bühne ein Nähtisch und zwei Lehnstühle.
Links, mitten auf der Bühne, ein Schreibtisch mit Telegrafenapparat; weiter vorn eine Etagere mit Porträtphotographien. Daneben ein Chaiselongue. An der Wand eine Anrichte.
Lampe an der Decke. An der Wand über dem Klavier hängen neben dem Porträt einer Frau im Theaterkostüm zwei große Lorbeerkränze mit Bändern.
Neben der Tür ein freistehender Garderobenständer mit Uniformstücken, Säbeln und dgl. Daneben ein Sekretär mit Schubfächern.
Links neben der Tür hängt ein Quecksilberbarometer.

Ein lauer Herbstabend.
Die Festungstore sind geöffnet, und man sieht einen Artilleristen draußen am Geschütz Posten stehen; er trägt einen Helm mit Kinnriemen; sein Säbel glitzert dann und wann im rötlichen Schein der untergehenden Sonne. Das Meer liegt dunkel und still.
Der Hauptmann sitzt in einem Lehnstuhl links neben dem Nähtisch und dreht eine erloschene Zigarre zwischen den Fingern. Er trägt eine schäbige Uniform, Reitstiefel mit Sporen. Sieht müde und verdrossen aus.
Alice sitzt untätig im Lehnstuhl rechts. Wirkt müde und abwartend.

HAUPTMANN: Willst du mir nicht etwas vorspielen!
ALICE *gleichgültig, aber nicht unfreundlich*: Was soll ich spielen?
HAUPTMANN: Was du willst!
ALICE: Du magst mein Repertoire nicht!

HAUPTMANN: Und du meins nicht!

ALICE *ausweichend*: Willst du, daß die Türen offenstehen?

HAUPTMANN: Wenn du es wünschst!

ALICE: Dann laß sie offen ...! *Pause.* Warum rauchst du nicht?

HAUPTMANN: Ich vertrage starken Tabak nicht mehr richtig.

ALICE *fast freundlich*: Dann rauch schwächeren! Es ist ja deine einzige Freude, wie du sagst.

HAUPTMANN: Freude! Was ist denn das?

ALICE: Frag mich nicht! Ich kenne das ebensowenig wie du ... Willst du deinen Whisky noch nicht haben?

HAUPTMANN: Ich will noch ein bißchen warten ... Was gibt es zum Abendbrot?

ALICE: Wie soll ich das wissen! Frag Kristin!

HAUPTMANN: Ist nicht bald Makrelenzeit, es ist doch Herbst.

ALICE: Ja, es ist Herbst!

HAUPTMANN: Draußen und drinnen! Aber abgesehen von der Kälte, die dem Herbst folgt, draußen und drinnen – eine gegrillte Makrele mit einer Zitronenscheibe zu einem Glas weißem Burgunder wäre nicht zu verachten!

ALICE: Jetzt wirst du redselig!

HAUPTMANN: Haben wir noch Burgunder im Weinkeller?

ALICE: Ich wüßte nicht, daß wir in den letzten fünf Jahren einen Weinkeller gehabt hätten ...

HAUPTMANN: Du weißt nie Bescheid. Apropos – wir müssen uns für unsere silberne Hochzeit eindecken ...

ALICE: Willst du die wirklich feiern?

HAUPTMANN: Ja, natürlich!

ALICE: Es wäre natürlicher, wenn wir unser Elend verbergen würden, unser fünfundzwanzigjähriges Elend ...

HAUPTMANN: Liebe Alice, elend ist es gewesen, aber wir haben es doch auch angenehm gehabt, zeitweise. Und man muß die kurze Zeit nutzen, denn dann ist Schluß!

ALICE: Ist Schluß? Wenn es doch so wäre!

HAUPTMANN: Dann ist Schluß. Bleibt nur soviel, daß man's auf einer Schubkarre raus in ein Garteneckchen fahren kann!

ALICE: Und soviel Lärm um ein Garteneckchen!

HAUPTMANN: Ja, so ist das, an mir liegt's nicht!

ALICE: Soviel Lärm! *Pause.* Hast du die Post bekommen?

HAUPTMANN: Ja.

ALICE: War die Rechnung vom Schlachter dabei?

HAUPTMANN: Ja.

ALICE: Wie hoch war sie?

HAUPTMANN *holt Papiere aus der Tasche und setzt die Brille auf, legt sie aber gleich wieder beiseite*: Lies selbst! Ich kann nicht mehr sehen ...

ALICE: Was ist mit den Augen?

HAUPTMANN: Weiß nicht!

ALICE: Das Alter.

HAUPTMANN: Ach, Unsinn! Ich!

ALICE: Ja, ich nicht!

HAUPTMANN: Hm!

ALICE *betrachtet die Rechnung*: Kannst du sie bezahlen?

HAUPTMANN: Ja! Aber nicht jetzt.

ALICE: Also später! In einem Jahr, wenn du deinen Abschied bekommst, mit einer kleinen Pension, und es zu spät ist! Dann, wenn die Krankheit wiederkommt ...

HAUPTMANN: Die Krankheit? Ich bin niemals krank gewesen, habe mich nur einmal schlecht gefühlt.

ALICE: Der Arzt sah es anders!

HAUPTMANN: Der Arzt!

ALICE: Ja, wer sonst sollte eine triftige Meinung über eine Krankheit haben?

HAUPTMANN: Ich habe keine Krankheit und habe nie eine gehabt. Bekomme auch keine, sondern werde Knall auf Fall sterben wie ein alter Soldat!

ALICE: Apropos Arzt: du weißt, daß beim Doktor heute Abendgesellschaft ist.

HAUPTMANN *erregt*: Ja – na und! Wir sind nicht eingeladen, da wir mit Doktors keinen Umgang pflegen, und das tun wir nicht, weil wir es nicht wollen, aus dem einfachen Grunde, weil ich die beiden verachte. Dieses Pack!

ALICE: Das sagst du von allen Menschen!

HAUPTMANN: Weil alle Menschen Pack sind!

ALICE: Außer dir!

HAUPTMANN: Ja, weil ich mich in allen Lebenslagen anständig aufgeführt habe. Deshalb gehöre ich nicht zu diesem Pack! *Pause.*

ALICE: Willst du Karten spielen?

HAUPTMANN: Nun ja!

ALICE *nimmt ein Kartenspiel aus der Nähtischschublade und fängt an zu mischen*: Daß Doktors das Musikkorps bei einem privaten Fest spielen lassen dürfen!

HAUPTMANN *zornig*: Weil er sich beim Oberst in der Stadt einkratzt! Einkratzt, jawohl! – Wer das könnte!

ALICE *gibt*: Ich bin mit Gerda befreundet gewesen, aber sie war falsch ...

HAUPTMANN: Die sind falsch, allesamt ...! Was hast du dort für einen Trumpf?

ALICE: Nimm die Brille!

HAUPTMANN: Sie nützt nichts ...! Ja, ja.

ALICE: Pik ist Trumpf!

HAUPTMANN *unzufrieden*: Pik?

ALICE *spielt aus*: Ja, mag es nun sein, wie es will, aber bei den neuen Offiziersfrauen sind wir jedenfalls abgestempelt!

HAUPTMANN *spielt aus und nimmt*: Was macht das? Wir geben ja nie Gesellschaften, also merkt man's nicht! Ich kann allein sein ... Und bin es immer gewesen!

ALICE: Ich auch! Aber die Kinder! Die Kinder sind ohne Freundeskreis aufgewachsen!

HAUPTMANN: Den können sie sich selber in der Stadt suchen! – Das war meiner! Hast du noch einen Trumpf?

ALICE: Ich habe einen! Das war meiner!

HAUPTMANN: Sechs und acht macht fünfzehn ...

ALICE: Vierzehn, vierzehn!

HAUPTMANN: Sechs und acht macht vierzehn für mich ... Ich glaube, ich habe auch das Rechnen verlernt. Und zwei macht sechzehn ... *Gähnt.* Du gibst.

ALICE: Du bist müde!

HAUPTMANN *gibt*: Überhaupt nicht!

ALICE *lauscht nach draußen*: Man hört die Musik bis hierher! *Pause.* Glaubst du, daß Kurt auch eingeladen ist?

HAUPTMANN: Er ist heute morgen angekommen, da hat er Zeit gehabt, den Frack auszupacken, aber keine Zeit, uns zu besuchen!

ALICE: Quarantänemeister? Soll hier eine Quarantänestation eingerichtet werden?

HAUPTMANN: Ja!

ALICE: Jedenfalls ist er mein Cousin, ich habe einmal denselben Namen getragen wie er ...

HAUPTMANN: Das war ja keine Ehre ...

ALICE: Hör mal ... *Scharf.* Laß du meine Verwandtschaft in Frieden, dann wird deine in Frieden gelassen!

HAUPTMANN: Soso, soso! Geht es wieder los!

ALICE: Ist der Quarantänemeister Arzt?

HAUPTMANN: Nein! Er ist nur eine Art ziviler Verwalter oder Buchhalter, Kurt ist ja nie etwas geworden.

ALICE: Er war ein armer Kerl ...

HAUPTMANN: Der mich einige Kröten gekostet hat ... Und als er Frau und Kinder verließ, wurde er ehrlos!

ALICE: Nicht ganz so streng, Edgar!

HAUPTMANN: Doch, das wurde er! – Und was hat er dann in Amerika getrieben? Ja! Ich kann nicht behaupten, daß ich Sehnsucht nach ihm hätte. Aber er war ein netter Junge, und ich habe mich gern mit ihm unterhalten.

ALICE: Weil er so nachgiebig war ...

HAUPTMANN *hochmütig*: Nachgiebig oder nicht, jedenfalls war er ein Mensch, mit dem man reden konnte ... Hier auf der Insel gibt es nicht einen, der versteht, was ich sage ..., das ist eine Gesellschaft von Idioten ...

ALICE: Es ist doch eigenartig, daß Kurt gerade zu unserer Silberhochzeit kommt ..., ob sie nun gefeiert wird oder nicht ...

HAUPTMANN: Warum ist das eigenartig ...? Ach so, ja, er hat uns ja zusammengeführt oder dich verheiratet, wie es hieß!

ALICE: Hat er das nicht?

HAUPTMANN: Doch, natürlich ... Es war so eine Idee von ihm ..., das zu beurteilen, überlasse ich dir.

ALICE: Ein leichtsinniger Einfall ...

HAUPTMANN: Für den wir büßen mußten und nicht er!

ALICE: Ja, stell dir vor, ich wäre noch beim Theater! Alle meine Freundinnen sind jetzt Größen!

HAUPTMANN *steht auf*: Ja doch, ja! – Jetzt hole ich mir einen Whisky! *Geht zum Schrank, mischt sich einen Whisky-Soda und trinkt ihn im Stehen!* Hier müßte eine Querstange als Fußstütze sein, dann könnte man sich einbilden, man wäre in Kopenhagen, in der American Bar!

ALICE: Wir werden eine Querstange anbringen lassen, wenn es nur an Kopenhagen erinnert. Es waren trotz allem unsere besten Stunden!

HAUPTMANN *trinkt gierig*: Ja! Erinnerst du dich an Nimbs navarin aux pommes?

ALICE: Nein, aber ich erinnere mich an die Konzerte im Tivoli!

HAUPTMANN: Ja du, du hast so einen feinen Geschmack.

ALICE: Du solltest dich freuen, daß du eine Frau mit Geschmack hast!

HAUPTMANN: Das tue ich auch ...

ALICE: Manchmal, wenn du mit ihr prahlen kannst ...

HAUPTMANN *trinkt*: Die tanzen bei Doktors ... Ich höre den Dreivierteltakt der Baßtuben – bumm – bummbumm!

ALICE: Ich höre die ganze Melodie des Alkazarwalzers. Ja – es war nicht gerade gestern, daß ich Walzer getanzt habe ...

HAUPTMANN: Würdest du das noch durchhalten?

ALICE: Noch?

HAUPTMANN: Ja-a! Du bist wohl aus dem Tanzen raus, du, wie ich?

ALICE: Ich bin schließlich zehn Jahre jünger als du!

HAUPTMANN: Dann sind wir ja gleichaltrig, da die Dame zehn Jahre jünger sein soll!

ALICE: Schäm dich! Du bist ein Greis, aber ich bin in meinen besten Jahren!

HAUPTMANN: O ja, das versteht sich, du kannst schon charmant sein – gegenüber anderen, wenn du's drauf anlegst.

ALICE: Können wir jetzt die Lampe anzünden?

HAUPTMANN: Gerne!

ALICE: Dann läute!

Hauptmann geht träge zum Arbeitstisch und läutet.
Jenny von rechts herein.

HAUPTMANN: Will Jenny so freundlich sein und die Lampe anzünden.

ALICE *scharf*: Du sollst die Deckenlampe anzünden!

JENNY: Ja, gnädige Frau! *Zündet die Deckenlampe an, während der Hauptmann sie betrachtet.*

ALICE *schroff*: Hast du das Glas ordentlich abgewischt?

JENNY: Ja, einigermaßen!

ALICE: Was ist das für eine Antwort!

HAUPTMANN: Na ..., na ...

ALICE *zu Jenny*: Geh raus! Ich zünde die Lampe selbst an. Das ist wohl das beste!

JENNY: Das finde ich auch! *Geht.*

ALICE *steht auf*: Geh!

JENNY *zögert*: Ich möchte wissen, was die Gnädige sagen würde, wenn ich ginge?

Alice schweigt.
Jenny geht.
Hauptmann geht und zündet die Lampe an.

ALICE *unruhig*: Glaubst du, sie geht wirklich?

HAUPTMANN: Sollte mich nicht wundern, aber dann sitzen wir da ...

ALICE: Das ist deine Schuld. Du verwöhnst sie!

HAUPTMANN: O nein! Du hörst ja, sie sind immer höflich zu mir!

ALICE: Weil du vor ihnen kriechst! Du kriechst übrigens vor allen Untergebenen, weil du als Despot eine Sklavennatur bist.

HAUPTMANN: Sieh an!

ALICE: Ja, du kriechst vor deiner Mannschaft und vor deinen Unteroffizieren, aber du kannst nicht mit Gleichgestellten und Vorgesetzten auskommen.

HAUPTMANN: Uff!

ALICE: Wie alle Tyrannen! – Glaubst du, sie geht?

HAUPTMANN: Ja, wenn du nicht hinausgehst und ihr ein freundliches Wort sagst!

ALICE: Ich?

HAUPTMANN: Soll ich vielleicht? Dann sagst du, daß ich die Dienstmädchen hofiere.

ALICE: Stell dir vor, wenn sie geht! Dann muß ich alle Arbeiten allein erledigen, wie letztens, und mir die Hände kaputtmachen.

HAUPTMANN: Das wäre nicht das schlimmste! Aber wenn Jenny geht, dann geht auch Kristin, und dann bekommen wir keine Dienstboten mehr her auf die Insel. Der Steuermann auf dem Dampfer verscheucht alle Neuen, die herkommen, um sich zu bewerben ..., und wenn er es vergißt, dann besorgen es meine Gefreiten.

ALICE: Ja, deine Gefreiten, die ich in meiner Küche füttern darf und die du nicht hinauszuweisen wagst ...

HAUPTMANN: Nein, denn da würden sie auch gehen, bei der nächsten Kapitulation ..., und dann können wir den Kanonenladen zumachen!

ALICE: Das ruiniert uns!

HAUPTMANN: Deshalb hat das Offizierskorps vor, sich an Seine Königliche Majestät zu wenden und um Alimentezuschuß zu ersuchen ...

ALICE: Für wen?

HAUPTMANN: Für die Gefreiten!

ALICE *lacht*: Du bist zu verrückt!

HAUPTMANN: Ja, lach mir ein bißchen was vor! Ich kann's gebrauchen.

ALICE: Ich habe fast vergessen, wie das ist, lachen ...

HAUPTMANN *zündet seine Zigarre an*: Das sollte man nie vergessen ... Alles ist ja schon öde genug.

ALICE: Vergnüglich ist es nicht! – Willst du weiterspielen?

HAUPTMANN: Nein, es ermüdet mich. *Pause.*

ALICE: Weißt du, auf jeden Fall ärgert es mich, daß mein Cousin, der neue Quarantänemeister, zuerst zu unseren Feinden geht!

HAUPTMANN: Ja, was soll man dazu sagen.

ALICE: Nun ja, aber hast du gesehen, daß er in der Zeitung unter der Rubrik Angekommen als Rentier eingetragen ist. Da muß er zu Geld gekommen sein!

HAUPTMANN: Rentier! So-o! Ein reicher Verwandter, das wäre wirklich der erste in dieser Familie.

ALICE: In deiner Familie, ja! Aber in meiner Familie haben wir viele Reiche gehabt.

HAUPTMANN: Wenn er Geld bekommen hat, dann ist er wohl hochnäsig, aber ich werde ihn in Schach halten! Und in meine Karten lasse ich ihn nicht gucken!

Der Telegraf beginnt zu ticken.

ALICE: Wer ist das?

HAUPTMANN *bleibt stehen*: Sei doch ein bißchen still!

ALICE: Na, geh schon hin!

HAUPTMANN: Ich höre; ich höre, was sie sagen – Es sind die Kinder!

Geht zum Apparat und antwortet, darauf tickt der Apparat wieder, und der Hauptmann antwortet.

ALICE: Na-a?

HAUPTMANN: Moment! *Gibt das Schlußzeichen.* Es waren die Kinder, sie sind auf der Hauptwache in der Stadt. Judit kränkelt wieder und geht nicht zur Schule.

ALICE: Schon wieder! Was haben sie noch gesagt?

HAUPTMANN: Geld natürlich!

ALICE: Warum muß Judit es so eilig haben? Wenn sie das Examen im nächsten Jahr machen würde, reichte es auch!

HAUPTMANN: Sag es ihr, da wirst du sehen, was das nützt.

ALICE: Du müßtest es sagen!

HAUPTMANN: Wie oft habe ich es nicht schon gesagt! Aber du weißt ja wohl, daß Kinder machen, was sie wollen.

ALICE: In diesem Hause zumindest!

Hauptmann gähnt.

ALICE: Gähnst du in Gegenwart deiner Frau!

HAUPTMANN: Was soll man denn sonst machen? – Merkst du nicht, daß wir jeden Tag dasselbe sagen! Als du eben deine alte gute Replik von dir gegeben hast: „In diesem Hause zumindest", hätte ich mit meiner alten antworten müssen: „Es ist nicht allein mein Haus." Aber da ich damit schon fünfhundertmal geantwortet habe, gähne ich eben statt dessen. Mein Gähnen kann dann bedeuten, daß ich zu faul bin zu antworten oder: „Du hast recht, mein Engel", oder: „Jetzt hören wir auf."

ALICE: Du bist heute abend richtig liebenswürdig!

HAUPTMANN: Ist nicht bald Essenszeit?

ALICE: Weißt du, daß Doktors das Souper beim Grand Hotel in der Stadt bestellt haben?

HAUPTMANN: Nein! Dann haben sie Haselhühner! *Schnalzt.* Weißt du, daß Haselhuhn der feinste Vogel ist, aber es ist Barbarei, ihn mit Speck zu braten!

ALICE: Puh! Über Essen reden?

HAUPTMANN: Über Weine vielleicht? Ich möchte wissen, was diese Barbaren zum Haselhuhn trinken?

ALICE: Soll ich dir etwas vorspielen?

HAUPTMANN *setzt sich an den Schreibtisch*: Die letzte Reserve! Ja, wenn du deine Trauermärsche und Klagelieder bleiben läßt ... Man merkt die Absicht. Und ich höre immer heraus: „Hörst du, wie unglücklich ich bin! Miau, miau! Hör, welchen gräßlichen Mann ich hab! Brumm, brumm! Ach, wenn er doch bald tot wäre. Freudengetrommel, Fanfaren; zum Schluß Alkazarwalzer, Champagnergalopp!" Apropos Champagner, es sind doch noch zwei Flaschen da. Wollen wir sie aufmachen und so tun, als hätten wir Besuch?

ALICE: Nein, das werden wir nicht, denn das sind meine, ich habe sie bekommen!

HAUPTMANN: Du bist immer ökonomisch.

ALICE: Und du bist immer geizig, deiner Frau gegenüber zumindest!

HAUPTMANN: Dann weiß ich nicht, was ich mir noch einfallen lassen soll! – Soll ich dir etwas vortanzen?

ALICE: Nein danke! Du bist doch aus dem Tanzen raus.

HAUPTMANN: Du solltest eine Freundin im Hause haben.

ALICE: Danke! – Du solltest einen Freund im Hause haben.

HAUPTMANN: Danke! Das ist bereits ausprobiert worden zur beiderseitigen Unzufriedenheit. Aber als Experiment war es interessant, daß wir, sobald ein Gast ins Haus kam, sehr glücklich waren ..., am Anfang ...

ALICE: Aber dann!

HAUPTMANN: Ja, sprich nicht davon.

Es klopft an die Tür links.

ALICE: Wer kann das sein, so spät?

HAUPTMANN: Jenny pflegt nicht anzuklopfen.

ALICE: Geh und mach auf und ruf nicht „herein", das klingt wie in einer Werkstatt!

HAUPTMANN *geht zur Tür*: Du magst Werkstätten nicht!

Es klopft wieder.

ALICE: Mach schon auf!

HAUPTMANN *öffnet und nimmt eine Visitenkarte entgegen, die hereingereicht wird*: Das ist Kristin – ist Jenny gegangen? *Da man die Antwort nicht hört, zu Alice*: Jenny ist gegangen!

ALICE: Da muß ich wieder Dienstmädchen spielen!

HAUPTMANN: Und ich Knecht!

ALICE: Kann man nicht jemand von der Mannschaft zur Hilfe in der Küche nehmen?

HAUPTMANN: Die Zeiten sind nicht danach!

ALICE: Aber das war wohl nicht Jenny, die ihre Karte abgegeben hat?

HAUPTMANN *betrachtet die Karte durch die Brille, reicht sie dann Alice*: Lies du, ich kann nicht!

ALICE *liest*: Kurt! Das ist Kurt! Geh und empfange ihn!

HAUPTMANN *hinaus nach links*: Kurt! Na, das ist aber nett!

Alice ordnet ihr Haar und scheint zum Leben zu erwachen.

HAUPTMANN *mit Kurt herein von links*: Schau, hier ist er, der Verräter! Willkommen, alter Knabe! Laß dich umarmen!

ALICE *Kurt entgegen*: Willkommen in meinem Hause, Kurt!

KURT: Danke ..., es ist lange her, daß man sich gesehen hat!

HAUPTMANN: Was denn? Fünfzehn Jahre! Und wir sind alt geworden ...

ALICE: Oh! Kurt ist sich gleich geblieben, finde ich.

HAUPTMANN: Setz dich, setz dich! – Und zuallererst: das Programm! Bist du heute abend eingeladen?

KURT: Ich bin zu Doktors eingeladen, aber ich habe nicht versprochen zu kommen.

ALICE: Dann bleibst du bei deinen Verwandten!

KURT: Das scheint das natürlichste zu sein, aber der Doktor ist gewissermaßen mein Vorgesetzter, und da bekomme ich dann Unannehmlichkeiten.

HAUPTMANN: Was ist das für Gerede! Ich habe niemals Angst vor meinen Vorgesetzten gehabt ...

KURT: Angst oder nicht, die Unannehmlichkeiten ergeben sich jedenfalls!

HAUPTMANN: Hier auf der Insel bin ich der Herr! Halte dich an mich, dann wagt sich keiner an dich heran!

ALICE: Still jetzt, Edgar! *Faßt Kurts Hand.* Unabhängig von Herren und Vorgesetzten, bleibst du bei uns. Das wird man sowohl passend als auch korrekt finden müssen!

KURT: Mag es denn sein! – Besonders, da ich den Eindruck habe, hier willkommen zu sein.

HAUPTMANN: Warum solltest du nicht willkommen sein ... Wir haben wohl kein Hühnchen miteinander zu rupfen ...

Kurt kann eine gewisse Verstimmung nicht verbergen.

HAUPTMANN: Was sollte das denn sein! Du warst etwas nachlässig, aber du warst jung, und ich habe es vergessen! Ich bin nicht nachtragend!

Alice wirkt gequält.
Alle drei sitzen um den Nähtisch.

ALICE: Nun, du bist weit in der Welt herumgekommen?

KURT: Ja, und nun lande ich bei euch ...

HAUPTMANN: Die du vor fünfundzwanzig Jahren miteinander verheiratet hast.

KURT: So war es zwar nicht, aber das macht nichts. Es ist schön zu sehen, daß ihr fünfundzwanzig Jahre lang zusammengehalten habt ...

HAUPTMANN: Ja, wir haben's ausgehalten; manchmal ist es so lala gewesen, aber wie gesagt, es hält. Und Alice brauchte sich nicht zu beklagen; es war alles in Hülle und Fülle da, und das Geld ist geströmt. Du weißt vielleicht nicht, daß ich ein berühmter Autor bin, Lehrbuchautor ...

KURT: Doch, ich erinnere mich, daß du, als wir uns damals trennten, ein Lehrbuch über Gewehre herausgegeben hattest, das gut gegangen ist. Wird es noch an den Kriegsschulen benutzt?

HAUPTMANN: Es ist noch vorhanden und hält sich als Nummer eins, obwohl sie versucht haben, es mit einem schlechteren auszustechen ..., nach dem zwar jetzt gelehrt wird, das aber komplett wertlos ist!

Gequältes Schweigen.

KURT: Ihr seid im Ausland gewesen, habe ich gehört!

ALICE: Ja, wir waren fünfmal in Kopenhagen, stell dir vor!

HAUPTMANN: Ja, siehst du, als ich Alice aus dem Theater genommen habe ...

ALICE: Du mich genommen?

HAUPTMANN: Ja, ich habe dich genommen, wie eine Ehefrau genommen werden muß ...

ALICE: Wie mutig du geworden bist.

HAUPTMANN: Aber als ich dann zu hören bekam, daß ich ihre glänzende Laufbahn verhindert hätte ... Hm ..., da mußte ich als Gegenleistung versprechen, meine Frau nach Kopenhagen zu führen ..., und das habe ich gehalten – ehrlich! Fünfmal sind wir dort gewesen! Fünfmal. *Hält die fünf Finger seiner linken Hand hoch.* Bist du in Kopenhagen gewesen?

KURT *lächelt*: Nein, ich war meistens in Amerika ...

HAUPTMANN: Amerika? Das ist sicher ein gräßliches Gangsterland?

KURT *verstimmt*: Kopenhagen ist es natürlich nicht!

ALICE: Hast du ..., hast du etwas von deinen Kindern – gehört?

KURT: Nein!

ALICE: Lieber, verzeih, aber es war schon unbedacht, sie so zu verlassen ...

KURT: Ich habe sie nicht verlassen, sondern das Gericht hat sie der Mutter zugesprochen ...

HAUPTMANN: Darüber wollen wir jetzt nicht streiten! Ich finde, es war gut für dich, aus dieser Suppe herauszukommen.

KURT *zu Alice*: Wie geht es deinen Kindern?

ALICE: Danke, gut! Sie gehen in der Stadt zur Schule und sind bald richtig erwachsen!

HAUPTMANN: Ja, das sind tüchtige Gören, und der Junge ist ein brillanter Kopf! Brillant! Er soll in den Generalstab ...

ALICE: Wenn sie ihn nehmen!

HAUPTMANN: Den? Der hat bestimmt das Zeug zum Kriegsminister!

KURT: Vom einen zum andern ... Hier soll eine Quarantänestation eingerichtet werden ..., die Pest, die Cholera und dergleichen. Und der Doktor wird mein Vorgesetzter, wie ihr wißt ... Was ist das für ein Kerl, der Doktor?

HAUPTMANN: Kerl? Das ist kein Kerl! Das ist ein unintelligenter Schurke!

KURT *zu Alice*: Das ist sehr unangenehm für mich!

ALICE: So schlimm ist es nicht, wie Edgar sagt, aber ich kann nicht leugnen, daß er mir unsympathisch ist ...

HAUPTMANN: Ein Schurke ist das! Und das sind die anderen auch, der Zollverwalter, der Postmeister, die Telefonistin, der Apotheker, der Lotse ... Wie heißt der gleich ..., der Amtsvorsteher – Schurken allesamt, und deshalb verkehre ich nicht mit ihnen!

KURT: Stehst du mit allen auf Kriegsfuß?

HAUPTMANN: Mit allen!

ALICE: Ja, das ist wirklich wahr, daß man mit diesen Menschen nicht verkehren kann!

HAUPTMANN: Es ist, als wären alle Tyrannen des Landes auf diese Insel in die Verbannung geschickt worden!

ALICE *ironisch*: Ganz bestimmt!

HAUPTMANN *gutmütig*: Hm. Ist das etwa eine Anspielung auf mich? Ich bin kein Tyrann, zumindest nicht in meinem Hause!

ALICE: Du siehst dich vor!

HAUPTMANN *zu Kurt*: Du mußt nicht glauben, was sie sagt. Ich bin ein sehr netter Ehemann, und die Alte ist die beste Frau der Welt.

ALICE: Möchtest du etwas trinken, Kurt?

KURT: Danke, jetzt nicht.

HAUPTMANN: Bist du etwa ...

KURT: Nur etwas gemäßigt.

HAUPTMANN: Amerikanisch?

KURT: Ja.

HAUPTMANN: Ich will es unmäßig, sonst laß ich's bleiben! Ein Kerl muß einen Becher vertragen können!

KURT: Um auf die Nachbarn hier auf der Insel zurückzukommen. Meine Stellung bringt mich mit allen in Berührung ..., und es wird recht schwer sein zu lavieren, denn auch wenn man nicht will, so wird man trotzdem in die Intrigen der Leute verwickelt.

ALICE: Geh nur hin zu ihnen, du, zu uns kommst du allemal zurück, denn hier hast du aufrichtige Freunde!

KURT: Ist es nicht schrecklich, so allein mitten unter Feinden zu sitzen?

ALICE: Angenehm ist es nicht.

HAUPTMANN: Das ist überhaupt nicht schrecklich! Ich habe in meinem ganzen Leben nur Feinde gehabt, und sie haben mir vorwärts geholfen, statt mir zu schaden. Und wenn ich einmal sterbe, kann ich sagen, ich bin niemand etwas schuldig, und ich habe nie etwas geschenkt bekommen. Jedes Stück, das ich besitze, habe ich mir erkämpfen müssen.

ALICE: Ja, Edgars Laufbahn ist nicht über Rosen gegangen ...

HAUPTMANN: Über Dornen und Steine, Feuersteine ..., aber die eigene Kraft! Kennst du die?

KURT *schlicht*: Ja, ihre Unzulänglichkeit habe ich vor zehn Jahren kennengelernt.

HAUPTMANN: Da bist du ein armer Tropf!

ALICE *zum Hauptmann*: Edgar!

HAUPTMANN: Doch, er ist ein armer Tropf, wenn er keine eigene Kraft besitzt! Es ist zwar wahr, daß, wenn der Mechanismus versagt, nichts weiter bleibt als eine Schubkarre, die hinaus muß in den Garten, aber solange der Mechanismus intakt ist, heißt es treten und schlagen, mit Händen und Füßen, was das Zeug hält! Das ist meine Philosophie.

KURT *lächelt*: Es ist lustig, dir zuzuhören ...

HAUPTMANN: Aber du glaubst nicht, daß es so ist?

KURT: Nein, das glaube ich nicht.

HAUPTMANN: Ja, aber es ist auf jeden Fall so!

Während der letzten Szene ist Wind aufgekommen, jetzt schlägt eine der Türen im Hintergrund zu.

HAUPTMANN *steht auf*: Es frischt wieder auf. Ich hab's schon gespürt!
Geht und schließt die Türen; klopft ans Barometer.

ALICE *zu Kurt*: Du bleibst doch zum Abend?

KURT: Ja, danke!

ALICE: Aber es wird sehr einfach, unser Hausmädchen ist nämlich auf und davon.

KURT: Keine Umstände meinetwegen!

ALICE: Du, du bist so anspruchslos, lieber Kurt!

HAUPTMANN *am Barometer*: Wenn ihr sehen könntet, wie das Barometer fällt! Ich hab's schon gespürt.

ALICE *heimlich zu Kurt*: Er ist nervös!

HAUPTMANN: Wir sollten bald Abendbrot essen!

ALICE *steht auf*: Ich wollte gerade gehen und etwas zurechtmachen! Sitzt nur und philosophiert – *Heimlich zu Kurt*: Aber widersprich ihm nicht, da bekommt er schlechte Laune. Und frag nicht, warum er nicht Major geworden ist.

Kurt nickt zustimmend.
Alice geht nach rechts.

HAUPTMANN *setzt sich neben Kurt an den Nähtisch*: Mach zu, daß wir etwas Gutes zu essen kriegen, Alte!
ALICE: Gib mir Geld, dann bekommst du schon was.
HAUPTMANN: Immer Geld!

Alice geht.

HAUPTMANN *zu Kurt*: Geld, Geld, Geld! Den ganzen Tag laufe ich mit dem Portemonnaie herum, daß ich mir schließlich selbst wie ein Portemonnaie vorkomme! Kennst du das auch?
KURT: O ja! Mit dem Unterschied, daß ich mir wie eine Brieftasche vorkam.
HAUPTMANN: Haha! Jaja, du hast diesen Tobak probiert! Diese Frauenzimmer! Haha! Und du hast die richtige Sorte zu fassen gekriegt!
KURT *geduldig*: Laß das nun begraben sein!
HAUPTMANN: Das war ein richtiges Juwel ...! Da habe ich jedenfalls – trotz allem! – eine gute Frau bekommen; sie ist tüchtig, trotz allem!
KURT *lächelt gutmütig*: Trotz allem?
HAUPTMANN: Lach nicht, du!
KURT *wie vorher*: Trotz allem?
HAUPTMANN: Ja, sie ist eine treue Gattin gewesen ..., eine vortreffliche Mutter, außerordentlich ..., aber – *schaut zur Tür rechts* –, aber sie hat teuflische Launen! Weißt du, es gab Stunden, wo ich dich verflucht habe, weil du sie mir aufgehalst hast!
KURT *gutmütig*: Aber das habe ich nicht! Mensch, hör doch ...
HAUPTMANN: Tja, tja, tja, du redest Quatsch und vergißt Dinge, an die man sich ungern erinnert! Nimm's nicht übel, ich bin gewöhnt zu kommandieren und zu wettern, siehst du, aber du kennst mich und wirst nicht böse.

KURT: Überhaupt nicht! Aber ich habe dir deine Frau nicht aufgehalst, im Gegenteil.

HAUPTMANN *ohne sich in seinem Redeschwall stören zu lassen*: Findest du nicht, daß das Leben sonderbar ist?

KURT: Das ist es schon!

HAUPTMANN: Und alt zu werden – angenehm ist das nicht, aber es ist interessant! Ja, ich bin noch nicht alt, aber das Alter fängt an, sich bemerkbar zu machen. Alle Bekannten sterben einem weg, und man wird einsam.

KURT: Glücklich der, der eine Frau hat, mit der er zusammen alt werden kann!

HAUPTMANN: Glücklich? Ja, das ist ein Glück, denn die Kinder verlassen einen ja auch. Du hättest deine nicht verlassen sollen!

KURT: Nein, aber ich habe es nicht getan! Man hat sie mir weggenommen ...

HAUPTMANN: Jetzt darfst du nicht böse werden, wenn ich dir das sage ...

KURT: Aber es war doch nicht so ...

HAUPTMANN: Wie es auch war, auf jeden Fall, es ist vergessen, aber allein bist du!

KURT: Man gewöhnt sich an alles, mein Lieber.

HAUPTMANN: Kann man ..., kann man sich auch daran gewöhnen ..., völlig allein zu sein?

KURT: Sieh doch mich!

HAUPTMANN: Was hast du in diesen fünfzehn Jahren gemacht?

KURT: Was für eine Frage! Diese fünfzehn Jahre!

HAUPTMANN: Du sollst zu Geld gekommen und reich sein!

KURT: Reich bin ich nicht ...

HAUPTMANN: Ich habe nicht vor, dich anzupumpen ...

KURT: Und wenn, bin ich bereit ...

HAUPTMANN: Vielen Dank, aber meine Buchführung ist in Ordnung. Siehst du – *schaut nach der Tür rechts* –, hier im Hause darf es an nichts fehlen, und an dem Tag, an dem ich kein Geld hätte, würde sie ihrer Wege gehen!

KURT: O nein!

HAUPTMANN: Nein? Ich, ich weiß das! – Kannst du dir vorstellen, daß sie es immer abpaßt, wenn ich kein Geld habe, nur um das Vergnügen zu haben, mir nachzuweisen, daß ich meine Familie nicht versorgen kann.

KURT: Aber sagtest du nicht, daß du große Einkünfte hast?

HAUPTMANN: Gewiß habe ich große Einkünfte ..., aber sie reichen nicht.

KURT: Dann sind sie nicht groß, nach gewöhnlichen Begriffen ...

HAUPTMANN: Das Leben ist sonderbar und wir auch!

Der Telegraf tickt.

KURT: Was ist das?

HAUPTMANN: Das ist nur eine Zeitangabe.

KURT: Habt ihr kein Telefon?

HAUPTMANN: Doch, in der Küche, aber wir benutzen den Telegrafen, weil die Telefonistinnen alles weitertratschen, was wir sagen.

KURT: Das muß ein schreckliches Gesellschaftsleben sein, hier draußen im Meer.

HAUPTMANN: Ja, es ist ganz einfach gräßlich! Das ganze Leben ist gräßlich! Und du, der du an eine Fortsetzung glaubst, meinst du, hinterher wird Frieden sein?

KURT: Es wird wohl auch dort Kampf und Stürme geben!

HAUPTMANN: Auch dort – wenn es ein Dort gibt! Dann lieber Vernichtung!

KURT: Weißt du, ob die Vernichtung ohne Schmerz vor sich gehen würde?

HAUPTMANN: Ich werde Knall und Fall ohne Schmerz sterben!

KURT: Aha, das weißt du?

HAUPTMANN: Ja, das weiß ich!

KURT: Du scheinst mit deinem Dasein nicht zufrieden zu sein?

HAUPTMANN *seufzt*: Zufrieden? An dem Tag, an dem ich sterben darf, werde ich zufrieden sein!

KURT: Das weißt du nicht! – Aber sag: was treibt ihr hier im Hause? Was geht hier vor? Es riecht nach giftigen Tapeten, und man wird krank, wenn man bloß hereinkommt! Ich würde am liebsten meiner Wege gehen, wenn ich Alice nicht versprochen hätte zu bleiben. Es liegen Leichen unter den Dielen; und hier wird gehaßt, daß einem das Atmen schwer wird.

Hauptmann sinkt zusammen und starrt vor sich hin.

KURT: Was ist mit dir, Edgar!

Hauptmann bewegungslos.

KURT *schlägt ihm auf die Schulter*: Edgar!
HAUPTMANN *kommt zu sich*: Hast du etwas gesagt? *Sieht sich um.* Ich dachte, es wäre Alice! – Ach so, du bist es? – Hör mal ... *Verfällt wieder in Stumpfsinn.*
KURT: Das ist ja gräßlich! *Geht und öffnet die Tür rechts.* Alice!
ALICE *kommt, eine Küchenschürze vorgebunden*: Was ist?
KURT: Ich weiß nicht! Sieh ihn an!
ALICE *ruhig*: Er ist manchmal so abwesend! – Ich werde spielen, da wacht er auf!
KURT: Nein, nicht so! Nicht ... Laß mich lieber! – Hört er? Sieht er?
ALICE: Jetzt hört und sieht er nicht!
KURT: Und das sagst du so ruhig! – Alice, was treibt ihr hier im Hause?
ALICE: Frag den dort!
KURT: Den dort? ... Er ist doch dein Mann!
ALICE: Für mich ein fremder Mann, genauso fremd wie vor fünfundzwanzig Jahren! Ich weiß nichts von diesem Mann ..., nichts anderes als ...
KURT: Still! Er kann dich hören!
ALICE: Jetzt hört er nichts!

Ein Trompetensignal draußen.

HAUPTMANN *fährt hoch, nimmt den Säbel und die Uniformmütze*: Verzeihung! Ich muß nur die Posten inspizieren! *Ab durch die Tür im Hintergrund.*

KURT: Ist er krank?

ALICE: Ich weiß nicht!

KURT: Hat er den Verstand verloren?

ALICE: Ich weiß nicht!

KURT: Trinkt er?

ALICE: Er prahlt mehr damit, als daß er trinkt!

KURT: Setz dich und sprich; aber ruhig und wahrheitsgetreu.

ALICE *setzt sich*: Was soll ich sagen? – Daß ich ein Menschenalter in diesem Turm gesessen habe, eingesperrt, bewacht von einem Mann, den ich immer gehaßt habe und nun so grenzenlos hasse, daß ich an dem Tag, an dem er stürbe, schallend lachen würde.

KURT: Warum habt ihr euch nicht getrennt?

ALICE: Ja, das kann man sich fragen! Wir haben uns zweimal getrennt, als wir verlobt waren, seitdem haben wir jeden Tag, der kam, versucht, uns zu trennen ..., aber wir sind zusammengeschmiedet und können nicht voneinander loskommen! Einmal haben wir getrennt gelebt – in unseren vier Wänden –, fünf Jahre lang! Nun kann nur der Tod uns scheiden; das wissen wir, und deshalb ersehnen wir ihn als Befreier!

KURT: Warum seid ihr so einsam?

ALICE: Weil er mich isoliert! Erst hat er alle meine Geschwister aus dem Hause ausgerottet – er nennt es selbst „ausrotten“ –, dann meine Freundinnen und andere ...

KURT: Und s e i n e Verwandten? Die hast du ausgerottet?

ALICE: Ja, weil sie mir nach dem Leben trachteten, nachdem sie mir Ansehen und Ehre genommen hatten. – Schließlich mußte ich die Verbindung mit der Welt und den Menschen durch diesen Telegrafen da aufrechterhalten, denn das Telefon bewachen die Telefonistinnen ..., ich habe mir selbst das Telegrafieren beigebracht, er weiß nichts davon. Du darfst es ihm nicht erzählen, denn dann bringt er mich um.

KURT: Schrecklich! Schrecklich! – Aber warum gibt er mir die Schuld an eurer Heirat? Laß mich jetzt erzählen, wie das war! – Edgar war mein Jugendfreund! Als er dich sah, hat er sich sofort verliebt!

Er kam zu mir und bat mich zu vermitteln. Ich sagte sofort: nein! Meine gute Alice, ich kannte dein tyrannisches und grausames Wesen. Deshalb warnte ich ihn..., und als er nicht abließ, empfahl ich ihm, deinen Bruder als Brautwerber zu gewinnen.

ALICE: Ich glaube, was du sagst; aber er hat sich in all diesen Jahren etwas vorgemacht, so daß du ihn niemals auf andere Gedanken bringen kannst.

KURT: Dann laß ihn die Schuld auf mich abwälzen, wenn das seine Qual lindert.

ALICE: Das ist denn doch zuviel ...

KURT: Ich bin so daran gewöhnt ..., aber was mich grämt, ist seine ungerechte Beschuldigung, daß ich meine Kinder verlassen hätte ...

ALICE: So ist er; er sagt, was er meint, und dann glaubt er daran. Aber dich scheint er zu mögen, vor allem deshalb, weil du nicht widersprichst ... Versuch nun, unser nicht überdrüssig zu werden. Ich glaube, daß du in einer für uns glücklichen Stunde gekommen bist; ich betrachte es geradezu als eine Fügung ..., Kurt! Du darfst unser nicht überdrüssig werden, denn wir sind bestimmt die unglücklichsten Menschen, die es auf der ganzen Erde gibt! *Weint.*

KURT: Eine Ehe habe ich aus nächster Nähe gesehen ..., und das war grauenvoll! Aber das hier ist beinah schlimmer!

ALICE: Findest du?

KURT: Ja!

ALICE: Wessen Fehler ist es?

KURT: Alice! Im selben Augenblick, da du aufhörst zu fragen, wessen Fehler es ist, wirst du Erleichterung empfinden. Versuch, es als ein Faktum zu nehmen, als eine Prüfung, die zu bestehen ist ...

ALICE: Das kann ich nicht! Es ist zuviel! *Steht auf.* Es ist unabänderlich!

KURT: Bedauernswerte Menschen! – Weißt du, warum ihr einander haßt?

ALICE: Nein! Es ist der unvernünftigste Haß, grundlos, ziellos, aber auch endlos. Und weißt du, warum er den Tod am meisten fürchtet? Er hat Angst, daß ich mich wieder verheirate.

KURT: Dann liebt er dich!

ALICE: Wahrscheinlich. Aber das hindert ihn nicht, mich zu hassen!

KURT *wie zu sich selbst*: Das heißt Haßliebe, und sie kommt aus dem Abgrund! – Mag er, daß du ihm etwas vorspielst?

ALICE: Ja, aber nur häßliche Melodien ..., zum Beispiel diesen gräßlichen „Einzug der Bojaren". Wenn er den hört, wird er besessen und will tanzen.

KURT: Tanzt er?

ALICE: Ja, zwischendurch ist er so lustig!

KURT: Eine Sache ..., verzeih, daß ich frage. Wo sind die Kinder?

ALICE: Du weißt vielleicht nicht, daß zwei gestorben sind?

KURT: Hast du auch das durchgemacht?

ALICE: Was habe ich nicht durchgemacht?

KURT: Aber die beiden anderen?

ALICE: In der Stadt. Sie konnten nicht zu Hause bleiben. Er hat sie nämlich gegen mich aufgewiegelt ...

KURT: Und du sie gegen ihn.

ALICE: Ja, natürlich. Und so wurden Parteien gebildet, Stimmen geworben, bestochen ..., und um die Kinder nicht kaputtzumachen, haben wir uns von ihnen getrennt. Das, was das einigende Band sein sollte, entzweite uns, das, was der Segen des Heims ist, wurde zum Fluch ..., ja, ich glaube manchmal, daß wir einem verfluchten Geschlecht angehören!

KURT: Nach dem Sündenfall, ja, da ist es so.

ALICE *mit giftigem Blick und scharfer Stimme*: Welchem Sündenfall?

KURT: Dem der ersten Menschen!

ALICE: Ach so, ich dachte, du meintest etwas anderes!

Verlegenes Schweigen.

ALICE *mit gefalteten Händen*: Kurt! Mein Verwandter, mein Jugendfreund! Ich bin nicht immer so zu dir gewesen, wie ich hätte sein sollen. Aber nun bin ich gestraft, und du hast deine Rache.

KURT: Keine Rache! Hier wird nicht gerächt! Schweig!

ALICE: Erinnerst du dich an einen Sonntag, als du verlobt warst? Ich hatte euch zum Essen eingeladen.

KURT: Schweig!

ALICE: Ich muß sprechen, hab Erbarmen! – Als ihr kamt, waren wir nicht da, und ihr mußtet wieder gehen!

KURT: Ihr wart selbst eingeladen, wozu jetzt darüber reden!

ALICE: Kurt! Als ich dich heute, vorhin, zum Abendessen einlud, dachte ich, es wäre etwas in der Speisekammer! *Verbirgt das Gesicht in den Händen.* Aber da ist nichts, nicht einmal ein Stück Brot! ... *Weint.*

KURT: Arme, arme Alice.

ALICE: Aber wenn er kommt und etwas zu essen haben will, und es ist nichts da ..., dann wird er böse. Du hast ihn nie böse gesehen! – O Gott, diese Erniedrigung!

KURT: Soll ich gehen und etwas besorgen?

ALICE: Hier auf der Insel ist nichts zu bekommen!

KURT: Nicht meinetwegen, aber seinet- und deinetwegen ..., laß mich etwas ausdenken, etwas ..., wir müssen über die Sache lachen, wenn er kommt ... Ich werde vorschlagen, daß wir trinken, unterdessen wird mir etwas einfallen ... Bring ihn in gute Laune, spiel ihm etwas vor, welchen Unsinn du willst ..., setz dich ans Klavier und sei ganz unbefangen.

ALICE: Schau meine Hände an, ob man mit denen spielen kann! Ich muß Messing putzen und Gläser abtrocknen, heizen und saubermachen ...

KURT: Aber ihr habt doch zwei Dienstboten!

ALICE: Es muß so aussehen, weil er Offizier ist ..., aber die Leute gehen immer wieder, manchmal haben wir gar keine ..., meistens ... Wie soll ich das bloß machen ..., das mit dem Souper? Oh, wenn doch das Haus Feuer finge ...

KURT: Still, Alice, still!

ALICE: Wenn doch das Meer steigen und uns verschlingen wollte!

KURT: Nein, nein, nein, ich kann dir nicht zuhören!

ALICE: Was wird er sagen, was wird er sagen ... Geh nicht, Kurt, geh nicht weg von mir!

KURT: Nein, meine arme Freundin ..., ich werde nicht gehen!

ALICE: Ja, aber wenn du gegangen bist ...

KURT: Hat er dich geschlagen?

ALICE: Mich? O nein, er weiß, daß ich dann gehen würde. Etwas Stolz muß man noch haben!

Von draußen hört man: „Halt, wer da?" – „Gut Freund!"

KURT *steht auf*: Ist er das?

ALICE *erschrocken*: Ja, das ist er.

Pause.

KURT: Was um alles in der Welt sollen wir tun?

ALICE: Ich weiß nicht, ich weiß nicht!

HAUPTMANN *aus dem Hintergrund herein, munter*: So ja, nun ist man frei! – Na, nun hat sie Zeit gehabt, sich zu beklagen. Ist sie nicht unglücklich ..., was ...?

KURT: Wie steht's mit dem Wetter draußen?

HAUPTMANN: Fast Sturm! – *Scherzhaft, öffnet die eine Tür einen Spalt*: Ritter Blaubart mit der Jungfrau im Turm; und draußen geht der Wächter mit gezogenem Säbel und bewacht die schöne Jungfrau ..., und da kommen die Brüder, aber der Wächter marschiert, guckt nur! Eins und zwei! Ein guter Wächter! Guckt nur! Ramtamtamta, ramteria-rei! Wollen wir den Schwertertanz tanzen? Den muß Kurt sehen!

KURT: Nein, lieber den Einzug der Bojaren!

HAUPTMANN: Kennst du den, du ...? Alice in der Küchenschürze, komm und spiel! Komm habe ich gesagt!

Alice geht widerstrebend zum Klavier.

HAUPTMANN *kneift sie in den Arm*: Du hast mich schlechtgemacht!
ALICE: Ich?

Kurt wendet sich ab.
Alice spielt „Einzug der Bojaren".
Hauptmann markiert hinter dem Schreibtisch eine Art ungarischen Tanz und klirrt mit den Sporen. Plötzlich sinkt er zu Boden, unbemerkt von Kurt und Alice, die das Stück zu Ende spielt.

ALICE , *ohne sich umzudrehen*: Noch mal von vorn?

Schweigen.

ALICE *dreht sich um und sieht den Hauptmann bewußtlos liegen, vor den Zuschauern durch den Schreibtisch verborgen*: Herr Jesus! *Sie bleibt, die Arme vor der Brust gekreuzt, stehen und stößt einen Seufzer aus wie vor Dankbarkeit und Erleichterung.*

KURT *dreht sich um und eilt zum Hauptmann hin*: Was ist denn? Was ist denn?
ALICE *in höchster Spannung*: Ist er tot?
KURT: Ich weiß nicht! Hilf mir!
ALICE *bleibt stehen*: Ich kann ihn nicht anrühren . . ., ist er tot?
KURT: Nein! Er lebt!

Alice seufzt.
Kurt nimmt den Hauptmann, der sich erhoben hat, und setzt ihn auf einen Stuhl.

HAUPTMANN: Was war los? *Schweigen.* Was war los?
KURT: Du bist gefallen.
HAUPTMANN: War etwas?

KURT: Du bist hingefallen. Wie ist es jetzt?

HAUPTMANN: Mit mir? Überhaupt nichts! Ich weiß von nichts! Was steht ihr mit offenem Mund da?

KURT: Du bist krank!

HAUPTMANN: Was ist das für Gerede? Spiel, Alice ... Ah! Jetzt ist es wieder da! *Greift sich an den Kopf.*

ALICE: Siehst du, daß du krank bist!

HAUPTMANN: Schrei nicht! Es ist bloß eine Ohnmacht.

KURT: Wir müssen einen Arzt haben! – Ich gehe hinaus zum Telefon ...

HAUPTMANN: Ich will keinen Arzt!

KURT: Du mußt! Wir müssen ihn unseretwegen rufen, weil wir sonst verantwortlich gemacht werden!

HAUPTMANN: Ich werfe ihn hinaus, wenn er kommt! – Ich schieße ihn nieder! – Ah! Nun ist es wieder da! *Greift sich an den Kopf.*

KURT *geht zur Tür rechts*: Ich gehe jetzt telefonieren! *Ab.*

Alice nimmt die Schürze ab.

HAUPTMANN: Willst du mir ein Glas Wasser geben?

ALICE: Das muß ich wohl! *Gibt ihm ein Glas Wasser.*

HAUPTMANN: Wie liebenswürdig!

ALICE: Bist du krank?

HAUPTMANN: Verzeih mir, daß ich nicht gesund bin.

ALICE: Wirst du dich also pflegen?

HAUPTMANN: Du wirst es ja wohl nicht wollen!

ALICE: Da kannst du sicher sein!

HAUPTMANN: Die Stunde ist gekommen, auf die du so lange gewartet hast.

ALICE: Ja, und von der du geglaubt hast, sie würde nie kommen!

HAUPTMANN: Sei nicht böse auf mich!

KURT *herein von rechts*: Es ist traurig ...

ALICE: Was hat er gesagt?

KURT: Er hat einfach aufgelegt!

ALICE *zum Hauptmann*: Da haben wir die Folgen deiner grenzenlosen Anmaßung!

HAUPTMANN: Ich glaube, mir geht es schlechter ...! Versucht, einen Arzt aus der Stadt zu bekommen.

ALICE *geht zum Telegrafen*: Das geht nur per Telegraf.

HAUPTMANN *erhebt sich halb, verblüfft*: Kannst – du – telegrafieren?

ALICE *telegrafiert*: Ja, das kann ich!

HAUPTMANN: Ach so? – Dann mach zu! – Wie falsch sie ist! *Zu Kurt*: Komm und setz dich neben mich!

Kurt setzt sich neben den Hauptmann.

HAUPTMANN: Halte meine Hand! Ich sitze und falle. Kannst du dir das vorstellen! Abwärts; es ist sonderbar!

KURT: Hast du solche Anfälle schon mal gehabt?

HAUPTMANN: Nie!

KURT: Während ihr auf die Antwort aus der Stadt wartet, gehe ich zum Doktor und spreche mit ihm. Hat er dich früher behandelt?

HAUPTMANN: Das hat er!

KURT: Dann kennt er deine Konstitution ... *Geht nach links.*

ALICE: Die Antwort wird in einer Weile da sein. Das ist nett von dir, Kurt. Aber komm schnell zurück!

KURT: So schnell ich kann! *Ab.*

HAUPTMANN: Er ist nett, Kurt! Und so verändert!

ALICE: Ja, und zu seinem Vorteil. Ich bedaure ihn jedoch, daß er in unser Elend geraten mußte, gerade jetzt.

HAUPTMANN: Und uns beglückwünschen! – Ich möchte wissen, wie es ihm eigentlich geht. Hast du bemerkt, daß er nicht über seine Verhältnisse sprechen wollte?

ALICE: Ich habe es bemerkt, aber ich glaube, es hat ihn auch keiner gefragt.

HAUPTMANN: Stell dir vor – sein Leben – und unseres! Ich frage mich, ob das Leben aller Menschen genauso ist?

ALICE: Vielleicht, obwohl sie nicht drüber reden, wie wir.

HAUPTMANN: Manchmal habe ich geglaubt, daß Elend Elend anzieht und daß die Glücklichen das Unglück meiden. Deshalb bekommen wir nie etwas anderes zu sehen als Elend!

ALICE: Hast du jemals Glückliche gekannt?

HAUPTMANN: Laß mich überlegen! – Nein! – Doch: Ekmarks!

ALICE: Was du nicht sagst! Wo sie im vorigen Jahr operiert worden ist ...

HAUPTMANN: Ach ja, das stimmt! Ja, dann weiß ich nicht ..., doch, von Kraffts.

ALICE: Ja, die ganze Familie das reine Idyll, lebte in Wohlstand, geachtet, die Kinder wohlgeraten, gut verheiratet, so ging es fünfzig Jahre. Da kam der Cousin und beging ein Verbrechen, mit Gefängnis usw.; und da war Schluß mit dem Frieden. Der Name der Familie wurde durch alle Zeitungen gezerrt ... Der Krafftsche Mord machte es der einst so gefeierten Familie unmöglich, sich irgendwo zu zeigen; die Kinder mußten aus der Schule genommen werden ... O Gott!

HAUPTMANN: Ich möchte wissen, was für eine Krankheit ich habe!

ALICE: Was glaubst du?

HAUPTMANN: Das Herz oder der Kopf! Es ist, als wollte die Seele ausfliegen und sich in einer Rauchwolke auflösen.

ALICE: Hast du Appetit?

HAUPTMANN: Ja! Wie steht's mit dem Souper?

ALICE *geht unruhig ein paar Schritte*: Ich werde Jenny fragen.

HAUPTMANN: Sie ist doch weg!

ALICE: Ja, ja, ja!

HAUPTMANN: Läute nach Kristin, ich möchte frisches Wasser!

ALICE *läutet*: Wenn ... *Läutet wieder.* Sie hört nicht!

HAUPTMANN: Geh und sieh nach ..., wenn sie nun auch gegangen ist!

ALICE *geht und öffnet die Tür links*: Du – ihr Koffer steht gepackt im Korridor!

HAUPTMANN: Dann ist auch sie weg!

ALICE: Das ist die Hölle hier! *Bricht in Weinen aus, wirft sich auf die Knie und legt schluchzend den Kopf auf einen Stuhl.*

HAUPTMANN: Und alles auf einmal! – Und da muß auch noch Kurt kommen und unsere Scherereien miterleben! Wenn es überhaupt noch eine Demütigung gibt, dann, daß er gekommen ist, ausgerechnet jetzt!

ALICE: Du, weißt du, was ich ahne? Kurt ist gegangen und kommt nicht wieder!

HAUPTMANN: Das traue ich ihm zu!

ALICE: Ja, wir sind verflucht ...

HAUPTMANN: Was soll das heißen?

ALICE: Siehst du nicht, wie alle uns meiden?

HAUPTMANN: Das verachte ich! *Der Telegraf tickt.* Das ist die Antwort! Still, ich höre ..., keiner hat Zeit! Ausflüchte! – Dieses Pack!

ALICE: Das hast du davon, daß du deine Ärzte verachtet ... und nicht honoriert hast!

HAUPTMANN: Das stimmt nicht ...

ALICE: Auch als du dazu in der Lage warst, wolltest du sie nicht honorieren, weil du ihre Arbeit geringgeachtet hast, so wie meine und die Arbeit aller anderen! – Sie wollen nicht kommen! Und das Telefon ist gesperrt, weil du auch darauf keinen Wert gelegt hast! Nichts ist etwas wert außer deinen Gewehren und Kanonen!

HAUPTMANN: Steh nicht herum und rede ...

ALICE: Alles geht um!

HAUPTMANN: Was ist das für abergläubisches Zeug ..., so reden die alten Weiber!

ALICE: Du wirst schon sehen! – Weißt du, daß wir Kristin für sechs Monate Lohn schulden?

HAUPTMANN: Ja, das hat sie schon zusammengestohlen!

ALICE: Aber ich habe mir außerdem Bargeld von ihr leihen müssen!

HAUPTMANN: Das traue ich dir zu!

ALICE: Wie undankbar du bist! Du weißt, daß ich es für die Kinder brauchte, für die Reise in die Stadt.

HAUPTMANN: Sehr schön von Kurt! Schurke wie alle anderen! Und feige! Wagte nicht zu sagen, daß er genug hat und daß der Ball beim Doktor vergnüglicher ist. Hat wohl ein mieses Souper bei uns befürchtet! – Hat sich nicht verändert, der Lump!

KURT *schnell herein von links*: Also, mein lieber Edgar: so steht's: der Doktor kennt dein Herz in- und auswendig...

HAUPTMANN: Herz?

KURT: Ja, dein Herz ist schon seit langem verkalkt ...

HAUPTMANN: Steinherz?

KURT: Und –

HAUPTMANN: Ist es gefährlich?

KURT: Ja, das heißt –

HAUPTMANN: Es ist gefährlich!

KURT: Ja!

HAUPTMANN: Sterben?

KURT: Du mußt äußerst vorsichtig sein! Zuerst: die Zigarre weg!

Hauptmann wirft die Zigarre weg.

KURT: Weiter: den Whisky weg! – Und dann: ins Bett!

HAUPTMANN *ängstlich*: Nein, das will ich nicht! Nicht ins Bett! Dann ist Schluß! Dann kommt man nie mehr hoch! Ich lege mich heute nacht aufs Sofa. Was hat er noch gesagt?

KURT: Er war sehr freundlich und will sofort kommen, wenn du ihn rufst!

HAUPTMANN: War er freundlich, dieser Heuchler? Ich will ihn nicht sehen! – Darf ich denn essen?

KURT: Heute abend nicht. Und in den nächsten Tagen nur Milch.

HAUPTMANN: Milch! Die kriege ich nicht über die Lippen!

KURT: Wirst es wohl lernen müssen!

HAUPTMANN: Nein, ich bin zu alt zum Lernen! *Greift sich an den Kopf.* Ah, da ist es wieder! *Bleibt sitzen und stiert vor sich hin.*

ALICE *zu Kurt*: Was hat der Doktor gesagt?

KURT: Daß er sterben kann!

ALICE: Gott sei's gelobt!

KURT: Sieh dich vor, Alice! Sieh dich vor! – Und jetzt geh ein Kissen und eine Decke holen, ich werde ihn auf das Sofa hier legen. Dann werde ich die ganze Nacht auf dem Stuhl daneben sitzen.

ALICE: Und ich?

KURT: Du legst dich schlafen! Deine Gegenwart scheint seinen Zustand zu verschlimmern!

ALICE: Befiehl! Ich gehorche, weil du es gut mit uns beiden meinst. *Geht nach links.*

KURT: Mit beiden, denk daran, und ich lasse mich nicht in den Streit der Parteien verwickeln! *Nimmt die Wasserkaraffe und geht nach rechts ab.*

Man hört den Wind draußen; die Tür im Hintergrund wird aufgeschlagen, und eine Alte von ärmlichem, unheimlichem Aussehen schaut herein.

HAUPTMANN *erwacht, richtet sich auf und sieht sich um*: Aha, sie haben mich alleingelassen, diese Schufte! *Sieht die Alte und erschrickt.* Wer ist das? Was wollen Sie?

ALTE: Ich wollte nur die Tür zumachen, guter Herr.

HAUPTMANN: Warum denn? Warum denn?

ALTE: Weil sie aufgeweht wurde, gerade als ich vorbeiging.

HAUPTMANN: Du wolltest stehlen, du!

ALTE: Da ist nicht viel zu holen! Meinte Kristin.

HAUPTMANN: Kristin!

ALTE: Gute Nacht, Herr, schlaft gut! *Schließt die Tür und geht.*

Alice mit Kissen und Decke herein von links.

HAUPTMANN: Wer war da an der Tür? War da jemand?

ALICE: Ja, es war die alte Maja aus dem Armenhaus, die vorbeigegangen ist.

HAUPTMANN: Bist du sicher?

ALICE: Hast du Angst?

HAUPTMANN: Ich, Angst? O nein!

ALICE: Da du nicht ins Bett gehen willst, leg dich hierher!

HAUPTMANN *legt sich aufs Sofa*: Hier will ich liegen. *Will Alices Hand fassen, aber sie zieht sie weg.*

Kurt mit der Wasserkaraffe herein.

HAUPTMANN: Kurt, geh nicht weg von mir!

KURT: Ich bleibe die ganze Nacht bei dir! Alice legt sich schlafen.

HAUPTMANN: Dann gute Nacht, Alice!

ALICE *zu Kurt*: Gute Nacht, Kurt!

KURT: Gute Nacht!

KURT *nimmt einen Stuhl und setzt sich neben den Hauptmann*: Willst du dir nicht die Stiefel ausziehen?

HAUPTMANN: Nein! Ein Krieger muß immer gerüstet sein!

KURT: Gerüstet für die Schlacht?

HAUPTMANN: Vielleicht! – *Richtet sich auf.* Kurt! Du bist der einzige Mensch, dem ich mich jemals offenbart habe! Eine Sache! – Wenn ich heute nacht sterbe ..., denk an meine Kinder!

KURT: Das werde ich tun!

HAUPTMANN: Danke, ich verlasse mich auf dich.

KURT: Kannst du erklären, warum du dich auf mich verläßt?

HAUPTMANN: Wir sind keine Freunde gewesen, weil ich nicht an Freundschaft glaube, und unsere beiden Familien sind geborene Feinde und haben immer Krieg miteinander geführt ...

KURT: Und trotzdem verläßt du dich auf mich?

HAUPTMANN: Ja! Und ich weiß nicht, warum. *Schweigen.* Glaubst du, daß ich sterben werde?

KURT: Du wie alle anderen! Mit dir wird keine Ausnahme gemacht!

HAUPTMANN: Bist du verbittert?
KURT: Ja! – Hast du Angst vor dem Tod? Die Schubkarre und das Fleckchen Garten!
HAUPTMANN: Wenn es nun nicht das Ende wäre?
KURT: Viele denken so.
HAUPTMANN: Und dann?
KURT: Lauter Überraschungen, vermute ich.
HAUPTMANN: Aber man weiß ja nichts Bestimmtes.
KURT: Nein, das ist es ja gerade. Deshalb muß man auf alles gefaßt sein.
HAUPTMANN: Du bist doch nicht so kindisch und glaubst an die Hölle?
KURT: Glaubst du nicht dran, wo du doch mitten drin bist?
HAUPTMANN: Das ist nur bildlich gemeint.
KURT: Mit Bildern – poetischen oder anderen – hat deine Hölle nichts zu tun, so plastisch, wie du sie geschildert hast.

Schweigen.

HAUPTMANN: Wenn du wüßtest, welche Qualen ich leide.
KURT: Körperliche?
HAUPTMANN: Nein, es ist nicht körperlich.
KURT: Dann muß es geistig sein, denn etwas Drittes gibt es ja nicht!

Pause.

HAUPTMANN *richtet sich auf*: Ich will nicht sterben!
KURT: Eben wolltest du die Vernichtung!
HAUPTMANN: Ja, wenn sie schmerzlos ist.
KURT: Aber das ist sie ja nicht.
HAUPTMANN: Ist das hier die Vernichtung?
KURT: Der Anfang davon.
HAUPTMANN: Gute Nacht!
KURT: Gute Nacht!

Die gleiche Dekoration, die Lampe ist am Erlöschen. Vor den Fenstern und den Scheiben der Türen im Hintergrund graut ein verhangener Morgen; das Meer ist bewegt.
Der Posten am Geschütz geht wie vorher auf und ab.
Der Hauptmann liegt auf dem Sofa und schläft.
Kurt sitzt daneben in einem Stuhl, er ist bleich und übernächtig.

ALICE *herein von links*: Schläft er?

KURT: Ja, seit Sonnenaufgang.

ALICE: Wie war die Nacht?

KURT: Er hat zeitweilig geschlafen, aber er hat sehr viel geredet.

ALICE: Worüber?

KURT: Er hat wie ein Schuljunge über Religion räsoniert, aber mit dem Anspruch, die Welträtsel gelöst zu haben! Und gegen Morgen erfand er schließlich die Unsterblichkeit der Seele.

ALICE: Sich zu Ehren!

KURT: Genau! – Er ist wirklich der hochmütigste Mensch, den ich je getroffen habe. „Ich bin, also gibt es Gott!“

ALICE: Du hast es erkannt! – Schau dir die Stiefel an! Mit denen hätte er die Erde platt getreten, wenn er gedurft hätte. Mit denen ist er auf den Äckern und in den Gärtchen anderer herumgetrampelt, mit denen ist er anderen auf die Zehen und mir auf den Scheitel getreten ... Du reißender Bär, jetzt hast du deinen Schuß bekommen!

KURT: Er würde komisch sein, wäre er nicht so tragisch, und es gibt Züge von Größe in all seiner Kleinlichkeit.
Kannst du denn nicht ein einziges gutes Wort über ihn sagen?

ALICE *setzt sich*: Doch! Er darf es bloß nicht hören, denn wenn man auch nur ein ermunterndes Wort sagt, schnappt er sofort über.

KURT: Er hört nichts, er hat Morphium bekommen.

ALICE: Edgar ist in einem ärmlichen Zuhause mit vielen Geschwistern aufgewachsen und mußte schon frühzeitig die Familie durch Stundengeben unterstützen, weil der Vater ein Liederjan war oder noch Schlimmeres. Es ist schon hart für einen Jüngling, sich alle Freuden der Jugend zu versagen und für eine Schar undankbarer Kinder zu schuften, die er nicht in die Welt gesetzt hat. Ich war ein kleines Mädchen, als ich ihn sah – ein Jüngling, ohne Mantel im Winter, bei fünfundzwanzig Grad Kälte ..., seine kleinen Schwestern hatten Wollmäntel –, es war schön, und ich bewunderte ihn, aber entsetzte mich vor seiner Häßlichkeit. Ist er nicht ungewöhnlich häßlich?

KURT: Doch, und seine Häßlichkeit kann etwas Abscheuliches haben! Jedesmal, wenn ich mit ihm zerstritten war, ist es mir am meisten aufgefallen, und wenn er nicht da war, uferte sein Bild aus, nahm ungeheuerliche Formen und Ausmaße an, er wurde buchstäblich zum Gespenst für mich!

ALICE: Da versetz dich erst mal in meine Lage! – Indessen, seine ersten Offiziersjahre waren sicher ein Martyrium. Aber er wurde dann und wann von reichen Leuten unterstützt. Das will er nie eingestehen, und alles, was er bekommen konnte, hat er wie einen ihm geschuldeten Tribut entgegengenommen, ohne zu danken!

KURT: Wir sollten gut über ihn reden!

ALICE: Nachdem er tot ist! Nun gut ...! Mir fällt nichts weiter ein!

KURT: Hast du ihn bösartig gefunden?

ALICE: Ja – und trotzdem kann er gut und auch leicht zu rühren sein! – Als Feind ist er ganz scheußlich!

KURT: Warum wurde er nicht Major?

ALICE: Das müßtest du verstehen! Die wollten doch nicht so einen über sich haben, der schon unter ihnen ein Tyrann war! Aber du darfst nie an die Sache rühren! Selbst sagt er, daß er nicht Major werden wollte ... Hat er etwas von den Kindern erzählt?

KURT: Ja, er hatte Sehnsucht nach Judit!

ALICE: Das hab ich mir gedacht! Oh! Weißt du, wer Judit ist? Sein Abbild, und er hat sie dressiert, gegen mich zu hetzen!

Stell dir vor, daß meine eigene Tochter – die Hand gegen mich erhoben hat!

KURT: Nein, das ist zuviel!

ALICE: Still! Er bewegt sich ..., wenn er etwas gehört hätte ..., er ist nämlich auch hinterlistig!

KURT: Er wacht tatsächlich auf!

ALICE: Sieht er nicht wie ein Troll aus? Ich fürchte mich vor ihm!

Schweigen.

HAUPTMANN *bewegt sich, erwacht, richtet sich auf und sieht sich um*: Es ist Morgen! Endlich!

KURT: Wie geht's dir jetzt?

HAUPTMANN: Schlecht!

KURT: Soll der Arzt kommen?

HAUPTMANN: Nein! – Ich will Judit sehen! Mein Kind!

KURT: Wäre es nicht an der Zeit, daß du dein Haus bestellst, bevor, oder für den Fall, daß etwas geschieht?

HAUPTMANN: Was meinst du? Was sollte geschehen?

KURT: Was uns allen geschehen kann!

HAUPTMANN: Ach, Unsinn! Glaubt nicht, daß ich so leicht sterbe. Freu dich nicht zu früh, Alice!

KURT: Denk an deine Kinder! Mach dein Testament, damit deine Frau wenigstens die Möbel behalten kann!

HAUPTMANN: Soll sie mich denn schon beerben, während ich noch lebe?

KURT: Nein! Aber wenn etwas geschieht, soll sie nicht auf die Straße geworfen werden! Wer fünfundzwanzig Jahre lang diese Möbel saubergehalten, abgestaubt und poliert hat, sollte ein Recht haben, sie zu behalten! Soll ich den Notar bestellen?

HAUPTMANN: Nein!

KURT: Du bist grausam, grausamer, als ich glaubte!

HAUPTMANN *sackt zusammen*: Da ist es wieder!

ALICE *geht nach rechts*: Es sind Leute in der Küche, ich muß hinausgehen!

KURT: Geh nur! Hier ist nicht viel zu machen!

Alice ab.

HAUPTMANN *kommt zu sich*: Na, Kurt, wie wirst du dich mit deiner Quarantänestation hier einrichten?

KURT: Es wird schon gutgehen!

HAUPTMANN: Nein, ich bin Kommandant hier auf der Insel, und du hast es mit mir zu tun, vergiß das nicht!

KURT: Hast du denn schon mal eine Quarantänestation gesehen?

HAUPTMANN: Ob ich? Bevor du geboren warst! Und ich will dir einen Rat geben – leg die Desinfektionsöfen nicht so nah an den Strand.

KURT: Ich dachte, gerade in die Nähe des Wassers ...

HAUPTMANN: Da hört man's, wieviel du von deiner Sache verstehst! Das Wasser ist doch das Element der Bazillen, ihr Lebenselement.

KURT: Aber das salzige Meerwasser ist notwendig, um die Verunreinigungen wegzuspülen!

HAUPTMANN: Idiot! – Na, wenn du jetzt eine Wohnung bekommst, solltest du deine Kinder zu dir nehmen.

KURT: Glaubst du, sie lassen sich nehmen?

HAUPTMANN: Natürlich, wenn du ein bißchen Mumm hast! Es würde einen guten Eindruck auf deine Umgebung hier machen, wenn du dich pflichtbewußt zeigen würdest, auch in diesem Punkt ...

KURT: Ich habe meine Pflichten in diesem Punkt immer erfüllt!

HAUPTMANN *hebt die Stimme*: ... in diesem Punkt, der dein schwächster ist!

KURT: Habe ich dir nicht gesagt ...

HAUPTMANN *legt sich ins Zeug*: Man läßt seine Kinder nicht auf diese Weise im Stich!

KURT: Nur zu, du!

HAUPTMANN: Ich glaube, als dein Verwandter, dein älterer Verwandter, eine gewisse Berechtigung zu haben, dir die

Wahrheit zu sagen, auch wenn sie bitter ist ... Und du darfst es mir nicht verübeln ...

KURT: Hast du Hunger?

HAUPTMANN: Ja, das habe ich ...

KURT: Willst du etwas Leichtes haben?

HAUPTMANN: Nein, etwas Kräftiges.

KURT: Dann ist Schluß mit dir!

HAUPTMANN: Reicht es nicht, daß man krank ist, soll man auch noch hungern?

KURT: So ist es!

HAUPTMANN: Und nicht trinken und nicht rauchen! Da ist das Leben nicht mehr viel wert!

KURT: Der Tod verlangt Opfer, sonst kommt er sofort!

ALICE *kommt mit Blumensträußen, ein paar Telegrammen und Briefen*: Hier – für dich! *Wirft die Blumen auf den Schreibtisch.*

HAUPTMANN *geschmeichelt*: Für mich ...! Darf ich mal sehen ...

ALICE: Ja, das ist nur von den Unteroffizieren, dem Musikkorps und den Gefreiten!

HAUPTMANN: Du bist neidisch!

ALICE: O nein! Wenn es Lorbeerkränze wären – das wäre etwas anderes, aber die wirst du nie bekommen!

HAUPTMANN: Hm! – Hier ein Telegramm vom Oberst ..., lies, Kurt! Der Oberst ist jedenfalls ein Gentleman ..., wenn auch ein bißchen idiotisch! Hier, von ..., was steht da? Ja, das ist von Judit! – Bitte, telegrafiere, sie soll mit dem nächsten Dampfer kommen! – Hier ..., ja! – Man ist jedenfalls nicht ganz ohne Freunde, und es ist schön, daß sie an einen Kranken denken, der, über seinen Stand hinaus, ein verdienter Mann ist, und ohne Furcht und Tadel!

ALICE: Ich verstehe nicht – Glückwünsche, weil du krank bist?

HAUPTMANN: Hyäne!

ALICE *zu Kurt*: Weißt du, wir hatten mal einen Arzt hier, der war so verhaßt, daß sie ein Bankett veranstalteten, als er die

Insel verließ – ein Bankett aus Freude über seinen Weggang, nicht *für* ihn.

HAUPTMANN: Stell die Blumen in Vasen ..., ich bin gewiß nicht leichtgläubig, und die Menschen sind ein einziges Pack, aber diese schlichte Huldigung ist, bei Gott, aufrichtig – sie kann nicht anders als aufrichtig sein!

ALICE: Narr!

KURT *liest eins der Telegramme*: Judit teilt mit, daß sie nicht kommen kann, weil der Dampfer wegen des Sturms nicht fährt!

HAUPTMANN: Ist das alles?

KURT: N-nein! – Noch ein Zusatz!

HAUPTMANN: Heraus damit!

KURT: Sie, sie bittet Papa, nicht soviel zu trinken!

HAUPTMANN: O pfui! Das sind die Kinder! Meine einzige, geliebte Tochter ..., meine Judit! Mein Abgott!

ALICE: Und Ebenbild!

HAUPTMANN: Das ist das Leben! Und seine größten Freuden! Pfui Teufel!

ALICE: Nun erntest du, was du gesät hast! Du hast sie gegen ihre Mutter aufgewiegelt, und jetzt geht sie gegen den Vater! Sag bloß, es gibt keinen Gott!

HAUPTMANN *zu Kurt*: Was sagt der Oberst?

KURT: Er bewilligt die Beurlaubung vom Dienst, ohne weiteres.

HAUPTMANN: Beurlaubung vom Dienst? Ich habe nicht darum ersucht.

ALICE: Nein, aber ich habe darum ersucht!

HAUPTMANN: Das akzeptiere ich nicht!

ALICE: Die Verfügung ist bereits ausgefertigt.

HAUPTMANN: Das interessiert mich nicht!

ALICE: Da siehst du, Kurt – für diesen Mann gelten keine Gesetze, keine Verfassungen, keine Ordnung, die Menschen vorgeschrieben sind! Er steht über allem und allen, das Universum ist für seinen Privatgebrauch geschaffen, Sonne und Mond wandern ihre Bahn, um sein Lob zu den Sternen zu tragen – das ist mein Mann! Dieser unbedeutende Hauptmann, der nicht Major werden konnte und über dessen Aufgeblasenheit alle lachen, während er sich einbildet, gefürchtet zu sein; dieser Jammerlappen, der sich im Dunkeln ängstigt und der an das Barometer und alles mögliche glaubt, und schließlich, zum Schluß des Akts: eine Schubkarre Mist und nicht mal erster Sorte!

HAUPTMANN *fächelt sich selbstgefällig mit einem Blumenstrauß, ohne auf Alice zu hören*: Hast du Kurt zum Frühstück eingeladen?

ALICE: Nein!

HAUPTMANN: Dann mach sofort zwei, zwei ausgezeichnete Châteaubriands zurecht!

ALICE: Zwei?

HAUPTMANN: Ich möchte auch eins!

ALICE: Wir sind drei Personen!

HAUPTMANN: Ach so, du auch? Na ja, dann also drei!

ALICE: Woher soll ich sie nehmen? Gestern abend hast du Kurt zum Souper eingeladen, und es war nicht ein Brotkanten im Hause. Kurt hat die ganze Nacht mit hungrigem Magen gewacht und nicht einmal Kaffee bekommen, weil nichts da ist und weil Schluß ist mit dem Kredit!

HAUPTMANN: Sie ist böse auf mich, weil ich gestern nicht gestorben bin!

ALICE: Nein, weil du vor fünfundzwanzig Jahren nicht gestorben bist, weil du nicht gestorben bist, bevor ich geboren wurde!

HAUPTMANN *zu Kurt*: Hör ihr zu! So ist das, wenn du Ehen stiftest, mein lieber Kurt! Im Himmel wurde die hier jedenfalls nicht geschlossen!

Alice und Kurt sehen sich vielsagend an.

HAUPTMANN *steht auf und geht zur Tür*: Wie auch immer – sagt, was ihr wollt, ich mach jetzt meine Dienstrunde! *Setzt einen altmodischen Artilleristenhelm mit Kinnriemen auf, schnallt den Säbel um und wirft den Mantel über.*

Alice und Kurt versuchen vergeblich, ihn zurückzuhalten.

HAUPTMANN: Hinweg! *Ab.*

ALICE: Ja, geh nur! Immer gehst du, machst kehrt, wenn du die Übermacht spürst, und deine Frau darf dann den Rückzug decken – du Held im Trinken, im Prahlen, im Lügen! Pfui über dich!

KURT: Das ist bodenlos!

ALICE: Ja, und du weißt noch nicht einmal alles!

KURT: Gibt es noch mehr?

ALICE: Ja, aber ich schäme mich ...

KURT: Wo geht er denn jetzt hin? Und woher hat er nur die Kraft?

ALICE: Ja, das muß man sich fragen! Jetzt geht er hinunter zu den Unteroffizieren und bedankt sich für die Blumen ..., und dann ißt und trinkt er bei ihnen. Und macht das Offizierskorps schlecht!
Wenn du wüßtest, wie oft ihm mit dem Abschied gedroht worden ist! Nur aus Mitleid mit der Familie durfte er bleiben! Aber er bildet sich ein, es sei aus Furcht vor seiner Überlegenheit! Und die armen Offiziersfrauen, die sich für uns eingesetzt haben, haßt er und macht er schlecht!

KURT: Ich muß gestehen, daß ich mich hierher beworben habe, um draußen am Meer Frieden zu finden ..., von euren Verhältnissen habe ich nichts gewußt ...

ALICE: Armer Kurt! – Wie sollst du etwas zu essen bekommen?

KURT: Ach, ich gehe zum Doktor, aber du? Gestatte, daß ich das für euch erledige.

ALICE: Daß er's nur nicht erfährt, denn dann bringt er mich um!

KURT *schaut zum Fenster hinaus*: Siehst du, er steht mitten im Wind draußen auf dem Wall!

ALICE: Es ist schade um ihn ..., daß er so sein muß.

KURT: Es ist schade um euch beide! – Was kann man tun?

ALICE: Ich weiß nicht ... Übrigens ist auch ein Packen Rechnungen mitgekommen – er hat es gar nicht bemerkt!

KURT: Es kann manchmal ein Glück sein, etwas nicht zu sehen!

ALICE *am Fenster*: Er hat den Mantel aufgemacht und läßt sich den Wind auf die Brust wehen. Jetzt will er sterben!

KURT: Das glaube ich nicht, denn vorhin, als er spürte, wie sein Leben davonrann, da klammerte er sich an meins und fing an, in meinen Angelegenheiten zu wühlen, als wollte er in mich hineinkriechen und mein Leben leben ...

ALICE: Genau das ist seine Vampirnatur ..., in das Geschick anderer eingreifen, an der Existenz anderer Interesse fassen, für andere zu schalten und zu walten, weil sein eigenes Leben für ihn völlig uninteressant ist. Und, denk daran, Kurt, laß ihn nie an dein Familienleben heran, laß ihn nie deine Freunde kennenlernen, denn dann nimmt er sie dir weg und macht sie zu seinen ..., in dieser Hinsicht ist er ein richtiger Zauberer! – Wenn er deine Kinder treffen würde, würdest du sie bald als seine intimsten Freunde erleben, er würde ihnen raten und sie erziehen, nach seinen Vorstellungen und vor allem gegen deine Wünsche.

KURT: Alice! Ist er es nicht gewesen, der mir meine Kinder weggenommen hat, als ich damals geschieden wurde?

ALICE: Nachdem es nun vorbei ist: ja, das war er!

KURT: Ich hatte den Verdacht, war mir aber nicht sicher. Das ist er gewesen!

ALICE: Als du meinen Mann voller Vertrauen als Vermittler zu deiner Frau schicktest, hat er mit ihr angebändelt und sie den Kniff gelehrt, wie sie die Kinder bekommen könne.

KURT: O Gott! – O Gott im Himmel!

ALICE: Da hast du eine neue Seite von ihm!

Schweigen.

KURT: Weißt du, heute nacht, als er glaubte, er würde sterben – da hat er mir das Versprechen abgenommen, daß ich mich um seine Kinder kümmere!

ALICE: Aber du wirst dich doch nicht an meinen Kindern rächen wollen?

KURT: Indem ich das Versprechen halte? Ja, ich werde mich um eure Kinder kümmern.

ALICE: Das ist wirklich die schlimmste Rache, die du nehmen kannst, denn er verabscheut nichts so sehr wie Edelmut!

KURT: Dann kann ich mich also als gerächt betrachten! Ohne mich zu rächen!

ALICE: Ich liebe Rache als gerechte Vergeltung, und es gelüstet mich zu sehen, wie das Böse seine Strafe bekommt!

KURT: Du stehst immer noch an diesem Punkt!

ALICE: Dort werde ich immer stehen, und an dem Tag, an dem ich einem Feind verzeihen oder ihn lieben würde, wäre ich eine Heuchlerin!

KURT: Alice! Es kann eine Pflicht sein, nicht alles zu sagen, nicht alles zu sehen! Man nennt das Nachsicht, und die brauchen wir alle!

ALICE: Ich nicht! Mein Leben ist offen und klar, und ich habe immer mit sauberen Karten gespielt.

KURT: Das ist viel!

ALICE: Nein, das ist zuwenig! Denn was ich unverdient gelitten habe wegen dieses Mannes, den ich nie geliebt habe ...

KURT: Warum hast du ihn geheiratet?

ALICE: Ja, warum! – Weil er mich genommen hat! Verführt! Ich weiß es nicht! Ich wollte hinaufkommen, auf die Höhen der Gesellschaft ...

KURT: Und hast deine Kunst aufgegeben!

ALICE: Die verachtet war! – Aber, weißt du, er hat mich betrogen! Er hat mir ein gutes Leben vorgegaukelt, ein schönes Heim, und dann waren nur Schulden da – das einzige Gold saß an der Uniform, und auch das war nicht einmal Gold! Er hat mich betrogen!

KURT: Nur bedenke: wenn ein junger Mann verliebt ist, sieht er doch voller Hoffnung in die Zukunft ..., daß die Hoffnungen sich nicht immer erfüllen, sollte man ihm verzeihen! Ich habe den gleichen Betrug auf meinem Gewissen, ohne mich deshalb für einen Betrüger zu halten! – Was siehst du draußen auf dem Wall?

ALICE: Ich sehe nach, ob er gefallen ist.

KURT: Ist er gefallen?

ALICE: Nein, leider nicht! Er betrügt mich immer!

KURT: Ich gehe jetzt zum Doktor und dann zum Amtsvorsteher.

ALICE *setzt sich ans Fenster*: Geh ruhig, Kurt, ich setze mich hierher und warte. Warten habe ich ja gelernt!

Dieselbe Dekoration, bei Tageslicht. Der Posten geht wie vorher am Geschütz auf und ab.
Alice sitzt im Lehnstuhl rechts, sie ist grauhaarig.

KURT *herein von links, nachdem er angeklopft hat*: Guten Tag, Alice!

ALICE: Guten Tag, mein Freund! Setz dich.

KURT *setzt sich in den Lehnstuhl links*: Jetzt kommt der Dampfer.

ALICE: Wenn er mitkommt, weiß ich, was bevorsteht!

KURT: Er kommt mit, ich habe seinen Helm blitzen sehen ... Was hat er in der Stadt gemacht?

ALICE: Das kann ich mir ausrechnen. Er hat die Paradeuniform angezogen, also ist er zum Oberst, und die Besuchshandschuhe, also macht er Visiten.

KURT: Hast du sein stilles Wesen gestern bemerkt? Seit er aufgehört hat zu trinken und maßhält, ist er ein anderer Mensch: ruhig, zurückhaltend, rücksichtsvoll ...

ALICE: Ich kenne das. Wäre dieser Mann immer nüchtern gewesen, dann wäre er zum Schrecken der Menschheit geworden. Vielleicht ist es ihr Glück, daß er sich mit seinem Whisky lächerlich und unschädlich gemacht hat.

KURT: Der Geist in der Flasche hat ihn gezähmt! – Aber hast du gesehen, daß er, seit der Tod ihn gezeichnet hat, eine Würde bekommen hat, die erhöht, und es ist möglich, daß er mit dem neuerwachten Gedanken an die Unsterblichkeit das Leben anders sieht.

ALICE: Du machst dir etwas vor! Er führt Böses im Schilde! Und glaub ja nicht, was er sagt, er lügt nur, und er beherrscht die Kunst der Intrige wie kein anderer.

KURT *betrachtet Alice*: Alice! Was ist das? Du bist grauhaarig geworden in diesen zwei Nächten!

ALICE: Nein, mein Freund, das bin ich schon lange, ich habe nur das Haar nicht gefärbt, seit mein Mann gleichsam tot ist! Fünfundzwanzig Jahre Festung ..., weißt du, das dies hier in früheren Zeiten ein Gefängnis war?

KURT: Gefängnis! Die Wände sehen danach aus!

ALICE: Und meine Haut! Sogar die Kinder haben hier drinnen Gefängnisfarbe bekommen!

KURT: Ich kann mir Kleinkindergeplapper schwer vorstellen in diesen Mauern.

ALICE: Es wurde auch selten geplappert. Und die beiden, die gestorben sind, sind aus Mangel an Licht zugrunde gegangen!

KURT: Was glaubst du, was nun bevorsteht?

ALICE: Die entscheidende Schlacht gegen uns beide! Ich habe einen wohlbekannten Strahl in seinem Auge gesehen, als du das Telegramm von Judit vorgelesen hast. Er sollte natürlich sie treffen, aber du weißt, daß sie unverwundbar ist, also schlug der Haß auf dich nieder!

KURT: Was, glaubst du, hat er mit mir vor?

ALICE: Schwer zu sagen, aber er besitzt eine unglaubliche Fähigkeit, oder er hat einfach Glück dabei, die Geheimnisse anderer aufzustöbern, und du hast ja gemerkt, wie er gestern den ganzen Tag gleichsam in deiner Quarantänestation lebte, wie er aus deiner Existenz Lebenskraft sog, deine Kinder bei lebendigem Leibe fraß ..., ein Menschenfresser, siehst du, ich kenne ihn.
Sein eigenes Leben entflieht oder ist entflohen ...

KURT: Ich habe auch den Eindruck, daß er schon auf der anderen Seite ist. Sein Gesicht phosphoresziert gleichsam, als befände er sich in Auflösung, und die Augen flackern wie Irrlichter über Gräbern oder Mooren ... Jetzt kommt er! Sag mal, hältst du es für möglich, daß er eifersüchtig wäre!

ALICE: Nein, dazu ist er viel zu eingebildet! „Zeig mir den Mann, auf den ich eifersüchtig sein müßte!" Das sind seine Worte.

KURT: Desto besser, seine Fehler können also gewisse Vorteile haben! Soll ich aufstehen und ihm entgegengehen?

ALICE: Sei unhöflich, sonst glaubt er, du seist falsch. Und wenn er anfängt zu lügen, tu so, als glaubtest du ihm, ich kann seine Lügen so gut übersetzen und bekomme mit meinem Lexikon die Wahrheit immer heraus!
Ich ahne etwas Schreckliches..., aber, Kurt, verlier nicht die Beherrschung! Mein einziger Vorteil in unserem langen Streit war, daß ich immer nüchtern und deshalb geistesgegenwärtig war. Ihn brachte stets sein Whisky zu Fall! – Jetzt werden wir sehen!

HAUPTMANN *herein von links, in Paradeuniform, Helm, Mantel, weißen Handschuhen. Ruhig, würdevoll, doch bleich und hohläugig. Geht unsicher und setzt sich in Helm und Mantel, weit entfernt von Kurt und Alice, auf der rechten Seite der Bühne. Hält während des Gesprächs den Säbel zwischen den Knien*: Guten Tag! – Entschuldigt, daß ich mich einfach so hinsetze, aber ich bin ein wenig müde!

ALICE und KURT: Guten Tag und willkommen!

ALICE: Wie geht es dir?

HAUPTMANN: Ausgezeichnet! Nur ein bißchen müde ...

ALICE: Was Neues aus der Stadt?

HAUPTMANN: Allerlei! Ich war unter anderem beim Arzt, und er sagte, daß nichts weiter sei und daß ich noch zwanzig Jahre leben könne, wenn ich mich in acht nähme.

ALICE *zu Kurt*: Jetzt lügt er! *Zum Hauptmann*: Das ist ja schön, mein Lieber!

HAUPTMANN: Ja, das kann man sagen!

Schweigen; der Hauptmann sieht Alice und Kurt an, als wollte er sie zum Reden auffordern.

ALICE *zu Kurt*: Sag nichts, laß ihn zuerst reden, da deckt er seine Karten auf.

HAUPTMANN *zu Alice*: Hast du etwas gesagt?

ALICE: Nein, ich habe nichts gesagt!

HAUPTMANN *langsam*: Hör mal, Kurt!

ALICE *zu Kurt*: Siehst du, nun rückt er damit heraus.

HAUPTMANN: Ich war also in der Stadt, wie du weißt.

Kurt nickt zustimmend.

HAUPTMANN: Äh, ich habe Bekanntschaften gemacht..., unter anderem ... mit einem jungen Offiziersanwärter ... *Zögernd.* Bei der Artillerie!

Pause; Kurt wird unruhig. Da uns hier gerade junge Leute fehlen, habe ich mit dem Oberst vereinbart, daß er herkommen kann ... Das müßte dich freuen, dich besonders, denn ich kann dir sagen, daß – es sich um deinen eigenen Sohn handelt!

ALICE *zu Kurt*: Der Vampir! Da siehst du!

KURT: Unter normalen Verhältnissen würde das einen Vater freuen, aber in meiner Lage ist es nur peinlich!

HAUPTMANN: Das verstehe ich nicht!

KURT: Das brauchst du auch nicht, es genügt doch wohl, daß ich es nicht will!

HAUPTMANN: Ach, was du nicht sagst! – Dann mußt du wissen, daß der junge Mann hierher abkommandiert ist und von diesem Augenblick an unter meinem Befehl steht!

KURT: Dann werde ich ihn zwingen, sich zu einem anderen Regiment versetzen zu lassen!

HAUPTMANN: Das kannst du nicht, denn du hast keine Rechte an dem Sohn!

KURT: Nicht?

HAUPTMANN: Nein, die hat das Gericht der Mutter zugesprochen!

KURT: Dann werde ich mich mit der Mutter in Verbindung setzen!

HAUPTMANN: Das brauchst du nicht.

KURT: Brauche ich nicht!
HAUPTMANN: Nein, weil ich das bereits getan habe! Tja!

Kurt steht auf, fällt aber wieder zurück.

ALICE *zu Kurt*: Nun muß er sterben!
KURT: Das ist ja ein Menschenfresser!
HAUPTMANN: Das war d i e Sache! *Direkt zu Alice und Kurt*: Habt ihr etwas gesagt?
ALICE: Nein, hörst du schwer?
HAUPTMANN: Ja, ein bißchen ... Aber wenn du etwas näherrückst, werde ich dir etwas unter vier Augen sagen!
ALICE: Nicht nötig! Ein Zeuge kann ja vorteilhaft für beide Parteien sein!
HAUPTMANN: Da hast du recht, Zeugen zu haben ist immer gut! Aber zuerst – habt ihr das Testament in Ordnung!
ALICE *überreicht ein Dokument*: Der Militärrichter hat es selbst aufgesetzt.
HAUPTMANN: Zu deinem Vorteil! – Gut! *Liest das Dokument und reißt es dann sorgfältig in Streifen, die er auf den Fußboden fallen läßt.* Das war die Sache! Tja!
ALICE *zu Kurt*: Hast du jemals so einen Menschen gesehen?
KURT: Das ist kein Mensch!
HAUPTMANN: Also, ich will Alice folgendes sagen ...
ALICE *beunruhigt*: Bitte sehr!
HAUPTMANN *ruhig wie vorher*: Aufgrund deines lange geäußerten Wunsches, mit diesem elendigen Leben in einer unglücklichen Ehe Schluß zu machen, und aufgrund der Lieblosigkeit, mit der du Gatten und Kinder behandelt hast, aufgrund der Nachlässigkeit, mit der du gewirtschaftet hast, habe ich heute in der Stadt beim Amtsgericht den Antrag auf Scheidung gestellt!
ALICE: Soo? Und der Grund?
HAUPTMANN *ruhig wie vorher*: Außer den genannten Gründen habe ich rein persönliche. Da ich, wie festgestellt wurde, noch zwanzig Jahre leben kann, gedenke ich, diesen unglücklichen ehelichen Bund gegen einen auszutauschen, der mir besser

ansteht, ich meine, mein Geschick mit dem einer Frau zu vereinen, die mit der Zuneigung zu ihrem Gatten auch Jugend ins Nest bringt und – sagen wir – etwas Schönheit!

ALICE *streift den Ehering ab und wirft ihn dem Hauptmann hin*: Bitte sehr!

HAUPTMANN *hebt den Ring auf und steckt ihn in die Westentasche*: Sie wirft den Ring weg! Will der Zeuge das bitte zur Kenntnis nehmen!

ALICE *steht erregt auf*: Und du willst mich hinauswerfen und eine andere Frau in mein Haus setzen?

HAUPTMANN: Tja!

ALICE: Na, dann werden wir mal reinen Tisch machen! – Kurt, mein Cousin! Dieser Mann hat sich des Mordversuchs an seiner Ehefrau schuldig gemacht!

KURT: Mordversuch?

ALICE: Ja, er hat mich ins Meer gestoßen!

HAUPTMANN: Ohne Zeugen!

ALICE: Er lügt! Judit hat es gesehen!

HAUPTMANN: Was tut das zur Sache?

ALICE: Sie kann es bezeugen!

HAUPTMANN: Nein, das kann sie nicht, denn sie sagt, daß sie nichts gesehen hat!

ALICE: Du hast dem Kind beigebracht zu lügen!

HAUPTMANN: Das brauchte ich nicht, denn das hattest du ihr schon vorher beigebracht.

ALICE: Du hast Judit getroffen?

HAUPTMANN: Tja ...!

ALICE: O Gott! O Gott!

HAUPTMANN: Die Festung hat sich ergeben! Dem Feind wird freier Abzug gewährt mit zehn Minuten Frist! *Legt seine Uhr auf den Tisch.* Zehn Minuten; Uhrenvergleich! *Bleibt mit der Hand am Herzen stehen.*

ALICE *tritt zu ihm und faßt seinen Arm*: Was ist?

HAUPTMANN: Ich weiß nicht!

ALICE: Willst du etwas haben, etwas zu trinken?

HAUPTMANN: Whisky? Nein, ich will nicht sterben! Du! – *Macht sich gerade.* Faß mich nicht an! – Zehn Minuten, oder die Besatzung wird niedergemacht! *Zieht den Säbel.* Zehn Minuten! *Geht durch den Hintergrund ab.*

KURT: Wer ist dieser Mensch?

ALICE: Ein Dämon und kein Mensch!

KURT: Was will er mit meinem Sohn?

ALICE: Er will ihn als Geisel haben, damit er dich beherrschen kann, er will dich von den Behörden der Insel isolieren! – Weißt du, daß diese Insel von der Bevölkerung die „kleine Hölle“ genannt wird?

KURT: Das wußte ich nicht ...! Alice, du bist die erste Frau, die mein Mitleid erregt hat, alle anderen, fand ich, haben ihr Schicksal verdient.

ALICE: Verlaß mich jetzt nicht! Geh nicht weg von mir, sonst schlägt er mich ..., er hat mich fünfundzwanzig Jahre lang geschlagen – und in Gegenwart der Kinder –, er hat mich ins Meer gestoßen ...

KURT: Wenn das so ist, stelle ich mich absolut gegen ihn. Ich kam her ohne Bosheit, ohne Gedanken an seine früheren Demütigungen und Verleumdungen! Ich verzieh ihm sogar, als du erzähltest, daß er es war, der mich von meinen Kindern trennte ..., denn er war krank, ein Sterbender ..., aber wenn er mir nun meinen Sohn nehmen will, dann muß er sterben, er – oder ich.

ALICE: Gut! Die Festung nicht aufgeben! Sondern sie und ihn in die Luft sprengen, und wenn wir mit draufgehen sollten! Ich besorge das Pulver!

KURT: Ich war nicht böse, als ich herkam, und ich wollte fliehen, als ich spürte, wie euer Haß mich ansteckte, doch jetzt fühle ich einen unwiderstehlichen Zwang, diesen Mann zu hassen, so wie ich das Böse hasse! – Was kann man tun?

ALICE: Die Taktik hat er mich gelehrt! Seine Feinde zusammentrommeln und Verbündete suchen!

KURT: Daß er meine Frau ausfindig machen konnte! Warum haben sie sich nicht vor einem Menschenalter getroffen! Das wäre ein Kampf geworden, daß die Erde gebebt hätte!

ALICE: Aber nun haben sich die Seelen gefunden ..., und sie müssen getrennt werden! Ich ahne, wo seine verwundbare Stelle ist, ich hatte lange den Verdacht ...

KURT: Wer ist sein hartnäckigster Feind hier auf der Insel?

ALICE: Das ist der Zeugmeister!

KURT: Ist das ein redlicher Kerl?

ALICE: Ja, das kann man sagen! Und er weiß, was ich ..., ich weiß es auch! – Er weiß, in welcher Angelegenheit der Wachtmeister und der Hauptmann unter einer Decke steckten!

KURT: Unter einer Decke ...? Meinst du ...?

ALICE: Unterschlagungen!

KURT: Das ist schrecklich! Nein, das aufzudecken – da will ich nicht mitmachen!

ALICE: Haha! Du kannst einen Feind nicht schlagen!

KURT: Ich habe es früher gekonnt – aber ich kann es nicht mehr!

ALICE: Weshalb?

KURT: Weil ich entdeckt habe ..., daß die Gerechtigkeit doch ihren Lauf nimmt.

ALICE: Darauf kannst du warten! Inzwischen hat man dir deinen Sohn genommen! Sieh mein graues Haar an ..., ja, übrigens fühl doch mal, wie stark es ist! – Er will sich wieder verheiraten, und dann bin ich frei – das gleiche zu tun. – Ich bin frei!

Und in zehn Minuten wird er da unten im Arrest sitzen, da unten ... *Stampft auf den Fußboden.* Da unten ..., und ich werde auf seinem Kopf tanzen, ich werde den Einzug der Bojaren tanzen – *Macht ein paar Tanzschritte, die Hände in die Hüften gestemmt.* – Hahahaha! Und ich werde Klavier spielen, daß er's hört! *Hämmert auf dem Klavier.* Oh! Der Turm öffnet seine Tore, und der Wächter mit dem gezogenen Säbel wird nicht mehr mich bewachen, sondern ihn! Tamtaramtam, tamtaramtamtam! Ihn, ihn, ihn wird er bewachen!

KURT *hat sie mit leidenschaftlichen Blicken betrachtet*: Alice! Bist du ein Teufel, du auch?

ALICE *springt auf einen Stuhl und nimmt die Lorbeerkränze von der Wand*: Die hier nehme ich mit beim Abzug... Lorbeeren des Triumphs! Und flatternde Bänder! Ein bißchen verstaubt, aber ewig grün! – Wie meine Jugend! – Ich bin nicht alt, Kurt!

KURT *mit leuchtenden Augen*: Du bist ein Teufel!

ALICE: In der kleinen Hölle! – Hör zu, jetzt mache ich Toilette! *Löst ihr Haar auf.* Ziehe mich in zwei Minuten an – gehe zum Zeugmeister in zwei Minuten – und dann: in die Luft mit der Festung!

KURT *wie vorher*: Du bist ein Teufel!

ALICE: Das hast du immer gesagt, auch als wir Kinder waren! Weißt du noch, daß wir uns als Kinder verlobt haben? Haha! Du warst schüchtern, natürlich ...

KURT *ernst*: Alice!

ALICE: Ja, das warst du! Und das stand dir gut. Siehst du, es gibt robuste Frauen, die schüchterne Männer mögen, und es ... Es soll schüchterne Männer geben, die robuste Frauen mögen! Du hast mich ein bißchen gemocht, schon damals! Nicht wahr?

KURT: Ich weiß nicht, wo ich bin!

ALICE: Bei einer Schauspielerin, die freie Manieren hat, aber sonst ein vorzügliches Frauenzimmer ist. Ja! Aber nun bin ich frei, frei, frei! – Dreh dich um, ich will die Bluse wechseln! *Knöpft die Bluse auf.*

Kurt stürzt zu ihr, nimmt sie auf die Arme, hebt sie hoch und beißt sie in die Kehle, daß sie schreit. Dann wirft er sie aufs Chaiselongue und eilt nach links hinaus.

Unverändertes Bühnenbild, Abend. Durch das Fenster im Hintergrund ist immer noch der Posten bei den Geschützen zu sehen. Die Lorbeerkränze hängen über einer Stuhllehne. Die Deckenlampe brennt. Leise Musik, hält an bis zum Auftritt einer neuen Person.

Der Hauptmann, bleich und hohläugig, graumeliert, gekleidet in eine abgetragene Uniform und Reitstiefel, sitzt am Schreibtisch und legt Patience. Er hat die Brille auf. Dann und wann zuckt er zusammen, schaut hoch und horcht ängstlich.

Die Patience scheint nicht aufzugehen, er wird ungeduldig und schiebt die Karten zusammen. Danach geht er zum Fenster links, öffnet es und wirft die Karten hinaus. Das Fenster bleibt offen, rüttelt an den Haken.

Er geht zum Schrank, das Geräusch des Fensters erschreckt ihn, er dreht sich um und sieht nach, was ist. Nimmt drei dunkle, viereckige Whiskyflaschen aus dem Schrank, betrachtet sie genau – und wirft sie aus dem Fenster. Nimmt Zigarrenkisten, riecht in eine hinein und wirft sie aus dem Fenster.

Dann nimmt er die Brille ab, putzt sie und probiert, wie er damit sehen kann. Wirft sie aus dem Fenster, stolpert zwischen den Möbeln herum, als sähe er schlecht, und zündet die sechs Kerzen im Kandelaber auf dem Sekretär an. Sein Blick fällt auf die Lorbeerkränze, nimmt sie und geht zum Fenster, aber kehrt um. Nimmt die Klavierdecke und schlägt die Lorbeerkränze vorsichtig darin ein, nimmt Stecknadeln vom Schreibtisch, befestigt die Ecken der Decke damit und legt das Paket auf einen Stuhl. Geht zum Klavier, schlägt mit den Fäusten auf die Tasten, schließt es ab und wirft den Schlüssel aus dem Fenster. Danach zündet er die Kerzen auf dem Klavier an. Geht zur Etagere, nimmt das Bild seiner Frau, betrachtet es, zerreißt es und wirft die Stücke auf den Fußboden, das Fenster rüttelt an den Haken, und er schreckt erneut zusammen.

Nachdem er sich wieder beruhigt hat, nimmt er die Porträts des Sohnes und der Tochter, küßt sie flüchtig und steckt sie in die Brusttasche. Die übrigen Porträts fegt er mit dem Ellenbogen herunter und schiebt sie mit dem Stiefel zu einem Haufen zusammen.

Dann setzt er sich erschöpft an den Schreibtisch und faßt sich ans Herz. Zündet den Schreibtischleuchter an und seufzt; starrt vor sich hin, als sähe er unheimliche Erscheinungen ... Steht nach einer Weile auf und geht zum Sekretär, öffnet die Klappe, nimmt ein Bündel Briefe mit blauem Seidenband heraus und

wirft es in den Kachelofen. Schließt den Sekretär. Ein kurzes Ticken im Telegrafen und wieder Stille. Der Hauptmann fährt wie in Todesangst zusammen und bleibt lauschend, mit der Hand am Herzen, stehen. Als er vom Telegrafen nichts mehr hört, wendet er sich lauschend zur Tür links.
Geht hin und öffnet sie, macht einen Schritt hinaus und kommt mit einer Katze auf dem Arm zurück, der er den Rücken streichelt. Dann geht er ab nach rechts. Die Musik hört auf.

Alice herein aus dem Hintergrund, zum Ausgehen gekleidet, schwarzes Haar, Hut, Handschuhe; betrachtet verwundert die vielen Lichter. Kurt herein von links, nervös.

ALICE: Hier sieht es ja aus wie Weihnachten!
KURT: Nun?
ALICE *reicht ihm ihre Hand zum Kuß*: Bedanke dich bei mir!

Kurt küßt ihr widerstrebend die Hand.

ALICE: Sechs Zeugen, vier davon eisern! Die Anzeige ist erstattet, die Antwort kommt per Telegraf her – hierher mitten in die Festung!
KURT: Aha!
ALICE: Sag „danke" statt „aha"!
KURT: Warum hat er so viele Kerzen angezündet?
ALICE: : Weil er sich im Dunkeln fürchtet, natürlich! ... Schau den Telegrafen an! Sieht er nicht aus wie die Kurbel einer Kaffeemühle? Ich mahle und mahle, und die Bohnen knirschen, als zöge man Zähne aus ...
KURT: Was hat er bloß hier im Zimmer gemacht?
ALICE: Es sieht aus, als wenn er umziehen wollte! Dort nach unten sollst du ziehen!
KURT: Alice, nicht so! Ich finde, es ist traurig ... Er war in jungen Jahren mein Freund, und er hat mir so manches Mal Wohlwollen entgegengebracht, als ich es schwer hatte! ... Es ist schade um ihn.

ALICE: Und um mich, die nichts Böses getan hat und ihre Laufbahn für dieses Monstrum opfern mußte!

KURT: Wie war es mit der Laufbahn? War sie wirklich so glänzend?

ALICE *wütend*: Was unterstehst du dich! Weißt du überhaupt, wer ich bin, wer ich war?

KURT: Nana! Nana!

ALICE: Fängst du auch schon an?

KURT: Schon?

Alice fällt ihm um den Hals und küßt ihn.
Kurt nimmt sie in die Arme und beißt sie in den Hals, daß sie schreit.

ALICE: Du beißt mich!

KURT *außer sich*: Ja, ich will dir in die Kehle beißen und dein Blut saugen wie ein Luchs! Du hast das wilde Tier in mir geweckt, das ich jahrelang durch Entsagungen und Selbstquälereien zu töten versucht habe. Als ich kam, glaubte ich, ein wenig besser zu sein als ihr, aber nun bin ich der Schlechteste! Seit ich dich gesehen habe – in deiner ganzen schauderhaften Nacktheit, seitdem mich meine Leidenschaft verblendet hat, fühle ich die ganze Kraft des Bösen – das Häßliche wurde schön, das Gute wird häßlich und schwach! Komm, ich will dich ersticken..., mit einem Kuß! *Er umarmt sie.*

ALICE *hält ihm die linke Hand hin*: Siehst du den Abdruck von der Fessel, die du gelöst hast. Ich war Sklavin und bin freigelassen!

KURT: Aber ich werde dich binden ...

ALICE: Du?

KURT: Ich!

ALICE: Ich glaubte einen Augenblick, du seist ein...

KURT: Frömmler?

ALICE: Ja, du hast vom Sündenfall gesprochen ...

KURT: Habe ich?

ALICE: Und ich glaubte, du bist gekommen, um zu predigen...

KURT: Glaubtest du? – In einer Stunde sind wir in der Stadt! Dann wirst du sehen, wer ich bin ...

ALICE: Dann gehen wir heute abend ins Theater, um uns zu zeigen! Die Schande hat er zu tragen, wenn ich durchbrenne, verstehst du?

KURT: Ich fange an zu verstehen, das Gefängnis ist nicht genug ...

ALICE: Nein, das ist nicht genug! Schande muß noch dazukommen!

KURT: Eine seltsame Welt! Du begehst die schändliche Tat, und er muß die Schande tragen!

ALICE: Wenn die Welt so dumm ist!

KURT: Es ist, als ob diese Gefängnismauern die Schlechtigkeiten aller Verbrecher eingesogen hätten, und man braucht hier nur zu atmen, um davon angesteckt zu werden! Du hast an das Theater und das Souper gedacht, vermute ich. Ich dachte an meinen Sohn!

ALICE *schlägt ihm mit dem Handschuh auf den Mund*: Wunderlicher Kauz!

Kurt hebt die Hand und will Alice eine Ohrfeige geben.

ALICE *weicht zurück*: Tout beau!

KURT: Verzeih mir!

ALICE: Auf die Knie, ja!

Kurt fällt auf die Knie.

ALICE: Ganz hinunter!

Kurt berührt mit der Stirn den Fußboden.

ALICE: Küß meinen Fuß!

Kurt küßt ihren Fuß.

ALICE: Und mach das niemals wieder! – Auf!

KURT *steht auf*: Wohin bin ich geraten? Wo bin ich?

ALICE: Das weißt du!

KURT *sieht sich voll Entsetzen um*: Ich glaube fast ...

HAUPTMANN *herein von rechts, elend, auf einen Stock gestützt*: Kann ich mit Kurt sprechen? Allein!

ALICE: Geht es um den freien Abzug?

HAUPTMANN *setzt sich an den Nähtisch*: Würdest du bitte einen Augenblick hier bei mir sitzen, Kurt? Und wenn Alice uns ein Weilchen – in Ruhe lassen wollte?

ALICE: Was ist denn jetzt los? – Neue Signale! *Zu Kurt*: Bitte sehr, setz dich!

Kurt setzt sich widerwillig.

ALICE: Und lausche den Worten des Alters und der Weisheit! Falls sich der Telegraf meldet – sag mir Bescheid! *Ab nach links.*

HAUPTMANN *nach einer Pause, würdevoll*: Verstehst du ein Menschenschicksal wie meines, wie unseres?

KURT: Nein, ebensowenig wie ich meins verstanden habe.

HAUPTMANN: Was ist denn der Sinn dieses Sammelsuriums?

KURT: In meinen lichteren Momenten habe ich geglaubt, gerade das wäre der Sinn, daß wir den Sinn nicht kennen und uns dennoch beugen ...

HAUPTMANN: Uns beugen! Ohne einen festen Punkt außerhalb meiner selbst kann ich mich nicht beugen.

KURT: Schon richtig, aber du als Mathematiker müßtest wohl den unbekannten Punkt suchen können, wenn dir mehrere bekannte gegeben sind ...

HAUPTMANN: Ich habe ihn gesucht, und – ich habe ihn nicht gefunden.

KURT: Dann hast du dich verrechnet, fang noch mal von vorn an!

HAUPTMANN: Ich werde noch mal anfangen! – Sag, woher hast du deine Resignation?

KURT: Davon ist nichts mehr übrig. Überschätz mich nicht!

HAUPTMANN: Wie du vielleicht gemerkt hast, habe ich die Kunst des Lebens so verstanden: eliminieren! Das heißt, durchstreichen und weitergehen. Ich habe mir frühzeitig einen Sack zurechtgemacht, in den ich die Demütigungen gesteckt habe, und wenn er voll war, habe ich ihn ins Meer geworfen! Ich glaube, kein Mensch hat so viele Demütigungen erlitten wie ich. Aber wenn ich sie durchgestrichen hatte und weitergegangen war, existierten sie nicht länger!

KURT: Ich habe gemerkt, wie du dein Leben und deine Umgebung umgedichtet hast.

HAUPTMANN: Wie hätte ich sonst leben können? Wie hätte ich es aushalten sollen! *Greift sich ans Herz.*

KURT: Wie steht's mit dir?

HAUPTMANN: Schlecht! *Pause.* Dann kommt ein Augenblick, in dem die Fähigkeit zum Umdichten, wie du es nennst, aufhört. Und da erscheint die Wirklichkeit in ihrer ganzen Nacktheit! Das ist schrecklich! *Er spricht jetzt mit weinerlicher Altmännerstimme und hängendem Unterkiefer.* Siehst du, mein lieber Freund ... *Beherrscht sich und spricht mit gewöhnlicher Stimme weiter.* Verzeih! – Als ich jetzt in der Stadt war und mit dem Arzt sprach ... *Wieder weinerlich.* – Da hat er gesagt, daß ich ein gebrochener Mann sei ... *Mit normaler Stimme.* Und daß ich nicht mehr lange zu leben hätte!

KURT: Hat er das gesagt?

HAUPTMANN: Ja, das hat er gesagt.

KURT: Dann war es also nicht wahr?

HAUPTMANN: Was? Ach so – nein, das war nicht wahr!

Pause.

KURT: War dann das andere auch nicht wahr?

HAUPTMANN: Was meinst du, Bruder?

KURT: Daß mein Sohn als Offiziersanwärter hierher abkommandiert ist!

HAUPTMANN: Davon habe ich nie etwas gehört.

KURT: Weißt du, daß deine Fähigkeit, deine eigenen Untaten auszustreichen, grenzenlos ist!

HAUPTMANN: Ich verstehe nicht, was du sagst, Bruder!

KURT: Dann ist Schluß mit dir!

HAUPTMANN: Ja, viel ist nicht mehr übrig.

KURT: Du, hast du womöglich den für deine Frau entehrenden Antrag auf Scheidung auch nicht gestellt?

HAUPTMANN: Scheidung? Nein, davon weiß ich nichts.

KURT *steht auf*: Willst du zugeben, daß du also gelogen hast?

HAUPTMANN: Du gebrauchst so starke Worte, mein Bruder! Wir alle brauchen Nachsicht!

KURT: Du hast es eingesehen?

HAUPTMANN *bestimmt, mit klarer Stimme*: Ja, ich habe es eingesehen! – Deshalb – verzeih mir, Kurt! Verzeih alles!

KURT: Das war ein Manneswort! – Aber ich habe dir nichts zu verzeihen. Und ich bin nicht der Mann, für den du mich hältst, nicht mehr! Am wenigsten der, der würdig wäre, deine Bekenntnisse entgegenzunehmen!

HAUPTMANN *mit klarer Stimme*: Das Leben ist so seltsam! So widrig, so böse, von Kindheit an ..., und die Menschen sind so böse, daß ich auch böse geworden bin ...

Kurt geht unruhig hin und her und schaut auf den Telegrafen.

HAUPTMANN: Wonach siehst du?

KURT: Kann man den Telegrafen abstellen?

HAUPTMANN: Nein, besser nicht.

KURT *mit zunehmender Unruhe*: Wer ist Wachtmeister Östberg?

HAUPTMANN: Ein ordentlicher Kerl, ein bißchen Krämer natürlich!

KURT: Und der Zeugmeister?

HAUPTMANN: Er ist mein Feind, obwohl – ich kann nichts Schlechtes über ihn sagen.

KURT *schaut zum Fenster hinaus, man sieht draußen ein Licht, das sich bewegt*: Was machen die mit der Laterne draußen an den Geschützen?

HAUPTMANN: Eine Laterne?

KURT: Ja, und Leute in Bewegung!

HAUPTMANN: Die Streife rückt wohl aus, wie wir sagen.

KURT: Was bedeutet das?

HAUPTMANN: Ein paar Mann und ein Gefreiter! Sollen wohl irgendeinen armen Burschen einlochen.

KURT: Oh!

Pause.

HAUPTMANN: Du kennst ja nun Alice – was hältst du von ihr?

KURT: Das kann ich nicht sagen . . ., ich verstehe mich überhaupt nicht auf Menschen! Sie ist mir genauso unerklärlich wie du und wie ich selbst! Ich komme nämlich langsam in das Alter, wo man weise wird und erkennt: ich weiß nichts, ich verstehe nichts! – Aber wenn ich eine Handlung sehe, möchte ich gern den Grund dafür wissen . . . Warum hast du sie in die See gestoßen?

HAUPTMANN: Ich weiß nicht! Es kam mir nur ganz natürlich vor, als sie auf dem Steg stand, daß sie hinein mußte.

KURT: Hast du es nie bereut?

HAUPTMANN: Niemals!

KURT: Das ist seltsam!

HAUPTMANN: Ja, so seltsam, daß ich nicht glauben kann, daß ich es war, der eine so niedrige Handlung begangen hat.

KURT: Hast du nicht geglaubt, sie würde sich rächen?

HAUPTMANN: Das hat sie wohl hinreichend getan, und das finde ich ebenso natürlich!

KURT: Wie bist du so schnell zu dieser zynischen Resignation gekommen?

HAUPTMANN: Seit ich dem Tod ins Auge geschaut habe, hat sich mir das Leben aus einem anderen Blickwinkel gezeigt . . ., sag mal, wenn du zwischen Alice und mir richten solltest, wem würdest du recht geben?

KURT: Keinem! Aber euch beiden mein unendliches Mitleid, dir vielleicht etwas mehr.

HAUPTMANN: Gib mir deine Hand, Kurt!

KURT *reicht ihm eine Hand und legt die andere auf seine Schulter*: Alter Freund!

ALICE *herein von rechts, sie trägt einen Sonnenschirm*: Nein, wie vertraulich! Hach, diese Freundschaft! – Ist das Telegramm nicht gekommen?

KURT *kalt*: Nein!

ALICE: Dieses Warten macht mich ungeduldig, und wenn ich ungeduldig werde, dann beschleunige ich den Gang der Handlung! – Sieh her, Kurt, nun gebe ich ihm den letzten Schuß! Und jetzt fällt er! – Zuerst lade ich – ich kenne das Lehrbuch, das berühmte Lehrbuch über Gewehre, das nicht mal in fünftausend Exemplaren verkauft wurde –, und dann lege ich an, Feuer! *Sie zielt mit dem Sonnenschirm.* Wie geht es deiner neuen Frau? Dieser jungen, schönen, unbekannten. Das weißt du nicht! Aber ich weiß, wie's meinem Liebhaber geht! *Nimmt Kurt beim Kopf und küßt ihn, er stößt sie von sich.* Ihm geht es gut, aber er ist immer noch schüchtern! – Du Lump, den ich nie geliebt habe, du, du warst zu eingebildet, um eifersüchtig zu sein, du könntest dir nie vorstellen, wie ich dich jetzt an der Nase herumgeführt habe!

Hauptmann zieht den Säbel und stürzt, nach ihr schlagend, hinter ihr her, trifft aber nur die Möbel.

ALICE: Hilfe! Hilfe!

Kurt steht unbeweglich.

HAUPTMANN *fällt mit dem Säbel in der Hand*: Judit! Räche mich!

ALICE: Hurra! Er ist tot!

Kurt zieht sich zur Tür im Hintergrund zurück.

HAUPTMANN *erhebt sich*: Noch nicht! *Steckt den Säbel zurück, geht zum Lehnstuhl neben dem Nähtisch und setzt sich.* Judit, Judit!

ALICE *geht auf Kurt zu*: Nun gehe ich – mit dir!

KURT *stößt sie von sich, so daß sie auf die Knie fällt*: Geh in den

Abgrund, aus dem du gekommen bist! Leb wohl, für immer! *Geht.*

HAUPTMANN: Geh nicht weg von mir, Kurt, sie bringt mich um!

ALICE: Kurt! Verlaß mich nicht – verlaß uns nicht!

KURT: Lebt wohl! *Ab.*

ALICE *sattelt um*: Was für ein Lump! Der richtige Freund für dich!

HAUPTMANN *sanft*: Verzeih mir, Alice, und komm her! Komm schnell!

ALICE *zum Hauptmann*: Das war der größte Lump und Heuchler, dem ich in meinem Leben begegnet bin! – Weißt du, du bist jedenfalls ein Mann!

HAUPTMANN: Alice, hör zu! – Ich werde nicht mehr lange leben.

ALICE: Soo?

HAUPTMANN: Der Arzt hat es gesagt!

ALICE: Dann war auch das andere unwahr?

HAUPTMANN: Ja!

ALICE *außer sich*: Oh! Was hab ich getan!

HAUPTMANN: Alles kann man ändern!

ALICE: Nein, es ist unabänderlich!

HAUPTMANN: Nichts ist unabänderlich, wenn man nur einen Strich hindurch macht und weitergeht!

ALICE: Aber das Telegramm! Das Telegramm!

HAUPTMANN: Welches Telegramm?

ALICE *auf Knien neben dem Hauptmann*: Sind wir Verdammte? Mußte das geschehen? Ich habe mich, uns, in die Luft gesprengt! Warum mußtest du dein Spiel treiben! Und warum mußte dieser Mann kommen und mich in Versuchung bringen! – Wir sind verloren! Alles wäre gut, alles wäre verziehen durch deine Großmütigkeit.

HAUPTMANN: Was ist es, das nicht verziehen werden kann? Was habe ich dir nicht verziehen?

ALICE: Du hast recht ..., aber es hilft nichts!

HAUPTMANN: Ich kann es nicht erraten, obwohl ich deine Gabe, Bosheiten zu erfinden, kenne ...

ALICE: Oh, wenn ich davonkäme! Wenn ich davonkäme, würde ich dich pflegen …, Edgar, lieben würde ich dich!

HAUPTMANN: Nun hör mal! Was ist denn eigentlich geschehen?

ALICE: Glaub mir, daß niemand uns helfen kann …, nein, kein Mensch kann das!

HAUPTMANN: Wer sollte es denn können?

ALICE *sieht ihm in die Augen*: Ich weiß nicht! – Oh! Was soll aus den Kindern werden, mit einem geschändeten Namen …

HAUPTMANN: Hast du den Namen geschändet?

ALICE: Ich nicht! Ich nicht! – Und dann müssen sie weg von der Schule! Und wenn sie hinaus ins Leben kommen, werden sie einsam sein wie wir und bösartig wie wir! – Dann hast du auch Judit nicht getroffen, wenn ich das jetzt recht verstehe?

HAUPTMANN: Nein! Aber mach einen Strich da durch!

Der Telegraf tickt, Alice fährt auf.

ALICE *schreit*: Nun ist das Unglück da! *Zum Hauptmann*: Hör nicht hin!

HAUPTMANN *ruhig*: Ich werde nicht hinhören, mein liebes Kind, beruhige dich!

ALICE *steht am Telegrafen und stellt sich auf die Zehenspitzen, um aus dem Fenster sehen zu können*: Hör nicht hin! Hör nicht hin!

HAUPTMANN *hält sich die Ohren zu*: Ich halte mir die Ohren zu, Lisa, mein Kind!

ALICE *auf Knien, mit ausgestreckten Händen*: Gott, hilf uns! – Die Streife kommt …

Laut weinend. Gott im Himmel! *Sie scheint die Lippen wie in einem stummen Gebet zu bewegen! Der Telegraf tickt noch ein bißchen, ein langer Papierstreifen ist herausgekrochen, dann wird es wieder still.*

ALICE *erhebt sich, reißt den Papierstreifen ab und liest schweigend. Dann wirft sie einen Blick empor, geht zum Hauptmann und küßt ihn auf die Stirn*: Es ist überstanden! – Es war nichts. *Sie setzt sich in den anderen Lehnstuhl und weint heftig in ihr Taschentuch.*

HAUPTMANN: Was hast du denn dort für Heimlichkeiten?

ALICE: Frag nicht! Das ist nun vorbei!

HAUPTMANN: Wie du willst, mein Kind.

ALICE: Vor drei Tagen hättest du nicht so gesprochen, wie kommt das?

HAUPTMANN: Ja, meine Liebe – als ich zum erstenmal fiel, war ich schon ein Stück jenseits des Grabes. Was ich gesehen habe, habe ich vergessen, aber der Eindruck bleibt!

ALICE: Welcher Eindruck?

HAUPTMANN: Die Hoffnung – auf Besseres!

ALICE: Besseres?

HAUPTMANN: Ja, daß das hier das Leben sein soll – das habe ich eigentlich nie geglaubt . . ., das hier ist der Tod! Oder noch Schlimmeres . . .

ALICE: Und wir . . .

HAUPTMANN: Hatten wahrscheinlich die Aufgabe, einander zu peinigen, so scheint es.

ALICE: Haben wir einander genug gepeinigt?

HAUPTMANN: Ja, ich glaube! Und wie wir gehaust haben! *Sieht sich um.* Wollen wir aufräumen? Und saubermachen?

ALICE *steht auf*: Ja, wenn das möglich ist?

HAUPTMANN *sieht sich im Zimmer um*: Das geht nicht an einem Tag! Nein!

ALICE: Dann in zwei! In vielen Tagen!

HAUPTMANN: Wollen wir's hoffen! *Pause.*

HAUPTMANN *setzt sich wieder*: Also bist du diesmal nicht freigekommen! Aber mich hast du auch nicht festsetzen können!

Alice verblüfft.

HAUPTMANN: Ich hab gewußt, daß du mich ins Gefängnis bringen wolltest, aber das streiche ich durch! Du hast schon Schlimmeres gemacht als das . . .

Alice ist sprachlos.

HAUPTMANN: Und ich hatte keine Schuld an der Unterschlagung!

ALICE: Und nun möchtest du, daß ich deine Krankenpflegerin werde?

HAUPTMANN: Wenn du willst!

ALICE: Was soll ich denn sonst machen?

HAUPTMANN: Ich weiß nicht!

ALICE *setzt sich apathisch, verzweifelt*: Diese ewige Quälerei! Gibt es denn kein Ende?

HAUPTMANN: Doch, wenn wir Geduld haben! Wenn der Tod kommt, beginnt vielleicht das Leben.

ALICE: Wenn es so wäre!

Pause.

HAUPTMANN: Du glaubst, daß Kurt ein Heuchler ist?

ALICE: Ja, ganz gewiß glaube ich das!

HAUPTMANN: Das glaube ich nicht! Aber alle, die in unsere Nähe kommen, werden böse und gehen ihrer Wege ... Kurt war schwach, und das Böse ist stark! *Pause.* Wie banal das Leben geworden ist! Früher schlug man, heute droht man nur noch mit der Faust. – Ich bin fast sicher, daß wir in drei Monaten silberne Hochzeit feiern ..., mit Kurt als Ehestifter! – Und der Doktor und Gerda sind dabei ... Der Zeugmeister hält die Rede, und der Wachtmeister stimmt die Hochrufe an. Wenn ich den Oberst recht kenne, lädt er sich selber ein! – Ja, du lachst! Aber erinnerst du dich an Adolfs silberne Hochzeit ..., bei den Feldjägern? Die Silberbraut mußte den Ring an der rechten Hand tragen, weil ihr der Bräutigam in einem Anfall von Zärtlichkeit den Ringfinger an der linken Hand mit dem Faschinenmesser abgehackt hatte.

Alice hält das Taschentuch vor den Mund, um ihr Lachen zu verbergen.

HAUPTMANN: Weinst du? – Nein, ich glaube, du lachst! – Ja, Kind, mal weinen wir, und mal lachen wir! Was das richtigste ist ..., frag mich nicht! – Ich habe dieser Tage in einer Zeitung gelesen, daß ein Mann, der siebenmal geschieden war, folglich siebenmal verheiratet, schließlich mit achtundneunzig Jahren davonlief und sich wieder verheiratete, mit seiner ersten Frau! Das ist Liebe! – Ob das Leben Ernst ist oder nur Spiel, daraus werde ich nicht schlau! Wenn es Spaß ist, kann es am peinlichsten sein, und der Ernst ist eigentlich am angenehmsten und ruhigsten. Aber wenn man schließlich richtig ernst ist, dann kommt einer und nimmt einen auf die Schippe! Beispiel: Kurt! – Möchtest du silberne Hochzeit feiern?

Alice schweigt.

HAUPTMANN: Sag ja, du! – Sie werden über uns lachen, aber was macht das! Wir lachen mit oder bleiben ernst – wie es gerade kommt!

ALICE: Ja, so sei's denn!

HAUPTMANN *ernst*: Also silberne Hochzeit ...! *Steht auf.* Durchstreichen und weitergehen! – Also, laß uns weitergehen!

Zweiter Teil

PERSONEN

Edgar
Alice
Kurt
Allan, *Kurts Sohn*
Judit, *Edgars Tochter*
Ein Leutnant

Ein ovaler Salon in Weiß und Gold. Im Hintergrund Glastüren, die offenstehen, so daß man die Gartenterrasse draußen sehen kann, mit der Balustrade aus steinernen Säulen, auf der blauweiße Fayencekrüge mit Petunien und Scharlachpelargonien stehen. Die Terrasse ist öffentliche Promenade. Dahinter sieht man die Strandgeschütze mit einem Posten, in der Ferne das Meer.
Im Salon steht links ein vergoldetes Sofa mit Tisch und Stühlen. Rechts ein Flügel, ein Schreibtisch und ein Kamin.
Im Vordergrund ein amerikanischer Liegestuhl.
Neben dem Schreibtisch eine kupferne Stehlampe mit Tischchen.
An den Wänden verschiedene ältere Ölgemälde.

Allan sitzt am Schreibtisch und rechnet, Judit herein durch die Tür im Hintergrund; sie trägt ein kurzes Sommerkleid, Haarzopf auf dem Rücken, den Hut in der einen Hand, den Tennisschläger in der anderen. Sie bleibt an der Tür stehen. Allan erhebt sich, ernsthaft und ehrerbietig.

JUDIT *ernst, doch freundlich*: Warum kommst du nicht zum Tennis?

ALLAN *schüchtern, unterdrückt seine Erregung*: Ich habe soviel zu tun ...

JUDIT: Hast du nicht gesehen, daß ich das Fahrrad gegen die Eiche gelehnt und nicht neben ihr abgestellt habe?

ALLAN: Doch, das habe ich gesehen.

JUDIT: Na, und was bedeutet das?

ALLAN: Das bedeutet ..., du möchtest, daß ich zum Tennisspielen komme ..., aber, meine Pflichten ..., ich muß Probleme lösen ..., und dein Vater ist ein ziemlich strenger Lehrer ...

JUDIT: Magst du ihn?

ALLAN: O ja! Er interessiert sich für alle seine Schüler ...

JUDIT: Er interessiert sich für alle und alles. – Willst du kommen?

ALLAN: Du weißt doch, daß ich will – aber es geht nicht!

JUDIT: Ich werde bei Papa die Erlaubnis einholen.

ALLAN: Tu's nicht! Man würde nur darüber reden!

JUDIT: Glaubst du, ich werde mit ihm nicht fertig? Er will, was ich will!

ALLAN: Wahrscheinlich, weil du so hart bist – ja.

JUDIT: Das solltest du auch sein!

ALLAN: Ich habe keine Wolfsnatur!

JUDIT: Dann wirst du zum Schaf!

ALLAN: Lieber das!

JUDIT: Sag, warum willst du nicht zum Tennis kommen?

ALLAN: Das weißt du ...

JUDIT: Sag's trotzdem! – Der Leutnant ...

ALLAN: Ja, um mich kümmerst du dich nicht ein bißchen, aber es macht dir keinen Spaß mit dem Leutnant, wenn ich nicht dabei bin und du sehen kannst, wie ich leide!

JUDIT: Bin ich so grausam? Das wußte ich nicht!

ALLAN: Dann weißt du's jetzt!

JUDIT: Also werde ich mich bessern, denn ich will nicht grausam sein, ich will nicht schlecht sein – in deinen Augen.

ALLAN: Das sagst du nur, damit du über mich herrschen kannst! Ich bin ja schon dein Sklave, aber das genügt dir nicht, der Sklave soll gepeinigt und den wilden Tieren vorgeworfen werden! – Du hast doch den anderen schon in deinen Klauen, was willst du dann noch mit mir? Laß mich meinen Weg gehen, und geh du den deinen!

JUDIT: Weist du mich ab?

Allan antwortet nicht.

JUDIT: Also gehe ich! – Als entfernte Verwandte müssen wir uns dann und wann treffen, aber ich werde dich nicht belästigen!

Allan setzt sich an den Schreibtisch und rechnet weiter.

JUDIT *statt zu gehen, kommt herein und nähert sich dem Tisch, an dem Allan sitzt*: Keine Angst, ich gehe gleich ... Ich will nur sehen, wie's beim Quarantänemeister ausschaut ... *Sieht sich um.* Weiß und Gold! – Bechsteinflügel! – O ja! – Wir sitzen weiter im Festungsturm, seit Papa pensioniert wurde ..., im Turm, wo Mama fünfundzwanzig Jahre gesessen hat ..., und wir sitzen auf Gnade noch da! Ihr, ihr seid reich!

ALLAN *ruhig*: Wir sind nicht reich!

JUDIT: Das sagst du, aber du bist immer so fein angezogen – übrigens kleidet dich alles, was du auch trägst! – Hörst du, was ich sage? *Nähert sich ihm.*

ALLAN *ergeben*: Ich höre.

JUDIT: Wie kannst du hören, wenn du sitzt und rechnest oder was du da machst?

ALLAN: Ich höre ja nicht mit den Augen!

JUDIT: Deine Augen, ja ...! Hast du sie im Spiegel gesehen?

ALLAN: Geh deiner Wege.

JUDIT: Du verachtest mich, du!

ALLAN: Ich denke überhaupt nicht an dich, meine Liebe!

JUDIT *näher*: Archimedes sitzt und rechnet, als der Soldat kommt und ihn niedersticht! *Stochert mit dem Tennisschläger in seinen Papieren.*

ALLAN: Rühr meine Papiere nicht an!

JUDIT: Das hat Archimedes auch gesagt! – Nun bildest du dir natürlich was ein! Du glaubst, ich kann ohne dich nicht leben ...

ALLAN: Warum kannst du mich nicht in Frieden lassen?

JUDIT: Sei nett, dann helfe ich dir mit dem Examen.

ALLAN: Du?

JUDIT: Ja, ich kenne die Prüfer ...

ALLAN *streng*: Na und?

JUDIT: Weißt du nicht, daß man bei seinen Lehrern gut angeschrieben sein muß?

ALLAN: Meinst du deinen Vater und den Leutnant?

JUDIT: Und den Oberst!

ALLAN: Und da meinst du, daß ich mich mit deinem Beistand vor der Arbeit drücken könnte?

JUDIT: Du bist ein schlechter Übersetzer ...

ALLAN: Eines schlechten Originals.

JUDIT: Schäm dich!

ALLAN: Das tue ich, deinetwegen und meinetwegen! – Ich schäme mich, daß ich dir zugehört habe! – Warum gehst du nicht?

JUDIT: Weil ich weiß, daß du meine Gesellschaft schätzt. – Ja, du findest immer den Weg, der unter meinem Fenster entlangführt! Du hast immer ein Gewerbchen in der Stadt, daß du mit demselben Dampfer fahren kannst, du kannst nicht auf Segeltour gehen, ohne daß ich an der Vorschot sitze.

ALLAN *schüchtern*: So etwas sagt ein junges Mädchen nicht.

JUDIT: Meinst du, ich bin ein Kind?

ALLAN: Manchmal bist du ein gutes Kind, manchmal eine böse Frau! Mich scheinst du zu deinem Schaf auserwählt zu haben.

JUDIT: Du bist ein Schaf, und deshalb werde ich dich beschützen!

ALLAN *steht auf*: Der Wolf ist wohl ein schlechter Schafhirte! Du willst mich fressen ..., das ist das ganze Geheimnis! Du willst deine schönen Augen verpfänden, damit ich sie mit meinem Kopf einlöse.

JUDIT: Oh, du hast meine Augen gesehen? Daß du so mutig bist, hätte ich nicht gedacht!

Allan nimmt seine Papiere zusammen und will gehen.
Judit verstellt ihm an der Tür den Weg.

ALLAN: Laß mich vorbei, oder ...

JUDIT: Oder?

ALLAN: Wenn du ein Junge wärst, pah! Aber da du ein Mädchen bist ...

JUDIT: Was da?

ALLAN: Wenn du eine Spur Stolz besitzen würdest, wärst du gegangen, weil du dich als hinausgeworfen betrachten kannst!

JUDIT: Das werde ich dir heimzahlen!

ALLAN: Das glaube ich dir!

JUDIT *geht wütend zur Tür im Hintergrund*: Das – werde – ich dir – heimzahlen! *Ab.*

KURT *herein von links*: Allan, wo willst du hin?

ALLAN: Bist du's?

KURT: Wer ist denn eben so heftig davongestürmt ..., daß die Büsche zitterten?

ALLAN: Das war Judit.

KURT: Sie ist ein bißchen heftig, aber sie ist ein gutes Mädchen!

ALLAN: Wenn ein Mädchen bösartig und roh ist, dann heißt es immer: ein gutes Mädchen!

KURT: Du mußt nicht so streng sein, Allan! – Bist du nicht zufrieden mit deinen neuen Verwandten?

ALLAN: Onkel Edgar gefällt mir ...

KURT: Ja, er hat viele gute Seiten ... Und deine anderen Lehrer? Der Leutnant, zum Beispiel?

ALLAN: Er ist so unausgeglichen! Manchmal scheint er irgendeinen Groll gegen mich zu hegen.

KURT: O nein! – Du grübelst zuviel über die Menschen. Laß das Sinnieren, tu deine Pflicht, sei korrekt, und laß die anderen gewähren!

ALLAN: Ja, das tue ich ja, aber – ich werde nicht in Frieden gelassen! Sie ziehen einen hinein ..., genau wie die Tintenfische unten am Steg ..., sie beißen nicht, aber machen einen Wirbel, der saugt ...

KURT *freundlich*: Du hast Veranlagung zur Schwermut, glaube ich! Fühlst du dich nicht wohl hier bei mir? Vermißt du etwas?

ALLAN: Ich habe niemals so gute Tage gehabt, aber ... Irgend etwas hier erstickt mich!

KURT: Hier, am Meer? Magst du das Meer nicht?

ALLAN: Doch, das offene Meer! Aber an den Ufern sind Schlinggewächse, Tintenfische, Quallen, Nesseltiere oder wie sie heißen!

KURT: Du darfst nicht soviel drinnen sitzen. Geh raus und spiel Tennis!

ALLAN: Das macht mir keinen Spaß!

KURT: Du bist böse auf Judit, wenn ich recht verstehe!

ALLAN: Judit?

KURT: Du stellst zu hohe Ansprüche an die Menschen, das darf man nicht, denn dann wird man einsam!

ALLAN: Ich stelle keine zu hohen Ansprüche, aber ..., ich habe ein Gefühl, als läge ich zuunterst in einem Holzstoß und müßte darauf warten, bis ich an der Reihe bin, ins Feuer geworfen zu werden ..., alles, was obendrauf liegt, drückt und drückt ...

KURT: Warte, bis du an der Reihe bist! Der Holzstoß nimmt ab...

ALLAN: Ja, aber so langsam – so langsam! – Oh! Unterdessen liege ich da und verschimmle!

KURT: Es macht keinen Spaß, jung zu sein. Und trotzdem beneidet man euch!

ALLAN: Wirklich? Willst du tauschen?

KURT: Nein, danke!

ALLAN: Weißt du, was das schlimmste ist? Dasitzen und schweigen, während die Alten Unsinn reden ... Ich weiß, daß ich besser über eine Sache Bescheid weiß als sie ..., und trotzdem muß ich schweigen! Ja, verzeih, ich rechne dich nicht zu den Alten!

KURT: Warum denn nicht?

ALLAN: Vielleicht deshalb, weil wir uns erst jetzt kennengelernt haben.

KURT: Und weil ..., weil du jetzt eine andere Vorstellung von mir bekommen hast.

ALLAN: Ja!

KURT: Ich nehme an, daß du in den Jahren, in denen wir getrennt waren, nicht immer die freundlichsten Gefühle für mich gehegt hast?

ALLAN: Nein!

KURT: Hast du jemals ein Porträt von mir gesehen?

ALLAN: Ein einziges, und das war sehr unvorteilhaft.

KURT: Und alt?

ALLAN: Ja!

KURT: Vor zehn Jahren bin ich in einer Nacht grau geworden ... Es hat sich dann von allein wieder gegeben ... Laß uns von etwas anderem sprechen! Sieh mal, dort kommt deine Tante! Meine Cousine! Was hältst du von ihr?

ALLAN: Das möchte ich nicht sagen!

KURT: Dann werde ich nicht fragen!

ALICE *herein, in hellem Sommerkostüm und mit Sonnenschirm*: Guten Morgen, Kurt! *Deutet mit einem Blick an, daß er Allan hinausschicken soll.*

KURT *zu Allan*: Laß uns allein!

Allan ab nach rechts.
Alice setzt sich auf das Sofa links.
Kurt setzt sich auf einen Stuhl.

ALICE *pikiert*: Er kommt gleich hinterher, du brauchst dich also nicht zu genieren!

KURT: Warum sollte ich?

ALICE: Mit deinen strengen Begriffen ...

KURT: Mir selbst gegenüber, ja!

ALICE: Na gut! – Ich vergaß mich einmal, als ich in dir den Befreier sah, aber du behieltest die Geistesgegenwart ..., und deshalb haben wir das Recht zu vergessen – was nie gewesen ist.

KURT: Dann vergiß es!

ALICE: Indessen ..., ich glaube nicht, daß er vergessen hat ...

KURT: Du meinst die Nacht, als er den Herzanfall bekam ... Und du zu früh gejubelt hast, im Glauben, er sei tot?

ALICE: Ja! – Dann hat er sich erholt, aber seit er aufgehört hat zu trinken, hat er gelernt zu schweigen, und jetzt ist er furchtbar. Er hat etwas vor, das ich nicht fasse ...

KURT: Alice, dein Mann ist ein harmloser Narr, der mir lauter Freundlichkeit entgegenbringt.

ALICE: Hüte dich vor seinen Freundlichkeiten! Ich kenne sie!

KURT: Soso.

ALICE: Er hat dich also auch blind gemacht! – Siehst du nicht die Gefahr, merkst du nicht die Fallstricke?

KURT: Nein.

ALICE: Dann bist du zum Untergang verurteilt!

KURT: Ach bewahre!

ALICE: Da sitze ich und sehe das Unheil auf dich zukriechen wie eine Katze ..., ich zeige darauf, aber du kannst es nicht sehen!

KURT: Allan mit seinem unbefangenen Blick kann es auch nicht sehen. Er sieht im übrigen nur Judit, und das ist ja allemal ein Unterpfand für ein gutes Verhältnis.

ALICE: Kennst du Judit?

KURT: Eine kleine kokette Göre mit einem Zopf auf dem Rücken und etwas zu kurzen Röcken ...

ALICE: Genau! Aber ich habe sie neulich in langen Röcken gesehen ..., da war sie eine junge Dame, gar nicht mal so jung, als das Haar hochgesteckt war.

KURT: Sie ist ein bißchen weit für ihr Alter, das gebe ich zu!

ALICE: Und sie spielt mit Allan!

KURT: Das geht an, solange es Spiel ist.

ALICE: Ach, das geht an! – Jetzt kommt Edgar gleich, er setzt sich in den Liegestuhl – den liebt er mit einer Leidenschaft, daß er ihn stehlen könnte.

KURT: Er soll ihn haben!

ALICE: Laß ihn dort sitzen, und wir bleiben hier. Und wenn er redet – morgens ist er redselig –, wenn er bedeutungsloses Zeug redet, werde ich es dir übersetzen!

KURT: Ach, du bist zu klug, zu klug, liebe Alice! Was sollte ich zu befürchten haben, solange ich meine Quarantänestation einwandfrei besorge und mich sonst anständig aufführe?

ALICE: Du glaubst an Gerechtigkeit und Ehrbarkeit und all das.

KURT: Ja, und das hat mich die Erfahrung gelehrt. Ich habe einmal das Gegenteil geglaubt ... Das ist mich teuer zu stehen gekommen.

ALICE: Jetzt kommt er!

KURT: Ich habe dich früher nie furchtsam gesehen.

ALICE: Ich war nur mutig, weil ich die Gefahr nicht erkannt hatte.

KURT: Die Gefahr? Du fängst an, mich wirklich zu beunruhigen!

ALICE: Ach, wenn ich's nur könnte! – Da!

Hauptmann kommt aus dem Hintergrund herein, er ist in Zivil; schwarzer zugeknöpfter Redingote, Uniformmütze, Spazierstock mit Silberkrücke. Er nickt zur Begrüßung, geht zum Liegestuhl und setzt sich.

ALICE *zu Kurt*: Laß ihn zuerst reden!

HAUPTMANN: Dein Stuhl hier ist süperb, mein lieber Kurt! Ganz süperb!

KURT: Ich werde ihn dir schenken, wenn du ihn annehmen willst!

HAUPTMANN: Das war nicht meine Absicht ...

KURT: Aber meine, aufrichtig! Wieviel habe ich nicht von dir bekommen!

HAUPTMANN *redselig*: Ach Unsinn! – Wenn ich hier sitze, kann ich die ganze Insel überblicken, alle Promenaden, ich sehe alle Menschen auf ihren Veranden, alle Schiffe, die das Meer befahren und ein- und auslaufen ... Du hast wirklich das beste Stück von dieser Insel erwischt, die jedenfalls nicht die der Glückseligen ist. Nicht wahr, Alice? – Ja, sie wird die „kleine Hölle" genannt, und hier hat Kurt sich ein Paradies geschaffen, ohne Eva natürlich, denn als sie erschien, war Schluß mit dem Paradies! Hörst du? Weißt du, daß das hier ein königliches Jagdschloß gewesen ist?

KURT: Ich habe davon gehört!

HAUPTMANN: Du wohnst königlich, du, aber in aller Bescheidenheit gesagt, das hast du mir zu verdanken.

ALICE *zu Kurt*: Siehst du, jetzt will er dich packen!

KURT: Ich habe dir viel zu verdanken.

HAUPTMANN: Ach Unsinn! – Sag mal, hast du die Weinkisten bekommen?

KURT: Ja.

HAUPTMANN: Und? Bist du zufrieden?

KURT: Sehr zufrieden, du kannst deinen Furier grüßen und ihm das sagen.

HAUPTMANN: Er sorgt immer für prima Ware …

ALICE *zu Kurt*: Zum Unter-der-Hand-Preis, und du darfst die Differenz bezahlen …

HAUPTMANN: Was hat Alice gesagt?

ALICE: Ich? Nichts!

HAUPTMANN: Ja. Als diese Quarantänestelle eingerichtet wurde, war ich drauf und dran, mich zu bewerben …, ich habe deshalb das Quarantänewesen studiert.

ALICE *zu Kurt*: Das lügt er!

HAUPTMANN *schwadroniert*: Die veralteten Ideen vom Desinfektionswesen, denen die Leitung huldigte, wurden von mir nicht geteilt! Ich stand nämlich auf der Seite der Neptunisten – wir nannten sie so, weil sie für die Wassermethode waren …

KURT: Entschuldige, ich erinnere mich genau, daß ich es war, der damals Wasser predigte und du Feuer.

HAUPTMANN: Ich? Ach Unsinn!

ALICE *laut*: Doch, daran erinnere ich mich auch!

HAUPTMANN: Du …?

KURT: Ich erinnere mich um so mehr daran –

HAUPTMANN *unterbricht ihn*: Das kann ja sein, aber das spielt keine Rolle! *Hebt die Stimme.* Indessen … Wir sind nun soweit, daß ein neuer Sachverhalt … *Zu Kurt, der ihn unterbrechen will*: Sei jetzt still! … eingetreten ist …, und das Quarantänewesen steht im Begriff, einen Riesenschritt nach vorn zu tun.

KURT: Apropos! Weißt du, wer diese dummen Artikel in der Zeitschrift schreibt?

HAUPTMANN *errötet*: Das weiß ich nicht, aber warum nennst du sie dumm?

ALICE *zu Kurt*: Paß auf! Die hat er geschrieben!

KURT *zu Alice*: Er? *Zum Hauptmann*: Dann sagen wir: wenig verständig?

HAUPTMANN: Das kannst du nicht beurteilen!

ALICE: Habt ihr die Absicht, euch zu zanken?

KURT: O nein!

HAUPTMANN: Es ist schwer, hier auf der Insel Eintracht zu halten, aber wir sollten mit gutem Beispiel vorangehen...

KURT: Ja, kannst du mir folgendes erklären? Als ich herkam, hatte ich schnell bei allen Behörden Freunde, und besonders der Richter wurde mein Vertrauter, so vertraut, wie man in unserem Alter werden kann.
Nun gut, nach einer gewissen Zeit – es war gleich nach deiner Genesung – fing der eine nach dem anderen an, mir die kalte Schulter zu zeigen, und gestern ist mir der Richter auf der Promenade ausgewichen. Ich kann nicht sagen, wie mich das geschmerzt hat.

Hauptmann schweigt.

KURT: Hast du auch Abneigung gegen dich bemerkt?

HAUPTMANN: Nein, im Gegenteil.

ALICE *zu Kurt*: Verstehst du nicht, daß er dir deine Freunde gestohlen hat?

KURT *zum Hauptmann*: Ich frage mich, ob es mit dieser neuen Aktienzeichnung zusammenhängen kann, an der ich mich nicht beteiligen wollte?

HAUPTMANN: Nein, nein! Aber kannst du mir sagen, warum du dich nicht beteiligen wolltest?

KURT: Weil ich meine geringen Ersparnisse schon in einer Sodafabrik angelegt habe. Und auch, weil eine neue Zeichnung bedeutet, daß die alten Aktien wacklig sind.

HAUPTMANN *zerstreut*: Was für eine süperbe Lampe du hast! Wo hast du die erstanden?

KURT: In der Stadt natürlich.

ALICE *zu Kurt*: Paß auf deine Lampe auf, du!

KURT *zum Hauptmann*: Du darfst nicht glauben, daß ich undankbar oder mißtrauisch bin, Edgar.

HAUPTMANN: Ja, aber es ist kein Zeichen von Vertrauen, daß du aus einem Geschäft aussteigen willst, das du mit gestartet hast.

KURT: Mein Lieber, normale Vorsicht gebietet, daß man sich und das Seine rechtzeitig zu retten sucht.

HAUPTMANN: Retten? Ist irgendeine Gefahr im Anzug? Will man dich bestehlen?

KURT: Warum so harte Worte?

HAUPTMANN: Warst du nicht zufrieden, als ich dir geholfen hatte, dein Kapital zu sechs Prozent anzulegen?

KURT: Doch, ich war sogar dankbar!

HAUPTMANN: Du bist nicht dankbar – das ist nicht deine Natur, aber dafür kannst du nichts!

ALICE *zu Kurt*: Hör ihn dir an!

KURT: Meine Natur ist sicher voller Mängel und mein Kampf dagegen ziemlich erfolglos, aber ich erkenne Verbindlichkeiten an ...

HAUPTMANN: Dann beweise es! *Langt nach einer Zeitung.* Sieh an, was steht denn hier? Eine Annonce! *Liest.* Der Medizinalrat ist gestorben!

ALICE *zu Kurt*: Nun spekuliert er schon mit der Leiche.

HAUPTMANN *gleichsam zu sich selbst*: Das wird gewisse – Veränderungen mit sich bringen ...

KURT: In welcher Hinsicht?

HAUPTMANN *steht auf*: Nun, wir werden sehen!

ALICE *zum Hauptmann*: Wohin willst du?

HAUPTMANN: Ich glaube, ich muß in die Stadt! *Entdeckt eine Briefkarte auf dem Schreibtisch, nimmt sie wie in Gedanken, liest den Umschlag und legt sie zurück.* Entschuldige meine Zerstreutheit!

KURT: Macht nichts!

HAUPTMANN: Dort liegt ja Allans Reißzeug. Wo ist der Junge?

KURT: Er ist draußen und spielt mit den Mädchen.

HAUPTMANN: Der große Junge? Das gefällt mir nicht! Und Judit darf nicht so herumrennen. Du solltest ein Auge auf deinen jungen Herrn haben, und ich werde mich um meine junge Dame kümmern! *Geht am Flügel vorbei und schlägt ein paar Töne an.* Süperber Ton in dem Instrument! Ein Steinbech? Was?

KURT: Bechstein!

HAUPTMANN: Ja, du hast es gut, du! Bedank dich bei mir, daß ich dich hergebracht habe!

ALICE *zu Kurt*: Er lügt, er hat es zu verhindern gesucht!

HAUPTMANN: Adieu solange! Ich nehme das nächste Boot! *Geht, die Bilder an den Wänden musternd.*

ALICE: Naa?

KURT: Naa?

ALICE: Noch bin ich nicht hinter seine Pläne gekommen! Aber sag mir eines: das Kuvert, das er sich angesehen hat – von wem ist der Brief?

KURT: Ich schäme mich, es zu sagen – das war mein einziges Geheimnis!

ALICE: Und das hat er herausgeschnüffelt! Siehst du, ich hab dir's ja schon gesagt, daß er zaubern kann! – Steht auf dem Kuvert etwas gedruckt?

KURT: Ja – „Wählerverein".

ALICE: Da hat er dein Geheinmis erraten. Du willst Reichstagsabgeordneter werden, verstehe ich! Und nun wirst du sehen, daß er es an deiner Stelle wird!

KURT: Hat er denn jemals daran gedacht?

ALICE: Nein, aber jetzt denkt er daran! Das habe ich in seinem Gesicht gelesen, als er das Kuvert ansah.

KURT: Fährt er deshalb in die Stadt?

ALICE: Nein, den Entschluß hat er gefaßt, als er die Todesanzeige sah.

KURT: Was will er durch den Tod des Medizinalrats gewinnen?

ALICE: Ja, wer weiß! Vielleicht war er ein Feind, der seinen Plänen im Weg stand!

KURT: Wenn er so schrecklich ist, wie du sagst, dann hat man wirklich Grund, ihn zu fürchten!

ALICE: Hast du nicht gehört, wie er dich in Besitz nehmen, deine Hände mit Dankesschulden, die es nicht gibt, binden wollte. Er hat dir zum Beispiel niemals diese Stellung beschafft, im Gegenteil, er hat versucht, dich zu behindern! Das ist ein Menschendieb, ein Insekt, ein Holzwurm, der dich inwendig zerfressen wird, bis du eines Tages ausgehöhlt bist wie eine morsche Kiefer. Er haßt dich, obwohl er durch die Erinnerung an eure Jugendfreundschaft an dich gebunden ist ...

KURT: Wie scharfsinnig du bist, wenn du haßt.

ALICE: Und dumm, wenn man liebt! Blind und dumm!

KURT: O nein, wie du redest.

ALICE: Weißt du, was man unter einem Vampir versteht? Das soll die Seele eines toten Menschen sein, die sich einen Körper sucht, in dem sie als Parasit leben kann. Edgar ist tot, seit er damals umgefallen ist. Er hat keine eigenen Interessen, keine Persönlichkeit, keine Initiative. Aber wenn er nur an einen Menschen herankommt, dann läßt er sich auf ihm nieder, gräbt seine Saugwurzeln ein und fängt an zu wachsen und zu blühen. Nun sitzt er auf dir!

KURT: Wenn er zu nahe kommt, werde ich ihn abschütteln.

ALICE: Abschütteln? Eine Klette? Du wirst schon sehen! – Weißt du, warum er nicht will, daß Judit und Allan miteinander spielen?

KURT: Er ist wohl besorgt um ihre Gefühle.

ALICE: Nicht im geringsten! – Er will Judit verheiraten ..., mit dem Oberst!

KURT *erregt*: Mit dem alten Witwer?

ALICE: Ja!

KURT: Entsetzlich! – Und Judit?

ALICE: Wenn sie den General, der achtzig ist, bekommen könnte, würde sie ihn nehmen, nur um den Oberst zu demütigen, der sechzig ist. Demütigen, siehst du, das ist ihr Lebensinhalt! Treten und demütigen, das ist die Losung dieses Geschlechts!

KURT: Judit? Dieses schöne, dieses stolze, dieses herrliche Mädchen!

ALICE: Ja, das kennen wir! – Darf ich hier sitzen und einen Brief schreiben?

KURT *macht etwas Ordnung auf dem Schreibtisch*: Bitte sehr!

ALICE *zieht die Handschuhe aus und setzt sich an den Schreibtisch*: Nun werde ich mich in der Kriegskunst versuchen! Es ist mir einmal mißlungen, als ich meinen Drachen erschlagen wollte. Aber jetzt habe ich dazugelernt!

KURT: Weißt du, daß man geladen haben muß, bevor man schießt?

ALICE: Ja, und scharf geladen!

Kurt zieht sich nach rechts zurück.
Alice überlegt und schreibt.
Allan stürzt herein, ohne Alice zu bemerken, und wirft sich vornüber auf das Sofa, in ein Spitzentaschentuch schluchzend.

ALICE *beobachtet ihn erst einen Augenblick, dann steht sie auf und geht zum Sofa. Mit sanfter Stimme*: Allan!

Allan richtet sich auf, verlegen, versteckt das Taschentuch hinter dem Rücken.

ALICE *sanft, fraulich, wirklich gerührt*: Du brauchst keine Angst vor mir zu haben, Allan, ich werde dir nicht gefährlich. Was ist denn mit dir? Bist du krank?

ALLAN: Ja!

ALICE: Was hast du denn?

ALLAN: Ich weiß nicht!

ALICE: Tut dir der Kopf weh?

ALLAN: Nein!

ALICE: In der Brust? Quält dich etwas?

ALLAN: Jaa!

ALICE: O Qual, Qual, daß einem das Herz zerschmelzen will! Und es zieht, zerrt ...

ALLAN: Woher weißt du das?

ALICE: Und da will man sterben, will, man wäre tot, und alles ist so schwer. Und man denkt nur an ein und dasselbe ..., ein und denselben Menschen, aber wenn zwei an ein und dieselbe denken, dann bereitet das dem einen von beiden großen Kummer.

Allan spielt selbstvergessen mit dem Taschentuch.

ALICE: Das ist die Krankheit, die keiner heilen kann, man kann nicht essen, will nicht trinken, will nur weinen, und man weint so bitterlich ..., am liebsten draußen im Wald, wo man von niemand gesehen wird, denn über diesen Kummer lachen die Menschen, die boshaften Menschen! Ach! – Was willst du von ihr? Nichts! Du willst ihren Mund nicht küssen, weil du glaubst, du mußt dabei sterben. Du hast das Gefühl, als wenn der Tod sich nähert, wenn deine Gedanken zu ihr fliegen! Und es ist der Tod, Kind, dieser Tod, der Leben schenkt. Aber das verstehst du noch nicht! *Pause.* Es duftet nach Veilchen! Das ist sie! *Nähert sich Allan und nimmt ihm sanft das Taschentuch weg.* Das ist sie, überall sie und allein sie! Oh, oh, oh!

Allan sieht keinen anderen Ausweg, als sein Gesicht in Alices Armen zu verbergen.

ALICE: Armer Junge! Armer Junge! Oh, wie weh das tut, wie weh! *Sie trocknet seine Tränen mit dem Taschentuch.* So, so, so! Wein ruhig, wein dich aus, so ja. So wird dir leichter ums Herz! – Aber nun: steh auf, Allan, und sei ein Mann, sonst wird sie dich überhaupt nicht ansehen! Die Grausame, die nicht grausam ist! *Pause.* Hat sie dich gequält? – Mit dem Leutnant? Hör zu, Junge! – Du mußt dich mit dem Leutnant anfreunden, da könnt ihr miteinander über sie reden! Das erleichtert etwas.

ALLAN: Ich will den Leutnant nicht sehen!

ALICE: Hör mal, Kleiner: es wird nicht lange dauern, bis der Leutnant dich aufsucht, um über sie zu sprechen! Weil ...

Allan blickt mit einem Anflug von Hoffnung auf.

ALICE: Naa, soll ich nett sein und es sagen?

Allan senkt den Kopf.

ALICE: Er ist genauso unglücklich wie du!

ALLAN *erfreut*: Nein?

ALICE: Doch, bestimmt, und er braucht jemand, dem er sein Herz öffnen kann, wenn Judit ihn verletzt. Du scheinst dich zu früh zu freuen!

ALLAN: Will sie den Leutnant nicht haben?

ALICE: Sie will auch dich nicht haben, mein Lieber, weil sie den Oberst haben will!

Allan wird wieder traurig.

ALICE: Regnet es schon wieder? – Nein, das Taschentuch bekommst du nicht, Judit ist nämlich besorgt um ihre Habseligkeiten und will ihr Dutzend voll haben!

Allan schaut verdutzt drein.

ALICE: Ja, du, so ist Judit! – Bleib ruhig sitzen, ich muß nur noch einen Brief schreiben – ich wollte dich bitten, ihn für mich wegzubringen! *Geht zum Schreibtisch und schreibt.*

LEUTNANT *herein aus dem Hintergrund; er sieht melancholisch aus, ohne deshalb komisch zu wirken. Bemerkt Alice nicht, sondern steuert auf Allan zu:* Anwärter!

Allan steht auf und nimmt Haltung an.

LEUTNANT: Bitte bleiben Sie sitzen!

Alice betrachtet die beiden.
Leutnant tritt zu Allan und setzt sich neben ihn. Seufzt, holt ein Taschentuch hervor, das dem Allans gleicht, und trocknet sich die Stirn.
Allan verschlingt das Taschentuch mit den Blicken.
Leutnant betrachtet Allan traurig.
Alice hustet.
Leutnant fährt hoch und nimmt Haltung an.

ALICE: Bitte, bleiben Sie sitzen!

LEUTNANT: Bitte um Verzeihung, Frau Hauptmann!

ALICE: Das macht nichts! Bitte, bleiben Sie doch und leisten Sie unserem jungen Freund Gesellschaft. Er fühlt sich ein wenig verlassen hier auf der Insel! *Schreibt.*

LEUTNANT *macht halblaut und verlegen mit Allan Konversation*: Es ist enorm heiß!

ALLAN: O ja!

LEUTNANT: Haben Sie den sechsten Band schon fertig?

ALLAN: Ich bin gerade bei dem letzten Kapitel!

LEUTNANT: Das ist knifflig! *Schweigen.* Haben Sie ... *Sucht nach Worten* ... heute Tennis gespielt?

ALLAN: Nee, es war zu heiß in der Sonne!

LEUTNANT *angstvoll, doch ohne komisch zu werden*: Ja, es ist enorm heiß heute!

ALLAN *flüstert*: Ja, es ist sehr heiß!

Schweigen.

LEUTNANT: Sind Sie heute – segeln gewesen?

ALLAN: Nee, ich hatte keinen Fockgast!

LEUTNANT: Könnten Sie sich denken ..., mir die Fock anzuvertrauen?

ALLAN *respektvoll wie vorher*: Zuviel der Ehre, Herr Leutnant!

LEUTNANT: Ich bitte Sie ..., meinen Sie, daß heute guter Wind wäre, vielleicht am späten Nachmittag, ich hab erst dann frei!

ALLAN *pfiffig*: Da ist Flaute, und ... um diese Zeit hat Fräulein Judit Unterricht ...

LEUTNANT *betrübt*: Ach ja, ach ja. Hm. – Meinen Sie, daß –

ALICE: Würde einer der jungen Herren einen Brief für mich besorgen?

Allan und der Leutnant betrachten einander mißtrauisch.

ALICE: ... an Fräulein Judit!

Allan und der Leutnant springen auf und stürzen zu Alice,

versuchen jedoch, Würde zu bewahren, um ihre Gefühle nicht zu zeigen.

ALICE: Beide Herren? Na, dann ist es um so sicherer! *Reicht dem Leutnant den Brief.* Leutnant, wollen Sie mir bitte das Taschentuch da geben? Meine Tochter achtet sehr auf ihre Wäsche! Sie ist von Natur aus etwas kleinlich ..., geben Sie's mir! – Ich will nicht über Sie lachen, aber Sie sollen sich nicht lächerlich machen – unnötigerweise. Und der Oberst spielt nicht gern den Othello! *Nimmt das Taschentuch.* Gehen Sie jetzt, meine Herren, und versuchen Sie, Ihre Gefühle zu verbergen, so gut Sie können!

Leutnant verbeugt sich und geht, dicht gefolgt von Allan.

ALICE *ruft*: Allan!

ALLAN *bleibt äußerst widerstrebend an der Tür stehen*: Ja, Tante!

ALICE: Bleib! Wenn du dir selbst nicht mehr weh tun willst, als du ertragen kannst.

ALLAN: Ja, aber er geht!

ALICE: Laß ihn sich die Finger verbrennen! Aber du – sei vorsichtig!

ALLAN: Ich will nicht vorsichtig sein!

ALICE: Dann wirst du hinterher weinen, und ich muß mich abmühen, dich zu trösten!

ALLAN: Ich will gehen!

ALICE: Dann geh! Aber komm nur wieder, du junger Tor, dann habe ich das Recht, dich auszulachen!

Allan eilt dem Leutnant nach.

Alice sitzt und schreibt wieder.

KURT *herein*: Alice, ich habe einen anonymen Brief bekommen, der mich beunruhigt!

ALICE: Hast du gemerkt, daß Edgar ein anderer Mensch geworden ist, seit er die Uniform abgelegt hat. Ich hätte niemals gedacht, daß ein Kleidungsstück soviel ausmacht!

KURT: Du hast meine Frage nicht beantwortet!

ALICE: Es war keine Frage. Es war eine Information. Was fürchtest du?

KURT: Alles!

ALICE: Er ist in die Stadt gefahren! Seine Besuche in der Stadt bedeuten immer Furchtbares!

KURT: Aber ich kann nichts unternehmen, weil ich nicht weiß, von welchem Punkt aus die Attacke einsetzen wird.

ALICE *faltet den Brief zusammen*: Mal sehen, ob ich es erraten habe ...!

KURT: Und wirst du mir helfen?

ALICE: Ja! – Aber nicht mehr, als meine Interessen zulassen! Meine, das heißt, die meiner Kinder!

KURT: Das kann ich verstehen! – Hörst du, wie still es ist, in der Natur, auf See, überall!

ALICE: Aber ich höre Stimmen in der Stille ..., Gemurmel, Geschrei!

KURT: Still! Ich höre auch etwas! Nein, es waren nur die Möwen.

ALICE: Ich höre etwas anderes! – Und jetzt gehe ich zur Post – mit diesem Brief!

Unverändertes Bühnenbild. Allan sitzt am Schreibtisch und arbeitet. Judit steht in der Tür, sie trägt einen Tennishut. In der Hand hält sie einen Fahrradlenker.

JUDIT: Darf ich mir einen Schraubenschlüssel leihen?

ALLAN *ohne aufzusehen*: Nein, das darfst du nicht!

JUDIT: Du bist ungezogen, bloß weil ich hinter dir herlaufe!

ALLAN *nicht unfreundlich*: Ich bin gar nichts, ich möchte nur in Frieden gelassen werden.

JUDIT *nähert sich*: Allan!

ALLAN: Ja, was ist?
JUDIT: Du sollst mir nicht böse sein!
ALLAN: Das bin ich nicht.
JUDIT: Gib mir die Hand darauf!
ALLAN *sanft*: Ich will dir nicht die Hand geben, aber böse bin ich dir nicht ...! Was willst du eigentlich von mir?
JUDIT: Du bist so dumm!
ALLAN: Das werde ich doch wohl sein dürfen!
JUDIT: Du glaubst, ich bin nur boshaft!
ALLAN: Nein, denn ich weiß, daß du auch nett sein kannst! Du kannst nett sein.
JUDIT: Ja, ich kann doch nichts dafür ..., daß ... ihr, du und der Leutnant, in den Wald geht und weint. Warum denn, sag?

Allan verlegen.

JUDIT: Sag doch ..., ich weine ja auch nicht. Und warum seid ihr jetzt so gute Freunde ...? Worüber redet ihr, wenn ihr Arm in Arm geht?

Allan weiß nicht, was er sagen soll.

JUDIT: Allan! Du wirst bald sehen, wer ich bin und daß ich für die einstehe, die mir etwas bedeuten! – Ich möchte dir einen Rat geben ..., obwohl ich nicht klatschen will! – Sei vorbereitet!
ALLAN: Worauf?
JUDIT: Auf Unannehmlichkeiten!
ALLAN: Von welcher Seite?
JUDIT: Von der Seite, von der du es am wenigsten erwartest!
ALLAN: Ich bin ziemlich gewöhnt an Verdruß, das Leben war ja bisher nicht sonderlich vergnüglich für mich ..., und was steht nun bevor?
JUDIT *nachdenklich*: Du, armer Junge ...! Gib mir deine Hand!

Allan reicht ihr die Hand.

JUDIT: Sieh mich an ...! Wagst du's nicht?

Allan eilt nach links hinaus, um seine Rührung zu verbergen.

LEUTNANT *kommt aus dem Hintergrund herein*: Verzeihung! Ich glaubte, daß der Anwärter ...

JUDIT: Hören Sie, Leutnant, wollen Sie mein Freund und Vertrauter sein?

LEUTNANT: Wenn das Fräulein mir diese Ehre ...

JUDIT: Ja! – Ein einziges Wort! – Lassen Sie Allan nicht im Stich, wenn das Unglück kommt!

LEUTNANT: Welches Unglück?

JUDIT: Das werden Sie bald sehen, vielleicht schon heute! – Können sie Allan gut leiden?

LEUTNANT: Der junge Mann ist mein bester Schüler, und ich schätze ihn auch persönlich wegen seiner Charakterstärke. Es gibt ja Augenblicke im Leben, wo sie vonnöten ist – *Betont die folgenden Worte.* – die Stärke zu tragen, zu ertragen, mit einem Wort, zu leiden.

JUDIT: Das war mehr als ein Wort! – Also: Sie mögen Allan?

LEUTNANT: Ja!

JUDIT: Dann gehen Sie zu ihm und leisten ihm Gesellschaft ...

LEUTNANT: Das hatte ich vor, das und nichts anderes! Ich hatte keine andere Absicht mit meinem Besuch!

JUDIT: Ich hatte das auch nicht vermutet, wie Sie vielleicht meinen! – Allan ist dorthinaus gegangen. *Zeigt nach links.*

LEUTNANT *geht zögernd in die gewiesene Richtung*: Ja, ich werde es tun!

JUDIT: Tun Sie's, bitte!

ALICE *herein aus dem Hintergrund*: Was machst du hier?

JUDIT: Ich wollte einen Schraubenschlüssel leihen!

ALICE: Willst du mir einen Augenblick zuhören?

JUDIT: Gewiß.

Alice setzt sich aufs Sofa.

JUDIT *bleibt stehen*: Aber sag schnell, was du zu sagen hast. Ich mag keine langen Vorträge!

ALICE: Vorträge ...? Na gut! Steck dein Haar auf und zieh ein langes Kleid an.

JUDIT: Warum das?

ALICE: Darum, weil du kein Kind mehr bist! Und du bist zu jung, als daß du dich jünger machen müßtest!

JUDIT: Was hat das zu bedeuten?

ALICE: Daß du heiratsfähig bist! Und daß deine Kleidung anstößig wirkt!

JUDIT: Dann werde ich es tun.

ALICE: Du hast also verstanden?

JUDIT: Ja doch!

ALICE: Und wir sind uns einig?

JUDIT: Vollkommen!

ALICE: In allen Punkten?

JUDIT: Auch in den heikelsten!

ALICE: Würdest du in diesem Zusammenhang auch aufhören, mit Allan – zu spielen?

JUDIT: Es soll also Ernst werden?

ALICE: Ja!

JUDIT: Da können wir gleich anfangen. *Sie hat die Lenkstange weggelegt, läßt den Radfahrrock herunter und legt den Zopf zu einem Knoten. Zieht eine Haarnadel aus dem Haar der Mutter und befestigt ihn damit.*

ALICE: Man macht nicht Toilette, wenn man woanders zu Besuch ist!

JUDIT: Gut so? – Dann bin ich fertig. Nun sollen sie's bloß wagen!

ALICE: Jetzt siehst du wenigstens anständig aus! – Und nun laß Allan in Frieden!

JUDIT: Ich verstehe nicht, was du damit meinst?

ALICE: Siehst du nicht, daß er leidet ...

JUDIT: Doch, ich glaube, ich habe es gemerkt, aber ich weiß nicht, warum. Ich leide nicht!

ALICE: Das ist deine Stärke. Aber warte nur, eines Tages ..., o ja, du bekommst es schon noch zu fühlen! Geh jetzt nach Hause und vergiß nicht – daß du ein langes Kleid anhast.

JUDIT: Muß man da anders gehen?

ALICE: Versuch's mal!

JUDIT *versucht, wie eine Dame zu gehen*: Oh! Ich habe einen Klotz am Bein, ich bin eingefangen, ich kann nicht mehr rennen!

ALICE: Ja, Kind, nun beginnt der Gang, der langsame Weg auf das Unbekannte zu, das man zwar im voraus kennt, was man sich aber nicht anmerken lassen darf! – Kürzere Schritte, und langsamer, viel langsamer! Es ist nichts mehr mit den Kinderschuhen, du mußt Schnürstiefel haben. Judit! – Du erinnerst dich nicht mehr daran, wie du die Babyschuhe abgelegt und festes Schuhwerk bekommen hast, aber ich erinnere mich!

JUDIT: Das hier halte ich niemals aus!

ALICE: Und dennoch mußt du es! Mußt es!

JUDIT *geht zur Mutter und küßt sie flüchtig auf die Wange, geht hinaus, würdevoll wie eine Dame, und vergißt die Lenkstange*: Adieu!

KURT *herein von rechts*: Du bist schon hier?

ALICE: Ja!

KURT: Ist er schon zurück?

ALICE: Ja!

KURT: In welcher Verfassung?

ALICE: In Gala! – Er war also beim Oberst. Zwei Orden auf der Brust.

KURT: Zwei? – Daß er den Schwerterorden zum Abschied bekommen sollte, wußte ich. Was ist der andere für einer?

ALICE: Ich kenn mich da nicht aus, aber es war ein weißes Kreuz in einem roten.

KURT: Ein portugiesischer also! – Laß mich nachdenken! Sag mal, handelten seine Artikel in der Zeitschrift nicht von den Quarantäneanstalten in portugiesischen Häfen?

ALICE: Ja, soweit ich mich erinnere.

KURT: Und er ist nie in Portugal gewesen?

ALICE: Nie!

KURT: Aber ich war dort!

ALICE: Warum bist du so mitteilsam? Er hört sehr gut, und er hat ein sehr gutes Gedächtnis.

KURT: Glaubst du nicht, daß Judit ihm diese Auszeichnung eingebracht haben könnte?

ALICE: Nein, weißt du! – Es gibt Grenzen ... *Steht auf.* Und du hast sie überschritten!

KURT: Wollen wir uns jetzt zerstreiten?

ALICE: Hängt von dir ab! Rühre nicht an meine Interessen!

KURT: Wenn sie meine durchkreuzen, muß ich daran rühren, wenn auch mit schonender Hand ... Jetzt kommt er!

ALICE: Jetzt wird es geschehen?

KURT: Was – wird geschehen?

ALICE: Werden sehen!

KURT: Mag es zur Attacke kommen, denn dieser Belagerungszustand hat mich entnervt! Ich habe keinen einzigen Freund mehr auf der Insel!

ALICE: Warte nur! – Setz dich hier auf die Seite ..., er wird gewiß den Liegestuhl nehmen, dann werde ich dir soufflieren!

HAUPTMANN *herein aus dem Hintergrund; er trägt seine Paradeuniform mit dem Schwerterorden und dem Portugiesischen Christusorden*: Guten Tag! – Hier ist der Treffpunkt!

ALICE: Du bist müde. Setz dich!

Hauptmann setzt sich wider Erwarten auf das Sofa links.

ALICE: Mach dir's bequem!

HAUPTMANN: Ich sitze gut hier. Du bist zu freundlich!

ALICE *zu Kurt*: Sei vorsichtig, er mißtraut uns!

HAUPTMANN *zornig*: Was hast du gesagt?

ALICE *zu Kurt*: Er hat bestimmt getrunken.

HAUPTMANN *schroff*: Nee, das hat er nicht! *Schweigen.* Naa ..., womit habt ihr euch vergnügt?

ALICE: Und du?

HAUPTMANN: Siehst du meine Orden!

ALICE: Nee!

HAUPTMANN: Das dachte ich mir, weil du neidisch bist. – Ansonsten pflegt man zu empfangenen Auszeichnungen zu gratulieren!

ALICE: Unsere Glückwünsche!

HAUPTMANN: Wir bekommen die hier anstelle von Lorbeerkränzen, wie sie Schauspielerinnen bekommen!

ALICE: Jaja, wieder die Kränze von der Wand zu Hause im Turm ...

HAUPTMANN: Die du von deinem Bruder bekommen hast ...

ALICE: Sei still!

HAUPTMANN: Und vor denen ich mich fünfundzwanzig Jahre lang verbeugen mußte! – Und fünfundzwanzig Jahre habe ich gebraucht, um ihre Herkunft zu enthüllen!

ALICE: Du hast meinen Bruder getroffen?

HAUPTMANN: Mehrfach!

Alice wie erschlagen.
Schweigen.

HAUPTMANN: Na du, Kurt! Du sagst ja gar nichts!

KURT: Ich warte!

HAUPTMANN: Hör mal! Du kennst doch die große Neuigkeit?

KURT: Nein!

HAUPTMANN: Nun, es ist nicht angenehm für mich, gezwungenermaßen derjenige zu sein, der sie –

KURT: Sprich ruhig.

HAUPTMANN: Die Sodafabrik ist pleite gegangen!

KURT: Das ist höchst unangenehm! – Wie geht's dir da?

HAUPTMANN: Das geht schon gut, ich habe nämlich rechtzeitig verkauft.

KURT: Daran hast du recht getan!

HAUPTMANN: Aber wie geht es mit dir?

KURT: Schlecht.

HAUPTMANN: Das hast du dir selbst zuzuschreiben! Du hättest rechtzeitig verkaufen oder neue Aktien zeichnen sollen.

KURT: Da hätte ich die auch verloren.

HAUPTMANN: O nein! Denn dann hätte sich die Gesellschaft halten können.

KURT: Nicht die Gesellschaft, aber die Leitung, und ich habe die neue Zeichnung als Spendensammlung für die Direktion betrachtet!

HAUPTMANN: Kann diese Betrachtungsweise dich retten? Das ist jetzt die Frage.

KURT: Nein, ich muß mich von allem trennen!

HAUPTMANN: Von allem!

KURT: Auch von der Wohnung, den Möbeln.

HAUPTMANN: Das ist ja entsetzlich!

KURT: Ich habe Schlimmeres erlebt!

Schweigen.

HAUPTMANN: So geht's eben, wenn Stümper spekulieren wollen.

KURT: Du erstaunst mich, du weißt doch, daß ich boykottiert worden wäre, wenn ich nicht gezeichnet hätte ... „Nebenerwerb der Küstenbevölkerung, Arbeiter des Meeres, unerschöpfliches Kapital, unerschöpflich wie der Ozean ... Philanthropie und Nationalgewinn ..." So habt ihr geschrieben und es drucken lassen! – Und nun nennst du das spekulieren!

HAUPTMANN *unberührt*: Was gedenkst du jetzt zu tun?

KURT: Ich werde es wohl zur Versteigerung kommen lassen müssen!

HAUPTMANN: Da tust du recht daran!

KURT: Was meinst du damit?

HAUPTMANN: Was ich gesagt habe! Hier – *Langsam.* – werden nämlich gewisse Veränderungen eintreten ...

KURT: Hier auf der Insel?

HAUPTMANN: Ja! – So zum Beispiel ..., wird dein Wohnsitz gegen einen einfacheren ausgetauscht werden.

KURT: Sieh an!

HAUPTMANN: Ja, es besteht die Absicht, die Quarantänestation an die Außenseite der Insel zu legen, ans Wasser.

KURT: Meine ursprüngliche Idee!

HAUPTMANN *trocken*: Das weiß ich nicht ..., ich kenne deine Ideen in dieser Angelegenheit nicht! Indes – es trifft sich ja gut, daß du deine Möbel jetzt veräußerst, da fällt es nicht so auf –, der Skandal!

KURT: Wie bitte?

HAUPTMANN: Der Skandal! *Erregt sich.* Denn es ist ein Skandal, an einen neuen Platz zu kommen und sich sofort in verwickelte Geschäfte einzulassen, die für die Verwandten Unannehmlichkeiten mit sich bringen ..., für die Verwandten am meisten!

KURT: Die meisten Unannehmlichkeiten habe wohl ich!

HAUPTMANN: Ich will dir eine Sache sagen, mein lieber Kurt: wenn du mich in dieser Angelegenheit nicht auf deiner Seite gehabt hättest, wärst du schon deiner Stellung enthoben worden.

KURT: Das auch!

HAUPTMANN: Dir fällt es etwas schwer, ordentlich zu sein! – Es hat Klagen über deine Dienstauffassung gegeben.

KURT: Berechtigte Klagen?

HAUPTMANN: Tja! Denn du bist – bei deinen im übrigen achtenswerten Eigenschaften – ein Liederjan! – Unterbrich mich nicht! – Du bist ein großer Liederjan!

KURT: Wie sonderbar!

HAUPTMANN: Indes – die genannte Veränderung soll schon recht bald vor sich gehen! Und ich will dir raten, die Versteigerung sofort durchzuführen oder zu versuchen, unter der Hand zu verkaufen.

KURT: Unter der Hand? Wo finde ich denn hier einen Käufer?

HAUPTMANN: Du meinst doch nicht etwa, daß ich mich in deine Möbel setzen soll? Das würde eine schöne Geschichte ... *Stoßweise* ... hm, besonders, wenn man ... an das denkt, was passiert ist..., vor einiger Zeit...

KURT: Was denn? – Meinst du etwa das, was nicht passiert ist?

HAUPTMANN *ändert den Ton*: Alice ist so still? Was ist mit dir, altes Mädchen? Du bist nicht in Stimmung!

ALICE: Ich sitze und denke ...

HAUPTMANN: Donnerwetter! Du denkst? Aber du mußt schnell, korrekt und scharf denken, wenn es helfen soll! – Los, denke! Eins, zwei, drei! – Haha! Kannst du nicht! – Na, da haben wir's! – Wo ist Judit?

ALICE: Irgendwo.
HAUPTMANN: Wo ist Allan?

Alice schweigt.

HAUPTMANN: Wo ist der Leutnant?

Alice schweigt.

HAUPTMANN: Hör mal, Kurt – was gedenkst du nun mit Allan zu tun?
KURT: Mit ihm zu tun?
HAUPTMANN: Ja, da du dir's nicht mehr leisten kannst, ihn bei der Artillerie zu halten?
KURT: Vielleicht ist es so.
HAUPTMANN: Du wirst ihn bei einem billigen Infanterieregiment unterbringen müssen, oben in Norrland oder so.
KURT: In Norrland?
HAUPTMANN: Ja! Oder wie wär's, wenn du ihn einfach praktisch arbeiten ließest! – Ich an deiner Stelle würde ihn in ein Kontor geben! – Warum nicht?

Kurt schweigt.

HAUPTMANN: In diesen vorurteilsfreien Zeiten! Tja . . .! Alice ist so ungewöhnlich still! – Ja, meine Kinder, das ist die Wippe des Lebens, mal sitzt man oben und schaut sich keck um, mal sitzt man unten, und dann kommt man wieder nach oben! Etcetera! Das war also diese Sache, ja . . .! *Zu Alice*: Hast du etwas gesagt?

Alice schüttelt den Kopf.

HAUPTMANN: Wir haben in einigen Tagen Besuch zu erwarten!
ALICE: Sprichst du mit mir?
HAUPTMANN: Wir haben in einigen Tagen Besuch zu erwarten! Hohen Besuch!

ALICE: Wen denn?

HAUPTMANN: Siehst du! Es interessiert dich! – Nun kannst du raten, wer kommt, und während du dir den Kopf zerbrichst, kannst du diesen Brief hier noch einmal lesen! *Gibt ihr einen geöffneten Brief.*

ALICE: Mein Brief! Erbrochen? Zurück von der Post?

HAUPTMANN *steht auf*: Ja, in meiner Eigenschaft als Familienoberhaupt und dein Vormund überwache ich die heiligsten Interessen der Familie und unterbinde mit eiserner Hand jeden Versuch, mit verbrecherischem Geschreibe die Familienbande zu lösen. Tja!

Alice geschlagen.

HAUPTMANN: Ich bin nicht tot, du, aber ärger dich nicht, gerade jetzt, wo ich uns alle aus einer unverdienten Erniedrigung emporheben werde, unverdient von meiner Seite jedenfalls!

ALICE: Judit! Judit!

HAUPTMANN: Und Holofernes? – Soll ich das sein? Pah! *Ab nach hinten.*

KURT: Wer ist dieser Mann?

ALICE: Ich weiß es nicht.

KURT: Wir sind geschlagen!

ALICE: Ja ...! Kein Zweifel!

KURT: Mich hat er ausgehöhlt, aber so geschickt, daß ich keinen Grund habe, ihn anzuklagen.

ALICE: Anklagen? Im Gegenteil, du hast ihm Dankbarkeit zu schulden.

KURT: Weiß er, was er tut?

ALICE: Nein, das glaube ich nicht. Er folgt seiner Natur und seinem Instinkt, und nun, da Glück und Unglück ausgetauscht werden, scheint er Rückenwind zu haben.

KURT: Es ist wohl der Oberst, der herkommt.

ALICE: Wahrscheinlich! Und deshalb muß Allan weg!

KURT: Das findest du richtig?

ALICE: Ja!

KURT: Dann trennen sich unsere Wege!

ALICE *bereit zu gehen*: Ein wenig! – Aber, wir treffen uns schon wieder!

KURT: Vermutlich.

ALICE: Und weißt du, wo?

KURT: Hier!

ALICE: Du ahnst es?

KURT: Das ist leicht! Er nimmt die Wohnung und kauft die Möbel!

ALICE: Das glaube ich auch. Aber laß mich nicht im Stich!

KURT: Nicht wegen sowenig.

ALICE: Guten Tag! *Geht.*

KURT: Guten Tag.

Unveränderte Dekoration, aber draußen ist es bedeckt und es regnet. Aus dem Hintergrund kommen Alice und Kurt in Regenmänteln und mit Regenschirmen herein.

ALICE: Da bist du also! Kurt, ich kann nicht so grausam sein, dich in deinem Heim willkommen zu heißen ...

KURT: Ach, laß doch! Ich habe drei Pfändungen durchgemacht ... und einiges dazu ... Mir macht es nichts aus!

ALICE: Hat er dich hergebeten?

KURT: Es war geradezu eine Vorladung, aber ich verstehe nicht, aus welchem Grund!

ALICE: Er ist doch nicht dein Vorgesetzter?

KURT: Nein, aber er hat sich hier auf der Insel als König etabliert. Und wenn jemand widerspenstig ist, dann nennt er den Namen des Obersten, und sofort duckt sich alles! – Sag mal, sollte der Oberst heute kommen?

ALICE: Man erwartet ihn – aber Genaues weiß ich nicht! – Setz dich!

KURT *setzt sich*: Hier ist alles unverändert.

ALICE: Denk nicht dran! – Rühr nicht an den Schmerz!

KURT: Schmerz? Ich finde es nur ein wenig sonderbar. Sonderbar wie dieser Mann! – Weißt du, als ich ihn in der Jugend kennenlernte, versuchte ich, ihm zu entfliehen ... Aber er war hinter mir her. Schmeichelte, bot seine Dienste an und band mich an sich. Ich wiederholte meine Fluchtversuche, aber vergeblich ... Nun bin ich sein Sklave!

ALICE: Ja, warum? Er ist es doch, der in deiner Schuld ist, und trotzdem bist du der Schuldner.

KURT: Als ich ruiniert wurde, erbot er sich, Allan zum Examen zu verhelfen ...

ALICE: Das mußt du teuer bezahlen! – Besteht deine Kandidatur für den Reichstag immer noch?

KURT: Ja, soweit ich sehe, gibt es keine Hindernisse.

Schweigen.

ALICE: Soll Allan wirklich heute abreisen?

KURT: Ja! Wenn ich es nicht verhindern kann!

ALICE: Das war eine kurze Freude.

KURT: Kurz, wie alles andere außer dem Leben selbst – das ist entsetzlich lang.

ALICE: Ja, das ist es! – Willst du nicht lieber im Vorzimmer warten? Ja, wenn sie dich nicht quält, mich quält sie – diese Umgebung.

KURT: Wenn du es wünschst!

ALICE: Ich schäme mich, schäme mich so, daß ich sterben möchte ..., aber ich kann es nicht ändern!

KURT: Dann laß uns gehen! Wie du willst!

ALICE: Übrigens kommt jemand. *Sie gehen ab nach links.*

Hauptmann und Allan kommen aus dem Hintergrund, beide in Uniform und Mantel.

HAUPTMANN: Setz dich hin, mein Junge, ich möchte mit dir reden!

Setzt sich in den Liegestuhl.
Allan setzt sich auf den Stuhl links.

HAUPTMANN: Es regnet heute, sonst habe ich hier so gut gesessen und aufs Meer gesehen. *Schweigen.* Naa? – Du willst nicht abreisen, nicht wahr?

ALLAN: Ich verlasse meinen Vater ungern.

HAUPTMANN: Ja, dein Vater. Er ist ein recht unglücklicher Mann! *Schweigen.* Und Eltern verstehen selten, was für ihre Kinder das beste ist! Das heißt – es gibt natürlich Ausnahmen! Hör mal, Allan! Hast du Verbindung zu deiner Mutter?

ALLAN: Ja, sie schreibt manchmal.

HAUPTMANN: Weißt du, daß sie dein Vormund ist?

ALLAN: Jaa!

HAUPTMANN: Höre, Allan, weißt du, daß deine Mutter mir Vollmacht gegeben hat, an ihrer Stelle zu entscheiden?

ALLAN: Das wußte ich nicht!

HAUPTMANN: Dann weißt du's jedenfalls jetzt. Und aus diesem Grunde ist die Diskussion über deine Laufbahn abgeschlossen! – Du gehst somit also nach Norrland!

ALLAN: Aber ich habe keine Mittel.

HAUPTMANN: Die habe ich beschafft!

ALLAN: In diesem Fall habe ich dem Onkel nur zu danken.

HAUPTMANN: Du, du bist dankbar – das sind nicht alle! Hm! *Hebt die Stimme.* Der Oberst ..., kennst du den Oberst?

ALLAN *verlegen*: Nein, ich kenne ihn nicht.

HAUPTMANN: Der O-ber-st ... *Betont jede Silbe.* ... ist mein spezieller Freund ... *Schneller.* ..., wie du vielleicht weißt! Hm. Der Oberst interessiert sich für meine Familie, die Verwandtschaft meiner Frau einbegriffen. Durch die Vermittlung des Obersten ist es gelungen, die Mittel zu beschaffen, die für den Abschluß deiner Ausbildung erforderlich sind. Nun weißt du Bescheid über deine Verbindungen und die Verbindungen deines Vaters – zum Oberst! – Habe ich mich deutlich genug ausgedrückt?

Allan verbeugt sich.

HAUPTMANN: Geh jetzt und pack deine Sachen! Das Geld wird dir am Anlegesteg übergeben. Und nun, adieu, mein Junge!

Reicht ihm einen Finger. Adieu denn! *Geht ab nach rechts.*

Allan steht allein und sieht sich betrübt im Zimmer um.

JUDIT *aus dem Hintergrund herein, mit Regenschirm und Kapuzenumhang. Darunter elegantes langes Kleid, das Haar ist aufgesteckt*: Bist du's, Allan?
ALLAN *dreht sich um und betrachtet Judit eingehend*: Bist du das, Judit?
JUDIT: Du erkennst mich nicht wieder? Aber wo bist du so lange gewesen? – Was schaust du? Mein langes Kleid ... und mein Haar ..., du hast mich so noch nicht gesehen?
ALLAN: Nee!
JUDIT: Sehe ich aus wie eine Frau?

Allan wendet sich ab.

JUDIT *ernst*: Was machst du hier?
ALLAN: Ich habe Abschied genommen!
JUDIT: Was? Willst du – abreisen?
ALLAN: Ich werde nach Norrland versetzt.
JUDIT *niedergeschlagen*: Nach Norrland? – Wann fährst du?
ALLAN: Heute.
JUDIT: Wer hat das ausgeheckt?
ALLAN: Dein Vater!
JUDIT: Das hätte ich mir denken können! *Geht hin und her und stampft mit dem Fuß auf.* Ich wünschte, du würdest heute noch bleiben.
ALLAN: Um dem Oberst zu begegnen!
JUDIT: Was weißt du über den Oberst? – Wirst du wirklich fahren?
ALLAN: Es gibt keine andere Wahl! Und jetzt will ich es selbst.

Schweigen.

JUDIT: Warum willst du es jetzt?
ALLAN: Ich will weg von hier! Hinaus in die Welt!

JUDIT: Es ist zu eng hier! Ja, ich verstehe dich, Allan, es ist hier unerträglich! – Diese Spekulationen – in Soda und in Menschen!

Schweigen.

JUDIT *mit echter Bewegung*: Allan, ich habe, wie du weißt, die glückliche Veranlagung, nicht leiden zu können – aber nun fange ich an ..., es zu können!

ALLAN: Du?

JUDIT: Ja! Nun fange ich an! *Sie preßt beide Hände an die Brust.* Oh, wie ich leide! Oh!

ALLAN: Was hast du?

JUDIT: Ich weiß nicht. – Ich ersticke! Ich glaube, ich sterbe!

ALLAN: Judit?

JUDIT *schreit*: Oh! – Fühlt man das so? Ist es so ..., arme Jungen!

ALLAN: Ich müßte lächeln, wenn ich so grausam wäre wie du!

JUDIT: Ich bin nicht grausam, aber ich habe es nicht besser verstanden! – Du darfst nicht fahren!

ALLAN: Ich muß!

JUDIT: Dann fahr! – Aber gib mir etwas zur Erinnerung!

ALLAN: Was hätte ich dir zu geben?

JUDIT *mit dem Ernst tiefsten Schmerzes*: Du ...! Nein, das ertrage ich nicht! *Schreit und hält sich die Brust.* Ich leide, ich leide ... Was hast du mit mir gemacht? Ich will nicht mehr leben! – Allan, geh nicht, nicht allein! Wir fliehen zusammen, wir nehmen die kleine Schaluppe, die kleine weiße – und dann segeln wir hinaus, aber mit festgemachter Schot –, der Wind ist gut ..., und dann gehen wir auf Grund – da draußen, weit draußen, wo keine Schlinggewächse und Quallen sind. Ja? Sag doch was! – Aber wir hätten die Segel gestern waschen sollen, sie müßten ganz weiß sein – ich will Weißes sehen in dieser Stunde –, und dann sollst du mich auf die Arme nehmen und schwimmen, bis du müde bist – und dann sinken wir ... *Dreht sich um.* Das hat Stil! Viel mehr Stil, als hier trauernd herumzulaufen und mit Briefen heimlichzutun, die Vater aufbricht und verspottet! Allan! *Sie faßt seine Arme und schüttelt ihn.* Hörst du?

ALLAN *betrachtet sie mit leuchtenden Augen*: Judit, Judit! Warum nicht früher so?

JUDIT: Ich wußte es ja nicht, wie konnte ich sagen, was ich nicht wußte?

ALLAN: Und nun muß ich fort von dir! – Aber es ist schon das beste und das einzige! Ich kann nicht mit einem Mann konkurrieren, der ...

JUDIT: Sprich nicht vom Oberst!

ALLAN: Ist es nicht wahr?

JUDIT: Es ist wahr – und es ist unwahr!

ALLAN: Kann es nicht ganz unwahr werden?

JUDIT: Ja, das soll es nun! In einer Stunde!

ALLAN: Wirst du Wort halten? Ich kann warten, ich kann geduldig sein, ich kann arbeiten! – Judit!

JUDIT: Geh noch nicht! – Wie lange soll ich warten?

ALLAN: Ein Jahr!

JUDIT *überschwänglich*: Eins? Ich werde tausend Jahre warten, und kommst du dann nicht, werde ich das Himmelsgewölbe zurückdrehen, so daß die Sonne im Westen aufgeht! – Still, es kommt jemand! – Allan, wir müssen scheiden ... Still! – Nimm mich in die Arme! *Sie umarmen sich.* Aber du darfst mich nicht küssen! *Wendet den Kopf ab.* So, geh jetzt! – Geh jetzt!

Allan geht nach hinten und zieht den Mantel an. Danach fliegen sie einander in die Arme, so daß Judit im Mantel verschwindet. Sie küssen sich einen Augenblick.
Allan stürzt hinaus.
Judit wirft sich vornüber aufs Sofa und schluchzt.

ALLAN *kommt zurück und wirft sich neben dem Sofa auf die Knie*: Nein, ich kann nicht gehen! Ich kann jetzt nicht von dir fortgehen, nicht jetzt!

JUDIT *steht auf*: Wenn du wüßtest, wie schön du jetzt bist, wenn du dich sehen könntest!

ALLAN: Still, ein Mann kann doch nicht schön sein. Aber du, Judit! Du – daß du – ich habe es wohl gemerkt, daß da, als du lieb warst, eine andere Judit zum Vorschein kam ..., meine Judit! Aber wenn du mich enttäuschst, dann sterbe ich!

JUDIT: Ich glaube, ich sterbe sowieso ... Oh, wenn ich jetzt sterben dürfte, gerade jetzt, wo ich glücklich bin!

ALLAN: Es kommt jemand!

JUDIT: Laß sie kommen! Ich fürchte jetzt nichts mehr in der ganzen Welt! Aber ich wünschte, daß du mich unter deinen Mantel nähmst. *Sie versteckt sich spielerisch unter seinem Mantel.* Und dann flöge ich mit dir nach Norrland. Was wollen wir machen in Norrland? Du wirst Feldjäger werden ..., so einer mit dem Federbusch am Hut ... Das ist schick und wird dir gut stehen. *Spielt mit seinem Haar.*

Allan küßt ihre Fingerspitzen, eine nach der anderen – dann küßt er ihren Stiefel.

JUDIT: Was tust du, Närrchen? Du bekommst ja einen schwarzen Mund! *Springt auf.* Und dann kann ich dich nicht küssen, wenn du gehst! – Komm, ich begleite dich.

ALLAN: Nein, da werde ich arretiert!

JUDIT: Dann folge ich dir in den Arrest!

ALLAN: Das darfst du nicht! – Nun müssen wir uns trennen!

JUDIT: Ich werde hinter dem Dampfer herschwimmen, und dann springst du ins Wasser und rettest mich, und dann steht es in der Zeitung, und dann können wir uns verloben! Wollen wir das machen?

ALLAN: Du kannst noch scherzen, du?

JUDIT: Weinen kann man immer noch! – Sag nun adieu!

Sie fliegen einander in die Arme, verschwinden durch die Tür im Hintergrund, die offenbleibt, sie umarmen sich draußen im Regen.

ALLAN: Du wirst naß im Regen, Judit!

JUDIT: Was kümmert's mich!

Sie reißen sich voneinander los. Allan geht, Judit bleibt im Regen stehen. Der Wind zerrt an ihrem Haar und ihren Kleidern, während sie mit dem Taschentuch winkt. Dann stürzt Judit ins Zimmer zurück, wirft sich aufs Sofa, das Gesicht in den Händen.

ALICE *herein, geht zu Judit*: Was bedeutet das? Bist du krank? – Steh auf, damit ich dich ansehen kann.

Judit steht auf.

ALICE *betrachtet sie prüfend*: Krank bist du nicht! Aber dich tröste ich nicht! *Ab nach rechts.*

Leutnant im Hintergrund.

JUDIT *wirft ihren Kapuzenumhang über*: Begleiten Sie mich bitte zum Telegrafenamt, Leutnant!

LEUTNANT: Wenn ich dem Fräulein zu Diensten stehen kann ..., aber ich glaube, es schickt sich nicht.

JUDIT: Desto besser! Sie sollen mich ja kompromittieren – aber keine Illusionen! – Gehen Sie voraus!

Sie gehen nach hinten hinaus.
Hauptmann und Alice von rechts herein, der Hauptmann in Uniform.

HAUPTMANN *setzt sich in den Liegestuhl*: Laß ihn herein!

Alice geht nach links und öffnet die Tür, dann setzt sie sich aufs Sofa.

KURT *von links herein*: Du willst mit mir sprechen?

HAUPTMANN *freundlich, aber etwas herablassend*: Ja, ich habe dir einige gewichtige Dinge zu sagen! – Setz dich!

KURT *setzt sich auf den Stuhl links*: Ich höre!

HAUPTMANN: Nun denn ... *Geschwätzig.* ..., du weißt, daß das

Quarantänewesen bei uns nahezu ein Jahrhundert dem Verfall ausgesetzt war …, hm.

ALICE *zu Kurt*: Jetzt spricht der Reichstagskandidat!

HAUPTMANN: Aber – mit der unerhörten Entwicklung unserer Zeit in …

ALICE *zu Kurt*: In Hinsicht auf die Verkehrsverbindungen, versteht sich!

HAUPTMANN: … allen möglichen Hinsichten, hat sich die Regierung zu einer Erweiterung entschlossen. Zu diesem Zweck hat die Gesundheitsbehörde Inspektoren ernannt – und!

ALICE *zu Kurt*: Er diktiert …

HAUPTMANN: … gerade du sollst es aus erster Hand wissen! Ich bin zum Quarantäneinspektor ernannt worden!

Schweigen.

KURT: Ich gratuliere – und mache gleichzeitig meine Aufwartung!

HAUPTMANN: Unser persönliches Verhältnis wird aufgrund bestehender verwandtschaftlicher Bande unverändert bleiben! Indes, um von etwas anderem zu sprechen: dein Sohn Allan ist auf mein Ersuchen zu einem Infanterieregiment in Norrland versetzt worden!

KURT: Aber das will ich nicht!

HAUPTMANN: Dein Wille ist in diesem Fall den Wünschen der Mutter untergeordnet …, und da die Mutter mich bevollmächtigt hat, Beschlüsse zu fassen, habe ich den genannten Beschluß gefaßt.

KURT: Ich bewundere dich!

HAUPTMANN: Ist das alles, was du empfindest, in einem Augenblick, da du dich von deinem Sohn trennen sollst? Hast du keine anderen, rein menschlichen Gefühle?

KURT: Du meinst, ich müßte leiden?

HAUPTMANN: Ja!

KURT: Das würde dich freuen, wenn ich litte. Du möchtest, daß ich leide?

HAUPTMANN: Kannst du denn überhaupt leiden, du? – Damals, als ich krank umfiel – du warst zugegen ..., und ich kann mich nur erinnern, daß dein Gesicht unverhohlene Freude ausdrückte.

ALICE: Das ist nicht wahr! Kurt saß die ganze Nacht an deinem Bett und beruhigte dich, als die Gewissensqualen zu schwer wurden ..., aber als du dich erholt hattest, wurdest du undankbar!

HAUPTMANN *tut, als hörte er Alice nicht*: Folglich wird Allan uns verlassen.

KURT: Wer wird für die Mittel sorgen?

HAUPTMANN: Das habe ich bereits getan, das heißt wir, ein Konsortium – wir interessieren uns für die Zukunft des jungen Mannes!

KURT: Konsortium!

HAUPTMANN: Ja! – Und damit du weißt, daß es mit rechten Dingen zugegangen ist, kannst du die Listen hier einsehen. *Gibt ihm Papiere.*

KURT: Die Listen? *Liest.* Das sind ja Bettellisten!

HAUPTMANN: Nenn's so.

KURT: Hast du für meinen Sohn gebettelt?

HAUPTMANN: Bist du schon wieder undankbar! – Ein undankbarer Mensch ist wohl die schwerste Bürde, die die Erde trägt!

KURT: Ich bin als Bürger tot! – Und meine Kandidatur ist zunichte!

HAUPTMANN: Welche Kandidatur?

KURT: Für den Reichstag!

HAUPTMANN: Davon hast du doch wohl nicht mal träumen können! Um so weniger, als du hättest ahnen müssen, daß als Dienstälterer hier am Ort meine Person dafür in Frage kommen würde – die du offensichtlich unterschätzt hast.

KURT: Na, da ist also auch damit Schluß!

HAUPTMANN: Dir scheint nichts zu gelingen!

KURT: Nun hast du alles genommen! Willst du noch mehr haben?

HAUPTMANN: Hast du noch mehr? Und hast du mir etwas

vorzuwerfen? Denk genau nach, ob du mir etwas vorzuwerfen hast.

Schweigen.

KURT: Streng genommen, nichts. Alles ist korrekt und vorschriftsmäßig zugegangen wie unter ehrenwerten Bürgern im täglichen Leben ...

HAUPTMANN: Das sagst du mit einer Resignation, die ich zynisch nennen möchte. Aber du bist deiner ganzen Natur nach zynisch veranlagt, mein lieber Kurt, und es gibt Augenblicke, in denen ich versucht bin, Alices Auffassung über dich zu teilen: daß du ein Heuchler bist, ein Heuchler ersten Ranges!

KURT *ruhig*: Ist das Alices Auffassung?

ALICE *zu Kurt*: Sie ist es einmal gewesen. Aber nicht mehr, denn zu tragen, was du getragen hast, das erfordert offenen Heldenmut oder – etwas anderes.

HAUPTMANN: Ich glaube, die Diskussion kann jetzt als abgeschlossen betrachtet werden. Geh, Kurt, und verabschiede dich von Allan, er fährt mit dem nächsten Dampfer.

KURT *steht auf*: Schon? – Nun denn! Ich habe Schlimmeres erlebt.

HAUPTMANN: Das sagst du so oft, daß ich anfange, mich zu fragen, was du in Amerika getrieben hast.

KURT: Ich getrieben? Mißgeschicke haben's mit mir getrieben! Und es ist das unbestreitbare Recht eines jeden Menschen, von Mißgeschicken betroffen zu werden.

HAUPTMANN *scharf*: Es gibt selbstverschuldete Mißgeschicke, waren es solche?

KURT: Soll das eine Gewissensfrage sein?

HAUPTMANN *kurz*: Hast du ein Gewissen, du?

KURT: Es gibt Wölfe, und es gibt Schafe. Es bringt einem Menschen keine Ehre ein, Schaf zu sein. Aber trotzdem will ich das lieber sein als Wolf!

HAUPTMANN: Du kennst nicht die alte Wahrheit, daß jeder seines Glückes Schmied ist?

KURT: Ist das eine Wahrheit?

HAUPTMANN: Und du weißt nicht, daß die eigene Kraft ...

KURT: Doch, das weiß ich seit jener Nacht, als deine eigene Kraft dich verließ und du am Boden lagst!

HAUPTMANN *hebt die Stimme*: Ein verdienter Mann wie ich – ja, sieh mich an –, ich habe bis zu meinem fünfzigsten Lebensjahr gekämpft – gegen eine Welt, aber ich habe schließlich das Spiel gewonnen durch Ausdauer, Pflichtbewußtsein, Energie und – Rechtschaffenheit!

ALICE: Das solltest du andere sagen lassen!

HAUPTMANN: Die anderen tun das nicht, weil sie neidisch sind! Indes – hier wird Besuch erwartet! Meine Tochter Judit wird heute ihren Zukünftigen treffen ... Wo ist Judit?

ALICE: Sie ist draußen.

HAUPTMANN: Im Regen? – Laß sie rufen!

KURT: Vielleicht darf ich jetzt gehen?

HAUPTMANN: Nein, warte, du! – Ist Judit angezogen? Anständig?

ALICE: Ja, einigermaßen ... Hast du die feste Zusage des Obersten, daß er kommt?

HAUPTMANN *steht auf*: Ja, das heißt, er will überraschend kommen, wie man so sagt! – Und ich erwarte sein Telegramm – jede Minute! *Geht nach rechts.* Komme sofort!

ALICE: Da hast du den Mann! Ist das ein Mensch?

KURT: Als du mich das vorige Mal gefragt hast, habe ich mit Nein geantwortet. Nun glaube ich, er ist unter jenen, die die Erde trägt, der allergewöhnlichste Mensch. Vielleicht haben wir auch ein bißchen was davon und nutzen Menschen und günstige Gelegenheiten aus?

ALICE: Er hat dich und die Deinen bei lebendigem Leibe gefressen ..., und du verteidigst ihn?

KURT: Ich habe Schlimmeres erlebt ... Aber dieser Menschenfresser hat meine Seele unberührt gelassen – die konnte er nicht verschlingen!

ALICE: Was hast du „Schlimmeres" erlebt?

KURT: Das fragst du?

ALICE: Willst du mich verletzen?

KURT: Nein, das will ich nicht, und deshalb – frag nicht noch einmal!

HAUPTMANN *herein von rechts*: Hier liegt das Telegramm ja schon! – Willst du es bitte für mich lesen, Alice, ich sehe so schlecht! ...

Setzt sich großspurig in den Liegestuhl. Lies! – Kurt braucht nicht zu gehen!

Alice überfliegt zuerst schweigend das Telegramm und macht ein verblüfftes Gesicht.

HAUPTMANN: Naa? Gefällt es nicht?

Alice schweigt und fixiert den Hauptmann.

HAUPTMANN *ironisch*: Von wem ist es?

ALICE: Es ist vom Oberst!

HAUPTMANN *zufrieden*: Dachte ich mir! – Was sagt der Oberst denn?

ALICE: Er sagt folgendes: „Infolge Fräulein Judits naseweisem telefonischem Bescheid betrachte ich die Beziehungen als abgebrochen – für immer!" *Fixiert den Hauptmann.*

HAUPTMANN: Noch einmal! Wenn ich bitten darf!

ALICE *liest schnell*: „Infolge Fräulein Judits naseweisem telefonischem Bescheid betrachte ich die Beziehungen als abgebrochen – für immer!"

HAUPTMANN *erbleicht*: Das ist Judit!

ALICE: Und dort ist Holofernes!

HAUPTMANN: Was bist du dann?

ALICE: Das wirst du bald sehen!

HAUPTMANN: Das hast du getan!

ALICE: Nein!

HAUPTMANN *außer sich*: Das hast du getan!

ALICE: Nein!

Hauptmann versucht, sich zu erheben und den Säbel zu ziehen, fällt aber um, vom Schlag gerührt.

ALICE: Nun hast du dein Teil!

HAUPTMANN *mit weinerlicher Greisenstimme*: Sei nicht böse auf mich! Ich bin so krank!

ALICE: Wirklich? Das freut mich zu hören!

KURT: Wir müssen ihn ins Bett schaffen.

ALICE: Nein, ich will ihn nicht anfassen! *Klingelt.*

HAUPTMANN *wie vorher*: Ihr sollt nicht böse auf mich sein! *Zu Kurt*: Denk an meine Kinder!

KURT: Das ist großartig! Ich soll für seine Kinder sorgen, und er hat mir meine gestohlen!

ALICE: Diese Verblendung!

HAUPTMANN: Denk an meine Kinder! *Stammelt weiter mit unartikulierten Lauten.* Blu – blu- blu- blu ...

ALICE: Endlich steht diese Zunge still! – Kann nicht mehr prahlen, nicht mehr lügen, nicht mehr verletzen! – Du, Kurt, du glaubst doch an Gott! Danke ihm in meinem Namen, danke ihm für die Befreiung aus dem Turm, vom Wolf, vom Vampir!

KURT: Nicht so, Alice!

ALICE *ganz nah am Gesicht des Hauptmanns*: Wo ist jetzt die eigene Kraft? Was? Und die Energie?

Hauptmann unfähig zu sprechen, spuckt ihr ins Gesicht.

ALICE: Kannst du noch Gift speien, Natter, dann werde ich dir die Zunge aus dem Hals reißen! *Gibt dem Hauptmann eine Ohrfeige.* Der Kopf ist ab, aber er errötet noch! – O Judit, herrliches Mädchen, das ich wie die Rache unter meinem Herzen getragen habe. Du, du hast uns alle befreit! – Hast du noch mehr Köpfe, Hydra, so werden wir auch die abschlagen! *Zerrt ihn am Bart.* Daß es doch Gerechtigkeit auf Erden gibt! Manchmal habe ich davon geträumt, aber geglaubt habe ich es nie. Kurt, bitte Gott, er möge verzeihen, daß ich ihn verkannt habe! Oh, es gibt Gerechtigkeit! Da will auch ich Schaf sein! Sag ihm das, Kurt! Ein wenig Erfolg macht uns besser, aber nur Mißerfolge machen uns zu Wölfen!

Leutnant aus dem Hintergrund herein.

ALICE: Den Hauptmann hat der Schlag getroffen, sein Sie so freundlich und helfen Sie uns, den Stuhl hinauszuschieben!

LEUTNANT: Gnädige Frau …

ALICE: Was ist?

LEUTNANT: Ja, Fräulein Judit …

ALICE: Helfen Sie uns erst! Dann können Sie über das Fräulein sprechen!

Leutnant schiebt den Stuhl nach rechts hinaus.

ALICE: Hinaus mit dem Kadaver! Hinaus mit ihm, und die Türen auf! Hier wird gelüftet! *Macht die Türen im Hintergrund weit auf, draußen hat es sich aufgeklärt.* Uff!

KURT: Willst du ihn verlassen?

ALICE: Ein gestrandetes Schiff wird verlassen, und die Besatzung rettet sich! – Ich brauche nicht die Leichenwäscherin eines vermoderten Tiers zu sein! Die Schinder oder Anatomiehelfer mögen sich um ihn kümmern! Ein Stück Garten wäre zu gut für diese Karre Unrat! – Ich gehe jetzt, um zu baden und mir all den Schmutz abzuwaschen, falls ich jemals wieder sauber werden kann!

Judit erscheint draußen an der Balustrade, barhäuptig, mit dem Taschentuch zum Meer hinaus winkend.

KURT *in ihre Richtung*: Wer ist dort? Judit! *Ruft.* Judit!

JUDIT *herein, schreit*: Er ist fort!

KURT: Wer?

JUDIT: Allan ist fort!

KURT: Ohne Abschied?

JUDIT: Wir haben Abschied genommen, und er läßt dich grüßen, Onkel.

KURT: War es das?

JUDIT *wirft sich in Kurts Arme*: Er ist fort!

KURT: Er kommt wieder, Kindchen!

ALICE: Oder wir fahren hinterher!

KURT *mit einer Geste zur Tür rechts*: Ihn im Stich lassen? – Die Welt ...

ALICE: Die Welt! Pah! – Judit, komm und nimm mich in die Arme!

Judit tritt zu Alice, die sie auf die Stirn küßt.

ALICE: Willst du hinterherfahren?

JUDIT: Das kannst du fragen?

ALICE: Aber Vater ist krank!

JUDIT: Was kümmert mich das!

ALICE: Das ist Judit! – Oh, ich liebe dich, Judit!

JUDIT: Außerdem, Papa ist nicht kleinlich ..., und er mag Zimperlichkeiten nicht! Er hat Stil, Papa, trotz allem!

ALICE: Ja, einen gewissen!

JUDIT: Und ich glaube nicht, daß er Sehnsucht nach mir hat, nach diesem Telefonat! – Ja, warum hat er mir auch einen Mummelgreis auf den Hals geschickt! Nein, Allan, Allan! *Wirft sich erneut in Kurts Arme.* Ich will zu Allan! *Reißt sich los und läuft hinaus, um zu winken.*

Kurt folgt ihr und winkt ebenfalls.

ALICE: Daß aus Schmutz Blumen wachsen können!

Leutnant von rechts herein.

ALICE: Nun?

LEUTNANT Also, Fräulein Judit ...

ALICE: Ist es wirklich so wunderbar, ihren Namen auf den Lippen zergehen zu lassen, daß Sie den Sterbenden vergessen?

LEUTNANT: Ja aber, sie hat gesagt ...

ALICE: Sie? Sagen Sie doch lieber Judit! – Aber zuerst: wie steht's drinnen?

LEUTNANT: Ja, drinnen ..., es ist Schluß!

ALICE: Schluß? – O Gott, ich danke dir in meinem und im Namen der Menschheit, daß du uns von diesem Übel erlöst hast! ... Reichen Sie mir Ihren Arm. Ich will hinaus und frei atmen. – Atmen!

Leutnant bietet ihr seinen Arm.

ALICE *hält inne*: Hat er etwas gesagt, bevor Schluß war?

LEUTNANT: Fräulein Judits Vater sagte ein paar Worte.

ALICE: Was sagte er?

LEUTNANT: Er sagte: „Vergib ihnen, denn sie wissen nicht, was sie tun."

ALICE: Unfaßbar!

LEUTNANT: Ja, Fräulein Judits Vater war ein guter und edler Mann.

ALICE: Kurt!

Kurt herein.

ALICE: Es ist Schluß!

KURT: Oh!

ALICE: Weißt du, was er zuletzt gesagt hat? Nein, das weißt du bestimmt nicht: „Vergib ihnen, denn sie wissen nicht, was sie tun."

KURT: Kannst du das übersetzen?

ALICE: Er meinte wohl, daß *er* immer recht gehandelt hat und als ein vom Leben Benachteiligter sterben muß.

KURT: Er bekommt sicher eine schöne Trauerrede!

ALICE: Und so viele Kränze! Von den Unteroffizieren.

KURT: Jaa!

ALICE: Vor einem Jahr sagte er ungefähr so: es sieht aus, als ob uns das Leben kolossal zum besten hielte!

KURT: Meinst du, daß er uns bis in den Tod hinein zum besten gehalten hat?

ALICE: Nein! – Aber nun, da er tot ist, spüre ich eine sonderbare Neigung, gut über ihn zu sprechen!

KURT: Komm, wir sollten es tun!

LEUTNANT: Fräulein Judits Vater war ein guter und edler Mann!

ALICE *zu Kurt*: Da hörst du's!

KURT: „Sie wissen nicht, was sie tun." Wie oft habe ich dich gefragt, ob er wußte, was er tat. Und du glaubtest nicht, daß er es wußte. Also, vergib ihm!

ALICE: Rätsel über Rätsel! – Aber stell dir vor, nun ist Frieden im Hause! Der wunderbare Frieden des Todes. Wunderbar wie die feierliche Unruhe, wenn ein Kind zur Welt kommt! Ich höre die Stille ..., und ich sehe auf den Dielen die Spuren des Liegestuhls, der mit ihm davonzog. – Und ich habe das Gefühl, daß mein Leben jetzt zu Ende ist und ich anfange, der Vergänglichkeit entgegenzugehen! – Weißt du, es ist so eigentümlich, die einfachen Worte des Leutnants – und er ist ein einfaches Gemüt – verfolgen mich, aber sie sind nun wahr geworden. Mein Gatte, meine Jugendliebe – ja, lach nur –, er war ein guter und edler Mann – trotz allem!

KURT: Trotz allem? Und ein tapferer – so wie er für die eigene und die Existenz der Seinen gekämpft hat!

ALICE: Welche Sorgen! Welche Demütigungen! Unter die er einen Strich gemacht hat – um weitergehen zu können!

KURT: Er war ein Übergangener! Das sagt viel, Alice – geh hinein!

ALICE: Nein! Das kann ich nicht! Denn als wir hier gesprochen haben, ist mir sein Jugendbild erschienen – ich habe ihn gesehen, ich sehe ihn jetzt –, so wie damals, als er zwanzig war! – Ich muß diesen Mann geliebt haben!

KURT: Und gehaßt!

ALICE: Und gehaßt! – Friede sei mit ihm!

Geht zur Tür rechts und bleibt mit gefalteten Händen stehen.

Kristina

Schauspiel in vier Akten

PERSONEN	Kristina Axel Oxenstjerna Klas Tott Magnus Gabriel De la Gardie Anton Steinberg Bourdelot, *französischer Arzt* Pimentelli, *spanischer Gesandter* Johan Holm Kaufmann Allerts Whitelock, *englischer Gesandter Cromwells* Carl Gustav (später Carl X.) Maria Eleonora, *Witwe Gustav II. Adolfs*
NEBEN- PERSONEN	Ebba Brahe Ebba Sparre Gustav Horn Carl Gustav Wrangel u. a.

ERSTER AKT

Teil der Riddarholmskirche. Im Hintergrund rechts die Grabkapelle Gustav Adolfs. Rechts im Vordergrund die Vasaborgsche Grabkapelle.
Rechts und links im Vordergrund befinden sich offene Kulissen, die Eingänge darstellen.
Wenn der Vorhang aufgeht, ist leise Orgelmusik zu hören. Allerts, der Bauer und der Schankwirt vom „Goldenen Frieden“ kommen langsam von rechts herein. Allerts zeigt den anderen die Kirche.

ALLERTS: Und hier! Hier seht ihr die Grabkapelle des großen Gustav Adolf. Heute ist sein Todestag. Die Königin und der ganze Hof werden mit Kränzen kommen, jetzt gleich!

DER SCHANKWIRT: Gott, wie viele Fahnen.

DER BAUER: Nun ja, nun ja!

DER SCHANKWIRT: Kaufmann Allerts, können wir hier stehenbleiben, wenn die Königin kommt?

ALLERTS: Ja, wenn Ihr Euch mit mir hierher zurückzieht, Schankwirt! – Dort kommt übrigens mein Freund Holm, der Hofschneider und Kammerdiener der Königin, vielleicht Kammerherr.

DER BAUER: Johan Holm? Wie leutselig die Majestät doch sein kann – zu manchen.

ALLERTS *sieht den Bauern scharf an*: Nils Ersson! Hüte Er sich ...! *Johan Holm kommt herein, trägt einen Kranz und ein Kissen.* Holm ...!

JOHAN HOLM *fährt zusammen*: Kaufmann Allerts! Hm!

ALLERTS: Können wir hier stehenbleiben, um die Königin zu sehen?

JOHAN HOLM *trocken*: Möchte Er das, Allerts?

ALLERTS: Ja, sicher!

JOHAN HOLM *etwas überheblich*: Was sind das für Leute, die Er bei sich hat?

ALLERTS: Das ist der Kellermeister und Schankwirt vom „Goldenen Frieden“, und das ist ein Hofbesitzer aus der Gegend von Västerås.

JOHAN HOLM *gleichgültig*: Geht und stellt euch dort hinten hin ..., aber laßt euch nicht sehen! Die Majestät kommt von links!

ALLERTS: Danke, Holm! *Zum Schankwirt und zum Bauern*: Kommt her!

Sie stellen sich hinter einen Mauervorsprung der Vasaborgschen Grabkapelle.
Johan Holm geht zur Gustav-Adolf-Grabkapelle hinauf und legt das Kissen auf einen Betschemel.
Die Orgelmusik hört auf. Anton Steinberg kommt von rechts herein, sieht sich um, als ob er jemand suche; er trägt einen Kranz.

ALLERTS *zum Schankwirt und zum Bauern*: Anton von Steinberg – der die Königin vor dem Ertrinken im Strömmen rettete – Günstling – leuchtende Zukunft ...

DER SCHANKWIRT *zum Bauern*: Aber das Ritterhaus wollte ihn nicht!

Klas Tott kommt mit zwei Kränzen herein; geht mit dem kleineren Kranz zum Tottschen Grab. Er sieht blaß und verzweifelt aus.

ALLERTS *zu den anderen*: Klas Tott, Sohn von Gustav Adolfs Tott – dem Schneepflug ..., etwas heruntergekommen ..., armer Junge! – Erblich belastet ... Urenkel von Erik XIV.

DER BAUER: Von Erik dem Vierzehnten?

DER SCHANKWIRT: Ja, nicht von Göran Persson!

ALLERTS: Ruhe!

ANTON STEINBERG *geht zu Tott, halblaut*: Nun, Tott?

KLAS TOTT: Was wünscht Ihr, Steinberg?

ANTON STEINBERG: Von Steinberg, wenn ich bitten darf!

KLAS TOTT: Heiße ich von?

ANTON STEINBERG *einfältig*: Ich weiß nicht!

KLAS TOTT: Man muß so dumm sein wie Ihr, Steinberg, um solch ein Glück zu haben!

ANTON STEINBERG: Dafür kann ich nicht. Und Ihr, Tott, könnt auch noch Glück haben, obgleich Ihr ein heller Kopf seid.

KLAS TOTT: Ich soll Glück haben? Sagt mir dann, Steinberg, wie ich meine letzten tausend Dukaten wiederbekomme, die ich heute nacht verloren habe.

ANTON STEINBERG: Ja, das werde ich Euch sagen, Tott, wenn Ihr heute abend in den „Goldenen Frieden" kommt.

KLAS TOTT: Gibt es dort Dukaten?

ANTON STEINBERG *treuherzig*: Dort nicht, nein, aber ich weiß, wo man sie holen kann!

KLAS TOTT: Steinberg, Ihr seid gewiß ein guter Mensch.

ANTON STEINBERG: O nein! Sagt das nicht! Alle Menschen sind doch so nett ...

KLAS TOTT: Meint Ihr das, Anton Steinberg? Meint Ihr das wirklich?

ANTON STEINBERG: Ja, mein Lieber, gewiß meine ich das! Und eins ist sicher – die Königin ist ein Engel!

KLAS TOTT: So was habe ich noch nie gehört! ... Ich war gestern zum Ballett und hatte den Eindruck, die Königin betrachtete mich eher mit den Augen eines Habichts als mit den Augen einer Taube!

ANTON STEINBERG: Ja, das ist ihre Art! Jeder Mensch hat so seine Art, Tott! – Kommt Ihr in den „Frieden"? O ja, macht das! Macht das, Tott!

KLAS TOTT: Ich werde kommen ...!

ANTON STEINBERG: Das ist wirklich nett von Euch, Tott!

Whitelock, der englische Gesandte, erscheint, ohne Kranz, betrachtet die Kirche.

ALLERTS *zu den anderen*: Der englische Gesandte ..., Cromwells Mann ..., hat bei der Hinrichtung Karls des Ersten zugesehen ... Der ist nicht von Pappe ...

DER SCHANKWIRT: Ein Königsmörder hier?

DER BAUER: Den muß ich sehen!

ALLERTS: Und er saß im Parlament, als Cromwell es einschloß und die Schlüssel in die Tasche steckte ...! Still, jetzt kommen sie!

Bourdelot und Pimentelli kommen herein, unterhalten sich, ohne daß man es hören kann. Bourdelot mit Lorgnette, zeigt Pimentelli, der düster und verschlossen ist, die Kirche.

ALLERTS *zu den anderen*: Bourdelot – der französische Arzt – das Schoßhündchen der Königin, das zu allem grinst – und Majestät gelehrt hat, auch zu grinsen ... Und der spanische Gesandte, Pimentelli, der Jesuit ... Seht, wie sie grinsen ... Und natürlich keine Kränze, denn sie sind Katholiken!

DER SCHANKWIRT: Sie verbergen wenigstens nicht ihre Gefühle. – Wenn man doch verstehen könnte, was sie sagen.

ALLERTS: So viel Französisch kann ich ... Der Spanier sagt: „Neue Heiligenkapelle ..., und was für ein Heiliger – Vasaborg-Cabeljau ..." Jetzt betrachten sie die kaiserlichen Fahnen ...

DER BAUER: Und das sind die Freunde der Königin ..., die Feinde ihres Vaters!

ALLERTS: Ja, die! Sie hat kürzlich öffentlich erklärt, die Religion sei im Dreißigjährigen Krieg nur ein Mantel gewesen, unter dem man die Eroberungen verbarg.

DER SCHANKWIRT: Pfui, nein!

ALLERTS: Ja, sie ist auf ihren Vater und seine Krieger neidisch, weil sie keinen Krieg führen kann. Sie tut so, als verachte sie die alten Generale Horn und Wrangel ...

DER BAUER: Ja, es ist schwer, die Tochter eines solchen Vaters zu sein ...

DER SCHANKWIRT: Noch schwerer, unter Axel Oxenstjerna zu stehen.

ALLERTS: Den haßt sie auch und wünschte, sein Name wäre vergessen auf Erden ... So ein Herzblatt ist das! Doch Carl Gustav, der Thronfolger ..., das ist ein Mann!

DER SCHANKWIRT: Den ganzen Tag, ja!

DER BAUER: Wenn wir den doch kriegen würden!

ALLERTS: Wartet nur! Hier braut sich was zusammen ... Ruhe!

Magnus Gabriel De la Gardie kommt, allein, sieht niedergeschlagen und gedemütigt aus.

ALLERTS *zu den anderen*: Magnus Gabriel De la Gardie ..., früher Günstling – zum König von Schweden ausersehen – jetzt in Ungnade, in tiefer Ungnade ...

DER SCHANKWIRT: Ebba Brahes Sohn ...

DER BAUER: Und Gustav Adolfs, was?

ALLERTS: Gerede, Bauerngeschichten ..., davon haben wir über die Königin genug ...

De la Gardie grüßt Bourdelot und Pimentelli zurückhaltend, Tott kurz, Steinberg demütig. Bleibt einsam und verlassen mitten im Raum stehen, da sich alle von ihm zurückziehen. Maria Eleonora, die Witwe des Königs, Ebba Brahe De la Gardie, Ebba Sparre kommen herein. Grüße zu verschiedenen und von verschiedenen Anwesenden. Maria Eleonora vermeidet, De la Gardie anzusehen.

ALLERTS: Maria Eleonora, Gustav Adolfs Witwe ... Ebba Brahe De la Gardie, Ebba Sparre, die Freundin der Königin.

De la Gardie fällt in einigem Abstand vor Maria Eleonora auf die Knie.

EBBA BRAHE DE LA GARDIE *während sie an De la Gardie vorbeigeht*: Was willst du hier, mein Sohn?

DE LA GARDIE: Wie kannst du fragen, Mutter!

EBBA BRAHE: Die Königin will dich nicht sehen, weil du dich nicht damit begnügen willst, an ihrem Hofe zu sein ...

DE LA GARDIE: Ihr Gefolge, ihr Schweif ...

EBBA BRAHE: Still, mein Kind!

ALLERTS: Bald sind die Figuren aufgestellt ..., dann beginnt das

Spiel ... Ich ahne, hier wird was geschehen ... Seht den armen De la Gardie ...

DER SCHANKWIRT: Keiner will mit ihm sprechen ...

DER BAUER: Sie möchten schon, wagen es aber nicht ...

ALLERTS: Hört euch den an, der ist gar nicht so dumm ...! Jetzt! Jetzt kommt die Königin! *Die allgemeine Aufmerksamkeit richtet sich auf den linken Eingang.* Kein Gefolge – keine Kammerherren – keine Leibgarde! Fürchtet ihr treues Volk nicht – glaubt, sie sei von allen geliebt, weil sie sich liebt!

DER SCHANKWIRT: Glaubt sie das?

ALLERTS: Sie glaubt alles, was ihr angenehm ist!

DER BAUER: Doch stattlich ist sie, trotz ihrer Kleinheit!

ALLERTS: In diesem Augenblick, ja, und im nächsten ist sie eine Mamsell aus dem Nippsachenladen ... Jetzt werdet ihr das sonderbarste Geschöpf erleben, das Gott geschaffen hat ...

Während der folgenden Szene muß jeder Anwesende das Auftreten der Königin mit Blicken und Mienen verfolgen und kommentieren. Insbesondere Allerts unterstreicht seine leisen Reflexionen mit Gesten.
Kristina kommt von links herein, langsam, würdig, mit einem gewissen Respekt vor der Kirche. Sie ist in einen schwarzen Samtmantel mit schwarzem Bärenfell gekleidet und trägt einen großen Filzhut (aus dem Dreißigjährigen Krieg) mit schwarzer Feder und Diamantenaigrette. Nachdem sie hereingekommen ist, öffnet sie den Mantel, ein schwarzes Kleid mit weißen Perlen ist zu sehen. Darauf zieht sie die Handschuhe aus, währenddessen mustert sie alle Anwesenden. Sie wird von einem Pagen begleitet, der einen Lorbeerkranz trägt. Holm nähert sich ehrfurchtsvoll. De la Gardie befindet sich in Kristinas Nähe. Nachdem sie den Anwesenden zugenickt und dabei die verschiedenen Grade von Freundschaft oder Feindschaft zum Ausdruck gebracht hat, verliert sie ihre Handschuhe. De la Gardie wirft sich auf die Knie, nimmt die Handschuhe auf und reicht sie Kristina, die ihn mit einem Blick fortschiebt.

KRISTINA: Holm! *Johan Holm tritt vor, nimmt von De la Gardie*

die Handschuhe entgegen, der sich zerknirscht zurückzieht. Bewahre sie auf! – Ist Reichskanzler Oxenstjerna gekommen?

JOHAN HOLM: Der Reichskanzler ist nicht gekommen, Majestät!

KRISTINA *mit ungeduldiger Miene, geht zu Maria Eleonora, klopft sie herzlich, aber herablassend auf die Arme und deutet einen töchterlichen Kuß auf die Wangen an*: Gott segne dich, Mama …

Begrüßt steif Ebba Brahe, küßt Ebba Sparre auf die Wange: Guten Tag, liebe Ebba …! *Nickt freundlich, etwas scherzhaft Steinberg zu*: Mein Freund, Steinberg … *Begrüßt Bourdelot, während sie einen Blick geheimen Einverständnisses mit Pimentelli wechselt. Macht Whitelock gegenüber eine kleine Geste*: Der Königsmörder an den Königsgräbern! Haha! *Bourdelot sagt etwas Witziges auf französisch, das man nicht hört. Kristina lächelt zunächst, danach ernst*: Ja, es ist eine Schande, die Königin warten zu lassen, aber das ist der Kanzler von heute! *Pimentelli sagt etwas auf französisch, was nicht zu hören ist. Kristina schaut zu Allerts und seinen Begleitern*: Oh, das ist nur mein gutes Volk! Sie lieben mich! Keine Gefahr also! *Pimentelli spricht mit Kristina, ohne daß es zu hören ist, mit glühendem Blick. Kristina antwortet ihm ebenso mit brennendem Blick, doch nur eine Sekunde. Bourdelot versucht zu lauschen, jedoch vergebens.*

MARIA ELEONORA *zu Kristina, sie spricht müde und bitter*: Auf wen warten wir, mein Kind?

KRISTINA: Auf den Kanzler, Mutter! Die „kleine Kerstin" muß immer auf den großen Oxenstjerna warten!

MARIA ELEONORA: Wie schwedisch das ist …

KRISTINA: Da hast du recht …! Aber es müssen doch wohl Generale dabeisein?

MARIA ELEONORA: Generale? Es ist doch kein Krieg mehr?

KRISTINA: Nein, aber du verstehst …, an einem Tag wie diesem wollen die Alten sich dem Volk zeigen …

EBBA BRAHE *tritt auf Kristina zu, als wolle sie ein Bittgesuch vorbringen*: Majestät …

KRISTINA *hart, mit männlicher Stimme*: Wir geben keine

Audienz in der Kirche ..., am Grabe unseres Vaters am allerwenigsten! *Dreht ihr den Rücken zu, erblickt Tott. Winkt Steinberg heran. Kristina spricht halblaut und freundlich mit Steinberg wie zu einem ungefährlichen Menschen*: Bittet Tott herzukommen ...! Wartet ...! Habt Ihr mit ihm gesprochen?

ANTON STEINBERG: Ja, Majestät!

KRISTINA: Was hat er gesagt?

ANTON STEINBERG: Er ist sehr nett, aber er wird vom Mißgeschick verfolgt.

KRISTINA: Befehlt ihm zu kommen!

Anton Steinberg geht zu Tott. Pimentelli versucht, in die Nähe der Königin zu kommen und sie zu bewachen. Kristina treibt Pimentelli mit einem Blick und einem halblauten Wort fort. Anton Steinberg kommt ohne Tott zurück.

KRISTINA: Nun, Steinberg?

ANTON STEINBERG *betrübt*: Majestät!

KRISTINA: Warum kommt Tott nicht?

ANTON STEINBERG: Er ist so sonderbar ... Armer Tott!

KRISTINA: Was sagt er? Ist er schüchtern?

ANTON STEINBERG: Nein, das ist er nicht; doch er sagt nur, er will nicht!

KRISTINA *zornig*: Bei Gott! So was habe ich noch nie gehört ...! Sagte er, daß er nicht will!

ANTON STEINBERG: Oder daß er nicht wage!

KRISTINA *wird etwas freundlicher, lächelt aber grausam*: Geht noch einmal und befehlt ihm, bei Strafe meiner Ungnade zu kommen! *Anton Steinberg geht und holt Tott, der widerwillig mitkommt. Kristina blickt Tott, der verlegen aussieht, dreist an*: Ihr habt Angst, Tott?

KLAS TOTT: Ja!

KRISTINA: Vor mir?

KLAS TOTT: Ja!

KRISTINA *geschmeichelt*: Ist die kleine Kerstin so gefährlich?

KLAS TOTT: Ja!

KRISTINA *noch geschmeichelt, aber ärgerlich, weil Tott sich möglicherweise „etwas einbilden" könnte*: Das ist stark! *Macht eine plötzliche Wendung*: ... Tott, Ihr habt heute nacht Karten gespielt?

KLAS TOTT: Ja, Majestät!

KRISTINA: Und einige tausend Dukaten verloren? Erlaubt mir, diese Schulden zu begleichen ...

KLAS TOTT: Nein, Majestät, das kann ich nicht! – Ich kann kein Geld von einer Frau annehmen ...

KRISTINA: Ich bin keine Frau...

KLAS TOTT: Nein, nicht einmal von einer Königin ...

KRISTINA: Ich bin nicht Königin – irgendeines Königs. Ich wurde zum König ausgerufen, erinnert Ihr Euch daran, Tott?

KLAS TOTT: Ja, jetzt erinnere ich mich!

KRISTINA: Möchtest du Kammerherr deines Königs werden?

KLAS TOTT: Ich begreife nicht den Grund für diese unerwartete Gunst!

Kristina blaß und stumm vor Zorn; jedoch unsicher, wie sie seine mehrdeutigen Worte verstehen soll, wagt sie nicht, ihre Gefühle und Gedanken durch einen Ausbruch zu verraten.

Pause.

KLAS TOTT *sieht zu Kristina auf und erschrickt über ihren Gesichtsausdruck*: Wenn ich mich schlecht ausgedrückt habe, Majestät, so verzeiht einem etwas schlecht verdünnten Vasablut!

KRISTINA, *deren Miene sich erhellt, betrachtet Tott mit Wohlgefallen, aber noch nicht völlig besänftigt*: Vasablut? *Zunächst langsam, als ob sie darüber nachdenke, was sie jetzt sagen müsse, während die Worte wie von selbst kommen*: Ja, Tott, Ihr habt Ahnen, vielleicht mehr als ich, und Ihr scheint ein Vollblut-Vasa zu sein! *Schlägt um, als ob sie glücklich den Faden gefunden habe*: Dann sind wir ja verwandt, und von einem Verwandten kann man alles annehmen! *Mild, freundlich, reicht ihm die Hand*: Nun, willkommen an meinem Hof,

Klas Tott! Klas! – Das ist sehr nett ... Drei Schritt zur Seite ... und keine Angst vor Klein-Kerstin!

ALLERTS *zu seiner Gesellschaft*: Klein-Kerstin ist siebenundzwanzig ... Jetzt hat es Tott erwischt!

DER SCHANKWIRT: Und Tott – dreiundzwanzig?

DER BAUER: Das ist ja Vergewaltigung eines Minderjährigen!

KRISTINA *die gemerkt hat, daß Allerts sich mit den anderen unterhalten hat, wendet sich ihnen zu und spricht halblaut zu Tott*: Seht, sie lieben mich! Was fürchtet Ihr da?

KLAS TOTT: Meine Gefühle fürchte ich!

KRISTINA *die das nicht gehört hat*: Ich habe nichts gehört! *Lärm an der Tür links.* Wer lärmt dort ... Soldaten natürlich!

Axel Oxenstjerna, Carl Gustav Wrangel, Gustav Horn kommen, verschiedene Begrüßungen.

AXEL OXENSTJERNA *tritt auf die Königin zu, verbeugt sich tief und spricht ehrfurchtsvoll*: Eure Majestät geruhen zu verzeihen ...

KRISTINA *flott*: Ja, Euch verzeihe ich, das wißt Ihr, Oxenstjerna ... Aber – *ironisch* – den Generalen, wie soll ich denen verzeihen?

AXEL OXENSTJERNA: Ihre Schuld ist meine, Majestät! Wichtige Nachrichten ...

KRISTINA: Sieh da, wieder Krieg?

AXEL OXENSTJERNA: Nein, Majestät, aber Unfrieden ..., Gerüchte und ...

KRISTINA: Darum kümmern Wir uns nicht!

AXEL OXENSTJERNA: Begründete Gerüchte ...!

KRISTINA: Ich grüße Gustav Horn! Den besten Mann meines Vaters ... Und Carl Gustav Wrangel! „Den Großen“, unseren Condé ... Seid willkommen, meine Herren ...

Alle begeben sich gruppenweise zur Grabkapelle Gustav Adolfs, außer De la Gardie, Bourdelot und Pimentelli, die unten auf der Bühne bleiben.
Bourdelot und Pimentelli sprechen und gestikulieren, ohne daß

man die Worte hört; danach gehen sie nach links hinaus, De la Gardie mitleidig betrachtend.

KRISTINA *kommt auf die Bühne zurück und ruft zur Orgelempore hinauf, die hoch oben in der linken Kulisse zu sein scheint*: Düben, laßt uns jetzt anfangen! *Wartet auf eine Antwort, die vom Publikum nicht gehört wird.* Ist der Kapellmeister krank? *Antwort, die nicht zu hören ist.* Dann muß es ohne Musik gehen! *Zu De la Gardie*: Magnus, weshalb stehst du so betrübt da?

DE LA GARDIE: Ich traure ...

KRISTINA: Hast du Trauer?

DE LA GARDIE: Eine große Trauer!

KRISTINA: Wirst du erben?

DE LA GARDIE: Nein, Tott wird erben!

KRISTINA *lächelt grausam*: Deine Antworten sind süperb, Magnus! Sag noch etwas Lustiges – sie sind hier so langweilig!

DE LA GARDIE: Nicht heute!

KRISTINA: Was ist denn heute für ein Tag?

DE LA GARDIE: Es ist der Schuß-Tag.

KRISTINA: Wie?

DE LA GARDIE: Ja, heute wurde doch der selige König erschossen!

KRISTINA *lacht ins Taschentuch*: Magnus, Magnus, du tötest mich! *Dreht sich um und ruft*: Laßt jetzt den Vorhang herunter!

Ein Vorhang wird herabgelassen, der den oberen Teil der Kirche verdeckt.

DE LA GARDIE: Wollen wir auch die Lichter löschen?

KRISTINA: Schäm dich!

DE LA GARDIE: Aber was werden die Alten dort oben sagen?

KRISTINA: Ich mußte auf die Generale warten, jetzt müssen die auf mich warten!

DE LA GARDIE: Was ist mit der Musik? Hat Düben keinen Wind mehr?

KRISTINA *schlägt ihn mit dem Fächer*: Magnus!

MARIA ELEONORA *hinter dem Vorhang*: Kristina, wollen wir nicht bald anfangen?

KRISTINA Doch, mein Kind, fangt an.

DE LA GARDIE: Du bist so schön heute! *Kristina legt den Finger auf den Mund.* Armer Tott!

KRISTINA: Du bist kühn jetzt, weil ...

DE LA GARDIE: Weil ... Warum?

KRISTINA *dreht sich um*: In Jesu Namen, können die Leute jetzt nicht anfangen!

DE LA GARDIE: Wie lange soll das Spektakel hier dauern?

KRISTINA *halb erzürnt.* Du nimmst ein schlimmes Ende!

DE LA GARDIE: Ich bin schon am Ende! ... *Mit echter Bewegung*: Als du von mir gingst, und ich dich sinken sah, da verlor ich den Glauben an alles!

KRISTINA *bewegt*: Du hast mich geliebt?

DE LA GARDIE: Wie du fragst!

KLAS TOTT *hinter dem Vorhang*: Majestät!

KRISTINA *stampft mit dem Fuß auf*: Fangt an, zum Teufel!

DE LA GARDIE: Pfui!

KRISTINA *mit dumpfer, weicher Stimme*: Magnus, wenn du wüßtest, wie alle diese großen Toten und Halbtoten mich bedrücken und würgen ... Der große Oxenstjerna, der große Banér, der große Torstenson, der große Wrangel ... Mein wirklich großer Vater wird immer benutzt werden, um ihre Kleinheit zu vergrößern! So einfach, so menschlich, so anspruchslos, wie er war, würde er sich im Sarg umdrehen, wenn er dort liegen würde! – Aber er ist wohl fern ..., so fern, wie ich sein möchte!

DE LA GARDIE *aufrichtig, herzlich*: Arme Kerstin, du bist in etwas hineingekommen – was nicht zu dir paßt!

KRISTINA: Ja, es bedrückt mich! *Schlägt um.* Aber es ist interessant! *Kindlich.* Und es ist manchmal lustig!

DE LA GARDIE: Mit Puppen zu spielen!

KRISTINA: Eben! Mit großen Puppen!

DE LA GARDIE: Hüte dich, der Königsmörder steht hinter der Gardine!

KRISTINA: Mich ermordet keiner! Alles liebt mich!

DE LA GARDIE *bestürzt*: Weißt du, daß Karl der Erste von England genau dasselbe sagte?

KRISTINA *wird finster*: Sagte er das?

DE LA GARDIE: „Alles liebt mich!" sagte er, und dann köpften sie ihn ...!

KRISTINA: Stell dir vor, es gibt Augenblicke, da möchte ich Cromwell sein ... und mich köpfen!

DE LA GARDIE: Das kann ich verstehen ...; es gibt Augenblicke, in denen ich mich aufhängen möchte!

KRISTINA *lächelt*: Unsinn! Immer nur Unsinn ...! *Milde, aber bestimmt*: Geh jetzt! *De la Gardie sieht sie fragend an.* Geh, bis ich dich rufe.

DE LA GARDIE: Hast du mit mir gespielt?

KRISTINA: Ja! Darf ich das nicht?

DE LA GARDIE: Keiner spielt ungestraft mit einem De la Gardie!

KRISTINA *zornig*: Drohst du der Königin?

DE LA GARDIE: Ja!

KRISTINA: Reise aus Stockholm ab, begrabe dich auf deinem Landsitz, und solltest du dich wieder zeigen, dann gibt es Festungen in Finnland!

DE LA GARDIE *zerstört*: Ernst oder Scherz?

KRISTINA *wendet ihm den Rücken zu*: Voller Ernst! Mein Wort als Frau!

De la Gardie geht nach links.

EIN KURIER *kommt, tritt auf De la Gardie zu, fällt auf die Knie und reicht ihm einen Brief*: Graf De la Gardie, vom Prinzen Carl Gustav!

Kristina horcht auf, bleibt stehen.

DE LA GARDIE *öffnet einen großen Brief, der einen kleineren enthält. Er liest hastig*: Majestät!

KRISTINA: Herr Graf!

DE LA GARDIE *überreicht den kleineren Brief*: Für die Königin vom Prinzen Carl Gustav!

KRISTINA *reißt den Brief schroff an sich, mit einem verächtlichen Blick*: Über De la Gardie! Das ist höflich!

DE LA GARDIE *liest in seinem Brief*: Oh, Herr des Himmels.

KRISTINA *liest ihren Brief und erschrickt*: Jetzt wird mir angst.

DE LA GARDIE: Wer hat dies geschrieben?

KRISTINA: Das sind keine Menschen! Das sind Teufel.

DE LA GARDIE: Gift und Dolch ist das!

KRISTINA: Was steht in Eurem Brief?

DE LA GARDIE *arglistig*: Dasselbe wie im Brief an Euch.

KRISTINA *fixiert De la Gardie, voller Haß und Furcht*: Magnus, sei mein Freund!

DE LA GARDIE: Soweit ein verschmähter Liebhaber Freund sein kann!

Du darfst das Wort nicht benutzen! Ich vertrage keine harten Worte!

DE LA GARDIE: Keine harten Worte, aber harte Taten verträgst du ...

KRISTINA: Errätst du, wer diese Schmähschrift verfaßt hat?

DE LA GARDIE: Es ist ein Messenius, ob Vater oder Sohn oder beide, das weiß ich nicht!

KRISTINA: Das ist schrecklich! Ich fühle mich bis in die Seele hinein beschmutzt!

DE LA GARDIE: Ja, so was schreibt man auf den Festungen in Finnland!

KRISTINA *weich*: Sei nicht garstig, Magnus, sondern hilf mir!

DE LA GARDIE: Helfe ich dir auf, so trittst du mich nieder!

KRISTINA *unruhig*: Rate mir ...! Oder – ich gehe zu Oxenstjerna!

DE LA GARDIE: Geh zu Oxenstjerna, aber nicht heute! Geh zu Oxenstjerna, aber laß ihn die Schmähschrift nicht lesen, bevor du ihn verhört hast!

KRISTINA: Das ist ein guter Rat, doch was bedeutet er? Laß mich nachdenken ... Ja – er bedeutet: vertraue keinem! ... Magnus, glaubst du nicht, daß das Volk mich liebt?

DE LA GARDIE: Du bist ein Kind!

KRISTINA: In diesem Augenblick, vielleicht! – Und deshalb ... gehe ich zu meiner Mutter ... *Geht auf den Vorhang zu.*

DE LA GARDIE: Geh auch ans Grab deines Vaters! ... Es ist gut, sich der Guten mitunter zu erinnern!

KRISTINA: *kommt wieder herunter*: Was habe ich getan, daß mich alle hassen?

DE LA GARDIE: Du hast mit den Schicksalen der Menschen gespielt wie mit Puppen!

KRISTINA *erstaunt*: Habe ich das?

DE LA GARDIE: Das hast du nicht gewußt? – Du weißt nicht, was du tust, darum, Vater, verzeih!

KRISTINA: Du bist nett, Magnus!

DE LA GARDIE: Immer nett zu „Klein-Kerstin". Immer garstig zur großen, boshaften Kristina!

KRISTINA: Daß ich wieder zu Oxenstjerna gehen muß!

DE LA GARDIE: Das hättest du früher tun sollen! Der Größte, der Beste!

KRISTINA: Bourdelot ist größer, freier. Er schwebt wie eine Weihe über Feld und Flur, aber Oxenstjerna steht wie ein Storch vorm Mauseloch!

DE LA GARDIE: Ist Bourdelot so groß?

KRISTINA: Sein Geist ..., ja; ich möchte nicht über ihn sprechen, denn das verstehst du nicht ... Aber willst du mein Freund sein, bist du auch Bourdelots Freund!

DE LA GARDIE: Ich werde es versuchen!

KRISTINA *bemerkt Allerts und seine Begleiter, die durch Neugierige verstärkt worden sind*: Magnus – jetzt fühle ich, daß sie mich hassen!

DE LA GARDIE: Geh zu deiner Mutter!

KRISTINA *kindlich*: Rat weiß sie nicht, aber sie hat, was mir fehlt ...

DE LA GARDIE: Wie nennt man es doch ..., ein Herz!

KRISTINA: Ja! *Sie geht zum Vorhang hinauf.*

Whitelock kommt hinter dem Vorhang hervor, mit einem erstarrten Lächeln von einem lustigen Gespräch, das er eben gehabt hat. Kristina zuckt zusammen, geht aber hinauf.

ALLERTS: Der Königsmörder!

ZWEITER AKT

In der Rechnungskammer. Wände mit Regalen, in denen Folianten mit blauem Einband und gelben Beschilderungen stehen, außerdem Aktenbündel aus grauem Papier, mit Bindfaden zusammengebunden. Eine kleine Tür im Hintergrund führt zu einem Innenraum.
Tür rechts und Tür links.
Axel Oxenstjerna an einem großen Schreibtisch, Magnus De la Gardie ihm gegenüber.

AXEL OXENSTJERNA *schreibt*: Ich bin gleich fertig!

DE LA GARDIE: Es eilt nicht!

AXEL OXENSTJERNA *für sich*: Fünfundsechzig, siebzig ... Laßt mich sehen ... Doch! Hier habt Ihr, De la Gardie, die gerichtliche Bestätigung für Ekolsund – als Geschenk der Königin. – Das kommt etwas spät, da die Ungnade Euch bereits getroffen hat! – Ihr seid doch noch in Ungnade, De la Gardie?

DE LA GARDIE: Ja, so tief jemand unter Kristina nur fallen kann ...

AXEL OXENSTJERNA: Sprecht bitte mit Ehrerbietung von der Regentin!

DE LA GARDIE: Entschuldigt, Oxenstjerna! Doch wenn das Reich dem Untergang nahe ist ...

AXEL OXENSTJERNA: Das möchte ich nicht hören!

DE LA GARDIE: Ich möchte daran erinnern, daß ich Mitglied des Reichsrates bin und ein ebenso großer Freund des Vaterlandes wie Ihr, Oxenstjerna. *Axel Oxenstjerna schaut ihn verwundert an.* Kennt Ihr den Inhalt der Messenischen Schmähschrift?

AXEL OXENSTJERNA: Nein, Ihr?

DE LA GARDIE: Nein!

AXEL OXENSTJERNA: Ahnt Ihr ihn?

DE LA GARDIE: Wenn ich's täte, würde ich's nicht sagen ...!

AXEL OXENSTJERNA *wehmütig*: De la Gardie, Ihr seid Reichsschatzmeister, kennt Ihr den Zustand des Landes?

DE LA GARDIE: Ich glaube, den kennt niemand!

AXEL OXENSTJERNA: Ich habe ihn festgestellt. Ein Jahr lang habe ich gerechnet ..., seht hier ...

DE LA GARDIE: Nun, und?

AXEL OXENSTJERNA *erhebt sich betrübt und geht umher*: Der Zustand ist betrüblich!

DE LA GARDIE: Claudite libros! Laßt uns von etwas anderem sprechen.

AXEL OXENSTJERNA *ringt die Hände im Kampf mit sich selbst*: De la Gardie, ich habe, wie Ihr wißt, immer Pietät für das Andenken meines großen Königs und für seine Erbin gehabt. Doch mein Land liebe ich wie mein Auge ...

DE LA GARDIE: Hört auf, Oxenstjerna, sonst werdet Ihr es später bereuen.

AXEL OXENSTJERNA: Das weiß ich, aber ich muß sprechen ...

DE LA GARDIE: Macht das nicht, die Wände haben Ohren, und spanische Stiefel machen keinen Lärm!

AXEL OXENSTJERNA *bleibt stehen und blickt De la Gardie an*: Spanische, sagtet Ihr ...? *Hastig*: Kennt Ihr Pimentelli?

DE LA GARDIE: Ja!

AXEL OXENSTJERNA: Wer ist dieser Mann?

DE LA GARDIE: Ganz einfach ein spanischer Jesuit, der gleichzeitig Günstling der Königin ist!

AXEL OXENSTJERNA: Ein Jesuit! Gott bewahre un ...! *Pause.* Wißt Ihr, De la Gardie ..., nein, so was kann ich nicht ..., Spionage und Kabalen ... Meine Staatskunst ist zu alt ... *Pause.* Ist es wahr, daß der Hofschneider Holm geadelt und Kammerherr werden soll?

DE LA GARDIE: Es ist wahr!

AXEL OXENSTJERNA: Oh, Herr Jesus!

Pause.

DE LA GARDIE: Ebenso wahr, wie daß der junge Tott Reichsrat werden soll!

AXEL OXENSTJERNA: Der Leutnant Tott? Der Dreiundzwanzigjährige?

DE LA GARDIE: Ja, er ist ein Günstling!

AXEL OXENSTJERNA *zögernd*: Was bedeutet das – Günstling, dieses Wort, das einen verfolgt, immer und überall!

DE LA GARDIE: Günstling? – Ein Günstling ist einer ..., der jemandes Gunst genießt!

AXEL OXENSTJERNA: Ich wünschte, ich läge im Grabe! *Pause.* ... Ist es wahr – Gott verzeihe meine Sünden! –, ist es wahr, daß die Königin die katholische Messe beim französischen Gesandten besucht? –

DE LA GARDIE: Und sich bekreuzigt, ja! Das weiß die ganze Stadt!

AXEL OXENSTJERNA *außer sich*: Dann möchte ich tot sein ...! Magnus, in Jesu Namen, laßt mich reden ... *Pause.* Pietät, Rücksicht, Treue gegenüber dem Königshaus, alles, was ich geschätzt habe, muß ich über Bord werfen! Vor Pietät habe ich die Augen zugemacht, aus Rücksicht habe ich mich taub gestellt, und vor lauter Treue bin ich schließlich falsch geworden. Ich bin feige geworden, ich bin ein Kriecher geworden, ich habe die Niederträchtigkeit verehrt, und ich fange an, mich selbst zu verachten ... *Pause.* Das Reich wird von einem närrischen Weib regiert, die Rechnungsbücher sehen aus, als ob ein wahnsinniges Kind sie geführt hätte! Das ganze Eigentum der Krone ist an Fremdlinge vergeudet worden, Ballette werden für dreißigtausend Kronen je Abend gegeben, die Armee gibt es nur auf dem Papier, und die Flotte verfault unten vor Karlskrona. Die Reichsstände werden wie ein Gemeinderat behandelt, der Reichsrat rekrutiert sich aus Unterleutnants, die Schloßkapelle ein Jesuitenkollegium und die Königsburg ein Tanzlokal ...

Pause.

DE LA GARDIE: Also: es muß etwas geschehen!

AXEL OXENSTJERNA: Ja!

Pause.

DE LA GARDIE: Die Stände wollten die Königin verheiraten!

AXEL OXENSTJERNA: Ja, mit dem Pfälzer Carl Gustav, aber das wollen wir nicht.

DE LA GARDIE: So?

AXEL OXENSTJERNA: Carl Gustav ist Krieger und wird Krieg führen, aber er ist kein Staatsmann, um den Staat zu lenken. Übrigens, wir wollen keine Pfälzer, wo wir Vasas haben!

DE LA GARDIE: Haben wir Vasas?

AXEL OXENSTJERNA: Ja, in Polen!

DE LA GARDIE: Das ist wahr! – Aber Carl Gustav hat Freunde!

AXEL OXENSTJERNA: Mehr Feinde!

DE LA GARDIE: Eine gewisse Partei – hat durch die Einschränkung der Königsmacht Abhilfe schaffen wollen!

AXEL OXENSTJERNA: Das ist meine Partei!

DE LA GARDIE *mit froher Verwunderung*: Und Cromwells!

AXEL OXENSTJERNA: Ja, Cromwells ...! Kennt Ihr Cromwell?

DE LA GARDIE: Nein, nicht näher! – Er soll seinen König enthauptet haben!

AXEL OXENSTJERNA *wird finster und zieht sich zurück*: Soll er das ...? Das war übrigens nicht seine schönste Tat! *Pause.* ... Stellt Euch vor, De la Gardie – die fünf Millionen, die wir beim Westfälischen Frieden bekommen haben, sind verschwunden.

DE LA GARDIE: Verschwunden?

AXEL OXENSTJERNA: Gestohlen!

DE LA GARDIE: Von wem?

Lärm hinter der Tür rechts.

AXEL OXENSTJERNA *sieht nach rechts*: Ihre Majestät! *Beide erheben sich.*

Kristina kommt herein, in Reitkleidung, grüßt durch Nicken. Betrachtet zunächst De la Gardies Gesicht genau, um Aufschlüsse zu erhalten; danach trifft ihr Blick den Axel Oxenstjernas.
De la Gardie stellt Kristina einen Stuhl hin.

KRISTINA *setzt sich*: Setzt Euch, Oxenstjerna!

AXEL OXENSTJERNA *setzt sich*: Majestät ...

KRISTINA *nach einer Pause*: Ich bin gekommen, um über die Messenische Schrift zu reden. *Pause.* Kennt Ihr sie?

AXEL OXENSTJERNA: Nicht ihren Inhalt!

KRISTINA *holt ein Exemplar der Schrift hervor*: Dann möchte ich Euch nur einen Auszug aus dem Inhalt mitteilen..., sie ganz vorzulesen wäre eine Selbsterniedrigung für mich – und für Euch, Kanzler! *Axel Oxenstjerna senkt den Kopf.* Der Verfasser, wenn er diesen Namen verdient, sagt ... zu Beginn – die Königin sei eine Närrin, die nicht das geringste von der Staatsführung verstehe.

Axel Oxenstjerna sieht sich um, als wolle er einen Verräter entdecken.

KRISTINA *kaltblütig*: Weiter ..., die Mittel des Reiches verschleudere man an Fremdlinge, natürlich ..., und dann diese Ballette, zwanzigtausend am Abend ..., es sind zwar dreißig, aber das macht nichts! – Habt Ihr verstanden?

AXEL OXENSTJERNA *mit hartem Gesicht*: Ich habe verstanden!

KRISTINA: Dann steht dort was von Jesuitenkollegium, Gemeinderäten und Unterleutnants ... *Axel Oxenstjerna sieht De la Gardie bestürzt an.* Dann folgt eine Infamie gegen Euch ...! Er behauptet, daß Ihr der Thronfolge Carl Gustavs entgegenarbeitet ... Ich möchte Euch gerne schonen, Axel Oxenstjerna, aber es wird angedeutet, daß man gegen Carl Gustav keine Mittel scheuen wolle – nicht einmal Gift! *Axel Oxenstjerna in Bewegung.* Richtiges Gift, das auf einem Schloß in der Umgebung von Stockholm gemischt werden soll. Ratet, wie das Schloß heißt! *Axel Oxenstjerna schweigt.* Dann lassen wir das ...! Doch in all dieser verlogenen Niedertracht gibt es einen Punkt, der gefährlich ist, wirklich gefährlich! Man sagt, eine gewisse Partei, die Cromwell mehr als Stuart liebt, habe es sich zur Aufgabe gemacht, mit allen Mitteln die Königsmacht einzuschränken. *Messerscharf*:

Habt Ihr verstanden? *Axel Oxenstjerna eiskalt, senkt den Kopf.* Dies sind die Hauptpunkte. Die anderen, noch unsinnigeren übergehe ich mit Stillschweigen ... Was sagt Ihr, Oxenstjerna, zu solch einer infamen Schrift?

Pause.

AXEL OXENSTJERNA: Dieser Schrift würde ich nicht die geringste Bedeutung beimessen, wenn sie nicht bei allen Unwahrheiten und Übertreibungen eine recht verbreitete öffentliche Meinung zum Ausdruck bringen würde ... Ja, ich muß bekennen, daß ich mich erinnere, vor nicht allzulanger Zeit – *Blickt auf De la Gardie* – Äußerungen gehört zu haben, die in die gleiche Richtung gingen! – Majestät, diese Schmähschrift ist nicht ungefährlich und nicht zu ignorieren!

KRISTINA *zweideutig, lauernd*: Ja, das denke ich auch! – Und deshalb habe ich die beiden Messenius verhaften lassen!

AXEL OXENSTJERNA: Schon?

KRISTINA *aufgebracht*: Meint Ihr nicht, es eilt ...? *Ruhiger*: Und wenn jetzt der Ankläger die Verhöre beginnt, hoffe ich, allen Personen auf die Spur zu kommen, die zur Bildung dieser Meinung beigetragen haben, zu deren Sprachrohr sich die Schreiberlinge gemacht haben ... Ich hoffe auch – *Bohrt ihren Blick in Axel Oxenstjerna, der zum Angriff bereit dasitzt* –, daß durch diese Verhöre neue Angaben in noch wichtigeren Fragen gewonnen werden – *Streckt den Hals vor, zischt* –, besonders in einer Frage, Oxenstjerna, die meiner Person sehr nahegeht!

AXEL OXENSTJERNA *ruhig und sicher*: Geht es um die fünf Millionen?

KRISTINA *wird blaß, ringt nach Luft und bleibt in der Haltung mit vorgestrecktem Hals. Axel Oxenstjerna läßt sie nicht aus den Augen. Kristina zieht langsam den Hals zurück und fällt zusammen*: Welche – fünf – Millionen?

AXEL OXENSTJERNA: Die gestohlenen!

Pause.

KRISTINA *langsam*: Was ist das für Geld?

AXEL OXENSTJERNA *erhebt sich*: Schwedens Retribution aus dem Westfälischen Frieden! – Ich werde gleich die Verifikationen zeigen.

Geht durch die kleine Tür im Hintergrund.

KRISTINA *stürzt auf De la Gardie zu, nimmt seine Hände und drückt sie an ihre Brust*: Magnus, in Jesu Namen, schlag den Prozeß nieder!

DE LA GARDIE: Zu spät!

KRISTINA: Hilf mir ...!

DE LA GARDIE: Was mußtest du mit dem Löwen spielen?

KRISTINA *schlägt sich mit der Reitgerte*: Oh, daß ich nie aus seinen Klauen kommen kann ...

DE LA GARDIE: Nicht er hat mit dem Kratzen angefangen.

KRISTINA: Warum mußte ich in das Wespennest stechen! Hilf mir, Magnus!

DE LA GARDIE: Kriech zu Kreuze ...!

KRISTINA: Kriechen, ich ...?

DE LA GARDIE: Das müssen wir alle!

KRISTINA: Gut! Aber ich räche mich später!

DE LA GARDIE: Das kennen wir!

Kristina legt die Reitpeitsche fort und macht ein anderes Gesicht.
Axel Oxenstjerna kommt mit Papieren herein.

KRISTINA *kokett und freundlich, klopft Oxenstjerna auf die Hand, die die Papiere hält*: Vielen Dank, lieber Freund, ich glaube Euch aufs Wort, Axel Oxenstjerna, und für die kleine Kerstin braucht's keine Papiere! *Axel Oxenstjerna bleibt kalt.* Ist mein Alterchen böse auf Kerstin? Erinnerst du dich, als du mir eine Lektion in Geschichte erteilt hast ... *Nimmt seine Hand und legt sie auf ihren Kopf.* Streichle mich ein wenig, ich bin so verwöhnt ..., und ich hatte keinen Vater und keine Mutter ...

AXEL OXENSTJERNA *halb kalt*: Mein Kind, sei so wahr, wie du schön bist, und du wirst geliebt und geehrt werden!

KRISTINA *bezwingt ihr Gekränktsein*: Danke, Kanzler. Mach den Prozeß kurz und schlage diese leidige Geschichte schnell nieder!

AXEL OXENSTJERNA: Darf ich Majestät um die Schrift bitten.

KRISTINA *flott*: Ja, wenn ich eine Kopie bekommen habe! *Zieht ihre Uhr hervor.* Jetzt muß ich gehen. Lebt wohl, meine Herren! *Dreht sich um.* – Sagt, gibt es polnische Vasas?

DE LA GARDIE: Ja, Nachkommen von Sigismund!

KRISTINA: Aber sie sind doch Katholiken!

DE LA GARDIE: Sie können sich bekehren!

KRISTINA *spöttisch*: Da hast du recht ...! Jedoch, wenn Vasas gebraucht werden, dann habe ich bessere ...! Adieu! *Geht.*

AXEL OXENSTJERNA: Wie eine Katze! Eine Katze ... Es ist traurig, De la Gardie, lange zu leben und zu sehen, wie alles Schöne häßlich und alles Gute böse wird!

DE LA GARDIE: Nun, die Schmähschrift?

AXEL OXENSTJERNA: Ich muß bekennen, ich war bestürzt. Aber die Verfasser haben wahrscheinlich das Gerede gehört und aufgeschrieben.

DE LA GARDIE: Unser aller Meinung! – Und jetzt sollen wir sie zum Tode verurteilen!

AXEL OXENSTJERNA: Wie grausam das Leben ist! – Doch hier muß eine Veränderung geschehen!

DE LA GARDIE: Absetzen können wir sie nicht, aber wir können sie zwingen abzudanken.

AXEL OXENSTJERNA: Können wir das?

DE LA GARDIE: Ja, das können wir!

AXEL OXENSTJERNA: Möchtet Ihr, De la Gardie, hier hereinkommen, dann können wir miteinander reden.

DE LA GARDIE: Ist jemand dort drinnen?

AXEL OXENSTJERNA: Ja, natürlich!

DE LA GARDIE: Wer?

AXEL OXENSTJERNA: Kommt, und Ihr werdet sehen!

DE LA GARDIE *schaut in das Zimmer hinein*: Kaufmann Allerts.

AXEL OXENSTJERNA: Ja, wißt Ihr, wer er ist?
DE LA GARDIE: Er hat eine Tochter ...
AXEL OXENSTJERNA: Die die Mutter eines Kindes ist ...
DE LA GARDIE: Dessen Vater Carl Gustav heißt ...
AXEL OXENSTJERNA: Ja!

DRITTER AKT

Der untere Teil der Bühne ist ein prachtvoller Salon.
Links sind einige Sofas an einem großen Tisch und einige Stühle von einem chinesischen Wandschirm abgeteilt.
Rechts ein kollossaler Nußbaumschrank in holländischem Stil.
Der obere Teil der Bühne bildet zunächst einen Gang oder eine Galerie, dahinter befindet sich die Schneiderwerkstatt. Rechts schräg vorn ein langes niedriges Fenster mit sechs gewöhnlichen Fensterscheiben. Davor ein großer Schneidertisch, auf dem acht Gesellen im Schneidersitz sitzen, bunte Kostüme nähend. Daneben steht ein Geselle und schneidet zu, ein zweiter bügelt, ein dritter probiert ein Pandora-Kostüm auf einer Schneiderpuppe an.

ERSTER GESELLE *schaut aus dem Fenster*: Draußen scheint ein Auflauf zu sein!
ZWEITER GESELLE: Am besten, nicht hinsehen!
DRITTER GESELLE: Warum nicht?
ZWEITER GESELLE: Man wird so leicht hineingezogen ...
DER BÜGLER: Dann haltet euch zurück!
DER ANPROBER: Wird man sie vors Hofgericht bringen?
DER BÜGLER: Die beiden Messenius? Ja! Weißt du das denn nicht?
ZWEITER GESELLE: Immer mehr sollen vors Hofgericht!
DER ANPROBER: Noch mehr?

ZWEITER GESELLE: Die Zeugen!
DER BÜGLER: Haltet euern Mund!

Der Bügler und der Anprober gehen jetzt auf die Bühne hinunter.

DER ANPROBER *zum Bügler*: Zum Teufel, was für ein Prozeß! Wie ein Schleppnetz; man fängt große und kleine Fische, wenn man nur an den Leinen zieht ...! Kannst du dir vorstellen, es gibt kaum eine Standesperson, die nicht darin verwickelt ist ..., nicht eine, von der höchsten bis zur niedrigsten ...

DER BÜGLER: Auch allerhöchste?

DER ANPROBER: Ja! – Und sie verdächtigen sich alle ... Alle!

DER BÜGLER: Und ... Die Höchste?

DER ANPROBER: Sie hat Angst!

DER ZUSCHNEIDER *kommt auf die Bühne herunter*: Hütet euch, ihr dort! Hütet euch!

DER BÜGLER: Ach was! Wir Schneider! Nie ...! Alle können in Ungnade fallen und fortgejagt werden, nur wir nicht! Wir sind unentbehrlich, und der Kanzler nennt uns auch den Zehnmännerrat, den unabsetzbaren. Holm heißt der Protektor ... Wißt ihr ..., daß Holm adlig werden soll ...?

DER ZUSCHNEIDER: Adlig? Nun, und was werden wir dann?

DER ANPROBER: Dann werden wir Schneider ...

DER BÜGLER: Auf jeden Fall, richtige Kerle sind das, die Messenius ... So alles von sich zu geben, alles ...

DER ZUSCHNEIDER: Das reinigt den Kropf! – Still, dort kommt Holm!

Alle gehen an ihre Arbeit zurück.

JOHAN HOLM *kommt, einen Gänsekiel hinter dem Ohr, mit Lorgnette. Er geht zu dem großen Schrank, öffnet die Tür und nimmt Papiere aus den Laden. Er liest und macht Notizen. Spricht zu den Gesellen, ohne sie anzuschauen*: Still, still, still, still!

Die Gesellen murmeln.

JOHAN HOLM: Still, still, still, still!

KRISTINA *kommt herein, in der traditionellen Reitkleidung, die eine Seite des Rockes aufgesteckt, mit Degen und mit der Kette des Johanniterordens. Sie sieht ängstlich aus*: Holm!

JOHAN HOLM *angemessen höflich*: Majestät!

KRISTINA: Hast du dreißigtausend Taler?

JOHAN HOLM: Ja, gewiß!

KRISTINA: Noch nie habe ich ein Nein von dir bekommen, braver Holm ...! Weißt du, ich muß das Ballett haben, damit die Leute über etwas anderes zu reden haben als über diesen verwünschten Prozeß ...

JOHAN HOLM: Verwünscht! Verflucht sei der, der zuerst diese Aktion aufgegriffen hat!

KRISTINA *fährt einen einzigen Augenblick zusammen*: Was sagt man in der Stadt?

JOHAN HOLM: Oh, man redet so viel!

KRISTINA: Ist man böse auf mich? *Johan Holm macht eine Gebärde zu den Gesellen hin.* Die dort? Die lieben mich!

JOHAN HOLM: Majestät! Die Zunft, die Schneiderinnung, hat heute die Fahnen draußen unter dem Vorwand, daß heute Zunftversammlung sei; doch es ist keine!

KRISTINA: Lappalien! *Geht auf den oberen Teil der Bühne und begrüßt die Gesellen, flott*: Guten Tag, Jungs! *Die Gesellen horchen auf, drehen sich um und betrachten die Königin kalt. Kristina geht wieder hinunter, verzagt, zu Holm*: Mir gefallen ihre Augen nicht ...!

JOHAN HOLM: Majestät, gebt ihnen heute einen freien Montag, dann bekommen sie schöne Augen ..., ebenso schön wie Eure!

KRISTINA *beherrscht ihren Zorn und ihre Abscheu*: Ich kann ihnen keinen freien Tag geben. Das Ballett muß stattfinden.

JOHAN HOLM: Die Kleinen darf man nicht vergessen. Viele Kleine ergeben ein Großes!

KRISTINA: Ich vergesse sie nicht, Holm, ich verachte sie.

JOHAN HOLM: Ei, ei, ei!

KRISTINA: Wie sitzt mein Kostüm?

JOHAN HOLM *zieht an den Nähten*: Ja ...! Doch wenn man wie eine Gerte gewachen ist ...

KRISTINA *drückt ihren Unmut über das Kompliment von dieser Seite aus*: Hast du die Pandora fertig?

JOHAN HOLM: Steht dort auf der Staffelei, wie der Hofmaler sagt!

KRISTINA *geht hinauf und betrachtet das Pandora-Kostüm auf der Schneiderpuppe*: Die wird gut ...! *Kommt wieder herunter, nervös*: Es werden gleich Herren kommen. Bittet sie, Platz zu nehmen ...! *Hurra-Schreie draußen. Kristina fährt zusammen*: Was ist das?

JOHAN HOLM: Das sind die Kleinen!

KRISTINA *versucht zu scherzen*: Das hier ist aber kein Kleinkindergeschrei!

JOHAN HOLM: Nein, Majestät, das ist es nicht!

KRISTINA: Holm! Habe ich einen Freund hier unter allen diesen, die ich auserwählt habe?

JOHAN HOLM: Ja, einen einzigen!

KRISTINA: Wer ist das?

JOHAN HOLM: Wenn ich meine geringe Person ausnehme, die ich eher einen Sklaven als einen Freund nennen möchte, dann ist es Steinberg.

KRISTINA *etwas verächtlich*: Steinberg, der auf sein „von" hält?

JOHAN HOLM: Ja, das ist seine einzige kleine Schwäche. Doch der gute, einfache Steinberg geht für seine Königin in den Tod, ohne irgendwelchen Lohn zu fordern ...

KRISTINA *überlegt*: Meinst du ...? *Pause*. Holm! Mir ist diese Komödie über! *Johan Holm schweigt. Kristina wie für sich selbst*: Dies ist sicher der letzte Akt ... *Pause*. Kennst du den Kaufmann Allerts?

JOHAN HOLM: Ja, sicher!

KRISTINA: Es gibt über diesen Mann ein Geheimnis, das ich nicht kenne! Kennst du es?

JOHAN HOLM: Nein!

KRISTINA: Sieh zu, daß du es erfährst!

JOHAN HOLM: Die Leute sind so schweigsam und vorsichtig geworden nach diesem Prozeß ...! Dort kommt Steinberg!

KRISTINA *macht ein anderes Gesicht und geht Steinberg entgegen*: Willkommen, mein guter Steinberg! *Steinberg fällt auf die Knie. Kristina mild*: Nicht so ...! Steht auf! Ihr, der Ihr mir einmal das Leben wiedergegeben habt ...

ANTON STEINBERG: Majestät, könnte ich mein Leben geben ...

KRISTINA: Zu wissen, daß Eure Gedanken mich mit Wohlwollen begleiten, genügt mir, lieber Steinberg ... Sagt, woher kommt Ihr?

ANTON STEINBERG: Vom Hofgericht, Majestät!

KRISTINA *entsetzt*: Und Ihr habt gehört ...

ANTON STEINBERG: Ja, ich habe gehört ...

KRISTINA *ängstlich, es zu erfahren, dennoch neugierig*: Folgt mir hier hinein ... *Geht nach links. Anton Steinberg folgt ihr.*

KLAS TOTT *kommt von rechts, sieht sich um, zu Holm*: Bitte, entfernt Euch eine Weile, Schneidermeister!

Johan Holm sieht zunächst Tott an, geht dann zum Hintergrund nach links hinauf und hinaus.

DE LA GARDIE *kommt von rechts herein*: Sieh da ...! Wir wollen uns setzen ...

KLAS TOTT *zeigt auf einen Stuhl*: Hier ...?

DE LA GARDIE: Ja, hier ist es doch gut! *Sie setzen sich.* Tott, du bist jetzt in der Sonne, so daß alles um dich strahlt!

KLAS TOTT: Sieht man es?

DE LA GARDIE: Menschen, die lieben, leuchten aus sich heraus, und die, die in ihre Nähe kommen, erhalten Wärme ... Tott, du bist glücklich!

KLAS TOTT: Das höchste Glück wird immer von dem Gedanken an den schrecklichen Augenblick verdüstert, wo es ein Ende nehmen wird!

DE LA GARDIE: Warum sollte es ein Ende nehmen?

KLAS TOTT: Warum ...? Früher ..., ich habe ja auch früher Frauen geliebt ..., und wenn der Bruch nahte, riß ich gewöhnlich das Götzenbild herunter, trat es in den Schmutz und war dann frei. Das heißt, ein paar Wochen habe ich geweint!

DE LA GARDIE: Das ist sicher die einzige Gelegenheit, wo ein Mann weint und auch ein Recht dazu hat ...

KLAS TOTT: Doch diesmal helfen Tränen nicht ... Dies hier habe ich so hoch und heilig empfunden, daß ich sterbe, wenn sie mit mir bricht!

DE LA GARDIE: Armer Tott!

KLAS TOTT: Oh, weißt du, ich fühle die Schmerzen schon im voraus ...! Können die Philosophen nicht erklären, warum der Liebeskummer der tiefste ist ...? Ich sah, wie Johann Banér sich verliebte – der Held wurde zu einem Kind, sechs Taschentücher weinte er an einem Tag naß! Doch das Schrecklichste ist, daß die Menschen diesen Kummer belächeln ...! Sag mir eins, Magnus! Glaubst du, daß sie mit mir spielt?

DE LA GARDIE: Spielt? Kann eine Frau etwas anderes tun? Die Liebe ist doch ein Spiel!

KLAS TOTT: Mit Himmel und Hölle spielen, das ist ein gefährliches Spiel!

DE LA GARDIE: Manche sterben dabei!

KLAS TOTT: Ich liebe sie wie ein Jüngling, ich verehre sie wie ein höheres Wesen, und ich nenne sie meine erste Liebe!

DE LA GARDIE: Wie ein höheres Wesen?

KLAS TOTT: Ja, genau so! Siehst du nicht, wie sie über dem Leben schwebt, wie alles unbedeutend für sie ist. Die Krone, die die Könige aufs Haupt setzen, tritt sie mit den Füßen. Ich bin mir fast sicher, eines schönen Tages wirft sie sie fort!

DE LA GARDIE *horcht auf*: Glaubst du?

KLAS TOTT: Ja, sie ist ein Adler, in der Luft von Luft geboren, deshalb fällt es ihr schwer, hier unten zu atmen ...! Könnte ich nur ihrem Flug folgen!

DE LA GARDIE: Aber sie bleibt ja niemals bei einer Sache, weder bei einer Tat, noch bei einem Beschluß.

KLAS TOTT: Weil sie sich nicht binden will. Das ist ja gerade das Große!

DE LA GARDIE: Sie hat keine Ansichten.

KLAS TOTT: Was soll sie denn mit Ansichten, wenn alle Ansichten widerlegt werden ... Sie ist deshalb immer jung, immer neu.

DE LA GARDIE: Gott, wie er liebt!

KLAS TOTT: Das tut er!

DE LA GARDIE: Sie hat keine Fehler?

KLAS TOTT: Nein, denn als „Fehler oder Verdienste", als diese bürgerlichen Begriffe, lassen sich ihre Eigenschaften nicht fassen.

DE LA GARDIE: Hast du dann ihre vielen Gesichter bemerkt?

KLAS TOTT: Schneider Holm und andere arme Gesellen haben nur ein Gesicht, Kristina hat unendlich viele, denn sie ist nicht ein Mensch, sondern eine ganze Welt!

DE LA GARDIE: Ein Teufelskerl!

KLAS TOTT: Und die Schönheit ihres Antlitzes, die habe nur ich gesehen, und ich habe sie sehen können, weil ich sie liebe! – Ihr anderen werdet es nie sehen ...

DE LA GARDIE: Tott kann wirklich lieben! Und trotzdem sagt man, er sei ein Misogyn.

KLAS TOTT: Frauenhasser! Das bin ich noch, doch Kristina ist keine Frau! Übrigens ist sie selbst Frauenhasser, wie du weißt! So sind wir uns auch darin einig!

DE LA GARDIE: Hüte dich vor ihrem angeblichen Frauenhaß. Das ist nur die Leimrute, mit der sie kleine Vögel fängt!

KLAS TOTT: Aber sie hat doch geschrieben, die Frau sei eine Larve ...

DE LA GARDIE: Sie hat es geschrieben ... Glaubst du an Geschriebenes ...? Hat sie dir nicht auch Euripides vorgelesen?

KLAS TOTT: Ja! Wie kannst du das wissen?

DE LA GARDIE: Wir wollen diskret sein, Klas!

Kristina kommt herein. Ihr Gesicht trägt noch frische Spuren von Steinbergs guter Persönlichkeit. Sie hat ein Billett in der Hand.
Klas Tott und De la Gardie erheben sich.
Kristina, in Gedanken versunken, fordert Tott mit einer Geste

auf, sich zu entfernen. Klas Tott schaut De la Gardie böse an und zögert. Kristina wiederholt die Geste. Klas Tott zieht sich zurück.

DE LA GARDIE *strahlt, glaubt, Tott sei in Ungnade*: Schon! *Kristina bekämpft ein Lächeln mit einem zornigen Blick. Sie zerreißt das Billett und verstreut die Schnipsel auf dem Fußboden. De la Gardie kühner*: Ein Abschiedsbrief?

Kristina tritt vor, setzt sich; bittet De la Gardie, Platz zu nehmen, legt den Degen auf den Tisch zwischen sich und De la Gardie, den sie mit scharfem, unerklärlichem Blick anschaut.

DE LA GARDIE: Das Schwert zwischen uns!

Kristina fixiert ihn noch einmal zweideutig. De la Gardie holt wie zerstreut ein Schmuckkästchen hervor und fingert daran herum.

KRISTINA: Was hast du dort?

DE LA GARDIE: Eine Bestechung!

KRISTINA: Für deine Frau! – Hausfriedenspflaster! Was hat sie getan?

DE LA GARDIE: Sie war natürlich garstig und widerspenstig!

KRISTINA: Und jetzt soll sie bestochen werden! Warum habt ihr geheiratet?

DE LA GARDIE: Du weißt wohl am besten, warum du mich mit Maria Euphrosyne verheiratet hast.

KRISTINA: Hör, Magnus, willst du Ekolsund verkaufen?

DE LA GARDIE: Ich habe doch erst kürzlich die Besitzurkunde erhalten.

KRISTINA: Was macht das?

DE LA GARDIE: Soll Carl Gustav Ekolsund haben?

KRISTINA: Nein, doch das geht dich nichts an ...! Was soll es kosten?

DE LA GARDIE: Ich will nicht verkaufen!

KRISTINA *böse und laut, mit Männerstimme*: Deinem König?

DE LA GARDIE: Sagte die Königin!

KRISTINA *erhebt den Degen*: Erinnerst du mich daran, daß ich eine Frau bin?

DE LA GARDIE: Ist das eine Schande?

KRISTINA *skandiert*: Für mich, ja ...! Und weißt du, ich hätte Lust, dich einmal zu treffen, auf dem Felde, mit der Waffe in der Hand, so daß du merkst, ich bin dir in keiner Hinsicht unterlegen!

DE LA GARDIE: Du meinst, du willst mir Satisfaktion geben ...

KRISTINA *bleibt stumm, denkt nach, ob er irgendeinen Hintergedanken hat; dann lächelt sie. Danach schlägt sie um*: Willst du siebzigtausend für Ekolsund haben?

DE LA GARDIE: Das kommt darauf an – wer der Nachfolger werden soll! *Kristina gedemütigt, beschämt, „nimmt den Zaum in den Mund und steckt den Kopf in die Brust", schweigt.* Verzeih mir, aber du bettelst um Schläge!

KRISTINA: Ist es so angenehm, zu schlagen?

DE LA GARDIE: Götzen niederzuschlagen ist angenehm, aber Hand an eine Frau zu legen, die man einmal geliebt hat ..., oh, das tut weh, doch dieser Schmerz lindert den anderen Schmerz!

KRISTINA: Ihr sprecht immer vom Schmerz der Trennung ... Ich fühle so etwas nicht! Ich finde nur, es ist schön, wieder frei zu werden!

DE LA GARDIE: Wieder ...! Warte nur, einmal wirst du ihn fühlen ... Ja, das wirst du, du wie alle, die mit dieser Naturkraft gespielt haben, der Schöpfermacht, die ihren Quell an den Wurzeln des Weltenbaumes hat ...

KRISTINA *spöttisch, höhnend*: Was kann das sein?

DE LA GARDIE: Die Liebe! Aber du weißt nicht, was das ist!

KRISTINA: Das ist sicher ein Spiel, das man also nicht ernst nehmen soll. *Skandiert*: „Und wer dieses Spiel will wagen, muß das Spiel auch tragen ..." *Schwenkt brutal um*: Jetzt kannst du gehen! Adieu ...! Ruf Tott her! *De la Gardie erhebt sich zögernd. Kristina akzentuiert*: Den Kammerherrn Tott! *De la Gardie zögert noch. Kristina crescendo*: Den Reichsrat Tott!

DE LA GARDIE: Reichsrat?

KRISTINA: Vielleicht willst du jetzt Ekolsund verkaufen?

DE LA GARDIE: Jetzt will ich's ... Doch jetzt ist der Preis gestiegen!

KRISTINA *nonchalant*: Auf wieviel?

DE LA GARDIE *degagiert und fällt aus*: Auf fünf Millionen!

KRISTINA *fährt zusammen, danach richtet sie sich auf und sagt mit dumpfer Stimme*: Magnus, leiste mir doch bitte einen Dienst!

DE LA GARDIE: Meine liebenswürdige Cousine, du findest mich immer zu Diensten aller Art bereit, außer zu erniedrigenden!

KRISTINA *weich*: Dieser hier ist nicht erniedrigend – für dich! Geh aufs Hofgericht ... Und hör dir die Untersuchung an ...

DE LA GARDIE: Ja – das werde ich tun ..., wenn es dir helfen kann!

KRISTINA *kläglich*: Glaubst du, mir ist nicht zu helfen?

DE LA GARDIE *schmeichelnd*: Kleine Kerstin! – Arme kleine Kerstin, du bist es, die vor dem Hofgericht steht und vernommen wird ...

KRISTINA: Wie dumm – Dummheiten zu machen!

DE LA GARDIE: Ja, sicher! Ich muß es am besten wissen, da ich jetzt gestäupt werde für meine ..., sagen wir, Dummheiten!

KRISTINA *schmerzlich*: Warum bist du mir immer so überlegen?

DE LA GARDIE: Bin ich das? – Vielleicht bin ich es!

KRISTINA *zornig, aufbrausend*: Schäm dich!

DE LA GARDIE: Aus dieser Sache kommst du nicht heraus ..., nur auf eine Weise.

KRISTINA: Sag es!

DE LA GARDIE: Danke ab!

KRISTINA: Ich höre nicht!

DE LA GARDIE: Danke ab ...!

Pause.

KRISTINA *tut, als habe sie nichts gehört; eiskalt*: Ruf Tott her!

DE LA GARDIE *unerschrocken*: Nein! – Das mußt du selbst tun! *Geht.*

Kristina allein, bleibt unentschlossen stehen, verzieht den Mund, als habe sie in einen sauren Apfel gebissen.

EIN KAMMERHERR *kommt herein*: Seine königliche Hoheit, Prinz Carl Gustav!

KRISTINA *macht ein frohes, offenes Gesicht, geht unbeschwert Carl Gustav entgegen und schlägt einen gemütlichen Ton an*: Er ist willkommen! *Der Kammerherr geht.*

Carl Gustav erscheint, fett und verschwitzt, weich und bürgerlich, doch mit einer gewissen kriegerischen und königlichen Würde. Fällt auf die Knie, erhebt sich wieder und klopft den Staub ab.

KRISTINA *nimmt eine Hand und klopft ihm mit der anderen unters Kinn. Plappert*: Guten Tag, Carlchen, unrasiert wie immer und besorgt um die Kleider ... Das macht Er richtig ... *Streicht unter seinem Kinn entlang.* Ein Doppelkinn auch ... Aber warum kannst du dich nicht rasieren ...? Komm, mein Ferkel, setz dich!

CARL GUSTAV *erhebt sich, gutmütig, führt sich aber etwas wie ein Hahn auf*: Herzallerliebste Cousine, ich komme durch Tag und Nacht von Öland, um dir zu sagen, wie absolut unschuldig ich an diesem verwünschten Prozeß bin!

KRISTINA *wird etwas düster*: Das brauchst du nicht zu sagen ... Wir haben anderes zu besprechen ...! Setz dich! *Pause. Carl Gustav macht sich bereit, wichtige Fragen zu hören.* Ich habe es eilig und komme deshalb direkt zur Sache. – Verstehst du etwas von Finanzen?

CARL GUSTAV: Einigermaßen!

KRISTINA: Hör zu ..., kann man kein Geld leihen ...? Sieh, jetzt grinst du, wie immer, wenn ich von Geld rede! – Bist du geizig, Carl?

CARL GUSTAV: Ich habe nichts, womit ich geizen könnte, liebe kleine Freundin.

KRISTINA: Gibt es nicht etwas, was Staatsobligat, -obligaten heißt?

CARL GUSTAV: Obligationen! – *Zieht das Wort in die Länge, lächelt.* Oh, du kleine ... *Schneller.* Ja, die gibt es! Doch das sind Staatsanleihen!

KRISTINA: Nun, und kann nicht das Staatsoberhaupt – solche Scheine ausgeben?

CARL GUSTAV *lächelt*: Nein, mein liebes Kind, dazu gehören der Reichstag und der Rat!

KRISTINA *steckt einen Finger in den Mund*: Ach so ...! *Pause.* Was sind Steuerkäufe?

CARL GUSTAV *lacht*: Ja, meine Geliebte, das ist das, was wir seit einem Mannesalter tun und was das ganze Land in Unruhe versetzt hat. Ja, du hast selbst Hunderte solcher Papiere unterschrieben.

KRISTINA: Habe ich das? *Schlägt um.* Ach so, du meinst diese Papiere mit den Stempeln? Die aussehen wie Talerscheine und gelbblaue Schnüre auf dem Rücken haben?

CARL GUSTAV *lächelt, aber etwas ernst*: So sehen gewiß alle Papiere aus, die du unterschreibst ... Aber, liebes Herz..., hör zu! – Du mußt dich davor hüten, deine Unkenntnis und Sorglosigkeit in der Leitung des Staates vor anderen zu zeigen ...

KRISTINA *errötet*: Was ist dann Lehnzins?

CARL GUSTAV: Jetzt muß ich dich unterbrechen! Kristina, gerade heraus, wieviel ist es?

KRISTINA *blickt zu Boden*: Viel, viel!

CARL GUSTAV: W i e v i e l ?

KRISTINA: Was glaubst du?

CARL GUSTAV: Sind es Millionen?

KRISTINA *mit schwacher Stimme*: Ja!

CARL GUSTAV *ängstlich*: Wieviel?

Kristina schweigt.
Totenstille.

CARL GUSTAV *gerührt, betrübt*: O Gott, was hast du getan, mein armes Kind! Es sind doch wohl nicht fünf Millionen?

KRISTINA *kindlich*: Fünf – nein, gewiß nicht, es sind drei – oder sieben ...

CARL GUSTAV *erhebt sich, beugt sich freundlich über Kristina, faßt sie ans Ohr und flüstert*: Kerstin schwindelt doch jetzt nicht?

KRISTINA *stahlhart*: Ich schwindle nie! Ich habe nie geschwindelt ...! Setz dich!

Pause.
Carl Gustav betrachtet sie mit langen Blicken.

KRISTINA *reißt sich aus der bedrückenden Angst heraus und schlägt einen kameradschaftlichen Ton an*: Hör zu, Carlchen, du mußt mir siebzigtausend Kronen beschaffen.

CARL GUSTAV *kalt*: Das kann ich nicht!

KRISTINA: Dann mußt du eine Bürgschaft schreiben!

CARL GUSTAV *trocken*: Geht es wieder um Ekolsund?

KRISTINA: Ja!

CARL GUSTAV: Ich habe es einmal bezahlt ..., soll ich es noch mal bezahlen?

KRISTINA: Ja! Ist eine Krone es nicht wert?

CARL GUSTAV *mit hellerer Miene*: Doch, das ist sie ...!

KRISTINA *streckt die Hand aus, schelmisch*: Gib sie mir dann!

CARL GUSTAV: Du hast sie in der Hand, obwohl ich sie nicht bei mir habe!

KRISTINA *streckt noch immer die Hand aus*: Hier!

CARL GUSTAV *ergreift die Hand und küßt sie*: Kristina, darf ich jetzt einige Worte sagen ...? Doch unterbrich mich nicht und lache nicht!

KRISTINA: Es kommt darauf an!

CARL GUSTAV *männlich, einfach*: Ich bin gekommen, um dein Ultimatum zu fordern ... Ja, ich finde mich nicht ein, um irgendwelche Jugendgelöbnisse einzutreiben – sie sind nur Schall und Rauch! Doch nun, da wir vom Leben geprüft sind und einen gewissen Blick fürs Leben bekommen haben, mußt du einsehen, daß deine Stellung ebenso unmöglich ist wie meine. Du hast mir zwar die Krone versprochen ..., für den Fall, daß du hinscheidest, aber ich kann doch nicht herumlaufen und auf dein Ableben warten!

KRISTINA *gähnt*: Beeil dich! Beeil dich!

CARL GUSTAV: Nun gut, willst du mich zum Gatten?

KRISTINA: Nein, das will ich nicht! Ich will nicht Frau werden! *Erhebt sich und stellt sich neben Carl Gustav.*

CARL GUSTAV: Ich weiß, ich bin keine männliche Schönheit...

KRISTINA *spielt mit seinem Haar*: Du mußt dich rasieren!

CARL GUSTAV: ... doch ein treueres Herz ...

KRISTINA: Carl Gustav, du bist sehr lieb, und du verstehst von den Finanzen mehr als ich, vielleicht vom ganzen Wirrwarr des Reiches; aber verheiraten werde ich mich nie ...! *Küßt ihn auf die Stirn.* Einen Kuß sollst du haben, denn du bist so lieb ...! Obwohl du nach Branntwein riechst ..., glaube ich!

CARL GUSTAV *zornig, erhebt sich*: Majestät! – Darf ich gehen?

KRISTINA: Sehr gern ...! Hauptsache, du schaffst die siebzigtausend herbei ... Warte! Eine Sache noch, du mußt deinen Einfluß im Ritterhaus geltend machen, damit mein Freund Holm geadelt wird.

CARL GUSTAV: Holm, der Schneider?

KRISTINA: Der Kammerherr, wenn ich bitten darf!

CARL GUSTAV: Ist das vernünftig?

KRISTINA: In unseren Zeiten, in diesen Zeiten Cromwells, wo Brauer Könige werden und Königsmörder Botschafter – Whitelock ist dort unten, läuft frei in der schwedischen Königsburg herum, und man grüßt ihn mit präsentiertem Gewehr und Trommelschlag ... Willst du oder willst du nicht?

CARL GUSTAV: Ich will nicht!

KRISTINA: Die Krone! Die Krone!

CARL GUSTAV: Ich will nicht ..., aber ich muß!

KRISTINA: Das nenne ich brav geantwortet! Du mußt! Und – *skandiert* – damit du mich nicht mit weiteren Heiratsanträgen quälst und mit Gerede über deine Treue und so was, möchte ich darum bitten, bei erster Gelegenheit, wenn du dich rasiert hast und nicht mehr nach Branntwein riechst, einen besonders guten Freund von dir, nicht von mir, vorzustellen, der unter dem Namen Kaufmann Allerts weithin bekannt ist. Kennst du ihn? *Carl Gustav bleibt stumm, niedergeschlagen.* Schwiegervater, was? – Getreues Herz, geh! *Carl Gustav schickt sich an zu gehen.* Geh, doch vergiß nicht Totts siebzigtausend!

CARL GUSTAV: Totts?

KRISTINA: Ja, Totts!

CARL GUSTAV: Dieser ...

KRISTINA: Die Krone! Die Krone!

CARL GUSTAV *geht, doch kehrt um und kommt wie eine Katze zurück, bereit zu kratzen*: Wie viele Millionen, sagtest du, waren es?

KRISTINA *schroff*: Fünf ...! Aber – *skandiert* – die bekomme ich von Kaufmann Allerts, wenn sein Name nächstes Mal dort oben beim Prozeß fällt ...

CARL GUSTAV *bestürzt*: Ist sein Name ... Herr Jesus!

KRISTINA: Sein Name, im Zusammenhang mit dem des Thronfolgers, mit Carl Gustavs! *Pause.* Sind wir quitt?

CARL GUSTAV: Wir sind quitt!

KRISTINA: Ja, sag's, sonst verdoppeln wir!

CARL GUSTAV *geht*: Wir sind quitt!

Kristina bleibt eine Weile stehen und überlegt; da kommt Pimentelli von hinten, faßt sie um und küßt sie in den Nacken. Darauf nimmt sie ihn bei der Hand und führt ihn in die Kulissen nach links. Kommt wieder herein und läutet. Johan Holm kommt von rechts.

KRISTINA: Holm, für deine treuen Dienste will ich dich, wie du weißt, in den Adelsstand erheben. – Du kannst dich später bedanken! Gib jetzt den Gesellen, laß mich sehen, drei Stunden frei. – Bewache dann alle Türen. Ich erwarte Baron Tott!

JOHAN HOLM: Wird geschehen, Majestät! *Geht und gibt den Gesellen frei.*

Klas Tott erscheint unvermutet.
Kristina erstrahlt, geht ihm entgegen und reicht ihm artig die Hand, führt ihn zum Tisch. Sie setzen sich einander gegenüber.

KLAS TOTT *sieht etwas unruhig und forschend aus*: Wer war das, der gegangen ist?

KRISTINA: Holm!

KLAS TOTT: Und davor?

KRISTINA *prüft, ob er „etwas weiß" oder nicht*: Davor? Es waren viele da!

KLAS TOTT: Verzeih mir, Kristina, aber es fällt mir heute so schwer, dich wiederzufinden! Diese vielen haben Spuren hinterlassen. Ich sehe einen Zipfel des scherzhaften Lächelns von De la Gardie in deinen Mundwinkeln, und ich glaube, Carl Gustav selbst ist dagewesen und hat dir Runzeln in die Schläfen geärgert.

KRISTINA: Wie scharf du beobachtest!

KLAS TOTT: In deiner Nähe werde ich sehend, Kristina; alle meine Sinne setzen sich in der Haut fest. Die Berührung mit deiner reinen Feuerluft sublimiert meine Gefühle und Wahrnehmungen, so daß – es mir schwerfällt, mit anderen Menschen Umgang zu haben.

KRISTINA: Du bist so schön heute, Klas!

KLAS TOTT: Scheine ich dir weniger häßlich als früher, so bist du es, die in mir ist ...

KRISTINA: Spielst du noch?

KLAS TOTT: Ich spiele nicht, trinke nicht, esse kaum, und kein unschönes Wort kommt über meine Lippen!

KRISTINA: Hast du Freunde gesehen?

KLAS TOTT: Ich sehe nur dich!

KRISTINA: Du bist traurig, mein Freund!

KLAS TOTT: Ich kann nicht mehr Trauer und Freude unterscheiden. Ich lebe, und dennoch bin ich tot! Unser Abend gestern war für mich wie ... Kristina, jetzt hast du meine Seele in deiner kleinen Hand. Du öffnest die Hand – meine Seele fliegt hinaus, und ich bin nicht mehr ...! Ich sehe mein Bild in deinen Augen. Du schließt deine Augen, das Bild ist fort und ich auch!

KRISTINA: Klas, du bist zu weit oben, ich sehe dich nicht. – Komm herunter!

KLAS TOTT: Wenn du meine Seele genommen hast, sitzt hier nur noch ein lebloser Körper ...

KRISTINA: Erinnerst du dich an den Papierdrachen ... Solange die Schnur ihn mit der Erde verbindet, steigt er. Laß die Schnur los, und er sinkt ...!

KLAS TOTT *geht in seiner Ekstase weiter*: Ich bin es, der dich mit der Erde verbindet, doch du wirst mich erheben ...

KRISTINA *mit echter Bewegung*: Klas, du machst mich unglücklich ... Ich bin nicht so, wie du glaubst, Jüngling!

KLAS TOTT: Du weißt nicht, wer du bist und woher du gekommen bist, ebensowenig wie ein Kind das weiß, ebensowenig wie du dich an alle Träume der Nacht erinnern kannst! Als die Götter dich, ihre Tochter, hierher herunterschickten, löschten sie dein Gedächtnis aus ...

KRISTINA: Deine Liebe ist die größte und die erste, die ich getroffen habe, und du bist der größte Geist, dem ich begegnet bin!

KLAS TOTT: Nein, ich bin nichts, ich bin eine kleine Schiefertafel, auf der du schreibst. Ich war nichts, bevor ich dich sah, nun bin ich alles durch dich!

KRISTINA: Oh, mein Gott ...!

ANTON STEINBERG *kommt herein, einfach, offen und treuherzig*: Majestät!

KRISTINA *stampft mit dem Fuß auf den Boden*: Geh deiner Wege!

ANTON STEINBERG: Vergebung!

KRISTINA: Geh ...! Du hast mir das Leben gerettet, ja, daran mußt du mich immer erinnern ... Geh!

ANTON STEINBERG *zögert, traurig*: Ich habe nicht daran erinnert, ich kam, um zu warnen ... Die Stadt ist in Aufruhr!

KRISTINA: Dann soll sie's sein! Geh! *Anton Steinberg geht traurig. Kristina nach einer Pause*: Klas! Zurück auf die Erde ...! Du bist Reichsrat!

KLAS TOTT: Was bedeutet mir das? Nur damit du dich deines Freundes nicht zu schämen brauchst, habe ich ... das Geschenk angenommen!

KRISTINA: Aber ich habe höhere Pläne mit dir! Hör zu und unterbrich mich nicht ...! Du bist vom Geblüt der Vasa! Die Mächtigen des Landes wollen keinen Pfälzer, sondern suchen einen Vasa – aus Polen. Sie werden dich bekommen, doch erst sollst du Herzog werden!

KLAS TOTT: Ich habe doch dich!

KRISTINA *legt ihre Hand auf seinen Mund*: Still, Kind ...! Und deshalb habe ich erst Oxenstjerna den Herzogtitel angeboten ... Seine Antwort erwarte ich jeden Augenblick!

KLAS TOTT: Ich bin der König der Welt, wenn du meine Königin bist, was noch mehr?

KRISTINA: Mein kleines Kind, bleib auf dem Boden ... Kerstin kann nicht fliegen ...! Wehe, ich werde dir Unglück bringen ..., Epimetheus!

KLAS TOTT: Pandora! Du hast mir die erste Ahnung davon gegeben, daß es eine Seligkeit gibt ... Du, die Reine und Schneeweiße, denn das bist du zutiefst in deiner Seele, wenn auch ...

KRISTINA: Wenn auch?

KLAS TOTT: Wenn auch der kleine Erdgeist, der deine schöne Gestalt in Bewegung versetzt ...

Schreie von der Straße her.

KRISTINA *fährt auf, stürzt zum Fenster, wo die Gesellen gesessen haben*: Was ist los! *Klas Tott erhebt sich und zieht den Degen. Kristina schaut aus dem Fenster.* Ein Auflauf!

DE LA GARDIE *kommt herein*: Majestät, verzeiht meine Kühnheit, doch die Stadt ist in Aufruhr ...

KRISTINA *kommt auf die Bühne herunter*: Warum?

DE LA GARDIE: Ja, mit zwei Worten! Es geht um die Königin ...! Ein Verrückter hat mit einem Messer eine Frau niedergestochen, im Glauben, es sei die Königin!

KRISTINA *erschrocken*: Warum haßt man mich? *Kindlich*: Was habe ich getan ... Bin ich nicht gut zu allen? War ich nicht auf der Seite der niederen Stände gegen den Übermut der hohen Herren? Habe ich nicht ...

DE LA GARDIE: Liebes Kind, du hast gespielt ..., doch das darfst du nicht mehr. Die kleine Kerstin ist seit langem tot, doch du gräbst sie immer wieder aus. Jetzt kommt gleich der Kanzler, höre ihn an, den alten Weisen, nur er kann dich retten!

KRISTINA *betrübt*: Dann muß ich wohl! *Geht zu Tott und drückt seine Hand, sieht ihm mit brennendem Blick in die Augen.*

Warte dort draußen auf mich, bis ich läute! *Sie nähert ihr Gesicht seinem, als wolle sie ihn küssen.* Und geh nicht! Wir müssen über das Ballett und über dein Kostüm sprechen!

KLAS TOTT: Ich warte auf dich, und wenn es sein müßte, auch tausend Jahre und noch tausend dazu! *Geht.*

DE LA GARDIE: Kristina, du mußt dein Ballett absagen, als erstes von allem!

KRISTINA: Mein Ballett? Alles, aber das nicht!

DE LA GARDIE: Dann wird man das Schloß stürmen!

KRISTINA: Was ist denn los?

DE LA GARDIE: Alles kommt zusammen! Und im Prozeß, im Prozeß kommt alles an den Tag!

KRISTINA *wild*: Stopf ihnen den Mund! Richte sie ohne Prozeß! Man hat sie doch auf frischer Tat ergriffen, parbleu! Und sie haben gestanden!

DE LA GARDIE: Soll man richten, ohne sie zu hören?

KRISTINA: Sollen vor Gericht Schurken reden, Lügner lügen und Schmähschreiber schmähen dürfen? Schick sie ins ewige Schweigen ...

DE LA GARDIE: Arme kleine Freundin!

KRISTINA: Arme Kerstin! *Bourdelot kommt herein, mit lustiger Miene und frohen Gesten. Kristina zu De la Gardie*: Schmeiß ihn raus! Ein Affe ist er und kein Mensch!

DE LA GARDIE *geht auf Bourdelot zu und nimmt ihn bei den Schultern*: Hinaus, mein Herr!

Bourdelot grinst nur.

KRISTINA: Gib's ihm mit dem Stock, Magnus!

DE LA GARDIE *schiebt Bourdelot hinaus*: Das war Nummer eins ...! Er war der Größte! Der große Geist!

KRISTINA: Sei nicht gehässig, Magnus!

DE LA GARDIE: Verzeih mir, aber du hast ihn über Oxenstjerna gesetzt!

KRISTINA: Damals kannte ich Tott nicht!

DE LA GARDIE: Klas?

KRISTINA: Ja, das ist ein Kopf für eine Krone!

DE LA GARDIE: Du liebst ihn?

KRISTINA: Ja, ich liebe ihn, ich liebe zum ersten Mal in meinem Leben – und für alle Ewigkeit!

DE LA GARDIE: Du hast mit ihm gespielt, ihn gelockt, und jetzt hat es dich erwischt!

KRISTINA: Ja, ich bin gebunden, und ich liebe dieses liebliche Band! Er allein kann mich aus diesem Schlamm herausziehen!

DE LA GARDIE *aufrichtig gerührt*: Kristina, es ist mir schwergefallen, dir zu verzeihen, als du grausam und treulos warst. Und auch ich bin dir gegenüber treulos gewesen. Aber wenn ich jetzt sehe, welch liebliches Weib Klas Tott aus deiner unwahren Rohnatur schaffen konnte, da schäme ich mich. *Mit tränenerfüllter Stimme.* Und ich sehe ein, es war mein Fehler, daß du – nicht anders durch meine Liebe werden konntest, und ich beglückwünsche dich, von Herzen, glaube mir, daß du solch eine Liebe gefunden hast und – einen solchen Mann!

KRISTINA *fährt mit der Hand über die Augen, um eine Träne zu verbergen, deren sie sich schämt*: Magnus ...! *Kaut, um die Tränen zu verschlucken.* Du bist aufrichtig gewesen, ich will es auch sein ...! Durch diese Liebe ist die Königin tot, jetzt beginnt die Frau ...! *Schlägt um.* Pfui, wie ich mich schäme ...! Hörst du!

DE LA GARDIE: Der Kanzler!

KRISTINA *fährt zusammen*: Nun wäre die Königin vonnöten, aber jetzt gibt es sie nicht! Magnus ..., bitte meine Mutter, nach einer Weile heraufzukommen ...! Und suche den guten

Steinberg ..., ich war vorhin garstig zu ihm ..., bitte ihn, mir zu verzeihen! *Sie läßt jetzt den auf der einen Seite hochgesteckten Rock herunter.* Und er möchte mir nicht böse sein!

DE LA GARDIE: Dort hast du einen Freund ...! *Schlägt um.* Soll ich Pimentelli auch was bestellen?

KRISTINA *braust auf*: Geh, ich verabscheue dich – und deine Sarkasmen ...

DE LA GARDIE *ehrlich*: Danke, Kristina, das tue ich auch! Also: zur Mutter zuerst! Die Mutter zuerst und zuletzt!

KRISTINA: Ja, die Mutter ... *Gedankenlos.* Warum kann man nicht Mutter werden ..., ohne sich zu verheiraten?

DE LA GARDIE: Kristina ... *Pause.* Der Kanzler!

Kristina richtet sich auf, wird wieder Königin.

DER KAMMERHERR *kommt herein*: Der Kanzler, Graf Oxenstjerna!

Kristina nickt bejahend. De la Gardie geht. Axel Oxenstjerna kommt herein, finster, sieht aus, als wäre er zum Kampf bereit, verbeugt sich, kalt.

KRISTINA *hart, würdig*: Ich habe Euch rufen lassen! *Milder.* Danke, daß Ihr gekommen seid!

Axel Oxenstjerna blickt erstaunt auf. Kristina weist ihm einen Stuhl an.

AXEL OXENSTJERNA *setzt sich*: Majestät! *Müde.* Ihr wißt sicher, daß in der Stadt ein Auflauf ist!

KRISTINA *human, verständig*: Ich weiß, und ich kenne die Ursache. Deshalb habe ich für gut befunden, daß einer für das Volk stirbt!

AXEL OXENSTJERNA *zweideutig*: Es gibt zwei Messenius!

KRISTINA *lächelt*: Ihr seid entsetzlich! *Verändert.* Habt Ihr, Kanzler, mein Angebot erhalten?

AXEL OXENSTJERNA *gleichgültig*: Ach so, den Herzogtitel? Ja, aber das ist nichts für mich!

KRISTINA: *dumpf*: Das ist wahr ... Wenn man Axel Oxenstjerna ist ...

AXEL OXENSTJERNA: Darf ich eine aufdringliche Frage stellen?

KRISTINA *rasch*: Geht es wieder um die fünf Millionen? Nun gut, die habe ich zum Teil erlassen, zum Teil „disponiert", wie es so treffend nach dem Tode meines großen Vaters genannt wird.

AXEL OXENSTJERNA *verletzt*: Erlassen?

KRISTINA *flott*: Ja, natürlich, gegen Entschädigung, denn niemand schenkt etwas ohne Barzahlung. Nicht wahr?

AXEL OXENSTJERNA *blickt zu Boden*: Eine andere Frage: Weiß die Königin, daß Schweden sich im Krieg befindet?

KRISTINA *erschrocken*: Krieg? Nein ...! Mit wem?

AXEL OXENSTJERNA: Höchst sonderbar! Die Königin weiß es nicht, und der Rat, der es wissen müßte, hat keinerlei Kenntnis davon!

KRISTINA: Mit wem haben wir Krieg?

AXEL OXENSTJERNA: Mit der Freien Reichsstadt Bremen!

KRISTINA *verlegen*: Bremen?

AXEL OXENSTJERNA: Weiß die Königin überhaupt nichts von der Angelegenheit?

KRISTINA: Nein ...! Das heißt, Königsmarck schrieb einen Brief und beklagte sich über die Bremer ..., und dann ..., dann antwortete ich natürlich! Ich beantworte Briefe immer!

AXEL OXENSTJERNA: Was hat die Königin geantwortet?

KRISTINA *ängstlich*: Ist es denn gefährlich?

AXEL OXENSTJERNA *streng*: Was hat die Königin geantwortet!

KRISTINA: Ich sagte natürlich, er solle ... sie schlagen, oder wie die Generale das nennen!

AXEL OXENSTJERNA: Mein Gott!

KRISTINA: Was jetzt? Was ist los?

AXEL OXENSTJERNA: Was los ist? Königsmarck hat gesetzwidrige Festungen gebaut und mit der Belagerung der Stadt begonnen – und die ganze Gegend unter Wasser gesetzt ...

KRISTINA: Kann man das denn nicht ändern?

AXEL OXENSTJERNA: Herzliebes, ja, das hier geht nicht ...!

KRISTINA *kindlich*: Hilf mir doch, Oxenstjerna, Er versteht sich doch auf so was.

AXEL OXENSTJERNA *herzlich*: Ja, mein Kind, als ich dir helfen wollte, durfte ich nicht, und jetzt, wo ich darf, ist es zu spät!

KRISTINA: Was ist denn geschehen?

AXEL OXENSTJERNA: Holland und der Kaiser haben sich für die Stadt Bremen erklärt!

KRISTINA: Der Kaiser? *Auf die Knie.* Hilf uns, hilf uns, hilf uns!

AXEL OXENSTJERNA: Kristina, Kindchen, steh auf! – Ich werde dir helfen, aber du darfst so etwas nie wieder tun ...! Sieh, um das Reich zu lenken, muß man ein Alltagsmensch sein – du siehst ja Bürger und Bauern im Reichstag! –, und du bist ein außergewöhnlicher Mensch. Du bist wie ein Künstler ..., genauso nachlässig, genauso sorglos und leichtsinnig ..., und das hier ..., das liegt dir nicht!

KRISTINA: Es liegt mir schon, aber es ist so langweilig!

AXEL OXENSTJERNA *lächelt*: Ja, es ist langweilig ..., und du willst es vor allem lustig haben ... Jedem nach seinem Geschmack!

KRISTINA *unterbricht ihn*: Also, ich danke ab!

AXEL OXENSTJERNA: Nicht so schnell!

KRISTINA: Doch, ich will es schnell!

AXEL OXENSTJERNA *spöttisch*: Wartet jemand?

KRISTINA: Das auch! – Ich danke ab!

AXEL OXENSTJERNA *erhebt sich*: Majestät, Euer Wille steht in diesem Fall über dem Gesetz, aber in dieser Frage, die Ihr nur mit Eurem Gewissen entscheiden könnt, möchte ich nicht Berater sein.

KRISTINA: Warum nicht?

AXEL OXENSTJERNA: Weil ich die Folgen dieser Handlung nicht überschauen kann ... Und jetzt verlasse ich Euch, mit einer kleinen unbedeutenden Bitte!

KRISTINA: Sprecht sie aus!

AXEL OXENSTJERNA: Sagt das Ballett ab ...! Das Volk ist empört, und die Messenius haben den Beistand der Massen!

KRISTINA: Dann muß ich's wohl tun!

AXEL OXENSTJERNA: Danke, mein Kind...! Lebe wohl! *Schüttelt und drückt ihre Hand.* Gott segne dich und behüte dich! *Geht.*

Kristina bleibt allein; die ganze vorherige Spannung fällt von ihr ab, sie wird jetzt zu einer grazilen Frau von weicher Art und mit schmachtenden Bewegungen. Sie läutet. Johan Holm kommt herein.

KRISTINA: Seid Ihr es, Kammerherr...? Bitte, zündet die Lampen an, es ist dunkel geworden!

JOHAN HOLM *zündet zwei Öllampen an*: Es ist Unruhe in der Stadt!

KRISTINA: Ich habe es gehört, mein lieber Freund ...! Aber es ist bald vorbei ... *Läutet erneut, dreimal. Klas Tott kommt herein. Johan Holm geht. Kristina geht auf ihn zu, leidenschaftlich*: Klas, es wird kein Ballett geben, aber du kommst heute abend in den Pavillon im Löwengarten, ich werde für dich allein ein Fest geben! Ein römisches Fest!

KLAS TOTT: Du und ich, wir sind die Welt, kein anderer ist nötig, um ein Fest zu geben!

KRISTINA: Und du wirst Pandora sehen, trotzdem!

KLAS TOTT: Spielst du mit dem Bösen?

KRISTINA *weich*: So streng!

KLAS TOTT: Ja, du hast mich gut gemacht; ich möchte nicht wieder böse werden!

KRISTINA: Meine Mutter kommt! *Sie küßt ihn auf den Mund.*

KLAS TOTT *taumelt, schüchtern*: Du hast etwas gegeben und etwas genommen! Was du gabst, weiß ich nicht, aber du hast meinen Geist genommen ... Kristina, töte mich nicht, ich bin so jung!

KRISTINA: Ja, du bist jung! Ein junger Gott...! Geh jetzt!

Klas Tott geht. Kristina ist einen Augenblick allein, geht hin und schraubt den Docht einer Lampe herunter.

MARIA ELEONORA *kommt herein, ohne von Kristina bei der Lampe bemerkt zu werden*: Bist du hier, mein Kind?

KRISTINA *stürzt sich der Mutter in die Arme*: Liebe Mama!

MARIA ELEONORA *alt, einfach, würdig, herzlich*: Wie geht es dir, wie geht es dir jetzt, meine Kleine? Was hast du denn getan? Hast du was in Unordnung gebracht? Komm, setz dich!

KRISTINA *setzt die Mutter aufs Sofa, legt sich auf zwei Stühle, den Kopf auf den Knien der Mutter*: Nein, du sollst hier sitzen, und ich liege auf deinen Knien! *Pause. Maria Eleonora streichelt Kristinas Haar.* Du bist auch einmal Königin gewesen!

MARIA ELEONORA: Nein, mein Kind, ich begnügte mich damit, die Frau des großen Königs – und deine Mutter zu sein ..., solange ich durfte. *Mit zitternder Stimme.* Doch dann entriß man mir mein Kind ... Gott vergeb's ihnen ..., wenn er kann! Und dann wurdest du zu einem Mann erzogen ...! Da haben sie's!

KRISTINA: Sprich weiter, es tut so gut, jemanden klagen zu hören!

MARIA ELEONORA: Kleine Närrin! Du wolltest dir doch dein armes Herz erleichtern!

KRISTINA: Laß mich erst eine Weile ruhen, ich bin so müde, so müde ..., später werde ich dann klagen ...! Streich mir über die Stirn! Jetzt schlummre ich ..., herrlich ..., nur eine Minute, eine einzige Minute nur wieder Kind sein, unschuldig, ohne Sorgen ...!

MARIA ELEONORA: Arme kleine Königin!

KRISTINA *beginnt mit einer glatten, honigsüßen Stimme*: Hör, Mutter, liebe, war der Pfalzgraf Johan Kasimir nicht Calvinist?

MARIA ELEONORA: Du meinst Carl Gustavs Vater. Ja, er war reformiert.

KRISTINA: Wann wurde Carl Gustav Lutheraner?

MARIA ELEONORA: Das weiß ich nicht, mein Liebes!

Pause.

KRISTINA *liegt und lädt wieder*: Ist es wahr, mein Mütterchen, daß dein Vater reformiert war?

MARIA ELEONORA: Ja, gewiß!

KRISTINA *feuert den Schuß ab*: Wann bist du dann übergetreten? *Maria Eleonora bleibt stumm. Kristina genießt den Sieg.* Hast du gehört, daß Oxenstjerna und seine Partei dafür wirken, die polnischen Vasas wiederzubekommen?

MARIA ELEONORA: Ich habe so was gehört. Lieber das als die Pfälzer!

KRISTINA *sieht aus wie ein Dämon, strampelt vor Vergnügen mit den Füßen*: Aber die Vasas in Polen sind Katholiken! Folglich rechnet der große Oxenstjerna damit, daß sie ihrem Glauben abschwören und Renegaten werden!

MARIA ELEONORA: Meine Kleine, ich mische mich nie in Religionsfragen ein, und ich ... denke schließlich, daß jeder nach seinem Glauben selig wird!

KRISTINA *springt auf wie eine Katze*: Ich danke dir für dieses Wort, Mama! *Maria Eleonora sieht Kristina verständnislos und bestürzt an. Kristina nimmt den Degen und zerbricht ihn überm Knie*: Schluß!

VIERTER AKT

Die Bühne stellt das Innere des Pavillons im Löwengarten dar. Rechts ein Kompartiment von Trennwänden, deren helle Felder mit Szenen aus der griechischen Mythologie bemalt sind. Dort steht ein Tisch mit weißer Decke darauf, Blumen, Weinkaraffen in Eiskühlern, goldene und silberne Schüsseln, allerlei Früchte usw.

Davor steht ein römischer Dreifuß, auf dem ein Opferfeuer brennt.

Rechts im Kompartiment steht ein Thron unter einem Baldachin.

Links ein Vorraum mit Musikempore und einer Tür im Hintergrund.

Kristina kommt von rechts, als Pandora gekleidet, in einem

ausgeschnittenen weißen, enganliegenden Gewand, das an den Achseln mit einer Borte schließt. Weiße Sandalen an den Füßen. Sie trägt ihr Haar offen, einen Rosenkranz auf dem Kopf, und ist strahlend schön. Sie trägt einen ziselierten Schrein.
De la Gardie kommt ihr von rechts entgegen, fährt bei ihrem Anblick zusammen und hält sich die Hand vor Augen, als wäre er vom Licht geblendet.

DE LA GARDIE: Kristina! So schön! So, wie ich dich nie gesehen habe!

KRISTINA: Wer mich liebt, sieht mich! – Jeder hat die Kristina, die er verdient!

DE LA GARDIE: Was hast du in deiner Büchse, Pandora?

KRISTINA *öffnet den Schrein und zeigt eine Königskrone*: Alles Unglück der Welt, in einem eingeschlossen!

DE LA GARDIE: Das sind doch nicht – die Regalien!

KRISTINA: Nur Pappe, mein Lieber!

DE LA GARDIE: Ist es wahr, du willst die Krone niederlegen?

KRISTINA: Will? Wenn man nur wüßte, was man wollen muß!

DE LA GARDIE: Man sagt, du hättest die Akte bereits unterzeichnet?

KRISTINA: Das weiß man nicht!

Pause.

DE LA GARDIE: Glaubst du, dein Liebster wird dich ebenso heiß und inniglich lieben, wenn du nicht mehr den kleidsamen Kopfschmuck trägst, der von der Erdkugel gekrönt wird, das Symbol der Macht?

KRISTINA *zögernd*: Daran habe ich nicht gedacht ...! Glaubst du, er liebt nur – die Königin?

DE LA GARDIE: Ich weiß es nicht! Wir sind ebenso eigenwillig wie ihr! Übrigens, wäre dir daran gelegen, nur als Frau geliebt zu werden?

KRISTINA: Ja, dieses Mal!

DE LA GARDIE: Du als Frauenfeind.

KRISTINA: Ich als Frauenfeind!

DE LA GARDIE *schlägt wie ein Blitz zu*: Wohin werdet ihr fahren? *Kristina schaut auf, als ob De la Gardie ihr Geheimnis entdeckt habe.* Nach Paris natürlich, dem Mittelpunkt der Welt, dem modernen Delphi, wo die Orakel noch verkündigt werden! *Kristina schweigt, verbissen vor Zorn.* Dann hast du schlecht entschieden, denn der spanische Gesandte Pimentelli ist der ärgste Feind der französischen Regierung! *Kristina fährt zusammen.* Und reist du mit ihm, dann ist der französische Hof dir verschlossen. *Kristina stellt den Schrein auf einen Dreifuß vor dem Opferfeuer.* Und du hast Bourdelot auf eine schimpfliche Weise verabschiedet! Das ist auch keine Empfehlung! *Pause. Kristina stellt sich auf die Treppe des Throns und schnürt die Sandalen neu, um ihre Gemütsbewegung zu verbergen.* Kristina, ich helfe dir!

KRISTINA *dreht sich um*: Du – willst – mir helfen?

DE LA GARDIE: Ich werde euch helfen! Euch! Siehst du, so groß war meine kleine Liebe, so uneigennützig...! Du findest nicht jeden Tag einen verabschiedeten Liebhaber, der seinem Rivalen helfen will!

KRISTINA: Als wir Freunde waren, Magnus, waren wir immer Feinde ... Es sieht so aus, als wachse die Liebe, wenn der Abstand größer wird ...

DE LA GARDIE: Im Quadrat der Entfernung, hätte Descartes gesagt!

KRISTINA *lächelt*: Ein Narr, immer nur ein Narr!

DE LA GARDIE: So wolltest du mich ja haben! Ich sollte die Prinzessin zum Lachen bringen, und mit Tott möchte sie weinen!

Von draußen ist ein Brüllen zu hören.

KRISTINA *lauscht*: Was ist das?

DE LA GARDIE: Das sind wohl die zahmen Löwen in der Höhle!

KRISTINA *zieht zwei Ringe ab und gibt sie nacheinander De la Gardie*: Magnus, geh sofort mit diesem Ring zu Pimentelli!

DE LA GARDIE: Der bedeutet, schneide dir den Hals ab!

KRISTINA: Und mit diesem zu Bourdelot!

DE LA GARDIE: Mit der Inschrift: Nicht ohne alle Hoffnung...! Ich werde gehen ...! Sehen wir uns heute abend noch? *Sieht sich um.*

KRISTINA *schüchtern, dumpf*: Nein!

DE LA GARDIE *wehmütig*: Dann muß ich wohl nach Hause gehen – zu meiner – Frau – zu meinem Geier, der mir die Leber aushackt! – Bestechungen kann ich mir nicht mehr leisten ...

KRISTINA: Armer Magnus! Ist sie so schwierig?

DE LA GARDIE: Zuerst war sie mir lieb, als ein Geschenk von dir! Alles was von dir kam, war so lieb, sogar deine Grausamkeiten ...

KRISTINA *gerührt*: Magnus, es ist vielleicht das letzte Mal, daß wir uns sehen ... Nimm mich in die Arme! *De la Gardie umarmt sie herzlich und mit Respekt.* Küß mich auf die Wange! *De la Gardie küßt sie auf die Wange.* Sag: Arme Kerstin!

DE LA GARDIE *mit unterdrückter Bewegung*: Arme Kerstin!

KRISTINA *reißt sich los, richtet sich auf*: Schluß jetzt!

De la Gardie geht schnell hinaus. Kristina klatscht in die Hände. Anton Steinberg kommt von rechts herein.

KRISTINA *geht ihm freundlich entgegen*: Mein guter Steinberg! Du bist mir nicht böse ...

ANTON STEINBERG *geblendet von Kristinas Schönheit, ergriffen*: Majestät ...

KRISTINA: Siehst du, ich gebe ein Fest..., und ich brauche einen zuverlässigen Freund ...

ANTON STEINBERG: Ich stehe Eurer Majestät zu Diensten, aber – *sieht auf seine Kleidung* – ich glaube, ich bin nicht entsprechend gekleidet ...

KRISTINA: Das macht nichts!

ANTON STEINBERG: Eine zu große Ehre, Majestät ...

KRISTINA: Die Ehre ist angemessen ... Komm und sieh! *Nimmt ihn bei der Hand und führt ihn zum Kompartiment. Anton*

Steinberg mißversteht die Situation und zeigt sich von der Aufmerksamkeit geschmeichelt, ohne lächerlich zu werden. Kristina nimmt eine Blume aus einer Vase. Sieh hier diese Blume! Ist sie übrigens nicht schön wie ein junges Mädchen? *Küßt die Blume. Anton Steinberg, berauscht, versteht noch nicht, wirkt aber nie lächerlich.* Wenn ich diese Blume nehme ... *Anton Steinberg streckt die Hand nach der Blume aus. Kristina fixiert ihn.* Wenn ich diese Blume nehme, dann soll Steinberg hinausgehen ... Und ... *Kristina hält inne. Anton Steinberg senkt den Kopf auf die Brust und beginnt zu verstehen. Kristina etwas ungeduldig*: Versteht jetzt, was ich sage ... Es soll eine Überraschung für die ... Gäste, für den Gast werden. Seht, Steinberg, diese Wand ist beweglich ... *Zeigt auf die Rückwand des Kompartiments* ... Auf ein Zeichen geht Ihr, Steinberg, wie gesagt, hinaus ... und gebt Euer Signal – dann wird die Wand hochgezogen ..., hinten im Garten erscheint dann ein Tableau, und das Feuerwerk wird angezündet! *Anton Steinberg vernichtet. Kristina sieht ihn voller Abscheu an, vermischt mit Mitleid.* Habt Ihr verstanden?

ANTON STEINBERG *wehmütig, versucht zu lächeln*: Ja, jetzt verstehe ich!

KRISTINA: Das war alles!

ANTON STEINBERG *wirft sich auf die Knie*: Königin!

KRISTINA: *dreht ihm den Rücken zu*: Geht jetzt! ... *Pause.* Und wartet draußen, bis ich rufe! *Geht von ihm fort. Anton Steinberg erhebt sich betrübt und geht nach links hinaus.*

Kristina allein, stellt sich vor das Feuer und wärmt sich die Hände. Klas Tott kommt von rechts herein. Mit dem Eintritt Totts wird die Bühne von Lichtern erhellt, die dem Zuschauer verborgen sind. Eine liebliche Streichmusik – Streich-Oktett allein (mit Contrabässen), nur Modulationen, keine deutlichen Melodien – ertönt, und aus einem an der Decke aufgehängten Blumenkorb fällt ein Blumenregen vor Totts Füße.

KLAS TOTT: Pandora, „allbegabte" Eva! Die erste Frau und die einzige! Du, die du den Menschenkindern das Leben schenkst, nachdem du einem Mann das Leben gegeben hast!

KRISTINA: Prometheus, Lichtbringer! Allerlei Fertigkeiten, Künste und Schönheit nahmst du von den reichen Göttern und schenktest sie den armen Menschen!

KLAS TOTT: Und zur Strafe erschuf Zeus dich, Pandora; um durch dich über die aufrührerischen Männer zu herrschen und sie zu Demut und Güte zu zwingen!

KRISTINA: Alles Unglück der Welt verbarg er in der heimtükkischen Hochzeitsbüchse, und mit dem Weibe kamen schlimme Zeiten.

KLAS TOTT: Und Gutes durch das Böse! Doch auf den Boden der Büchse legte er die unvergängliche Gabe, die zuletzt – nein, nie enttäuscht, die Hoffnung, die unerschütterliche Hoffnung!

KRISTINA: Göttersohn, umarme mich, und ich werde dir ein Opfer darbringen!

KLAS TOTT: Nein, ich will dich nicht umarmen!

KRISTINA: Sag, warum, schnell!

KLAS TOTT: Ich liebe dich zu sehr! Ich liebe dich wie ein Werk der Kunst, ich möchte dich anschauen, doch nicht berühren!

KRISTINA: Berühre mich, ich bin aus dem Staub der Erde, und unter deinen Händen werde ich zu einem großen unsterblichen Werk der Kunst gestaltet werden.

KLAS TOTT *auf Knien*: Herrsche über mich, Zeus! Ich beuge mich vor deiner Macht, vor dem Weibe, deinem Weibe!

KRISTINA *auf Knien*: Herrsche über meinen Willen, Zeus, daß ich nur das Gute wollen möge.

KLAS TOTT: Weh dir, Weib, wenn du die Macht mißbrauchst, die Zeus, nein, die Gott im Himmel in deine kleine Hand gegeben! *Ergreift ihre Hand und küßt sie.*

KRISTINA: Du hast meine Hand genommen, behalte sie!

KLAS TOTT *erhebt sich*: Deine Hand könnte ich nur als dein Gatte besitzen!

KRISTINA *erhebt sich*: Ich will deine Gattin werden!

KLAS TOTT: Das kann nicht geschehen!

KRISTINA: Was steht zwischen uns?

KLAS TOTT: Eine Krone, ein Mantel und ein Zepter!

KRISTINA: Sag, eine Krone! Das andere folgt ...!

KLAS TOTT: Ich sage, eine Krone!

KRISTINA: Wohlan! – *Geht zum Schrein, nimmt die Krone heraus und legt sie auf das Opferfeuer.* Nimm mein Opfer, du größter, du einziger Mann, den ich getroffen habe und der mich zur Frau gemacht hat!

KLAS TOTT: Ich kann dein Opfer nicht annehmen!

KRISTINA: Du mußt! Was fürchtest du?

KLAS TOTT: Ich fürchte das Glück, das trügerische.

KRISTINA: Feiger! – Wagst du nicht, ein Leben in Qual für einen Augenblick der Seligkeit hinzunehmen?

KLAS TOTT: Jetzt wage ich's ...! Doch nicht hier, nicht in diesem Land!

KRISTINA: Nein, in einem fremden ...! Du folgst mir!

KLAS TOTT: Um die Welt!

KRISTINA: Nun ist es gesagt! Hör es, Himmel! *Man hört jemanden so laut und hemmungslos weinen, daß es wie ein Gelächter klingt.* Was? Was ist das?

KLAS TOTT: Man lacht!

Kristina klatscht in die Hände. Johan Holm tritt ein, als Kammerherr gekleidet, trägt diese Kleidung mit Geschmack und Würde.

KRISTINA *ohne Zorn*: Guter Holm, wie bewacht Ihr die Türen?

JOHAN HOLM: Majestät?

KRISTINA: Wer lacht dort draußen?

JOHAN HOLM: Lacht ... Ich sah nur Baron von Steinberg dort draußen stehen ...

KRISTINA: Was macht er dort draußen?

JOHAN HOLM: Er weint! Weint wie ein Kind ...

KRISTINA: Der gute Steinberg ...! *Zu Tott*: Lachen und Weinen liegen dicht beieinander! *Zu Holm*: Sag Steinberg, er ist frei! Er darf nach Hause gehen!

JOHAN HOLM: Majestät, es regnet draußen!

KRISTINA: *geht auf Holm zu, flüstert ihm etwas zu, Holm geht hinaus. Danach faßt sie Tott an die Hand und führt ihn zum Thron*: Eine Krone gebe ich dir nicht, mein Herrscher, aber einen Thron, einen Thron in meinem kleinen Reich ..., in meinem Reich, wo kein Unterschied ist zwischen Mensch und Mensch! Heil dir, König! *Sie nimmt eine Blume. Man hört das gleiche Gebrüll wie im ersten Teil des Aktes.* Was noch ... Wer stört mein Fest ...? *Klatscht in die Hände. Johan Holm kommt wieder herein.* Was ist dort draußen los?

JOHAN HOLM: Warum fragt Ihr, Königin ...

KRISTINA: Weil es mich beunruhigt wie alles Unbekannte!

JOHAN HOLM: Nun ja, es ist das Volk, das gehört hat, die Königin habe der Regierung entsagt ...

KRISTINA: Treib sie hinaus!

JOHAN HOLM: Das wird kaum gehen ..., weil man gerade jetzt die verhafteten Messenius zur Hinrichtung führt!

KRISTINA: Ewiger Gott! *Richtet sich auf.* Wir lassen uns nicht stören! *Flüstert Holm etwas zu, der hinausgeht.* Jetzt huldigt Paphos Epimetheus, der Pandora bekommen hat! *Klatscht in die Hände.*

Die Rückwand des Kompartiments wird hochgezogen. Anstatt des erwarteten Tableaus sieht man – eine Schar sonderbarer Leute, alle unbeweglich, still, mit blassen Gesichtern. Im Vordergrund der Gruppe Kaufmann Allerts, der Schankwirt und der Bauer aus dem ersten Akt.
Kristina schreit anhaltend. Klas Tott kommt vom Thron herunter und hält sie fest.

KRISTINA: Ist das ein Blendwerk der Hölle?

KLAS TOTT: Ich weiß es nicht! Aber mir ist, als erwachte ich aus einem langen Schlaf! *Schaut sich um.* Was ist das hier für ein Gaukelspiel?

KRISTINA: Was höre ich? Klas Tott!

KLAS TOTT: Ja, meine Königin!

KRISTINA: Ich bin nicht mehr Königin! Ich bin nur deine ...

KLAS TOTT: Was?

KRISTINA: Dame des Herzens!

KLAS TOTT: Dirne, meinst du?

KRISTINA *taumelt zurück*: O Gott, jetzt hast du mir wehgetan! *Greift sich ans Herz.* Du hast mich getötet... Warum mußtest du das Wort sagen ...

KLAS TOTT: Warum ...? Ja, ich spürte das Bedürfnis, dich zu töten!

KRISTINA: Was habe ich dir getan?

KLAS TOTT: Das weiß ich nicht, doch in all diesen Gesichtern vorhin las ich ein schreckliches Urteil – über dich!

KRISTINA: Du hast mich nie geliebt!

KLAS TOTT: Geliebt?

KRISTINA: Ja!

KLAS TOTT: Wenn lieben heißt, wahnsinnig zu sein, dann habe ich geliebt wie keiner zuvor!

KRISTINA: Willst du mich jetzt verlassen?

KLAS TOTT: Natürlich!

KRISTINA *wild*: Ich habe deinetwegen eine Krone aufgegeben, und du ..., du hast geschworen, mir in die Verbannung zu folgen!

KLAS TOTT: Man redet ja manchmal so dahin ... *Pimentelli kommt herein, geht vor und setzt sich selbstherrlich auf einen Stuhl, verschränkt die Arme und betrachtet Kristina und Tott.* Was erlaubt sich der Herr ... Bist du seine Selbstherrlichkeit gewohnt ...

KRISTINA: Was kann ich dagegen tun? Er hat die Absage wohl nicht erhalten und glaubt, geladen zu sein!

KLAS TOTT: Darf ich dann?

JOHAN HOLM *kommt herein mit einem Brief für Tott*: Vom Botschafter Pimentelli!

KRISTINA *ahnt den Inhalt und will Tott den Brief entreißen*: Lies ihn nicht, es ist Gift! Lies ihn nicht!

KLAS TOTT: Gift? *Liest, erbleicht, schaut auf Pimentelli, taumelt zurück und fällt.*

KRISTINA *wirft sich über Tott*: Gott, hilf uns! *Zu Pimentelli*: Sieh dein Werk, du Giftmischer.

KLAS TOTT *erhebt sich mit eigener Kraft*: Verzeiht, ich bin gefallen, aber ich werde mich wieder erheben! – Kristina, jetzt bin ich am Ende.

KRISTINA: Und ich, ich sinke, sinke hinab, hinab, hinab, seitdem du mich geweckt hast. Warum mußtest du die Schlafwandlerin wecken, die so schön auf der Dachrinne entlangging, ohne zu fallen, ohne einen Saum zu beschmutzen.

KLAS TOTT: Alles Schöne vergeht, das Häßliche besteht!

Die Musik ist verstummt, eine Lampe nach der anderen erlischt. Man hört Lärm an den Türen und Gemurmel draußen. Auf der Musikempore erscheint jetzt Whitelock, streng, bleich, sich erstaunt umschauend.

KRISTINA: Gib mir meinen Mantel! – Schnell! Ich friere! Ich bin ja nackt!

KLAS TOTT: Laß mich von dir gehen, Kristina!

KRISTINA: Dann sterbe ich!

KLAS TOTT: Du?

KRISTINA: Ja, denn diesmal habe ich geliebt!

KLAS TOTT: Du Arme, wir Armen! Das weine ich nicht in acht Tagen fort!

KRISTINA *umarmt ihn*: Geh nicht von mir .., geh nicht! *Zittert am ganzen Körper.*

KLAS TOTT: Ich muß ..., denn du hast meine Seele verunreinigt, die ich bei dir niederlegte ... Du hast mich in einen Strudel unbekannter Begierden gezogen ... Du hast meine Gedanken in Bahnen gelenkt, die sie nicht gehen dürfen ... Und um die Verbindung mit diesen niederen Regionen abzubrechen, muß ich meinen Körper töten und den Geist in reinere Lüfte hinauslassen.

KRISTINA *auf Knien*: Laß mich dir folgen! Hinaus! Hinauf!

KLAS TOTT: Nein, denn vor dir muß ich fliehen! – Pandora! Hast du noch mehr in der Büchse. Du sagtest, die „unerschütterliche" Hoffnung, doch im Text heißt es, die „trügerische" Hoffnung! Ich wollte dich nicht berichtigen, du warst so schön, als du das sagtest!

KRISTINA: Wir Armen! Wenn die Götter spielen, müssen die Menschenkinder weinen!

KLAS TOTT *sieht sich um*: Siehst du, unsere Liebe ist öffentlich geworden!

KRISTINA: Ich sehe es, und keiner kümmert sich darum, was ich sage! Man weiß, mit der Königin ist es vorbei ... Oh, wie ich bereue! Oh! Gib mir meinen Mantel! Ich bin ja nackt! Meinen Mantel! *Sie versucht, sich in das lange offene Haar einzuhüllen. Im Kompartiment wird ein Fenster geöffnet, Bourdelots Kopf wird sichtbar.*

KLAS TOTT: Diese schimpfliche Vertraulichkeit ... Nein, ich kann nicht bleiben. Leb wohl, meine Braut, meine einzige, meine große Liebe! Königin meines Herzens! – Leb wohl! – Auf ewig! *Ab nach rechts. Kristina fällt auf die Knie.*

ANTON STEINBERG *kommt hastig mit dem Hermelinmantel der Königin herein, den er über sie legt*: Majestät! *Flüstert den Rest.*

KRISTINA: Steinberg, verlaß mich nicht, auch wenn ich undankbar gewesen bin! Folge mir!

ANTON STEINBERG: Wohin Majestät befehlen! Um die ganze Welt!

KRISTINA: Folgt mir, doch verlangt keinen Lohn – wie die anderen ...

ANTON STEINBERG: Das ist mein Lohn – Euch zu folgen!

JOHAN HOLM *kommt herein*: Seine Majestät, der König!

KRISTINA: Der König! – Und hier ist die Königin! *Zu Holm, jetzt Lejoncrona*: Holm! Lejoncrona! – Ich reise morgen – was ich dir schulde, mußt du bei der Schatzkammer anmelden ...

JOHAN HOLM: So? – Wollen ... Majestät reisen? – Darf ich dann wagen, um etwas Schriftliches zu bitten?

KRISTINA: Schäm dich! Du hast mein Wort!

JOHAN HOLM: Wort bleibt Wort, doch Geschriebenes ist Geld!

KRISTINA: Er redet jetzt von Geld ..., in dieser Stunde ..., soll ich jetzt an Geld denken? – Und dich habe ich aus dem Sumpf gezogen und ins Ritterhaus gebracht ...! Geh, Knecht!

Johan Holm will etwas sagen, aber Steinberg schiebt ihn hinaus. Carl Gustav tritt ein, in Waffenrüstung, würdig und majestätisch. Kristina hat sich auf den Thronsessel gesetzt. Sie sehen sich beide einen Augenblick an. Darauf gibt Carl Gustav Steinberg ein Zeichen, sie zu verlassen.

CARL GUSTAV: Kristina!

KRISTINA: Carl Gustav! Carl der Zehnte Gustav!

CARL GUSTAV: Ja, morgen!

KRISTINA: Bist du sicher?

CARL GUSTAV: Ja, seit der Stunde, in der du abgedankt hast...

KRISTINA: Es gibt andere Prätendenten ...

CARL GUSTAV: So?

KRISTINA: Die polnischen Vasas ... Zum Beispiel!

CARL GUSTAV: Nicht darüber wollte ich sprechen!

KRISTINA: Was willst du dann?

CARL GUSTAV: Ich möchte ... die Finanzen mit dir durchgehen, bevor ich ...

KRISTINA: ... die Pacht antrete! Sprich mit dem Inspektor!

CARL GUSTAV: Das ist De la Gardie, dein Reichsschatzmeister! Ihr habt schön gewirtschaftet ...

KRISTINA: Was schlägst du für einen Ton an?

CARL GUSTAV: Den des Königs!

KRISTINA: Vergiß nicht, daß ich dich zum König gemacht habe!

CARL GUSTAV: Nein, das waren die Stände und mein Erbrecht! Ja, ich bin der Sohn der Schwester von Gustav Adolf und deshalb nach dir dem Thron am nächsten!

KRISTINA: Das ist neu! – Ist Schweden ein Wahlreich?

CARL GUSTAV: Das muß es wohl sein, denn Gustav Adolf wurde statt des gesetzlichen Thronfolgers, Herzog Johan, dem Sohn von König Johan III., gewählt ...

KRISTINA: Wer spricht von ihm?

CARL GUSTAV: Carl IX. spricht von ihm im Testament und bittet, daß man sein Recht respektiert! *Pause.* Ja, du hättest deine Geschichte Schwedens etwas besser lernen sollen, bevor du selbst darangingst, schwedische Geschichte zu machen!

KRISTINA: Schäm dich!

CARL GUSTAV: Und die Blätter, die du geschrieben hast, müßten rausgerissen werden ..., denn sie handeln nur von Ungesetzlichkeiten, Unterschlagungen, Spektakel und Günstlingen!

KRISTINA: Und das wagst du zu sagen?

CARL GUSTAV: Ja, das wage ich! – Und ich füge hinzu: deine Kinderstubenpolitik hat das Reich in Abenteuer gestürzt, die ich nun erben muß ... Dein wahnwitziger Angriff auf Bremen hat den Kaiser und Holland gereizt.

KRISTINA: Hat Oxenstjerna das nicht geklärt?

CARL GUSTAV: Noch nicht! – Doch schlimmer ist – du hast den Gesandten Portugals aus Stockholm ausgewiesen, um Spanien gefällig zu sein, dem spanischen Gesandten, deinem Liebhaber Pimentelli, gefällig zu sein! – Doch die Unannehmlichkeiten für dein Land hast du vergessen ..., denn schwedische Schiffe liegen mit Ladung in Portugals Häfen und werden sicher sequestriert! – Wie Feindesland hast du Schweden behandelt; geplündert, gemordet, vor allem geplündert ... Das Stockholmer Schloß hast du bis auf die Tapeten geplündert, das Uppsalaer Schloß so ausgeräumt, daß nur noch ein Bett für den König übriggeblieben ist ... Du hast die Schatzkammer geleert, so daß die Beamten keinen Lohn mehr bekommen können ...

KRISTINA: Nemesis!

CARL GUSTAV: Was? Nemesis?

KRISTINA: Ja, denn ihr habt mein Land geplündert, du warst unter Torstenson auch mit dabei ...

CARL GUSTAV: Mein Land?

KRISTINA: Ja, meins! Denn ich bin deutsch wie meine Mutter, ich bin Brandenburger, wie du Pfälzer bist, Pfälzer warst, als du die Waffen gegen dein eigenes Land erhobst! Ich habe mich nie als Schwedin gefühlt, und ich habe Schweden gehaßt, wie meine Mutter es gehaßt hat! Ich wollte ein Ende des Dreißigjährigen Krieges, denn ich sah ein, daß Schweden dort draußen nichts zu suchen hatte – und in fünfzig Jahren, glaub mir, werdet ihr nicht einen Stein mehr in Deutschland besitzen. Ich wollte dafür mein neues Land zum Eroberer auf anderen Gebieten machen, wo eine größere und weniger vergängliche Ehre gewonnen werden kann. Deshalb versuchte ich, diese rohe Nation zu bilden und ihr Interesse an etwas anderem als Krieg zu wecken! – Aber das verstehst du nicht! Du sagst, ich habe geplündert! – Das lügst du! Ich brachte zurück, brachte das Gestohlene wieder zurück! Denn als ich diese Fuhren mit Gütern aus Deutschland heimkehren sah, mit Kunstschätzen, die nicht von dem Boden getrennt werden können, auf dem sie gewachsen sind, mit Büchern, die gelesen werden sollen, wo sie geschrieben wurden ..., da wurde ich von einem grenzenlosen Verlangen erfaßt; einmal ..., einmal dachte ich daran, mich mit dem großen Kurfürsten – von Brandenburg zu verheiraten – um – das zu sein, was ich bin ..., denn dort an der Spree liegt die Zukunft und nicht am Stockholmer Strom! –

Pause.

CARL GUSTAV: Hast du wirklich eine Absicht mit deinem unsinnigen Vorgehen verfolgt, oder improvisierst du?

KRISTINA: Es ist möglich, daß erst jetzt, wo ich angegriffen werde, der Verteidigungszustand mir zu Klarheit im Dunkel meiner Absichten verhilft ...

CARL GUSTAV: Das Land hier ist für dich vielleicht zu eng gewesen?

KRISTINA: Wer weiß? Vielleicht hast du recht!

CARL GUSTAV: Und was beabsichtigst du jetzt zu tun?

KRISTINA: Das geht dich nichts an! Und keinen anderen Sterblichen! – Noch etwas?

CARL GUSTAV: Noch vieles, doch das muß ich tragen wie all das andere!

KRISTINA: Siehst du, das kommt mit der Krone! Ich mußte mich mit dem Schuldennachlaß meiner Vormünder herumschlagen, fühl du es jetzt!

CARL GUSTAV: Darüber wollte ich nicht sprechen...

KRISTINA: Nein! Doch worüber ich nicht reden will, darüber darfst du nicht reden!

Pause.

ANTON STEINBERG: Der Reichskanzler!

KRISTINA: Sieh da! Jetzt kommt er gelegen, einmal gelegen! – Setz dich, Carl Gustav! Es ist nur eine Abschiedsvisite! *Carl Gustav setzt sich widerwillig. Axel Oxenstjerna kommt herein, schaut umher, sieht Kristina und dann Carl Gustav an.* Womit kann ich dienen?

AXEL OXENSTJERNA: Nur mit einer offenen Antwort auf eine direkte Frage!

KRISTINA: Laßt hören!

AXEL OXENSTJERNA *angestrengt*: Ich bin von Rat und Ständen gesandt! – Es ist die Frage nach der Apanage der Königin, nach der Abdankung ... Es geht auch um bestimmte Bedingungen ... Man hat mich beauftragt, zu ...

KRISTINA: Fahrt fort!

AXEL OXENSTJERNA: Majestät, es ist mir so unsagbar peinlich, eine Frage vorzubringen, deren Beantwortung in einem Augenblick meine und des Reiches teuerste Hoffnung zerstören kann!

KRISTINA: Fahrt fort!

AXEL OXENSTJERNA: Nun ja, es geht das Gerücht, Eure Majestät hätten die – römische Lehre angenommen! Ist das wahr?

KRISTINA: Das ist nicht wahr ...

AXEL OXENSTJERNA: Gott im Himmel sei gelobt!

KRISTINA: Wartet! Es ist nicht wahr, aber es könnte vielleicht wahr werden ... Man weiß nie, wo man endet.

AXEL OXENSTJERNA: Sollte es möglich sein, Gustav Adolfs Tochter – fiele vom Glauben ihrer Väter ab?

KRISTINA: Es ist gut möglich, daß sie zum Glauben ihrer Väter zurückkehrt, zum Glauben Eriks des Heiligen, Engelbrekts, Stures und der ersten Vasas – von dem Ihr abtrünnig geworden seid!

Pause.

AXEL OXENSTJERNA: Das muß ich hören, bevor ich meine müden

Augen schließe! – Aber, da das noch nicht geschehen ist – so bitte ich, auf meinen Knien, wenn Ihr es fordert!

KRISTINA: Nein, bittet nicht! Denn mein Glaube läßt sich nicht bestechen – und auch nicht verkaufen!

AXEL OXENSTJERNA: Dann muß ich in einem anderen Ton reden!

KRISTINA: Droht Ihr? Dann appelliere ich an den Geist meines großen Vaters, auch ich, denn er gab sein Leben nicht für Glaubenszwang, sondern für Glaubensfreiheit, für Toleranz! *Axel Oxenstjerna und Carl Gustav beugen den Kopf und bleiben stumm.* Habt Ihr etwas hinzuzufügen?

AXEL OXENSTJERNA: Nein! –

KRISTINA *erhebt sich*: Dann sagen wir nur – lebt wohl!

AXEL OXENSTJERNA: Lebt wohl! –

Kristina geht hinaus.

Gustav III.

Vier Akte
(ohne Tableaus)

PERSONEN

Gustav III.
Armfelt
Elis Schröderheim
General Pechlin
Horn
Ribbing
Anckarström
Fersen
De Geer
Munck
Taube
Liljensparre
Rittmeister Schlächter Nordström
Olof Olsson, *Sprecher des Bauernstandes*
Kellgren
Thorild
Bellman
Hallman
Kexell
Buchhändler Holmberg
Halldin
Badin, *der Neger*
Papillon, *Kammerdiener*
Königin Sofia Magdalene
Frau Schröderheim
Nebenpersonen

Holmbergs Buchhandlung in Stockholm. Der Ladentisch und rechts die Regale. Buchhändler Holmberg steht an einem grünen Pult und sieht ein Kontobuch durch, die Brille in die Stirn geschoben. Hinter dem Ladentisch steht Halldin.
Im Hintergrund Fenster und offene Glastüren zur Schiffsbrücke, dort sind Masten und Segel zu sehen.
Rechts in der Ecke steht ein Kachelofen mit einer Büste von Rousseau in der Nische. Daneben steht Anckarström und liest eine französische Zeitschrift. Clas Horn liest im selben Blatt, über Anckarströms Schulter blickend.
Mitten im Zimmer steht ein Tisch mit Schreibzeug, Zeitungen und Büchern.

PAPILLON *Kammerdiener des Königs, kommt eilig herein*: Ist das Blatt schon da?

HALLDIN *reicht ihm eine Zeitung*: Bitte!

HOLMBERG: Herr Papillon! Der Schmetterling flattert schon umher! Was Neues in der Stadt?

PAPILLON: Ihre Majestät dejeuniert bei „Clas an der Ecke“ mit Fräulein Manderström, genau um elf.

HOLMBERG: Das ist die Königin! Aber wo ist der König?

PAPILLON: In Finnland natürlich!

HOLMBERG: Im russischen Krieg natürlich, aber wo? Wo?

PAPILLON: Das weiß ich nicht!

HOLMBERG: Lest das Blatt, dann werdet Ihr sehen! *Papillon sieht ins Blatt und erschrickt. Anckarström und Horn blicken beide auf.*

PAPILLON: Ist das wahr?

HOLMBERG: Das weiß ich nicht! Vielleicht weiß es Halldin?

HALLDIN *erschrocken*: Ich weiß nie etwas!

PAPILLON: Nicht einmal, wie Wasser und Brot schmecken? Das vergeßt Ihr vielleicht nicht so bald!

HALLDIN: Ich habe die Bitterkeit des Todes geschmeckt, Herr Papillon, aber der Buchhändler Holmberg hat Wasser und Brot geschmeckt ...

PAPILLON: Alles wegen des verfluchten Branntweins.

HALLDIN: Wegen des Branntweingesetzes, Herr Papillon ...

HORN *mit dumpfer Stimme*: Habt Ihr ein Exemplar der Verordnung über die Pressefreiheit, Herr Holmberg?

HOLMBERG: Meinen Herr Major die alte von siebzehnhundertsechsundsechzig.

HORN: Ja, die meine ich!

HOLMBERG *zeigt auf die Rückwand*: Dort hängt sie hinter Glas und Rahmen, mit dem Kommentar des Königs dazu!

PAPILLON *geht hastig*: Adieu, Herr Holmberg!

HOLMBERG: Adieu, Herr Papillon!

HORN *liest die Verordnung über die Pressefreiheit*: Stolze Worte, eines großen Monarchen würdig. „Die Pressefreiheit klärt die Allgemeinheit über ihr wahrhaftiges Wohl auf und läßt den Regenten nicht in Unkenntnis über die Gesinnung des Volkes."

HOLMBERG: Und dann dies hier – ich kann's auswendig –: „Wäre die Pressefreiheit im vergangenen Jahrhundert zugelassen gewesen, hätte vielleicht König Carl XI. nicht solche Gesetze auf Kosten der Sicherheit erlassen, die die Königsmacht verhaßt gemacht haben."

HORN: Oder dies: „Ein König erfährt durch die Pressefreiheit die Wahrheit, die man mit so viel Sorgfalt und leider oft genug mit so viel Erfolg vor ihm verbirgt."

HOLMBERG: Dies hat unser gnädiger König selbst geschrieben. Und er war damals so stolz auf seinen Großmut, daß er eine französische Abschrift an Herrn Voltaire schickte, der den Verfasser gnädig anerkannte und beglückwünschte, was Höchstdenselben jedoch nicht daran hinderte, Halldin zum Tode zu verurteilen, weil er gegen den Branntwein geschrieben hatte, und mich ließ er vierzehn Tage bei Wasser und Brot einsperren, weil ich die Schrift gedruckt hatte. Halldin wurde, wie bekannt, begnadigt, ich aber nicht!

HORN *ausweichend*: Ist es wahr, was heute im Blatt steht?

HOLMBERG: Schwer zu sagen, aber irgendeinen Grund wird es schon geben. Der König stand bei Kymendegård, im Osten die Russen und im Westen, in vollem Aufruhr, seine Armee. Einhundertundacht Offiziere legten ihre Waffen dem König zu Füßen und kündigten ihm Treue und Gehorsam auf …, es ging das Gerücht, der König sei von den Anjalamännern gefangen genommen worden ... Da floh der König verzweifelt über Helsingfors, Åbo, das Ålandsmeer! Soweit sind die Nachrichten zuverlässig. Vollkommen sicher ist, Dänemark hat den Krieg erklärt, und ein Teil der aufständischen Offiziere hat mit einem Schiff bereits den Großen Seezoll passiert – das folglich jeden Augenblick hier auf dem Strömmen anlegen kann.

HORN: Der Krieg war ungesetzlich, direkt gegen die Verfassung, und im übrigen töricht!

HOLMBERG: Ja, das kann man sagen ...! Armfelt, der Günstling, soll den Krieg als ein letztes Mittel empfohlen haben, um die schlechte Vermögenslage des Königs zu vertuschen ... Ja, so sieht es aus! ... *Sieht zur Straße hinaus.* Der Oberhofstallmeister Munck kommt!

Anckarström dreht sich zum Kachelofen hin um.

HORN: Dieser entsetzliche Mensch!

MUNCK *kommt herein, zornig und hochmütig*: Ich soll die letzten Bücher bezahlen, obwohl ich nicht weiß, weshalb ... Aufgeschnittene Exemplare und Fehler auf jedem fünften Blatt, Ihr habt da eine verdammt schlechte Druckerei ...

HOLMBERG: Wenn Herr Oberstallmeister sich übervorteilt fühlen ...

MUNCK: Haltet den Mund! Und wenn Ihr mir die Rechnung schickt, bevor sechs Monate vergangen sind, dann werfe ich den Bedienten das nächste Mal hinaus ... Bitte! *Wirft einen Schein auf den Ladentisch.*

HOLMBERG: Entschuldigung, Herr Baron, aber wir können keine russischen Scheine annehmen!

MUNCK: Was, zum Teufel? – Ist was nicht in Ordnung mit dem Schein?

HOLMBERG: Ja, ein kleiner Fehler. Der Schein ist falsch!

MUNCK: Wenn man wie Ihr bereits vorbestraft ist, sollte man seine Ausdrücke sorgfältig wählen ...

HORN *tritt hinzu*: Herr Baron, gewöhnliche Menschlichkeit

gebietet, daß man einem, der seine Strafe verbüßt hat, nicht sein altes Vergehen vorwirft, am wenigsten in diesem Fall, wo es um einen Unschuldigen geht!

MUNCK: Kleiner Horn, Verteidiger der Unschuld ... Wollt Ihr sagen, das Hofgericht hätte Buchhändler Holmkvist zu Unrecht verurteilt?

HORN: Ja, das sage ich – und übrigens heißt er Holmberg!

MUNCK: Holmgren oder Holmström, das ist mir vollkommen egal ... Die Herren des Reiches haben anderes zu besorgen, als das Adreßbuch zu lernen – oder Gefangenenlisten ... Jedoch, wenn der Herr den Schein nicht annehmen will, bekommt er gar nichts ...

PECHLIN *ist hereingekommen und hat den letzten Teil des Gesprächs gehört*: Verzeiht, meine Herren, daß ich ein angeregtes Gespräch unterbreche, doch wenn das Vaterland in Gefahr ist ...

MUNCK: Was sagt Ihr, Baron Pechlin?

PECHLIN: Meine Herren, der König hat die Armee im Stich gelassen, man sagt, er sei in Borgå festgesetzt!

MUNCK *läßt sich auf einen Stuhl fallen*: Festgesetzt?

PECHLIN: So sagt man! – Die Sonne ist also untergegangen, und einige geraten in den Schatten!

MUNCK: Abgesetzt vielleicht?

PECHLIN: Wahrscheinlich!

Anckarström dreht sich um.

HORN: Er fiel durch sein Werk!

MUNCK *erhebt sich, nimmt den Schein vom Ladentisch*: Schickt die Rechnung, sie wird in gültiger Währung bezahlt. Lebt wohl, Holmberg! Lebt wohl, meine Herren! *Geht.*

HOLMBERG *zu Pechlin*: Die Komödie ist zu Ende!

PECHLIN: Noch nicht!

HOLMBERG: Ist es nicht wahr, was der Herr Baron sagte?

PECHLIN: Doch, so hat man's mitgeteilt, aber daß man das fälschlicherweise so mitgeteilt hat, braucht der Munck nicht zu wissen! Jetzt muß ich einen Brief schreiben! *Nickt*

Anckarström zu, setzt sich an den Tisch und schreibt, hält die Hand so, daß keiner sieht, was er schreibt.

HORN *zu Holmberg*: Was war das für ein Schein?

HOLMBERG: Ein falscher Rubel, einer von denen, die der König und Munck auf Drottningholm drucken und in Finnland in Umlauf setzen ließen.

HORN: Und man schämt sich nicht?

HOLMBERG: Nein, wenn man dem Beispiel Friedrich des Großen folgt, der den Krieg mit falschem Geld erfand, dann schämt man sich nicht!

PECHLIN *noch immer schreibend*: Man schämt sich nicht, Leutnant Taube zum Hofprediger zu machen, um dessen Geschäfte zu retten; man schämt sich nicht, Pastorate zu verkaufen. Schröderheim hat kürzlich die fetteste Pfarre in Värmland verkauft, um goldene Tressen für das Musikkorps des Regiments zu beschaffen. Man bezahlt die Spielschulden der Botschafter aus der Staatskasse, und man verbraucht die Branntweinsteuern für die Mätressen des Hofes ... Haben die Herren gehört, daß die französischen Stände nach Paris einberufen sind?

ALLE: Nein!

PECHLIN: Und daß Washington zum Präsidenten der amerikanischen Republik ernannt wurde?

ALLE: Nein!

PECHLIN: Es geschieht jetzt viel draußen in der Welt ...!

HORN: Die Einberufung der Stände nach Paris ...

PECHLIN: Und Marquis de Mirabeau wurde zum – Generalrat gewählt!

HOLMBERG: Kommt jetzt was Neues auf der Welt?

HORN: Das ist unsere Hoffnung!

HOLMBERG: Halldin! Es gibt Leute, die hoffen!

HALLDIN: Ich nicht!

Bellman, Hallman und Kexell kommen herein. Sie sehen niedergeschlagen und verzweifelt aus.
Kexell geht auf Holmberg zu, die beiden anderen bleiben an der Tür stehen.

KEXELL *spricht nur mit Holmberg*: Was verkauft?

HOLMBERG: Nein, mein Bruder! Das Publikum hat an etwas anderes zu denken, als an eure lustigen Lieder...

KEXELL: Soso, soso! Ist es die Politik? Sie interessiert uns nicht. Das ist nicht unser Gebiet, nicht unsre Welt!

HOLMBERG: Sicher, das weiß ich, und ich sag ja auch nichts dazu, meine Kinder!

KEXELL *verlegen*: Es sind schwere Zeiten, wenn Krieg ist. Unter den Waffen schweigen die Lieder ... Es ist schönes Wetter heute ...

HOLMBERG: Ich habe kein Geld, Brüderchen!

KEXELL *wischt sich den Schweiß von der Stirn*: Geld? Eine Kleinigkeit ist noch kein Geld ...

HOLMBERG: Kann es aber werden! – Wollt ihr zum Tiergarten?

KEXELL: Ja, wir haben dort was zu bestellen ...

HOLMBERG: Schnäpse vielleicht?

KEXELL: Ja, gewiß!

HOLMBERG: Bei einem solchen Zweck kann ich niemals nein sagen! *Gibt ihm einen Schein.*

KEXELL *gerührt*: Holmberg, kennst du mich?

HOLMBERG: Vollkommen!

KEXELL: Verachtest du mich?

HOLMBERG: Im Gegenteil!

KEXELL: Verachte mich nicht!

HOLMBERG: Geh und sauf jetzt und rede keinen Unsinn!

KEXELL: Darf ich dir die Hand drücken?

HOLMBERG: Nicht für so wenig! Geh jetzt, geh! – Es kommt hoher Besuch!

Kexell geht zusammen mit Bellman und Hallman.
Fredrik Axel von Fersen und Carl De Geer kommen herein.

FERSEN *zu Holmberg*: Baron Pechlin müßte hier sein!

PECHLIN: Das stimmt!

DE GEER: Da ist er ja!

PECHLIN: Will man mich arretieren?

FERSEN: Warum denn?

PECHLIN: Hier im Lande kann es nie einen Tumult geben, ohne daß Pechlin arretiert wird.

FERSEN: Hier im Lande geschieht niemals was von Bedeutung, ohne daß Ihr, Baron, zuerst unterrichtet seid!

PECHLIN: Wie ist das möglich?

FERSEN: Muß man danach fragen ... Doch, jetzt fragen ich und Baron De Geer: wo ist der König?

PECHLIN: Im Krieg, versteht sich!

DE GEER: Aber Pechlin, Ihr habt verbreitet, daß Majestät ...

PECHLIN: Nur Gerede! Ich weiß absolut nichts, und wüßte ich etwas, würde ich schweigen. Immer muß ich mit hineingezogen werden ...

FERSEN *zu Holmberg*: Herr Holmberg, habt Ihr etwas gehört?

HOLMBERG: Nein. Ich habe nichts gehört!

Fersen setzt sich an den Tisch und schreibt; er hält die Hand vor, als er sieht, daß Pechlin dasselbe tut.
De Geer nimmt ein Buch und liest.

OLOF OLSSON *kommt herein und geht zum Ladentisch*: Kann man die Verfassung kaufen?

PECHLIN: Ja, sicher wird sie verkauft!

OLSSON *einfältig*: Wird sie nicht verkauft?

PECHLIN: Alles wird verkauft! Verfassungen und Thronfolgeordnungen, Bischofshüte und Marschallstäbe ...

Fersen blickt auf und lächelt. De Geer wendet sich Pechlin zu.

OLSSON *zu Pechlin*: Seid Ihr der Gehilfe?

DE GEER: Ja, er hilft bei allen Vorschlägen der Opposition, allen Kabalen, allen Intrigen ...

OLSSON: Ach nein!

FERSEN: Olsson, du bist hier in Stockholm?

OLSSON: Ja, Herr Graf!

FERSEN: Besorgst du so deine Pacht und meinen Hof ...? Nimm die Mütze ab!

PECHLIN: Hier gibt's keine Mützen mehr, nur Hüte ...

FERSEN *zu Olsson*: Was willst du mit der Verfassung? Bleib zu Hause im Viehstall, dort ist dein Regiment!

OLSSON: Ja, das kann schon richtig sein ..., und es mag auch gut sein, mit dem Vieh zu üben ...

FERSEN: Du bist mir so großmäulig geworden, Olle! Hast du Branntwein zum Frühstück gehabt?

OLSSON: Branntwein haben wir nicht bekommen, aber Wein war genug da ...

PECHLIN *zu Fersen*: Ich wette, er hat beim Staatssekretär gegessen, der die Reichstagswahl leitet ...

FERSEN: Der da ein Reichstags – abgeordneter? Soll er in den Reichstag?

PECHLIN: Nein!

FERSEN: Das wißt Ihr auch, Pechlin?

PECHLIN: Er soll es nicht, er ist es schon!

FERSEN: Olle Olsson? Mein Pächter?

OLSSON: Ja! Es war einmal ein Bauer, der hieß Olof Håkansson. Er kam in den Reichstag und wurde der Sprecher des Bauernstandes. Als er gestorben war, wurde er in der Riddarholmskirche begraben, und in Anbetracht seiner engen Beziehungen zu Landmarschall Axel von Fersen wurde er in der Fersenschen Gruft beigesetzt.

FERSEN: Das war damals!

OLSSON: Der Verstorbene hatte einen Sohn, der geadelt und zum Baron ernannt wurde. Und jetzt sitzt er in der Regierung.

FERSEN: Und nun willst du die gleiche Karriere machen?

OLSSON: O nein, auf keinen Fall! – Herr Buchhändler, habt Ihr die Adelsprivilegien?

HOLMBERG: Ja, die habe ich!

FERSEN: Was hast du mit den Adelsprivilegien zu schaffen?

OLSSON: Ja, wir dachten, – einige Änderungen vorzunehmen ...

DE GEER: Kommt, Fersen, kommt!

OLSSON: Können die Herren mir sagen, warum ein Bauer nicht Herrenland kaufen kann? Ist es nicht dieselbe Erde, derselbe Dung und dasselbe Geld? Vielleicht verhält es sich mit den

Menschen genauso wie mit dem Dung – daß sie alle der gleiche Mist sind!

FERSEN *springt auf und legt die Hand an den Degen*: Sacrebleu!

DE GEER, *der aus dem Fenster geschaut hat*: Kommt, Fersen, kommt! – Das finnische Schiff mit den Offizieren ist vor Anker gegangen!

FERSEN: Ich werde ihnen ins Gesicht spucken.

Fersen und De Geer gehen hinaus, sie begegnen dem Leutnant Taube, der in Uniform ist.

TAUBE *zu Holmberg*: Habt Ihr eine Theologie?

HOLMBERG: Nein, die habe ich nicht!

PECHLIN: Leutnant Taube studiert für die Pastorprüfung! Ist es wahr, Ihr sollt Hofprediger werden?

TAUBE: Was zum Teufel soll man tun?

HORN *zu Anckarström*: Gehen wir den heimgekehrten Offizieren entgegen ... *Anckarström gibt durch ein Zeichen zu verstehen, daß er noch bleiben will.*

TAUBE *setzt sich an den Tisch*: Ihr schreibt wohl immer Briefe, Baron Pechlin?

PECHLIN: Fast immer!

TAUBE: An wen mögt Ihr so viel schreiben?

PECHLIN: An Freunde natürlich, und an Feinde auch. Was ich jetzt schreibe – soll ich's Euch vorlesen? Ich habe nie irgendwelche Geheimnisse.

TAUBE: Nein, danke, das ist wohl überflüssig ...

PECHLIN: Vielleicht! Besonders wenn der Empfänger im nächsten Augenblick hereinkommen wird. – Ich bin keineswegs Hellseher, ich sehe sein Bild nur im Fensterglas!

TAUBE: Wer ist es?

PECHLIN: Nordström, Schlächter und Rittmeister bei der Kavallerie der Bürgerschaft.

TAUBE: Die Wache hält, wenn das Leibregiment nicht da ist? Schön!

PECHLIN: Die Leibwache des Königs also!

Nordström kommt herein, ein stattlicher Mann, als Rittmeister gekleidet, mit goldenen Tressen am Hut und weißer Armbinde. Taube dreht ihm den Rücken zu und tut, als ob er liest.

NORDSTRÖM *zu Olsson, der am Ladentisch gestanden und gelesen hat*: Guten Tag, Herr Reichstagsabgeordneter! Wir hier?

OLSSON: Ja! Dieser Holmberg ist ja der Weisheit Quell und Brunnen ... Hier treffen wir uns alle wie beim Kürschner.

NORDSTRÖM: Wenn wir das Fell verloren haben, ja!

PECHLIN *noch immer schreibend*: Ihr könnt noch scherzen, Rittmeister!

NORDSTRÖM *legt Taube die Hand auf die Schulter*: Guten Tag, Kamerad!

TAUBE: Rührt mich nicht an! Ich bin nicht der Kamerad meines Schlächters!

NORDSTRÖM *böse*: Nein, aber der Leutnant ist dem Rittmeister untergeben und hat den Vorgesetzten auf militärische Art zu grüßen!

TAUBE *bleibt sitzen*: Auf militärische Art wäre mit dem Degen durch den Leib! Doch jetzt bin ich auf andere Gedanken und andere Wege gekommen ...

PECHLIN *zu Nordström*: General Pechlin ersucht Rittmeister Nordström, für heute die Etikette abzulegen!

NORDSTRÖM: Wer die Uniform des Königs beschimpft, beschimpft Seine Majestät!

ANCKARSTRÖM: Nun, was macht das? *Allgemeines Entsetzen.*

NORDSTRÖM, *der nicht verstanden hat, was Anckarström gesagt hat*: Was habt Ihr gesagt, mein Herr?

PECHLIN *zu Nordström*: Hört, das ist wohl kein Polizeiverhör, oder? Geht und haltet die Leute zurück, wenn die Offiziere an Land gehen!

NORDSTRÖM: Sie sind schon an Land gegangen, diese Verräter, und haben den Empfang bekommen, den sie verdienen!

Anckarström nimmt Horn am Arm, beide gehen hinaus.

PECHLIN: Hört, Rittmeister, ich bin dabei, eine kleine Mittagsgesellschaft im Klub zu arrangieren, um dem König bei seiner Rückkehr zu huldigen. Darf ich mir erlauben, den Namen des Herrn Rittmeister mit auf die Liste zu setzen?

NORDSTRÖM: Das hängt davon ab, was für eine Gesellschaft das ist!

PECHLIN: Hier ist die Liste, seht selbst!

NORDSTRÖM *nimmt die Liste entgegen und liest laut vor*: Baron Karl Fredrik Ehrensvärd! – Ein guter Name! Kristoffer Ægidius von Hartmansdorff! Geht! Graf Ture Johan Bjelke. Alle Achtung! Jakob von Engeström! Läßt sich hören! – Adolf Ludvig Ribbing. Gut! Clas Fredrik Horn, der Sohn des Gustav-Freundes. Ausgezeichnet! Carl Pontus Liljehorn, der Oberstleutnant! Hm! – Und dann haben wir: Jakob Johan Anckarström. Kenne ich nicht. – Doch, da kann ich dabei sein!

PECHLIN *reicht ihm einen Federkiel*: Bitte, schreibt Euren Namen dazu!

NORDSTRÖM: Hier?

PECHLIN: Dort!

NORDSTRÖM *schreibt*: So, na also!

PECHLIN *zu Olsson, der das Gespräch mit wechselndem Mienenspiel mitangehört hat*: Vielleicht habt Ihr, Herr Abgeordneter, Lust mitzumachen?

OLSSON: Ja, das wäre wirklich nett, die wahren Freunde König Gustavs in einem Raum beisammen zu sehen ..., wirklich nett!

PECHLIN *reicht ihm die Feder*: Bitte!

OLSSON: Soll ich dieses Papier unterschreiben? Ich?

PECHLIN: Ja, natürlich!

OLSSON: Ja, aber ich kann nicht schreiben. Wollt Ihr das nicht für mich tun, Herr General?

PECHLIN: Ich schreibe nie fremde Namen!

OLSSON: Ich noch weniger!

PECHLIN: Wenn ich dem Abgeordneten die Hand führe?

OLSSON: Nein, das sieht schlecht aus ... Schreibt, Herr General, ich stehe für meinen Namen und komme ganz bestimmt!

PECHLIN *schreibt*: Gut, ich schreibe!

OLSSON *sieht auf das Schriftstück*: Ja, aber Ihr eigener Name fehlt ja, Herr General!

PECHLIN: Ich bin doch der Einlader!

OLSSON: Ach ja!

Lärm von draußen.

NORDSTRÖM: Adieu, meine Herren! Der Dienst ruft ...!

PECHLIN: Das ist ein Tumult. Dann werdet Ihr mich wohl arretieren!

NORDSTRÖM: Noch nicht! Lebt wohl!

PECHLIN *erhebt sich*: Jetzt sage ich Euch, Herr Reichstagsabgeordneter, Lebewohl! Und willkommen zu unserem Fest!

OLSSON: Ich muß auch gehen! Vielleicht gehen wir zusammen!

PECHLIN *verlegen*: Aber ich will hier ins Haus hinaufgehen ... Adieu, Herr Abgeordneter! *Umarmt ihn.*

OLSSON: Adieu, Herr General!

PECHLIN *klopft Olsson auf die Schulter und steckt hinter seinem Rücken die Zunge heraus*: Wahrlich, ein Ehrenmann!

OLSSON *steckt hinter Pechlins Rücken die Zunge heraus*: Liebster Freund! Wie nett, daß wir uns einmal getroffen haben, wie schön! *Löst sich aus der Umarmung und geht.*

PECHLIN *steckt das Papier ein*: Na also!

Kellgren und Thorild kommen herein, disputierend, grüßen die Anwesenden.

THORILD: Das habe ich nie gesagt, Kellgren!

KELLGREN: Thorild, im Namen der Wahrheit, erklärt Euch!

THORILD: Das habe ich gesagt, das habe ich gemeint! Doch Ihr seid ein Spötter, ein Voltaire, ein Affe der Könige. „Besteht nicht die ganze Welt durch das Schwache? Seid nicht ihr, bin nicht auch ich klein, arm, schwach, schutzbedürftig? Deshalb ist auch der, der leichtsinnig das Schwache zertritt, in meinen Augen der größte Frevler der Natur!"

KELLGREN: Wartet noch ein wenig!

THORILD: Nein, ich kann nicht warten! „Die Könige, die sich auf ihren Thronen erfrechen, die Minister, die Gesetz und Volksrecht brechen, die Pfarrer, die Gott und das Volk verraten, Gelehrte und Genies, die die Wahrheit opfern, sie alle seien gewarnt! Hören sie nicht, dann möge das Urteil folgen! Frappez! Das heißt: schlagt sie nieder! Schlagt sie! Schlagt!"

KELLGREN *zu Holmberg*: Er ist verrückt!

THORILD: „Diejenigen unter den Toren und Schelmen, die zu mächtig sind, nach gewöhnlicher Menschenordnung gerichtet zu werden, sollen wie Monster behandelt werden, wie Ungeheuer im Heldenzeitalter oder wie Schurken in der Zeit der Ritter!"

KELLGREN: Macht diesem Zorn bald ein Ende!

THORILD: „Freie Vereinigung einzelner Haushaltungen, gerührte Sterbliche, die aus dem Babel des üppigen Elends und der Unterdrückung in die Natur hinausgegangen sind, werden allmählich erstehen! Eigentlich jedoch eine neue Religion, keine Götter für den Pöbel, kein unendlich gemachter Menschentor auf himmlichem Thron, sondern ganz einfach Gott, der Gott, der Gott ist! Neue Gesetze – das Recht der Natur! Neue Sitten, eine neue Lebensweise – die der Freiheit und der Freude!"

KELLGREN: Parbleu! Ich muß Luft haben! Kommt wieder auf die Straße!

THORILD: „Ein Frevler, ein Schelm ist nur der, der frech und offen die menschliche Glückseligkeit hindert, der Toren und Schurken schützt und erhöht, der in öffentlicher, klarer Handlung zeigt, daß ihm nichts recht und heilig ist!"

KELLGREN *geht*: Nein, jetzt gehe ich! Adieu, Herr Holmberg! Ich komme später wieder!

THORILD *fährt unbekümmert fort*: „Dazu gehören alle großen Kriecher und Schmeichler, alle feigen Väter der Knechtschaft, alle, die nicht lieber ihre Ämter verlassen, als Schelme der Gewohnheit, der Formalität und des hinterhältigen Verrats zu sein!"

TAUBE: Ein fürchterlicher Mensch!

THORILD: „Ist es nicht an der Zeit, daß sie gestürzt werden? – Es ist notwendig! Die Menschlichkeit kann nicht länger getreten werden! Allzu groß ist die Wut! Die Erde kann nicht länger von ihnen gelenkt werden!"

TAUBE: Amen!

Thorild bleibt vor Rousseaus Büste stehen.

BADIN *der Mohr, kommt eilig herein*: Kambio, Kambio, Kambio!

HOLMBERG: Wer will sie haben?

BADIN: Madam Schwadronierheim!

TAUBE: Hüte dich, Nigger!

THORILD *zu Taube*: Warum beschimpfst du deinen schwarzen Bruder, Mensch? Ist er nicht von einer Frau geboren worden, mit Menschenrechten wie du und ich?

TAUBE: Wißt Ihr, wer ich bin, Magister?

THORILD: Du bist ein Menschenkind, das zufällig mit weißem Gesicht zur Welt gekommen ist, zufällig, denn selbst die Tochter des großen Gustav Adolf ist schwarz ins Erdenleben gekommen, mit Haarwuchs auf dem Körper vom Kopf bis zu den Knien, wie sie selbst gesagt hat! *Zu Badin*: Deshalb, Naturkind, sei stolz auf deine Abstammung, aber brüste dich nicht damit; freue dich in deiner Seele, daß du in einer Zeit geboren bist, da deine Brüder, auf der anderen Seite des Erdballs jedenfalls, das Bürgerrecht in der großen Republik erhalten haben! Du dienst allerdings einem König, denn du bist in einer faulen Zivilisation, die jetzt zu Grabe geht, aus der Art geschlagen.

BADIN: Massa reden viel, sehr viel! Aber Madam Schwadronierheim reden noch viel mehr; weil sie ein Gedicht gegen den König gesprochen, sie ist gekommen in Ungnade!

TAUBE *zum Mohr*: Wo ist der König, Mohr?

BADIN: Majestät, der König, ist an Land gekommen bei Grisslehamn! Und man erwarten ihn auf Haga jeden Augenblick!

TAUBE *erhebt sich und geht*: Danke für die Auskunft, Badin!

HORN *kommt hastig herein, geht zu Holmberg*: Holmberg!

HOLMBERG: Herr Graf!

HORN: Anckarström ist wegen Majestätsbeleidigung angeklagt worden ...

HOLMBERG: Warum, um Gottes willen?

HORN: Er hat ein Hoch auf die heimgekehrten Offiziere mitten auf Skeppsbron ausgebracht! – Das war eine Szene! Das Volk spuckte die Vaterlandsverräter an ...

HOLMBERG: Dieser Anckarström! Nie kann er sich beherrschen ...

HORN: Hütet Euch, Badin lauscht ..., und er spioniert für Liljensparre.

HOLMBERG *gibt Badin das Kartenspiel*: Hier sind die Karten, Badin! Spielt jetzt schön ...

BADIN *tanzt mit den Karten herum und singt*: „Einen Schlemm ich spür und glaub ..."

HORN *zu Holmberg*: Man sagt, Baron De Geer habe den Anjalamännern seinen Schutz angeboten ..., er sei jedoch von der Volksmenge überfallen und geschlagen worden ...

HOLMBERG: Und Fersen?

HORN: Hält sich raus ...

HOLMBERG: Hästesko und Jägerhorn erwartet wohl der Tod?

HORN: So sagt man!

HOLMBERG: Was müssen wir nicht alles erleben. – Still! Liljensparre selbst!

LILJENSPARRE *in der Tür*: Schließ den Laden! *Allgemeine Bestürzung.* Alle Läden werden geschlossen, denn in der Stadt ist ein Auflauf!

HOLMBERG: Sofort ..., Herr Polizeimeister!

LILJENSPARRE: Und der Magister Thorild soll seinen Mund halten, sonst muß er ins Ausland reisen!

THORILD: Geh, Liktor, und sag deinem Herren, daß du Thomas Thorild vor Jean Jacques' Büste gesehen ... Dein Herr, der so viel Genie besitzt, wie dir Verstand fehlt, wird dann wissen, was die Welt zu erwarten hat! Ich könnte in Frieden dahinfahren und sterben, wenn ich es nicht gerade jetzt wert fände zu leben! – Die alte Welt sah nicht und unsere Kinder werden nicht zu sehen bekommen, was die göttliche Wahrheit uns gerade jetzt zu schauen gibt.

Trommelschlag draußen.

LILJENSPARRE: Schließt sofort!

Allgemeine Unruhe und Verwirrung, Thorild steht allein, ruhig und unberührt da.

Audienzzimmer des Königs auf Schloß Haga.
Cheminée mit Spiegel rechts. Auf dem Kaminsims steht eine Büste Voltaires. Die gesamte Rückwand besteht aus offenen Glastüren, durch die man einen Teil des Parks und den See Brunnsviken sieht. Auf der Bühne rechts ein Schreibtisch und ein Stuhl. Armfelt sitzt selbstherrlich auf einem Stuhl auf der Bühne rechts. Er säubert mit einem Messer seine Fingernägel. Munck kommt von links herein, ernst und niedergeschlagen.

ARMFELT: Jetzt ist dem Munck angst und bange!
MUNCK: Nein, doch ich bin nicht zum Scherzen aufgelegt ...
ARMFELT: Das sagte Struensee auch, als ihm der Kopf abgeschlagen werden sollte!
MUNCK: Wie roh!
ARMFELT: Munck, Ihr seid so fein mitunter! Aber Ihr seid jetzt ja auch Regent gewesen! Wie fühlt man sich da?
MUNCK: Als Regent?
ARMFELT: Ihr habt doch in der Regierung gesessen!
MUNCK: Ja, gewiß ...! Ist es wahr, Armfelt ...?
ARMFELT *unterbricht ihn*: Hier bei Hofe fragt man immer, ob es wahr ist! Wohl deshalb, weil hier so entsetzlich gelogen wird!
MUNCK: Der glaubwürdige Zeuge Armfelt lügt nie?
ARMFELT: Nie? Das ist zuviel gesagt!

MUNCK: Sind Leute zur Audienz da?

ARMFELT: Es ist voll draußen!

MUNCK: Wird der König aus dieser Sache herauskommen?

ARMFELT: Er wird schon damit fertig werden, wenn er nur die wirkliche Lage erfährt; wo das Land sich befindet, wo der Feind steht! Vielleicht kennt Ihr die Situation, Munck?

MUNCK: Es ist das Eigenartigste, was ich je erlebt habe. Bürger und Bauern sind Aristokraten, und der Hochadel bildet eine demokratische Opposition!

ARMFELT: Vollkommen falsch! Die niederen Stände sind Demokraten, wie auch der König, für den sie stimmen, und der Adel ist wie immer aristokratisch!

MUNCK: Wo steht Ihr denn, Armfelt?

ARMFELT: Wo steht Ihr denn, Munck? *Pause.* Wo ich stehe? Das weiß der Teufel ...!

MUNCK: Was macht der König jetzt?

ARMFELT: Er zieht sich um, für die Begegnung mit der ... *Pause.* Und mit den anderen!

MUNCK: Dieser dänische Krieg ist ja unangenehm in seinen Folgen für das gute Verhältnis des Königspaares!

ARMFELT *hustet*: Hm ...! Ja, die Tochter Fredriks V., unsere gnädige Königin, kann wohl schwerlich neutral sein, wo ihr Vaterland gegen unseren König den Krieg erklärt hat! Das ist eine heikle Frage, ich überlasse es Euch, Munck, sie zu untersuchen!

MUNCK *nach einigem Nachdenken*: Die Freundschaft, mit der Ihre Majestät mich geehrt hat, bietet keine Garantie für eine glückliche Vermittlung in diesem schweren Fall ...

ARMFELT *die Augen auf den Fußboden gerichtet*: Es ist immer schwer gewesen, zwischen Ehegatten zu vermitteln ... Und, offen gesagt, Ihr solltet nicht auf die Freundschaft der Königin bauen, Munck ... Die königlichen Gatten brauchen sich nur zu versöhnen, dann werdet Ihr, Munck, als Versöhnungsopfer geschlachtet ...

MUNCK: O nein!

ARMFELT: Denkt an Struensee, das Beispiel liegt nahe, und an Karoline Mathilda, die Schwägerin unserer Königin ... Jaja, ich will nichts sagen, doch jetzt ist das alte Gerücht von einer Scheidung unseres Königs wieder aufgetaucht ...

MUNCK: Scheidung?

ARMFELT: Ja! Der König hat ja, wie bekannt, einmal Verhandlungen wegen der Scheidung begonnen. Diesmal kann es die Königin sein, die darauf drängt! Und dann ist es aus mit dem Erbanspruch unseres Königs auf den dänischen Thorn. Seid vorsichtig, Munck, kompromittiert die Dame Eures Herzens nicht ...! *Gibt ein Zeichen mit dem Federmesser.* Die Audienz ist beendet!

MUNCK: Comment? Diable, habt Ihr oder habe ich eine Audienz gegeben?

ARMFELT *frech*: Ich! – Allez!

MUNCK: Ich werde die Ehre haben, meine Zeugen zur Stora Trädgårdsgatan zu schicken ...

ARMFELT: Nein, sendet sie zum Stockholmer Schloß, wo ich jetzt wohne!

MUNCK: Im Stockholmer Schloß?

ARMFELT: Ja, in der geräumten Wohnung der Königin ..., tja!

Munck ist betroffen, er sucht nach Worten, findet aber keine. Badin kommt aus dem Hintergrund herein.

ARMFELT *zu Badin*: Nun, Massa, hast du deinen Papa heute gesehen?

MUNCK *zu Armfelt*: Gösta Mauritz Armfelt ...

ARMFELT *zu Badin, ohne Munck zu beachten*: Hast du ein paar Hechte gefangen?

BADIN: Nein, die Haken waren nicht so krumm, wie sie sein sollten ...

ARMFELT: Haken sind im allgemeinen nie so krumm, wie sie sein sollten ...

PAPILLON *kommt aus dem Hintergrund herein, zu Armfelt*: Verzeihung, Herr Baron, es sind Leute im Park.

ARMFELT: Wirf sie hinaus!

MUNCK *zu Armfelt*: Baron Armfelt!

ARMFELT *zu Papillon*: Kommt Seine Majestät?

PAPILLON: Seine Majestät wird gleich hier sein!

ARMFELT: Dann entfernt Euch. Hinaus, verschwindet!

MUNCK: Ich erwarte Seine Majestät!

ARMFELT: Möglicherweise! Doch der König erwartet mich! *Zu Papillon*: Zeigt Herrn Struensee den Weg!

MUNCK: Welchen Weg?

ARMFELT: Zur Festung Varberg!

MUNCK: Festung?

ARMFELT: Ja! Baron, Ihr seid nämlich, natürlich in einer Zeitung, beschuldigt worden, auf die dumme Tour versucht zu haben, in der Holmbergschen Buchhandlung Falschgeld zu vertreiben!

MUNCK: Das ist eine Lüge!

ARMFELT: Ist es wahr, daß es eine Lüge ist?

MUNCK *spuckt vor Armfelt aus*: Pfui! *Geht zum Hintergrund hinaus.*

ARMFELT: Na also! Nun ist man den los! – Badin! Rapport!

BADIN *legt seine alberne Art und seine gebrochene Sprache ab*: Herr Baron!

ARMFELT *zu Papillon*: Geht hinaus! *Papillon geht hinaus.* Es geschieht also in der Holmbergschen Buchhandlung?

BADIN: Ja, Herr Baron! Doch was geschieht, das begreife ich nicht ganz.

ARMFELT: General Pechlin ist dort?

BADIN: Der General saß dort und arrangierte ein Mittagessen, ein subskribiertes, um die Heimkehr des Königs zu feiern!

ARMFELT: Pechlin? Was kann denn das bedeuten ...? *Denkt nach.* Die Teilnehmer, kennst du sie?

BADIN: Ich sah nur den Rittmeister Nordström und den Bauern Olof Olsson sich in die Liste eintragen.

ARMFELT: Nicht zu fassen! – Aber immerhin, es gibt eine Liste! Schaff sie herbei!

BADIN: Leicht gesagt! Wäre sie in einer anderen Tasche als in der des Generals Pechlin, würde ich sie herbeischaffen.

ARMFELT: Pechlin bist du nicht gewachsen?

BADIN: Nein, ihm bin ich nicht gewachsen!

ARMFELT: Versuch es! – So ein Teufelskerl, dieser Pechlin ...!

Sind keine anderen Namen in deinem Gedächtnis haftengeblieben?

BADIN: Wartet! Doch, einer noch, aber ich kann mich verhört haben!

ARMFELT: Sprich nur! Es kann immer ein Faden draus werden!

BADIN *sieht sich um*: Kapitän Anckarström!

ARMFELT: Bereits angeklagt, der ist also klar! Doch nicht ganz! – Badin, du bist doch mit der königlichen Familie aufgewachsen, kannst du mir im Vertrauen und ganz ehrlich sagen, warum der König und Anckarström sich hassen?

BADIN: Nein, das kann ich nicht sagen!

ARMFELT: Aber du weißt es?

BADIN: Nein, ich vermute es, und es kann falsch sein!

Pause.

ARMFELT: Erinnerst du dich an die Zeit, als Anckarström Page beim König war?

BADIN: Ich erinnere mich an die Zeit, aber an nichts anderes! Doch ich erinnere mich, daß die selige Königinwitwe Lovisa Ulrika einen plötzlichen Groll auf Anckarström bekam und versuchte, ihn loszuwerden!

ARMFELT: Warum?

BADIN: Ich weiß nicht!

Pause.

ARMFELT: Einer Sache bist du dir jedoch sicher! Daß eine Konspiration im Gange ist, mit dem Ziel, die Königsmacht einzuschränken, oder etwas noch Schlimmeres!

BADIN: Dessen bin ich sicher!

ARMFELT: Und ebenso sicher bist du dir, daß Frau Schröderheim engen Verkehr mit der Königin pflegt und versucht, sie gegen den König aufzuwiegeln?

BADIN: Ebenso sicher!

Pause.

ARMFELT: Schlächter Nordström aus dem Bürgerstand und Olof Olsson vom Bauernstand – zusammen mit Pechlin! Die besten Freunde des Königs zusammen mit seinem schlimmsten Feind...

Geh jetzt, Badin, und halte die Augen offen!

BADIN: Ja, Herr Baron, doch erspart mir eine Sache, eine einzige!

ARMFELT: Welche?

BADIN: Erspart es mir, mit Liljensparre zu tun zu haben! Für meinen König kann ich Auge und Ohr sein, doch für den Polizeimeister spionieren, das ist scheußlich!

ARMFELT *nachdenklich*: Das soll dir erlassen werden, doch unter einer Bedingung!

BADIN: Und die wäre?

ARMFELT: Daß du ein Auge auf Liljensparre hast!

BADIN: Ja, sicher! *Fällt auf die Knie.* Gott segne den Herrn Baron!

ARMFELT: Die Zeiten sind schlimm, und man kann keinem vertrauen!

BADIN *erhebt sich froh*: Ich soll den Polizeimeister bespitzeln. Haha! *Geht.*

Armfelt allein, zieht seine Uhr auf, die einige Male „repetiert". Der Kammerherr kommt von links, reißt die Tür auf.

ARMFELT *bleibt fast ebenso selbstherrlich wie vorher sitzen*: Ist es der König?

DER KAMMERHERR: Seine Majestät!

ARMFELT *wie zuvor*: Ist er allein?

DER KAMMERHERR: Seine Majestät kommt allein!

Pause.

DER KÖNIG *kommt von links herein mit einem Portefeuille in rotem Maroquin und Gold, blaß-violett gekleidet*: Es sieht schlecht aus, mein lieber Gösta, doch ich werd's schaffen, ich werd's ... *Bleibt stehen.* Wenn ich nur an einen Schreibtisch komme ... *Geht zum Schreibtisch, setzt sich und öffnet die Tasche* ... und eine Feder in der Hand habe: jetzt fliege ich!

ARMFELT: Die Feder oder die Sticknadel, nicht das Schwert!

DER KÖNIG: Die Tagesordnung also! – Sitz nicht so da, wenn jemand hereinkommt!

ARMFELT: Es kommt niemand!

DER KÖNIG *reicht Armfelt einige vergoldete Gänsekiele*: Die kannst du schneiden, während ich spreche ... *Armfelt schneidet die Federn während des folgenden Gesprächs.*

DER KÖNIG *betrachtet sich hin und wieder in einem Wandspiegel, der sich gegenüber seinem Platz befindet*: Womit soll ich beginnen?

ARMFELT: Mit dem Anfang!

DER KÖNIG: Was ist das? – Stichwort, Armfelt!

ARMFELT: Die Männer von Anjala!

DER KÖNIG: Vollkommen richtig! Beginnt man erst, so geht es dann wie von selbst weiter, ganz wie ein Theaterstück ... Also, die Männer von Anjala! Ein Dutzend mit Hästesko an der Spitze, vom Kriegsgericht verurteilt, enthauptet zu werden. Das geht ja! Aber siebenundfünfzig andere Offiziere zum Erschießen verurteilt!

ARMFELT: Erschießt sie!

DER KÖNIG: Ich kann nicht siebenundfünfzig Offiziere entbehren, wenn die Dänen vor Göteborg stehen!

ARMFELT: Befördere dafür nichtadlige Unteroffiziere, dann hast du die Mittelklasse auf deiner Seite, und damit ist die unselige Unteroffiziersfrage gelöst!

DER KÖNIG: Gut! – Aber das ist gegen die Verfassung.

ARMFELT: Deshalb muß die Verfassung geändert werden!

DER KÖNIG: Sie ist kürzlich geändert worden!

ARMFELT: Dann hat man diesmal präjudiziert!

DER KÖNIG: Nicht zynisch, Armfelt!

ARMFELT: Es ist mein Ernst! Du hast einen Fehler gemacht, als du den russischen Angriffskrieg im Widerspruch zur Verfassung begonnen hast. Jetzt, wo alle auf diesen Fehler zeigen, der eigentlich nur ein Formfehler ist, versuch, eine Änderung der Verfassung durchzubringen, und füge das Wort Angriffskrieg ein, dann fällt diese ganze Pyramide von Geschwätz zusammen!

DER KÖNIG: Ändern? Wie soll das geschehen?

ARMFELT: Zuerst versucht man es auf gesetzlichem Weg, das heißt, mit den nichtadligen Ständen! Schröderheim kümmert sich um die Pfarrer, Anders Liidberg um die Bürger und Sekretär Ahlman um die Bauern.

DER KÖNIG: Ahlman?

ARMFELT: Ja, gerade er! Er ist ein richtiger Strolch, der ihnen mit der Polizei droht, wenn sie nicht unterschreiben!

DER KÖNIG: Ein freies Volk ...

ARMFELT: Ja, ja, ja! Geht es nicht auf gesetzlichem Weg, dann muß es auf ungesetzlichem gehen!

DER KÖNIG: Nicht noch einmal!

ARMFELT: Einmal ist keinmal, aber zweimal, das ist was!

DER KÖNIG: Niemals!

ARMFELT: Und wenn du gezwungen wirst?

DER KÖNIG: Was könnte mich zwingen?

ARMFELT: Verschiedenes, zum Beispiel könnte es eine Verschwörung sein!

DER KÖNIG: Bist du wieder soweit?

ARMFELT: Wir sind wieder soweit! Doch du glaubst nicht an eine Verschwörung, obwohl du erst kürzlich Anjala gesehen hast!

DER KÖNIG: Wer konspiriert?

ARMFELT: Schwer zu sagen! – Beunruhigend ist jedoch, daß zwei Freunde von dir, Olof Olsson und Schlächter Nordström, mehr als verdächtig sind.

DER KÖNIG: Was soll das heißen?

ARMFELT: Daß du keinem trauen kannst!

DER KÖNIG: Aber ich habe doch selbst Olsson zum Reichstagsabgeordneten gemacht, um Fersen in Schach zu halten! Was soll das bedeuten?

ARMFELT: Daß wir uns auf dünnem Eis bewegen, das jederzeit brechen kann.

Pause.

DER KÖNIG: Lassen wir die Verschwörungen, gehen wir zum dänischen Krieg über!

ARMFELT: Er geht schon seinem Ende entgegen!

DER KÖNIG: Was heißt das?

ARMFELT: Das heißt, der englische und der preußische Botschafter drohen Dänemark ... Der Krieg wird also auf diplomatischem Weg entschieden!

DER KÖNIG: Dann bin ich verloren! – Wie du weißt, hatte ich diesen Krieg nötig ... Wer hat mir das angetan?

ARMFELT: Die Umstände ...

DER KÖNIG: Ich bin verloren!

ARMFELT: Wie willst du einen Krieg ohne Armee führen, und mit aufständischen Offizieren?

DER KÖNIG: Ich hatte einen Plan ...

ARMFELT: Für ein Schauspiel?

DER KÖNIG: Schäm dich!

ARMFELT: Das mit den Männern aus Dalarna?

DER KÖNIG: Ja!

ARMFELT: Das ist ein Schauspiel, und was für eins! Glaubst du, daß die Dalekarlier nach dem großen Tanz auf dem Norrmalmstorg einen Finger für ihren König rühren werden?

DER KÖNIG: Ich weiß, daß sie das tun werden! Der Verrat der Armee hat sie aufgebracht, und komme ich persönlich ...

ARMFELT: Verkleidet? Was? Als Gustav Vasa? – Das ist eine Maskerade, und so was verstehen die Dalekarlier nicht!

DER KÖNIG: Gehen wir zum nächsten Punkt über!

ARMFELT: Das ist die Königin!

DER KÖNIG: Nein! Man spricht nicht über die Königin!

ARMFELT: Dann über Frau Schwadronierheim!

DER KÖNIG: Über Frau Schröderheim, ja! Sie hat wieder eine infame Schmähschrift über mich verbreitet, und jetzt muß sie fallen!

ARMFELT: Sie findet sicher Gefallen daran zu fallen, doch jetzt müßte sie gestürzt werden!

DER KÖNIG: Zunächst vom Hofe entfernt werden ...!

ARMFELT: Wie soll das vor sich gehen?

DER KÖNIG: Das geht so vor sich! Die öffentliche Meinung –

kennst du sie? –, die öffentliche Meinung gestattet es dem Staatssekretär nicht, in schimpflicher Verbindung mit einer galanten Dame zu leben, die sich in Regierungsgeschäfte einmischt und sich mit den Feinden des Landes einläßt. Darum muß Elis sich scheiden lassen!

ARMFELT: Armer Teufel! Dann krepiert er!

DER KÖNIG: Mag er, doch mein Staatssekretär darf keine lächerliche Person sein!

ARMFELT: Lächerlich? In diesen Zeiten, wo ..., übrigens ... Du sprachst von der öffentlichen Meinung ..., apropos ..., dieser Munck war soeben hier ...

DER KÖNIG *kurz*: Was wollte er?

ARMFELT: Er hatte Angst wegen des russischen Geldes, das er in Stockholm unter die Leute gebracht hat.

DER KÖNIG: In Stockholm? Die russischen Rubel waren für den russischen Krieg gedacht ... Munck ist ein Rindvieh!

ARMFELT: Das habe ich ihm auch angedeutet ...

DER KÖNIG: Ich habe ihn satt ... Kannst du diesen Kerl entfernen?

ARMFELT: Das ist schon geschehen! Ich habe ihn verscheucht! *Pause.* Was hat Anckarström gemacht, daß er angeklagt ist?

DER KÖNIG *nervös*: Anckarström? Warum nennst du jetzt seinen Namen? Warum gerade jetzt?

ARMFELT: Weil ich heute zufällig schon einmal von ihm gesprochen habe! Was hat er getan?

DER KÖNIG *gereizt*: Er hat auf offener Straße für die Rebellen demonstriert. Das hat er getan! – Sein Schwiegervater ist in russischen Diensten, und der ganze Kerl ist suspekt! *Läutet. Der Kammerdiener kommt herein.* Gib mir die Audienzliste! *Der Kammerherr geht.*

ARMFELT *zieht die Uhr hervor*: Während wir sprechen, vergeht die Zeit. Die Ereignisse laufen, die Menschen denken und handeln, Ansichten bilden sich und schaffen Handlungen! Wer zuerst fertig ist, hat das Spiel gewonnen! *Die Uhr schlägt.*

DER KÖNIG: Ich bin gleich fertig! Möchtest du ein wenig in den Park hinausgehen, doch warte auf meine Order! Ja, ich muß meine Gedanken sammeln! *Armfelt erhebt sich und wird finster! Der Kammerherr kommt herein und übergibt die Audienzliste. Der König sieht die Liste durch. Armfelt versucht, sie zu lesen, doch der König verbirgt das Papier. Der König zu Armfelt, ungeduldig*: Verlaß mich!

ARMFELT: Ich werde dich verlassen! Deinem Schicksal werde ich dich überlassen! *Ab durch die Tür im Hintergrund.*

DER KÖNIG *zum Kammerherrn*: Baron Taube soll kommen!

Der Kammerherr geht hinaus. Der König bleibt allein, betrachtet sich im Spiegel. Taube kommt, in geistlicher Tracht.

DER KÖNIG: Sieh da! Schon fertig! – Hast du auch die Weihe schon? Die Priesterweihe, meine ich.

TAUBE: Ja, Majestät!

DER KÖNIG: Dann halte dich bereit und folge mir nach Dalarna! – Adieu! *Taube zögert.* Ich habe es eilig! Hinaus! *Taube geht durch die Tür im Hintergrund hinaus. Der König läutet. Der Kammerherr kommt.* Den Staatssekretär Schröderheim!

Der Kammerherr geht hinaus. Der König bleibt allein, prüft eine Feder auf dem Nagel. Schröderheim kommt herein.

DER KÖNIG: Komm näher, damit uns keiner hört! *Schröderheim nähert sich dem Tisch.* Alle lauschen hier im Hause ... Hast du Armfelt gesehen?

SCHRÖDERHEIM: Er ging vorhin die Treppe hinauf!

DER KÖNIG *zeigt nach oben*: Dort hinauf? Und ich bat ihn, in den Park zu gehen! Da siehst du es! Bellum omnium inter omnes! – Hör jetzt zu! – Zuerst gehst du zu dem englischen und zu dem preußischen Botschafter und bittest sie oder drohst ihnen, je nachdem. Versuche sie dazu zu bewegen, daß sie nicht auf Dänemark einwirken, bevor ich meine Truppen gesammelt habe! – Hast du verstanden?

SCHRÖDERHEIM: Vollkommen!

DER KÖNIG: Nummer zwei; es eilt, weißt du ...! Hast du von einer neuen Verschwörung gehört?

SCHRÖDERHEIM: Ja, Majestät!

DER KÖNIG: Glaubst du daran?

SCHRÖDERHEIM: Liljensparre weiß davon!

DER KÖNIG: Er ist nicht leichtgläubig ...! Und natürlich geht es darum, die Macht des Königs einzuschränken?

SCHRÖDERHEIM: Natürlich!

DER KÖNIG: Nun, dann gehe ich nach Dalarna und sammle Truppen gegen Dänemark, hörst du, gegen den Feind, der vor Göteborg steht. Du magst denken, was du willst, aber schweig! *Schröderheim verbeugt sich.* Nummer drei! – Hör genau zu und begreife die Anspielung ...! Elis! Meinst du, daß eine hochstehende Person in einer Ehe leben kann und darf, die ihr Schande und Gelächter einbringt? Findest du, sie hat ein Recht dazu, mögen die Zeiten und die Sitten auch noch so vorurteilsfrei sein?

SCHRÖDERHEIM *der glaubt, der König meine seine eigene Ehe, antwortet ungezwungen*: Nein, Majestät! Er hat kein Recht, sein hohes Amt zu kompromittieren!

DER KÖNIG: Nicht einmal, wenn er Todesqualen durch jene schmerzhafte Operation erleiden müßte, die man Scheidung nennt!

SCHRÖDERHEIM *flott*: Es kann kein Schmerz sein, sich von der Schande zu trennen! Im Gegenteil ...

DER KÖNIG: Das ist also deine innerste Überzeugung ...

SCHRÖDERHEIM: Meine volle Überzeugung, um so mehr, da eine solche Handlung von allen rechtschaffenen Menschen mit Beifall begrüßt würde!

DER KÖNIG: Bien! Dann wirst du noch am heutigen Tag dein Scheidungsgesuch einreichen! Mein Hofprediger Taube besorgt den Rest im Konsistorium! Hast du verstanden?

SCHRÖDERHEIM *betroffen*: Nein! – Ich soll?

DER KÖNIG: Ja, du! – Hast du verstanden?

SCHRÖDERHEIM: Ich habe verstanden!

DER KÖNIG: Dann geh schnell und trenne dich von der Schande und dem Gelächter – das kann ja kein Schmerz sein! *Läutet. Schröderheim geht langsam hinaus. Der König schreibt. Zu Schröderheim*: Vergiß nicht, dich um die Reichstagswahlen zu kümmern! Kronvögte, Pastoren – in deinen Pastoraten – sollen mit allen Mitteln arbeiten! Mit allen! Ich überlasse jetzt nichts dem Zufall! – Ja, ich habe aufgehört, an Redlichkeit und Wahrheit und dergleichen zu glauben! Beim vorigen Reichstag verschmähte ich Mogeleien und Bestechungsgelder, nun ordne ich sie an! Das habe ich aus der Erfahrung und aus den Ereignissen von Anjala gelernt! *Schröderheim geht hinaus. Der Kammerherr kommt herein.* Den Reichstagsabgeordneten Olsson! *Der Kammerherr ab.*

Der König erhebt sich und setzt vor dem Spiegel ein neues, freundliches Gesicht auf.
Olsson kommt herein. Der König geht ihm entgegen, tut, als wäre er erstaunt.

DER KÖNIG: Nein! Sieh da! – Mein Freund Olsson! Welch lieber Besuch! Willkommen in meinem Hause. *Umarmt Olsson und klopft ihm auf die Schulter.* Hör, Olof, ich möchte dich um etwas bitten! Um einen Dienst, eine Gunst, wenn du so willst, und um eine Auskunft!

OLSSON: Majestät, darf ich mit der Auskunft beginnen, dann komme ich vielleicht später in Gunst!

DER KÖNIG: Was kann das sein? Ist es eine Verschwörung? Vielleicht bist du dabei?

OLSSON: Oh, Gott behüte!

DER KÖNIG: Dann beginnen wir mit der Gunst! Olsson, du bist ein großes Talent, und deinen Einfluß kennst du besser als ich! Würdest du in deinem Stand den Vorsitz übernehmen, wenn ich dich nett darum bitte?

OLSSON: Hm! Die anderen werden so neidisch, so …

DER KÖNIG: Welche anderen? Fersen, dein Herr? Aber das ist ja gerade Absicht! Ich bin doch der Rabulist, der Demokrat, der Feind des Adels, ich bin der erste Bürger in einem freien Land! Der Mann des Volkes und der Verteidiger der Unterdrückten! Ich bin Rousseaus Jünger …, und Voltaires …! Der Gesellschaftsvertrag, le Contrat social, das ist mein Evangelium, ich habe ihn auf meinem Nachttisch liegen! Georg

Washington ist mein Freund! Franklin mein Ideal! So bin ich!

OLSSON *bedächtig*: Diese Auffassungen, von Majestät ausgesprochen, setzen mich etwas in Erstaunen, vor allem weil ich diese oder ähnliche von einem Magister Thorild vernommen habe, der nicht für seine Königsverehrung bekannt ist!

DER KÖNIG: Magister Thorild und ich, wir sind die einzigen im Lande, die konsequent die modernen Denkweisen begrüßen, und mich kannst du doch wohl nicht beschuldigen, nicht königstreu zu sein? Oder?

OLSSON: Ja, das kann ich auf die Schnelle nicht sagen, doch was wir im Augenblick suchen, wo die Vielherrschaft wieder zu erstarken beginnt, ist gerade ein König..., der sehr königstreu ist!

DER KÖNIG *dreht sich auf dem Absatz herum*: Sieh da! Nun kenne ich Olof Olsson! – Nimm meine Hand! – Weißt du, hier war vorhin eine Person, die dich in meinen Augen verdächtig machen wollte, die mir einreden wollte, du seiest nicht nur ein Gleichgültiger, sondern hättest dich auch der Partei der Unzufriedenen angeschlossen.

OLSSON: Ich?

DER KÖNIG: Ja, man hat sogar eine Beschuldigung vorgebracht ...

OLSSON: Das ist diese Liste von Pechlin, von der ich gerade sprechen wollte!

DER KÖNIG: Pechlin? Ist er wieder dabei?

OLSSON: Majestät verzeihen, doch das geht etwas zu schnell für mich, ich bin den Pflug gewöhnt, und mit dem wendet man nicht mitten in der Furche!

DER KÖNIG: Aber wir haben es immer eilig. Also, was ist das für eine Liste?

OLSSON: Kurz und gut also! – Unter dem Vorwand, ein subskribiertes Fest für den Empfang des Königs zu arrangieren, hat General Pechlin eine Liste zirkulieren lassen ... Um meinen Verdacht über die wirkliche Bedeutung der Liste nicht zu verraten, ließ ich ihn meinen Namen neben den von Rittmeister Nordström schreiben. Doch ich bin überzeugt, daß diese Namen zu jenen Personen gehören, die sich gegen den König und die Verfassung verschworen haben.

DER KÖNIG: Da haben wir die Fuchsspur! Das ist Pechlin! – Kannst du dich an einige Namen dieser loyalen Bürger erinnern?

OLSSON: An einige erinnere ich mich! – Liljehorn, von Engeström, Ribbing, Horn ...

DER KÖNIG: Unmöglich!

OLSSON: Anckarström ...

DER KÖNIG *unangenehm berührt*: Immer wieder der! – Warte einen Augenblick! *Läutet. Der Kammerherr kommt.* Schick einen Kurier zu Liljensparre und befiehl ihm, General Pechlin zu arretieren!

DER KAMMERHERR: Majestät, Polizeimeister Liljensparre steht draußen im Audienzzimmer!

DER KÖNIG: Tiens! Bitte ihn hereinzukommen, wenn ich wieder läute!

Der Kammerherr geht. Der König setzt sich an den Tisch, er sieht müde aus.

Kehren wir nun zu unserem Ausgangspunkt zurück – denk daran, wenn du den Vorsitz führst, immer wieder zum Ausgangspunkt zurück, sonst reden sie dich tot! – Also: willst du Vorsitzender des Bauernstandes werden?

OLSSON: Ja, aber ...

DER KÖNIG: Und du gelobst, der Sache der Freiheit und des Volkes zu dienen?

OLSSON: Am liebsten der Sache des Königs!

DER KÖNIG: Das ist dasselbe! *Sie sehen sich einen Augenblick scharf an.*

OLSSON: Majestät, Worte verändern ihren Wert im Lauf der Zeiten, Worte werden zweideutig, schließlich vieldeutig, zum Schluß undeutlich. Ich kann dieses Wortknäuel nicht entwirren, doch der Sache, der zu dienen ich gelobt habe, bleibe ich treu, die Klasse, in der ich geboren wurde, verrate ich nicht, aber ungesetzliche Mittel verabscheue ich!

DER KÖNIG: Gut gesprochen! Du kannst, wenn du willst! – Geh

jetzt in den Park hinaus und bleibe als mein Gast zum Fest heute abend!

OLSSON *verbeugt sich*: Majestät ...!

DER KÖNIG: Olsson, traue keinem Menschen!

OLSSON: Nein, Majestät, das tu ich auch nicht. *Geht hinaus. Der König fixiert ihn hastig, dann läutet er.*

Pause.

Der Kammerherr öffnet die Tür. Liljensparre tritt ein.

DER KÖNIG: Etwas Neues in der Stadt? Alles ruhig?

LILJENSPARRE *besorgt*: Nein, Majestät, es ist unruhig!

DER KÖNIG: Was ist es denn? – Pechlin?

LILJENSPARRE: Wenn es nur er wäre! Aber es ist etwas anderes!

DER KÖNIG: Sag es!

LILJENSPARRE: Wie soll ich's sagen ...! Man sieht es nicht, man hört es nicht ..., doch man fühlt es. Man kann es nicht greifen ... Neue Gedanken, neue Lehren ... Man nennt es sicher den Geist der Zeit ...

DER KÖNIG: Ich glaube nicht an Geister ... Sind es Thorilds Lehren? Ein Schwätzer und Halbverrückter! – Sonst aber ganz amüsant!

LILJENSPARRE: Die Ereignisse in Paris ...!

DER KÖNIG: Die kenne ich ..., nur Schaum an der Oberfläche! – Wir wollen über unsere Angelegenheit sprechen! – Ich wünsche, daß du sofort General Pechlin verhaften und sein Haus durchsuchen läßt!

LILJENSPARRE: Wird geschehen, Majestät!

DER KÖNIG: Besonders befehle ich dir, nach einer Liste mit bestimmten Namen zu suchen!

LILJENSPARRE: General Pechlin hat nie irgendwelche gefährlichen Papiere bei sich!

DER KÖNIG: Da bin ich besser unterrichtet! – Ich glaube, Liljensparre, du bist müde und brauchst Ruhe!

LILJENSPARRE: Nein, Majestät!

DER KÖNIG: Verfolgst du Nordin und Wallquist?

LILJENSPARRE: Sie treten so wenig in Erscheinung!

DER KÖNIG: Weil sie arbeiten, im stillen! Jetzt beauftrage ich dich, sie in Ruhe zu lassen! Niemals ihre Namen nennen, und wenn du etwas über sie hörst, so tun, als gäbe es sie nicht! Jetzt geh und verhafte Pechlin! *Liljensparre zögert, als ob er etwas sagen wolle. Der Kammerherr tritt ein.* Was willst du?

DER KAMMERHERR: Majestät, Baron Pechlin bittet in einer höchst wichtigen Angelegenheit vorgelassen zu werden!

DER KÖNIG: Pechlin! *Zu Liljensparre*: Hast du so was schon erlebt? *Zum Kammerherrn*: Er soll kommen, wenn ich läute! *Der Kammerherr geht hinaus.* Das ist die schamloseste Frechheit, die ich in meinem Leben erlebt habe!

LILJENSPARRE: Das ist die Pechlinsche Taktik!

DER KÖNIG: Warte nur, Alter, bald habe ich deine Taktik gelernt! *Schreibt etwas auf einen Zettel.* Wir brauchen ein Promemoria, damit wir uns nicht verplappern! – Und du gehst hinaus und stellst dich hinter den Pfeiler, damit du jedes Wort hörst – denn das wird ein Wortgefecht, andere Waffen benutzt Pechlin nicht! – Was, glaubst du, will er? Von welcher Seite greift er an?

LILJENSPARRE: Wahrscheinlich bietet er eigene gefährliche Neuigkeiten, die keineswegs gefährlich sind. *Geht zur Tür.*

DER KÖNIG: Sein Anliegen ist sicher, eine Gefahr von seiner Person abzuwenden ..., sich hinter fremden Rücken zu verstecken ..., auch wenn diese Rücken seinen besten Freunden gehören ... Auf deinen Platz, Liljensparre! *Nimmt die Glocke.* Nun denn! – Ich glaube, mir zittern die Hände! So ein Teufel, dieser Kerl! *Reibt sich die Stirn.* Ich muß die Führung übernehmen, sonst redet er mich unter den Tisch! Tableau! *Läutet. Liljensparre steht hinter der Tür im Hintergrund. Der Kammerherr öffnet die Tür. Pechlin tritt ein.* Guten Tag, alter Freund! *Zum Kammerherrn*: Biete dem Herrn Baron einen Stuhl an! So! – Es ist mir ebenso lieb wie unerwartet, Euch zu sehen, Herr Baron und General! – Bitte, nehmt Platz! – Und die Frau Baronin bei bestem Wohlbefinden. Hatte die Ehre, sie bei der Herfahrt zu begrüßen.

Nun, was verschafft mir das Vergnügen, Herrn Baron auf Haga zu sehen?

PECHLIN *der neben dem Stuhl steht*: Majestät, ich komme als Bittsteller ...

DER KÖNIG: Oh! Das ist fein! Nicht alle Tage, daß Ihr um etwas bittet, Herr Baron ...

PECHLIN: Folglich müssen gewichtige Gründe vorliegen ...

DER KÖNIG: Staatsgründe sind gewichtig, und Ihr interessiert Euch für den Staat, Baron, für die Staatsgeschäfte und das allgemeine Wohl! – Fahrt fort!

PECHLIN: Eine gewisse Stimmung, entstanden durch den kürzlich beendeten russischen Krieg, hm ...

DER KÖNIG: Holt das Papier hervor, geniert Euch nicht ...

PECHLIN *fährt zusammen*: Eine gewisse Unruhe in den Gemütern muß kalmiert werden...

DER KÖNIG: Keine Fremdwörter, Baron!

PECHLIN: ... muß beruhigt werden, und deshalb haben wir, eine Anzahl treuer Untertanen Eurer Majestät, beschlossen, durch ein öffentliches Bankett unseren untertänigsten Gefühlen Ausdruck zu verleihen.

DER KÖNIG: Sehr schön! Wo soll das Fest sein?

PECHLIN: Im großen Börsensaal! – Doch ein Fest, ohne die Anwesenheit des Gefeierten...

DER KÖNIG: Ich soll dabei sein? Das ist...

PECHLIN: Das ist meine ganze Bitte!

Pause.

DER KÖNIG *beherrscht sich und lenkt ein*: Gut! Gebt die Liste her! *Pechlin tut, als suche er in den Taschen.* Habt Ihr sie nicht mit?

PECHLIN: Doch, sicher ...! Nein, so was, ich glaube, ich habe sie vergessen!

DER KÖNIG *sieht zum Hintergrund*: Das macht nichts, wir werden sie sicher noch finden. Ich habe so geschickte Sucher für verlorene Sachen, wir haben eine ganze Abteilung bei der Polizei, die sich mit solchen Dingen beschäftigt! *Sie betrachten sich einen Augenblick mit haßerfüllten Blicken.* Ich brauche Liljensparre nur ein Wort zu sagen, und er wird sie sofort ausfindig machen!

PECHLIN: Ich glaube, das ist nicht nötig, Majestät ...

DER KÖNIG: Das glaube ich auch nicht!

Pause.

PECHLIN: Warum glauben Majestät das nicht?

DER KÖNIG: Weil wir eine neue schreiben können!

Pause.

PECHLIN: Das können wir auch tun!

DER KÖNIG *erhebt sich*: Setzt Euch an den Schreibtisch hier!

PECHLIN: Nein, das geht ganz gewiß nicht ...

DER KÖNIG *scharf*: Setzt Euch! *Pechlin setzt sich, liest im Promemoria des Königs und lächelt, ohne daß der König es bemerkt. Der König sieht zum Hintergrund*: Schreibt!

PECHLIN *nimmt die Feder und schreibt*: Liljehorn!

DER KÖNIG: Der Jüngere, ja! Clas Horn!

PECHLIN *ohne Erstaunen*: Clas Horn!

DER KÖNIG *mit steigender Bestürzung*: Von Engeström!

PECHLIN *unerschütterlich in seiner Ruhe*: Nein, erst Anckarström!

DER KÖNIG *wird blaß und betrachtet sich im Spiegel*: Es freut mich besonders, Anckarströms Namen zu sehen. Er ist mein spezieller Freund, und sein Schwiegervater, der in russischen Diensten steht, kann mir große Dienste leisten. *Pechlin erhebt sich und geht schnell auf die linke Tür zu. Der König gibt einen Wink zum Hintergrund.* Wohin? *Liljensparre erscheint, zieht sich aber schnell wieder zurück.*

PECHLIN: Oh, ich habe ja vergessen, daß ich die Liste im Hut habe! *Er nimmt die Liste aus dem Hut, der auf einem Stuhl bei der Tür liegt.*

DER KÖNIG: Gebt sie her! *Pechlin übergibt die Liste, die der König überfliegt. Der König spöttelnd*: Ja, ja, eine schöne

Gesellschaft! – Bestellt Euren Freunden, ich werde kommen! Soll ich meinen Namen vielleicht dazuschreiben? – Gut. *Setzt sich und schreibt.* Gustav m. p., mit eigener Hand ...! Vielleicht darf ich sie kopieren?

PECHLIN: Mit größtem Vergnügen, Majestät!

DER KÖNIG: Vielleicht könntet ihr selbst ...?

PECHLIN: Ich habe es etwas eilig ...

DER KÖNIG: Wir werden Liljensparre bitten ...

PECHLIN: Er ist ein guter Schreiber!

DER KÖNIG *ruft zum Hintergrund*: Liljensparre!

LILJENSPARRE *kommt herein*: Majestät!

PECHLIN *ungezwungen zu Liljensparre*: Nein, guten Tag! Du hier?

DER KÖNIG *zu Liljensparre*: Schreibe diese Liste ab!

PECHLIN: Vielleicht hat Assessor Liljensparre Lust, am Fest teilzunehmen?

DER KÖNIG: Das hat er sicher! Er geht auf alle Eure Feste, Baron Pechlin ... Und er darf doch sicher einige Freunde mitbringen?

PECHLIN: So viele er will!

DER KÖNIG *lachend*: Und so handfeste Kerle, wie er auftreiben kann, falls Ihr mich arretieren wollt?

PECHLIN *lachend*: Nein! Nur General Pechlin wird arretiert!

DER KÖNIG: Aber er wird immer freigelassen!

PECHLIN: Weil er für unschuldig befunden wird ...

DER KÖNIG: Unschuldig wegen Mangels an Beweisen!

PECHLIN: Ja, die Beweise, Majestät, sie sind der Kern des Prozesses! Man meint, die Hände voller fester und unumstößlicher Beweise zu haben, und dennoch verliert man in allen Instanzen ... Ich kenne einen Schurken ...

DER KÖNIG *bitter lächelnd*: Ich kenne einen Fuchs, der glaubte dreißig Jahre lang, die Gerechtigkeit an der Nase herumführen zu können; schließlich fing er sich mit seinem eigenen Schwanz, der im Zaun hängenblieb ...

PECHLIN: Ich kenne eine Gans ...

DER KÖNIG *läutet und hebt die Stimme*: Baron Pechlin, wartet draußen, bis die Kopie fertig ist! – Lebt wohl, Baron! Noch einmal: bestellt den Freunden, ich werde kommen. *Er schüttelt Pechlins Hand ziemlich kräftig und voller Ironie.*

PECHLIN: Ich werde ausrichten –

DER KÖNIG *unterbricht ihn*: Und ich werde so kommen, wie es einem Gefeierten und König geziemt.

PECHLIN: Mit einem Wort: königlich! *Geht.*

DER KÖNIG: Ja, königlich, du verdammter Fuchs ... *Zu Liljensparre*: Das war das Frechste, was ich in meinem Leben gesehen habe! *Heftig*: Soll ich ihn verhaften lassen?

LILJENSPARRE: Nein, Majestät, das erhöht nur seine Popularität und macht ihn noch gefährlicher!

DER KÖNIG *geht hastig zum Schreibtisch*: Und hier! Er hat in meinen Papieren gelesen! Und in meinem Promemoria für die Audienz mit ihm! *Schlägt sich vor die Stirn.* Nein, jetzt ist das Maß voll! – Hör, es gibt Leute, die den Königsmord für berechtigt halten ... Kann dann ein König nicht einen Banditen ermorden dürfen ... Er hat das Promemoria gelesen ... Ich habe geschrieben „Fuchs", mit meiner eigenen Feder hat er hinzugefügt „und Gans, Fabel"! *Zerbricht die Feder und zertritt sie mit den Füßen.* An meinem eigenen Schreibtisch! *Läßt sich in einen Stuhl fallen.* Und ich kann ihn nicht anklagen! Denn – dann würde ich mich lächerlich machen...! *Pause.* Liljensparre, geh zu allen Wirten der Stadt und befehle ihnen, Vorwände zu suchen ... Nein, der dänische Krieg muß mich retten, auch vor diesem Fest! *Pause.* Glaubst du, das sind die Namen der Verschwörer?

LILJENSPARRE: Jetzt glaube ich es!

DER KÖNIG: Warum geben sie mir dann die Namen?

LILJENSPARRE: Um zu zeigen, wie viele sie sind, und um damit Schrecken einzujagen!

DER KÖNIG: Nur untadlige Männer ... Clas Horn, der Sohn des Gustav-Freundes Fredrik Horn, der die Truppen bei der Revolution von zweiundsiebzig führte! Das schmerzt mich am meisten. Ein junger Mann, ein Jüngling von edelster Gesinnung, so ideell veranlagt, Dichter, gelehrt ... Was will man von mir? Was habe ich ihnen getan? *Pause.* Geh jetzt, Liljensparre!

LILJENSPARRE: Was soll gegen die namentlich Genannten unternommen werden?

DER KÖNIG: Ich weiß es nicht! – Nichts! – Man kann nichts tun!

LILJENSPARRE *sieht unruhig hinaus*: Majestät, es kommt jemand!

DER KÖNIG *fährt auf*: Wer?

LILJENSPARRE: Ihre Majestät, die Königin!

DER KÖNIG: Oh, Gott im Himmel...! Was soll ich tun...? Eins, zwei, drei! Ich will hineingehen und einige Minuten ruhen! Sage dem Kammerherrn, er soll die Königin bitten, einige Minuten zu warten! *Geht hinaus nach rechts. Liljensparre geht nach links.*

Der Kammerherr kommt herein und geht zum Hintergrund. Die Königin und Frau Schröderheim kommen vom Park aus herein.

DER KAMMERHERR: Seine Majestät lassen sagen, daß sie sich sofort einfinden werden. *Geht nach links.*

DIE KÖNIGIN *sieht sich im Raum um*: Hier scheint es nicht an Raum zu fehlen!

FRAU SCHRÖDERHEIM: Seine Majestät haben ja so viele Freunde ...

DIE KÖNIGIN: Viele sind's, doch was für welche?

FRAU SCHRÖDERHEIM: Elis, mein Mann, ist doch der beste ...

DIE KÖNIGIN: Deshalb ist er in Ungnade gefallen, während der gewissenlose Armfelt so hoch gestiegen ist, daß er mich aus meiner Wohnung im Stockholmer Schloß verdrängt hat.

FRAU SCHRÖDERHEIM: Es gibt Situationen, wo man sagen kann, je schlechter, desto besser! Klagt nicht, Majestät!

DIE KÖNIGIN: Du meinst, Anne Charlotte, einen Vorwand braucht man nicht zu suchen ....

FRAU SCHRÖDERHEIM: Wenn er gegeben ist, nein! Im übrigen ist der dänische Krieg eine hinreichende Ursache für Majestät, zu ihrer Familie zurückzukehren!

DIE KÖNIGIN: Du hast das Wort ausgesprochen, und ... Gut, ich kehre zurück ...

FRAU SCHRÖDERHEIM: Begleitet von den Sympathien aller rechtschaffenen Frauen, denn wenn hier oben ein Exempel statuiert wird, wird es noch kräftiger nach unten wirken!

DIE KÖNIGIN: Wenn ich dich reden höre, Anne Charlotte, bin ich stark, aber sobald ich allein bin ..., verlaß mich nicht ..., bleibe an meiner Seite, wenn er kommt, denn ich fürchte mich vor ihm. Er strebt nach wie vor nach der dänischen Krone, auf die ich ein gewisses Erbrecht habe!

FRAU SCHRÖDERHEIM: Doch er fürchtet mich. Seid sicher, Majestät, ich habe mit ihm schon früher gekämpft – und nicht ohne Erfolg!

DIE KÖNIGIN: Komme ich aus diesem hier heraus, so ist das dein Werk, und die Ehre gebührt dir!

FRAU SCHRÖDERHEIM: Die Ehre ist gering, doch das Vergnügen größer ...

DIE KÖNIGIN: Das Vergnügen ... Ich verliere meinen Sohn ...

FRAU SCHRÖDERHEIM: Nehmt ihn mit!

DIE KÖNIGIN: Fort von seinem Vater? Das würde sein junges Herz zerbrechen ...

FRAU SCHRÖDERHEIM: Es heilt so schnell ...

DIE KÖNIGIN: Du bist entsetzlich ..., hast gewiß kein Herz?

FRAU SCHRÖDERHEIM: Absolut nicht! Und deshalb gehe ich als Sieger aus allen Kämpfen des Herzens hervor ..., aus allen!

DER KÖNIG *kommt von rechts herein, geht freundlich und ruhig auf die Königin zu, stutzt aber, als er Frau Schröderheim erblickt*: Guten Tag, meine Gemahlin! Daß ich lebend das Vergnügen habe, Sie wiederzusehen, schreibe ich nur einem glücklichen Zufall zu! *Er nimmt die Königin bei der Hand und führt sie zu einem Sofa, er selbst setzt sich auf einen Stuhl, ihr gegenüber.* Sie sehen blühend aus, ich schließe daraus, daß Ihre Sehnsucht nicht mit meiner verglichen werden kann! – Wie geht es meinem Sohn? *Die Königin deutet mit einer Geste an, daß Frau Schröderheim anwesend ist. Der König erhebt sich.* Ah! Liebe Frau Schröderheim, verzeiht, ich habe Euch nicht gesehen! – Ich glaube, Ihr seid etwas gewachsen, seit ich Euch das letzte Mal sah! Vielleicht neue Eroberungen ...

FRAU SCHRÖDERHEIM: Nicht von den Russen zumindest ...

DER KÖNIG: Immer gleich flink und schlagfertig... Schade, daß ich Euch nicht mit in den Krieg genommen habe ...

FRAU SCHRÖDERHEIM: Ich hätte nicht die Waffen niedergelegt, wie die anderen Offiziere ...

DER KÖNIG: Zu den Füßen ihres Königs, meint Ihr! Nein, Euch hätte ich vertraut wie meinem besten Freund ..., Euch, der holden Gattin meines treuen Elis ... Apropos, habt Ihr Elis getroffen?

FRAU SCHRÖDERHEIM: Nein, heute nicht. Im übrigen ...

DER KÖNIG: Oh, er sitzt ja draußen und wartet auf Euch ...

FRAU SCHRÖDERHEIM: Auf mich?

DER KÖNIG: In einer höchst wichtigen Angelegenheit!

FRAU SCHRÖDERHEIM: Was könnte das sein?

DER KÖNIG: Ich werde aus der Schule plaudern! Er hat ein neues Stück geschrieben, mit einer Hauptrolle für Euch!

FRAU SCHRÖDERHEIM *froh*: Nein, ist sie...

DER KÖNIG: Ja, sie ist sehr dekolletiert ... Kommt! *Er nimmt höflich ihre Hand und führt sie durch die Tür links hinaus.*

DIE KÖNIGIN: Frau Schröderheim bleibt bei mir ...

DER KÖNIG: Ich finde, sie geht, ich ..., sie geht zu ihrem Gatten, wo ihr Platz ist ... Und ich vermute, Sie, meine Gemahlin, wollen keine Gatten voneinander trennen! Oder? *Schiebt Frau Schröderheim höflich hinaus und schließt die Tür. Danach setzt er sich der Königin gegenüber.* Endlich allein! *Pause.* Haben Sie einen Wunsch vorzubringen?

DIE KÖNIGIN: Einen einzigen!

DER KÖNIG: Sagen Sie ihn!

DIE KÖNIGIN: Daß ich meine Freiheit wiederbekomme!

DER KÖNIG: Welche Freiheit? *Die Königin schweigt.* Haben Sie bei mir keine Freiheit gehabt? – *Die Königin blickt zu Boden.* Habe ich Rechenschaft über Ihre Handlungen verlangt, die inbegriffen, die die Grenzen des Üblichen überstiegen?

DIE KÖNIGIN: Als Majestät voriges Mal die Auflösung der Ehe beantragen wollten, wurde das von Ihren Freunden verhindert, hauptsächlich aus Furcht vor einem Krieg mit Dänemark, jetzt, wo dieser Krieg bereits ausgebrochen ist, scheinen die wesentlichen Hindernisse fortgefallen zu sein...

DER KÖNIG: Es ist Ihnen wohl ebensowenig fremd wie mir, daß unsere Ehe seinerzeit vom Geheimausschuß und von der russischen Kaiserin beim Friedensschluß gestiftet wurde, oder mit anderen Worten, daß die damalige Regierung sich veranlaßt sah, mir eine Braut zu wählen, ohne die geringste Rücksicht auf unsere persönlichen Gefühle zu nehmen. Als wir beide uns damals dem mächtigen Interesse am Wohl zweier Nationen beugten, brachten wir ein Opfer, das uns unsere persönliche Seligkeit gekostet hat – der Begriff Opfer beinhaltet ja den Verzicht auf Glück. – Kann da nicht das Bewußtsein, daß wir gemeinsam für andere, für viele gelitten haben, unseren Mut aufrechterhalten, bis der Kelch bis zur Neige geleert ist? Gibt es keine anderen Staatsgründe, daß wir die Last noch weiter tragen? Hat unser Sohn nicht die rechtmäßige Forderung, von Eltern erzogen zu werden, von Vater und Mutter …

DIE KÖNIGIN *erhebt sich*: Nein, ich kann auf so viele Fragen nicht auf einmal antworten! Ich verlange meine Freiheit …

DER KÖNIG: Welche Freiheit, frage ich noch einmal. Wir haben uns ja beide durch Familienbande verbunden, und ich habe meine Freiheit aufgegeben, um eine Familie zu gründen, ich wie Sie!

DIE KÖNIGIN: Sie verstehen mich nicht, Sire!

DER KÖNIG: Wir haben uns nie verstanden, und ich habe nie verlangt, Ihre Geheimnisse zu kennen. Wenn ich um dieses Treffen bat, so nur in der Absicht, Ihre Wünsche zu hören, Madame!

DIE KÖNIGIN: Sie haben meinen einzigen Wunsch gehört, Sire.

DER KÖNIG: Sie wissen, daß ich einmal denselben Wunsch hegte. Doch damals wollten Sie nicht, jetzt will ich nicht!

DIE KÖNIGIN: Alles wegen Rußland!

DER KÖNIG: Nein, die Zeit ist vorbei, wo der russische Botschafter und der englische unsere Reichstagsabgeordneten wählten, den Geheimen Ausschuß einsetzten und die Mitglieder des Reichsrates ernannten. Ja, es war Rußland, das meinem Vater, dem Fürstbischof von Lübeck, den schwedischen Thron übergab und mir eine Gemahlin. Diese Zeiten sind vorbei, und das ist mein geringes Verdienst, das man vergessen hat – und das in einem Grade, daß man meinen letzten Krieg gegen Rußland nicht verstanden hat und ihn einen Verrat nennt. Kürzlich hat mich ein Hofpoet mit Gustav Vasa verglichen, dem Befreier von ausländischer Unterdrückung. Ich lächelte, als ich das las, aber es liegt wohl doch ein Körnchen Wahrheit in dieser Schmeichelei ...

DIE KÖNIGIN: Wenn ich mich recht erinnere, waren es die Dänen, die von Gustav Vasa vertrieben wurden ...

DER KÖNIG: Ja! Und jetzt werden sie von Gustav dem Dritten vertrieben!

DIE KÖNIGIN *geht zum Hintergrund*: Dann werde ich die Ehre haben, die erste zu sein, die Majestät vertreiben!

DER KÖNIG: Erste oder letzte, aber Madam, Sie sind schwedischer Untertan ...

DIE KÖNIGIN: Untertan? Ja, Untertan Ihrer Majestät ...

DER KÖNIG: Aller Freiheiten und Rechte teilhaftig, die ich den Bürgern durch die Revolution von siebzehnhundertzweiundsiebzig verschafft habe, sogar die Freiheit, bei „Clas an der Ecke“ zu frühstücken, und anderes! Betrachten wir das Gespräch als abgeschlossen?

DIE KÖNIGIN: Am liebsten für immer!

DER KÖNIG: Das haben wir so oft gesagt, Madame, aber ein kleiner Streit dann und wann scheint die Bestimmung zu haben, uns wieder zu vereinigen!

DIE KÖNIGIN: Oder uns noch mehr zu trennen ...

DER KÖNIG: Noch mehr? Bravo! – Sagen Sie doch, ehe wir uns noch mehr trennen, warum hassen Sie mich? *Die Königin schweigt.* Ich erinnere mich, Sie weinten, als ich meinen Kammerherrn nach Ekolsund schickte, um Sie über die gelungene Revolution zu unterrichten – als ich Brutus spielte und die Loden-Cäsaren stürzte. – In einem zärtlichen Augenblick bekannten Sie, daß Ihre Tränen die der Enttäuschung waren, da Sie mir keine männliche Tat zugetraut hatten ... Von dieser Stunde an haßten Sie mich, denn es war das Weibliche, was Sie an mir liebten, und das Weibliche hatte ich bekommen, weil ich zu lange zwischen Röcken und Stickrahmen erzogen worden war ... Dafür konnte ich nichts! Sie liebten, aber verachteten; denn Sie nahmen mein Feingefühl als einen Beweis von Achtung, die Sie doch verachteten, und als ich auftrat, wie ich sollte, nämlich wie ein Mann, nannten Sie das Roheit und haßten mich ...! Ich hatte also zwischen Ihrer Verachtung und Ihrem Haß zu wählen, und ich wählte schließlich den Haß!

DIE KÖNIGIN *nach einigem Bedenken*: Sie vergessen, Sire, daß es Details in unserem Zusammenleben gibt ...

DER KÖNIG: Die man vergessen muß ... Ich habe sie vergessen!

DIE KÖNIGIN: Doch ich nicht!

DER KÖNIG: Das ist schlecht von Ihnen, denn hat man sich einmal vergessen, bleibt nur, noch mehr zu vergessen. *Die Königin wendet sich ab.* Nun haben wir bestimmt alle Themen ausgeschöpft ... Ich fühle, wie die Zeit vergeht ... Ich habe Wichtigeres zu erledigen ... und bin sehr müde... Ich habe acht Nächte nicht geschlafen ...

DIE KÖNIGIN: Sie kommen aus Finnland, Sire?

DER KÖNIG: Ja, Madame! Über das Ålandmeer, auf der Flucht vor den eigenen Landsleuten ... Ich versichere, ich bin nicht glücklich ... Krieg und Todesurteile warten auf mich ... Und dann habe ich wieder eine kleine Verschwörung auf dem Hals ...

DIE KÖNIGIN: Und das nehmen Sie so leicht?...

DER KÖNIG: Wer weiß? – Gestatten Sie, daß ich nach dem Staatssekretär läute!

DIE KÖNIGIN: Leben Sie wohl, Sire!

DER KÖNIG *nimmt ihre Hand*: Leben Sie wohl, meine Gemahlin! Darf ich eine Bitte vorbringen?

DIE KÖNIGIN: Gerne!

DER KÖNIG: Aus Rücksicht auf unseren Sohn: halten Sie sich ein wenig zurück, wenn es um meinen Namen und meinen Ruf geht ...! Ich verlange nicht viel; denn das verdiene ich nicht!

DIE KÖNIGIN: Sire, ich weiß nicht ...

DER KÖNIG: Sagen Sie nichts, tun Sie nur, worum ich bitte ...

DIE KÖNIGIN *besänftigt*: Des Prinzen wegen, ja!

DER KÖNIG *küßt ihre Hand*: Ich danke Ihnen dafür!

DIE KÖNIGIN *gerührt*: Ich danke Ihnen ... dafür! *Geht durch die Tür im Hintergrund hinaus.*

DER KÖNIG *läutet. Der Kammerherr kommt herein*: Gib mir mein Kostüm, meine Tracht ... und die Schatulle! *Der Kammerherr geht hinaus, kommt unmittelbar darauf mit einer Tracht der Dalekarlier und einer Schatulle wieder, die er auf einen Tisch stellt.* Es ist gut! – Rufe Baron Armfelt! *Der Kammerherr geht hinaus. Der König setzt sich an den Schreibtisch. Armfelt erscheint aus dem Hintergrund. Der König erhebt sich.* Da bist du ja! – Ich möchte mich von dir verabschieden, denn jetzt reise ich ganz bestimmt, erst nach Dalarna, dann nach Göteborg! – Wenn ich wieder nach Hause komme, dann ... ändern wir die Verfassung!

ARMFELT: Bravo!

DER KÖNIG: Warte, bis alles vorbei ist!

ARMFELT: Was?

DER KÖNIG: Deine Instruktion! – Zuerst: du gibst deine Räume an die Königin zurück!

ARMFELT: Hm! – Das verstehe ich!

DER KÖNIG: Dann wird die Anklage gegen Anckarström niedergeschlagen ...

ARMFELT: Das verstehe ich nicht!

DER KÖNIG: Ist auch nicht nötig! – Weiter: du erinnerst dich vielleicht nicht, daß die schwedische Krone nach dem Tod Karls XII. Geldforderungen gegen Görtzens Erben erhob. Eigenartigerweise beendete die Kommission ihre Arbeit mit dem Ergebnis, die schwedische Krone schulde Görtzens Erben siebzigtausend Reichstaler.

ARMFELT: Komisch!

DER KÖNIG: Eher tragisch, meine ich, wenn man weiß, was Görtz wegen angeblicher Diebstähle leiden mußte ... Nun gut! Diese Schuld haben die Stände nie anerkennen wollen – Karls XII. wegen natürlich ...! Jetzt befehle ich die Auszahlung sofort.

ARMFELT: Das verstehe ich!

DER KÖNIG: Tant mieux ...!

ARMFELT: Und nun die Kindesmörderinnen, kann ich mir denken!

DER KÖNIG: Ja! Du läßt meinen Aufsatz über mildere Strafen für Kindesmord mit der ganzen Motivierung drucken!

ARMFELT: Was werden die Pfarrer dazu sagen?

DER KÖNIG: Das besorgen Nordin und Wallqvist!

ARMFELT: Die Unsichtbaren!

DER KÖNIG: Denen du bitte freie Hand läßt – und mit den Tafelgeldern für den Klub nicht sparen.

ARMFELT: Aber die Diener und Mägde der Stadt?

DER KÖNIG: Papillon ist Vorsitzender des Dienerklubs, und Badin kümmert sich um die Mägde. Das geht leichter, weil ich schon jetzt die mildere Gesindeordnung lanciere.

ARMFELT: Und wer soll die falschen Gerüchte verbreiten?

DER KÖNIG: Liljensparre natürlich!

ARMFELT: Das alles ist nicht schlecht ausgedacht, als Schauspiel betrachtet! *Zeigt mit seinem Stock auf die Dalekarliertracht.*

DER KÖNIG: Wer weiß, vielleicht ist es ein Schauspiel, das Ganze!

ARMFELT: Doch den letzten Akt, hast du den?

DER KÖNIG: Der kommt von allein!

ARMFELT: Der kommt von allein! *Sie schauen sich einen Augenblick an; dann geht der König hastig nach rechts.*

Auf Clas Horns Gut Huvudsta bei Stockholm. Ein großer Raum mit offenen Glastüren im Hintergrund; sie führen zu einer Holzveranda, die nach dem Garten zu liegt. In der Mitte des Saales ein runder Eßtisch mit einer Decke. Auf dem Tisch steht ein Lorbeerbaum in einem grünen Topf. Der Baum ist als schmale Pyramide geschnitten und mit Bändern in den französischen Farben (der Trikolore) behängt. Türen links und rechts. Ribbig, Horn und Anckarström sitzen am Tisch.

HORN: So weit sind wir jetzt gekommen ... Der König ist nach Dalarna gegangen, und nachdem er in jeder Kirche gebetet hatte, auf den Knien vor dem Altar, sprach er, als Dalekarlier verkleidet, zu den Leuten. Und es ist ihm gelungen! Zwanzigtausend Mann wurden aufgeboten, doch es blieb bei sechstausend, und die liegen jetzt auf Drottningholm unter Armfelts Befehl. Danach fuhr er nach Göteborg, in der Absicht, den angeblichen Krieg gegen Dänemark zu führen, der nach dem Eingreifen des englischen und des preußischen Botschafters jedoch eingestellt wurde. Nach Stockholm zurückgekehrt, hat er den Reichstag einberufen, den Reichstag, der über das Schicksal des Landes und der Freiheit entscheiden soll! Denn der Staatsstreich ist beschlossene Sache, ebenso wie die Alleinherrschaft! – Anckarström hat das Wort!

ANCKARSTRÖM: Ich bin weiterhin der Meinung, daß Ihr zuviel redet!

HORN: Aber die Sache muß geklärt werden, damit kein Unrecht geschieht!

ANCKARSTRÖM: Das kann man nicht klären, deshalb muß man kurzen Prozeß machen!

HORN: Wartet doch!

ANCKARSTRÖM: Nein! Rührt sein verworrenes Garn nicht an, Ihr bleibt darin hängen!
Alle seine Machenschaften sind so, als hätte der Teufel selbst sie hervorgebracht! Er tritt ja wie ein Mann des Volkes und der Freiheit auf, stürzt die Herren mit der Hilfe der nichtadligen Stände, macht aber sich selbst zum alleinigen Herrscher über alle vier Stände. Seht Ihr nicht, daß er Mirabeau spielt und uns Sand in die Augen streut! Er macht ja scheinbar französische Revolution, er, der König! Das ist ja pervers, wie der ganze Mann!

RIBBING: Anckarström hat recht!

HORN: Nein, er soll sich erklären!

ANCKARSTRÖM *erhebt sich*: Redet Ihr nur, ich warte, bis meine Stunde gekommen ist. *Er stopft sich eine Pfeife, setzt sich dann in die Türöffnung im Hintergrund und sieht in den Garten hinaus.*

HORN: Jetzt muß Ribbing ins Vertrauen gezogen werden …,

nachdem er seine Zustimmung zu Anckarströms Ansichten zum Ausdruck gebracht hat.

ANCKARSTRÖM: Anckarström hat nur eine Absicht: frappez, schlag zu!

HORN: Dann brauch ich es nicht zu sagen! Und ich brauch auch nicht zu verraten, daß ich seine Auffassung teile, wenn sich zeigt, daß der andere Plan nicht durchgeführt werden kann ...! Der andere Plan ist nämlich Pechlins und läuft nur auf Verhaftung, Absetzung und neue Staatsordnung hinaus, unter dem Regiment des Herzogs und der Königin!

RIBBING: Eine Frage: weiß Pechlin von Euren äußersten Plänen?

HORN: Nein! Und das darf er nicht wissen! Pechlin glaubt, wir jagen auf seine Rechnung, während er für uns das Wild aufspürt!

RIBBING: Eine zweite Frage: hat einer von Euch ein persönliches Interesse am Äußersten? Oder mit anderen Worten: beabsichtigt Ihr, in die neue Regierung einzutreten?

HORN: Nein! Wir arbeiten nur für die Sache!

RIBBING *erhebt sich*: Dann bin ich Euer Mann! Und bei diesem heiligen Freiheitsbaum schwöre ich ...

ANCKARSTRÖM: Schwört nicht!

RIBBING: Anckarström haßt den König, das ist mein einziges Bedenken!

ANCKARSTRÖM: Würde ich ihn lieben, säße ich nicht hier! – Wäre es Euch denn lieber, ich hegte Sympathie für einen treulosen, infamen Komödianten, den Feind des Reiches! Ja, den Feind des Reiches, denn so nennt sein eigenes Grundgesetz den, der die Verfassung verletzt. Er ist der Feind des Reiches, und deshalb – schlagt zu!

RIBBING: Ihr verbergt uns Eure persönlichen Motive, Anckarström ...

ANCKARSTRÖM: Wenn ich a u c h persönliche Motive habe, so stärken sie nur meine Berufung, im Namen der Allgemeinheit aufzutreten, und da ich kein Schwärmer bin, lasse ich mich nicht von abstrakten Theorien oder von einfältigen Träumen verwirren, wie Magister Thorild, der über die Freiheit philosophiert und dann ins Ausland geht, wenn es gilt zu handeln ...! Habt Ihr jetzt genug geredet?

HORN: Ich möchte Ihre Aufmerksamkeit, meine Herren, darauf lenken, daß alle Türen auf Huvudsta offenstehen – um einen Verdacht abzulenken. Wir müssen also auf Besuch gefaßt sein, der sich nicht angemeldet hat.

ANCKARSTRÖM *erhebt sich, spricht Ribbing an*: Ihr habt Huvudsta noch nicht gesehen?

RIBBING: Nein!

ANCKARSTRÖM: Das ist ein traditionsreicher Ort! Göran Persson soll hier gewohnt haben!

RIBBING: Solche Traditionen hat unsere Familie auch! Kristian der Tyrann ließ drei Ribbings köpfen und Carl IX. gewiß auch einige!

HORN: Aber Peder Ribbing war Richter beim Blutbad von Linköping ...

ANCKARSTRÖM: Wo Göran Perssons Sohn, der Günstling des Königs, Ankläger war ...

HORN: Und Christer Horn zum Tode verurteilte, der jedoch begnadigt wurde – auf dem Richtplatz! – Still, ich höre Schritte auf der Treppe!

ANCKARSTRÖM: Dann ist es Pechlin!

RIBBING: Ist der alte Mann die richtige Gesellschaft für uns?

ANCKARSTRÖM: Er paßt so gut zum König!

HORN: Was kein anderer anpacken will, das macht Pechlin!

ANCKARSTRÖM: Ich sah gestern eine Karikatur: der König und Pechlin trugen etwas an einer Stange, da sie sich aber den Rücken zukehrten, konnte man nicht wissen, wohin es gehen sollte ... Jetzt ist er da! – Wir klären ihn nicht über unser größeres Ziel auf, denn das begreift sein kleiner Sinn nicht.

HORN: Soweit es nicht die Umstände erforderlich machen ...! Seht, was für ein schöner Sonnenuntergang! Wenn wir doch auf den See hinausfahren und die letzten Lieder der Amsel hören könnten, ehe die Königin des Tages sich in ihre Sternenkammer zurückzieht ...

ANCKARSTRÖM: Wißt Ihr, was das ist – die Sternenkammer?

HORN: Wie? Was meint Ihr?

ANCKARSTRÖM: Das war ein englisches Gericht, das nach Hörensagen und mit Tortur richtete ...

PECHLIN: Guten Tag, junge Herren! Was Neues, was Neues?

HORN: Nein, nichts! – Was wißt Ihr, General?

PECHLIN: Was die ganze Welt weiß! Hier gibt es keine Geheimnisse, und deshalb bewegt man sich ungeniert. Ich war gestern zum Souper mit Reichsräten und Generälen. Dort sprach man offen über die Revolution des Königs, und über die Konterrevolution, ganz wie vom nächsten Schauspiel.

RIBBING: Welch ein Leichtsinn! Es geht doch um das Wohl oder Wehe der Nation!

PECHLIN: So ist die Zeit, junger Freund, und je weniger Ernst, desto besser! Nicht wahr, Anckarström?

ANCKARSTRÖM: Ich verstehe nicht ...

PECHLIN *setzt sich an den Tisch*: Inzwischen übergab ich selbst, wie ihr wißt, dem König die Liste der sogenannten Verschwörer, was unter anderem Anckarströms Freilassung zur Folge hatte, wie ihr wißt. Nun ist der König aber ein recht geschickter Spieler ..., das heißt ..., ja, ja, gerade weil er sich nie an die Regeln hält, ist ihm so schwer beizukommen ... Und außerdem lernt er so leicht ... Könnt ihr euch vorstellen, was mir eben hier auf dem Weg passierte? – Es war gerade bei Karlberg, als mich ein Gespann überholte ...! Es war der König! „Wohin willst du, alter Spötter?" rief er! – „Nach Huvudsta!" antwortete ich! – „Grüße die Verschwörer!" rief er – und verschwand.

HORN: Ihr scherzt!

PECHLIN: Wir necken uns ein wenig, der König und ich ...

ANCKARSTRÖM: Er hat ein Verdienst, er ist nicht feige.

PECHLIN: Doch, das ist er. Mut fehlt ihm, doch er baut auf Prahlerei! Wißt ihr, mir schießt ein Gedanke durch den Kopf, ich glaube, er ist imstande und kommt hierher!

ANCKARSTRÖM: Hierher?

PECHLIN: Ja, ich glaube es nur! – Habt ihr gehört, daß er Schröderheim zum Erzbischof machen will?

ANCKARSTRÖM: Das Ferkel!

PECHLIN: Nach Mennander! Und deshalb soll Elis sich von

seiner Frau scheiden lassen! Frau Schröderheim wäre für den Stuhl des Erzbischofs ja nicht geeignet ...

HORN: Das ist ja eine Farce ...

RIBBING: Nichts wird respektiert, nichts! – Wißt Ihr, General, wie weit man in Paris gekommen ist?

PECHLIN: Man ist von der Ständeversammlung zur Nationalversammlung übergegangen; das wißt ihr! Zuletzt hat eine Zusammenkunft im Ballhaus stattgefunden, wo man sich geschworen hat, nicht eher auseinanderzugehen, bevor man die Verfassung geändert hat ...

ANCKARSTRÖM: Das ist die Revolution ...

HORN: Warum berichten unsere Zeitungen nicht darüber?

PECHLIN: Weil der König keine Revolution mag – oder nur, wenn er sie selber machen kann!

RIBBING: Ist es denn aus mit der Pressefreiheit?

PECHLIN: Ja, mit dieser Freiheit und mit allen anderen ... Bleib jetzt ruhig, junger Ribbing, dann werden wir sehen, was man machen kann ...

RIBBING: Nein, ich kann nicht, ich kann nicht ruhig bleiben, wenn ich Gewalt und Unrecht sehe! Ich ersticke, wenn ich fühle, daß sich das Beste in meiner Seele dagegen erhebt ...

Ein Diener bringt einen Brief für Anckarström. Geht wieder.

PECHLIN: Na, na, na!

HORN: Wenn Ihr uns verstehen würdet, uns verstehen könntet, General Pechlin, dann, glaube ich, würden wir das große Ziel leichter erreichen. Darf ich die Einleitung zu einem Aufsatz vorlesen, genannt „Die Rechte des Menschen", damit Ihr, General, einen ungefähren Begriff von der Richtung unserer Gedanken bekommt?

PECHLIN *steht auf und zündet sich eine Pfeife an*: Bitte, doch nicht zu lange ...

HORN *zieht ein gedrucktes Blatt hervor und liest*: „Das ganze Menschengeschlecht scheint nunmehr, wie nach einem tiefen Schlaf, aus seiner Verwirrung zu erwachen, um sich selbst zu fragen: welches sind deine Rechte? Und da antwortet der

Denker: der Mensch vergoß Blut in der Stunde seiner Geburt, um frei zu sein ..."

ANCKARSTRÖM *und* RIBBING: Bravo!

EINE STIMME *von draußen*: Bravo!

ALLE ANWESENDEN: Wer war das?

PECHLIN: Das ist Liljehorn! Nicht wahr?

HORN: Nein, er spricht ein anderes R!

ANCKARSTRÖM: Ich glaube, ich kenne diese Stimme!

RIBBING: Das ist e r!

PECHLIN: Der König!

Allgemeines Schweigen. Anckarström geht auf die Veranda hinaus.

PECHLIN: Hütet eure Zungen, Jungs! Und vergeßt nicht, Hästesko wird heute hingerichtet, vielleicht in diesem Augenblick unten auf dem Packartorget! – Still jetzt!

DER KÖNIG *kommt von links herein*: Sieh da! Alles alte Freunde; junge Freunde, meine ich, denn der General wird immer jünger ...!

PECHLIN: Hier sehen Majestät die Verschwörer!

DER KÖNIG: Und sie tanzen um den Maibaum oder was das für ein Baum ist!

PECHLIN: Es ist ein sogenannter Freiheitsbaum, Majestät!

DER KÖNIG: Nein, sieht der so aus? – Trägt er auch Frucht?

PECHLIN: Früchte, Majestät! Rote Früchte!

DER KÖNIG: Apropos Freiheit, das war schön gesagt, das von Clas Horn eben! Wer hat das geschrieben? Als ob ich es selbst gesagt hätte!

HORN: Vor zwanzig Jahren, ja!

DER KÖNIG: Wogegen verschwört ihr euch jetzt?

PECHLIN: Ja, wir konspirieren gegen die Verfassung...

DER KÖNIG: Genau wie ich! Deshalb: „Soyons amis, Cinna, c'est moi qui t'en convie."

PECHLIN: „Pour être plus qu'un roi, tu te crois quelque chose!"

DER KÖNIG: „Prends un siége, Cinna...", so wollen wir ein wenig miteinander reden! Doch erst möchte ich mein Anliegen vorbringen. Wie ihr euch erinnert, wurde ich mit einer Einladung beehrt, unmittelbar bevor ich in den dänischen Krieg zog. Staatsgeschäfte, hm!, hinderten mich daran, diese Huldigung entgegenzunehmen ... Nun, um euch zu zeigen, daß ich ein gutes Gedächtnis habe, lade ich euch für übermorgen zu einem fête champêtre auf Drottningholm ein! *Allgemeines Schweigen.* Werdet ihr kommen?

PECHLIN: Das ist eine zu große Ehre, Majestät ...

DER KÖNIG: Für euch oder für mich?

PECHLIN: Für uns natürlich! Natürlich!

DER KÖNIG: Eure Bescheidenheit, Baron, läßt sich nie verleugnen ..., was sagen die jungen Herren?

RIBBING *und* HORN: Majestät...

DER KÖNIG: Das heißt Zustimmung! Also, willkommen ... übermorgen ...! Nun erzählt etwas Neues, bevor ich gehe! Habt Ihr, General, nicht irgendwelche Gerüchte gehört?

PECHLIN: Doch, man sagt, Hästesko soll heute hingerichtet werden und die Bürgerschaft fühle sich wenig geehrt, daß sie am Richtplatz Wache halten soll!

DER KÖNIG *unangenehm berührt*: Das ist ein boshaftes Gerücht! Nun, was noch?

PECHLIN: Ja, dann sagt man, Herzog Carl sei mit der Flotte nach Karlskrona retiriert und der König wolle ihn deshalb ins Gefängnis werfen!

DER KÖNIG *beherrscht seinen Zorn*: Wer verbreitet solche falschen Gerüchte?

PECHLIN: Liljensparre natürlich!

DER KÖNIG: Jetzt bin ich an der Reihe! Habt ihr gehört, daß Anckarström sein jüngstes Kind verloren hat?

ALLE: Nein!

DER KÖNIG: Und daß die Freiherrin Pechlin mit ihrem Liebhaber geflohen ist ...? Ja, das sind nur Gerüchte!

PECHLIN: Ist sie geflohen! Dann sage ich wie Sulla: Ich bin gerettet!

DER KÖNIG *beißt sich auf die Lippen*: Habt ihr gehört, daß Schröderheim sich scheiden lassen wird?

PECHLIN: Nein, aber daß die Frau ...

DER KÖNIG *unruhig*: Ist eine Katze im Zimmer? Ich habe so ein eigenartiges Gefühl!

PECHLIN: Hier auf Huvudsta gibt es keine Katzen, aber Göran Persson soll spuken ...

DER KÖNIG: Doch nicht am Tage ...

PECHLIN: Er war ein ungewöhnlicher Mann ...

DER KÖNIG: Und ein schlechter Ratgeber ...

PECHLIN: Für einen schlechten König ...

DER KÖNIG: Jetzt hören wir auf! – Auf Wiedersehen, meine Herren! Und willkommen übermorgen auf Drottningholm! *Geht nach links.*

PECHLIN: Der Abgang war nicht so glücklich wie das Entree. Doch so etwas passiert den größten Schauspielern! *Horn legt einen Finger auf den Mund.* Lauscht er? Das traue ich ihm zu! *Anckarström kommt von der Veranda herein, bleich und erregt.* Habt Ihr wirklich ein Kind verloren, Kapitän? Oder war das ein grausamer Scherz?

ANCKARSTRÖM: Das war kein Scherz, doch grausam, es zu einem Scherz zu machen ... Sprechen wir jetzt über die Angelegenheit! – General Pechlin, geht Ihr übermorgen nach Drottningholm?

PECHLIN: Ja, natürlich! Werdet Ihr gehen?

ANCKARSTRÖM: Ob ich? – So wahr ich lebe, und so wahr der König sterben soll!

PECHLIN *springt auf*: Was? Geht es um ... Mord?

ANCKARSTRÖM: Natürlich!

PECHLIN: Und das wagt Ihr mir zu sagen? Ich bin kein Mörder! Bitte laßt mich gehen!

ANCKARSTRÖM: Das ist zu spät!

PECHLIN: Dann zeige ich Euch an!

ANCKARSTRÖM: Das habt Ihr schon getan, das ist also auch schon zu spät!

PECHLIN *völlig außer sich*: Daß ich mich so gründlich täuschen ließ!

ANCKARSTRÖM: General Pechlin! Bei Eurem Alter und bei Euren großen Erfahrungen in Staatsangelegenheiten bringt Ihr bis übermorgen Eure Organisationsarbeit in Ordnung, denn bis dahin hat der König seine Destruktionsarbeit fertig – und ich meine!

PECHLIN: Du großer Gott! Daß man mich ..., daß man mich in einen Mord verwickelt, mich, der nie etwas anderes als loyale Absichten zum Wohle des Vaterlandes im Sinne gehabt hat!

ANCKARSTRÖM: Redet nicht so viel, mein Herr! Sondern macht Euch auf und handelt! Aber handelt korrekt, schnell und ohne krumme Touren! Solltet Ihr Euch veranlaßt finden, uns zu täuschen, dann erinnert Euch daran, daß meine Pistolen zwei Läufe haben!

PECHLIN: Was? Man bedroht mein Leben?

ANCKARSTRÖM: Ich riskiere meins! – Geht, schnell!

PECHLIN: Nein, jetzt spaße ich nicht mehr ..., aus dieser Sache will ich heraus!

ANCKARSTRÖM: Davon kommt Ihr nicht los ...

PECHLIN: Daß ich mich so betrügen ließ, und von so jungen Leuten ...!

ANCKARSTRÖM: Vorwärts, und nicht umgeschaut! – Vorwärts!

PECHLIN: Nun gut! Ihr habt recht, es gibt nur einen Weg ..., aber ... ich will nicht entdeckt werden ..., will nicht auf's Schafott!

ANCKARSTRÖM: Denkt an Hästesko ... *Schaut auf seine Uhr.* In diesem Augenblick fällt sein Kopf, weil er sein armes Vaterland davor retten wollte, durch einen Gesetzesbrecher unterzugehen, durch einen Komödianten, der seine schlechte Ökonomie aufbessern wollte.

Alle schauen unwillkürlich auf ihre Uhr.

PECHLIN: Jetzt ...!

HORN *greift sich ans Herz*: Jetzt ist sein Kopf gefallen!

RIBBING: Das Gefühl habe ich auch ...!

PECHLIN *ernst*: Ich hab's gehört ...! Euer Glaube ist stark, meine jungen Freunde, und er hat mich in meinem Entschluß bestärkt, der jetzt – unwiderruflich ist! Lebt wohl, Clas Horn,

Schwärmer! – Lebt wohl, Ribbing, Edelmann! ... Lebt wohl, Anckarström, Brutus, brutaler Brutus! *Geht.*

Schweigen.

ANCKARSTRÖM: Hier ist nichts hinzuzufügen! – Ich bitte euch nur als Freunde, mein Testament zu bezeugen! *Zieht ein Papier hervor.* Zu Gunsten von Frau und Kindern! – Jetzt muß ich jedoch das Kleinste streichen!

HORN: Deine Trauer ist auch unsere Trauer ...

ANCKARSTRÖM: Beklagt den Toten nicht ... *Horn und Ribbing schreiben ihre Namen.* Und nun – bis übermorgen!

HORN *und* RIBBING *und* ANCKARSTRÖM *fassen sich bei den Händen*: Übermorgen!

Auf Drottningholm. Der große Saal im Chinesischen Schloß. Die Türen zum Park im Hintergrund stehen offen. Der König sitzt an einem Stickrahmen und stickt. Die Königin liest in einem Buch.
Badin und Papillon sind draußen auf dem Platz zu sehen.

DER KÖNIG: Nun, jetzt haben wir Frieden!

DIE KÖNIGIN: Was für einen Frieden?

DER KÖNIG: Mit Dänemark natürlich ..., und damit auch Hausfrieden!

DIE KÖNIGIN: Ach so! *Liest weiter.*

DER KÖNIG: Sagen Sie mir, wie viele Kreuzstiche entsprechen einem Diamantstich?

DIE KÖNIGIN: Davon verstehe ich nichts ...! Wie sind Sie dazu gekommen zu sticken, Sire?

DER KÖNIG: Meine Mutter hat es mich gelehrt, und später fand ich Gefallen daran! Ich kann so gut denken, wenn ich sticke, und ich habe dann das Gefühl, alle Fäden in meiner Hand zu haben. *Pause.* Sie scheinen Handarbeiten zu verachten?

DIE KÖNIGIN: Beinahe!

DER KÖNIG: Und ich habe sie hauptsächlich gelernt, um der Arbeit der Frau Achtung entgegenzubringen! Es ist dankbar, Opfer zu bringen ...! Badin! *Badin kommt herein.* Sag der Musik, sie sollen jetzt anfangen! – Rufe dann Baron Armfelt! *Badin geht hinaus.*

DIE KÖNIGIN: Was ist das für Musik?

DER KÖNIG: Bellmann und seine Freunde!

DIE KÖNIGIN: Ich mag seine häßlichen Lieder nicht!

DER KÖNIG: Er hat auch schöne! Und Ihnen zu Ehren wird es heute besonders harmonisch. Hören Sie nur! *Hinter der Bühne ertönt Bellmans Lied „Welle sich nicht mehr rührt" für Sopran, Alt, Tenor und Baß, begleitet von Waldhorn, Oboe, Flöte, Mandoline und Laute. Die Königin erhebt sich und geht.* Weshalb gehen Sie, Madame?

DIE KÖNIGIN: Weil ich Baron Armfelt nicht treffen möchte!

DER KÖNIG: Sie haben solch einen sicheren Instinkt, mit Ihrer Antipathie meine Freunde zu verfolgen ...

DIE KÖNIGIN: Instinkt?

DER KÖNIG: Papillon! *Papillon kommt herein.* Bring den Rahmen fort! *Papillon trägt den Rahmen hinaus nach rechts.*

DIE KÖNIGIN: Wann beginnt das Fest?

DER KÖNIG: Es hat schon begonnen, aber da es ein ländliches Fest ist, wird heute auf Cour und Etikette verzichtet!

DIE KÖNIGIN: Auf Etikette! Und die gewöhnlichen Orgien beginnen nach Einbruch der Dunkelheit?

DER KÖNIG: Ja!

DIE KÖNIGIN: Dann fahre ich in die Stadt!

DER KÖNIG: Ich glaube nicht, daß der Kommandant heute noch die Zugbrücke öffnet!

DIE KÖNIGIN: Nein? – Das werden wir sehen! *Geht.*

Pause.
Der König wirft sich in einen Stuhl. Armfelt kommt herein.

DER KÖNIG: Berichte! – Schnell! – Wo ist das Regiment von Dalarna?

ARMFELT: Hier! Überall!

DER KÖNIG: Hier im Hause auch?

ARMFELT: Überall! In den Schloßkellern, in der Kapelle, im „Kanton", im gotischen Turm!

DER KÖNIG: Sind Fersen und De Geer gekommen?

ARMFELT: Nein!

DER KÖNIG: Nicht da? – Sie müssen kommen!

ARMFELT: Sie sind zu schlau! Und wo es keine Geheimnisse gibt, ist es nicht schwer, schlau zu sein!

DER KÖNIG: Dann geht es heute nicht!

ARMFELT: Dann geht es morgen, im Thronsaal!

DER KÖNIG: Alles kann mißlingen!

ARMFELT: Ach, du hegst Zweifel?

DER KÖNIG: Ich bin mir nicht sicher ...! Hast du Pechlin gesehen?

ARMFELT: Er ist dort unten im Sommertheater mit Horn und Ribbing!

DER KÖNIG: Ich selbst habe sie hergebeten!

ARMFELT: Aber wie konntest du Anckarström einladen?

DER KÖNIG: Anckarström? Ist er hier?

ARMFELT: Ja, er zeigte eine Marke vor und behauptete, die Einladung selbst bei Horn auf Huvudsta erhalten zu haben!

DER KÖNIG: Was? Ich habe ihn dort nicht gesehen! Doch ich habe ihn gefühlt! Er muß auf der Veranda gestanden haben! Welch eine Frechheit! –

ARMFELT: Was hast du mit Anckarström gehabt, daß ein so grenzenloser Haß ...

DER KÖNIG: Hast du Schröderheim gesehen?

ARMFELT: Er ist wie eine Winterfliege, seit er von seiner Frau geschieden ist.

DER KÖNIG: Und sie ist wie eine Wespe, die den Stachel verloren hat!

ARMFELT: Sie soll auch schwanger sein!

DER KÖNIG: Das auch! Dann werde ich wohl so lange Frieden haben!

ARMFELT: Weshalb verhaftest du die Verschwörer nicht?

DER KÖNIG: Wozu soll das gut sein? – Übrigens ..., dann müßte ich zu viele verhaften; vom niederen Adel angefangen, bis hinauf zu …

ARMFELT: Ja, was dann?

DER KÖNIG: Geh zu Anckarström und sage ihm, ich möchte mit ihm sprechen!

ARMFELT: Ist das klug?

DER KÖNIG: Ich möchte mit ihm sprechen! Ohne Zeugen!

ARMFELT: Willst du ihn beschwören?

DER KÖNIG: Ich will wissen, wie meine Gegner die Sache sehen!

ARMFELT: Eine Probe für die Vorstellung von morgen.

DER KÖNIG: Ich will ihre Motive und Argumente hören …

ARMFELT: Um morgen darauf antworten zu können!

DER KÖNIG: Kann er mich überzeugen, daß ich unrecht habe …, wohlan!

ARMFELT: Das kann er nicht! Aber wenn er es könnte …! Herzog Carl hätte sich fast überzeugen lassen, daß die Männer von Anjala recht hätten!

DER KÖNIG: Es ist ein Unterschied zwischen Carl und mir …! Geh jetzt …! Möchtest du das Gespräch mitanhören, dann tu es – von dort drinnen!

ARMFELT: Viel Glück! *Geht.*

Der König bleibt allein, sitzt an der offenen Tür im Hintergrund. Draußen erscheinen jetzt die drei Grazien, angeführt von Megaira. Sie bleiben vor dem König stehen und starren ihn an.

DER KÖNIG *applaudiert*: Bravo, Grazien! – À bas Megaira! –

Wann wählten Schönheit und Behagen bei ländlichem Fest
zur Koryphäe die wilde Rache in grünen Hainen,
wo sonst Flora und Cupido ein Nest nur suchen,
im Liebesspiel sich unter Blumen zu vereinen?

MEGAIRA *(Frau Schröderheim)*:

Als der Fürst zum Tyrannen ward,
und der Herrscher zum Despot!

DER KÖNIG:

Oh, fühltest du die liebliche Gewalt, die Liebe gibt,
deines Herren allzugroße Milde du verschmähtest!

MEGAIRA:

O großer Cäsar, hüte dich vor Idus Martii!

DER KÖNIG:

Vor Mars ich keine Furcht empfinde, der Krieg noch
immer meine Rettung war, wenn der Friede trog.
Doch Venus, in der Konjunktion mit Mars, da droht Gefahr!

MEGAIRA:

Nimm dich in acht vor Idus Martii, Cäsar!

Die Grazien und Megaira erheben drohend die Hände und gehen.

DER KÖNIG: Das war Frau Schröderheim als Megaira! *Taube erscheint draußen.* Taube!

TAUBE *draußen auf der Treppe*: Majestät!

DER KÖNIG: Wie steht es mit der Scheidung von Frau Schröderheim?

TAUBE: Ja, sie verzögert sich ...

DER KÖNIG: Warum?

TAUBE: Die Frau verlangt ein unangemessenes Lösegeld ... oder Schadenersatz!

DER KÖNIG: Sie hat doch den Schaden angerichtet, und e r soll Schadenersatz zahlen! Süperb!

TAUBE: Und dann fordert sie die Anerkennung des ungeborenen Kindes!

DER KÖNIG: Er soll die Mätressen anderer bezahlen, und dann das Kind eines anderen als sein eigenes anerkennen! Nein, weißt du ...! Fang noch einmal an, nimm sie ins Verhör!

TAUBE: Das ist eine unangenehme Geschichte ...

DER KÖNIG: Besonders für Elis! Die Frau ist nicht so vorurteilsvoll, sich schämen zu können!

TAUBE: Daß die Frauen sich amüsieren, das ginge noch an, aber sie wollen auch ihr soziales Ansehen behalten ..., und das Verbrechen sanktionieren lassen ...

DER KÖNIG: Auch das ginge an, aber wenn sie wollen, daß der Mann die Schande für ihre Schweinereien auf sich nehmen soll ... Mach den Prozeß kurz! Adieu! *Taube geht. Kellgren und Thorild gehen vorbei, eifrig miteinander diskutierend.* Halt! Streitet Ihr noch immer um den Bart des Propheten – oder um ungereimte Verse? – Und Magister Thorild ist noch nicht nach England gereist! Reist nach Paris, Herr Magister, dort gibt es mehr zu lernen! Reist nach Paris! *Kellgren und Thorild gehen weiter. Liljensparre erscheint draußen.* Nun, Liljensparre, alles in Ordnung für morgen?

LILJENSPARRE: Alles, Majestät! Aber Olof Olsson ist krank.

DER KÖNIG: Sieh mal einer an! Er hat auf den Korruptionsempfängen wohl zu viel gegessen, das Schwein! Passez! *Liljensparre geht weiter. Munk erscheint draußen. Der König schiebt seinen Stuhl zurück, um nicht gesehen zu werden. Munck sucht den König mit den Blicken und geht weiter. Bellman, Hallman und Kexell erscheinen draußen.* Horatius!

BELLMAN: Augustus!

DER KÖNIG: Ich danke dir für dein Lied!

BELLMAN: Und ich dir für dein Gold!

DER KÖNIG: Deins ist besser!

BELLMAN *rezitiert*:

„... Europa, sieh hier, welch edler Monarch,
ein König, so weise und tugendhaft!
Wer möchte nicht küssen dir Zepter und Hand!
Wer möchte nicht leihen sein Leben dem Land!
Wir folgen dir,
wir dienen dir,
bis in den Tod hinein sei unsere Liebe teuer und wahr ...
Unser milder Held, er lebe immerdar!“

Sie gehen.

PECHLIN *von draußen, sehr erregt*: Majestät!
DER KÖNIG: Was lügst du jetzt?
PECHLIN: Hört mich an und glaubt mir, Sire! Ein einziges Mal!
DER KÖNIG: Niemals mehr!
PECHLIN: Aber wenn ich die Wahrheit spreche!
DER KÖNIG: Dann lügst du meist!
PECHLIN: Sire, Ihr Leben ist in Gefahr!
DER KÖNIG: Das ist es immer! Solange es Dachziegel, scheuende Pferde und fließende Gewässer gibt!
PECHLIN: Man will Euch ermorden!
DER KÖNIG: Man will! Wollte man das nicht immer, solange ich mich erinnern kann? Hat man nicht meine Ehre und die meiner Gemahlin gemordet? Hat man nicht mein Kind im Mutterleib gemordet? Was bleibt noch?
PECHLIN: Ihr Leben, Majestät! So wahr ich hier stehe ..., und ich kann Namen nennen ...
DER KÖNIG: Das kann ich auch ... Pechlin, Nummer eins!
PECHLIN *auf den Knien*: Nein, nein, nein! – Dann wäre ich nicht hier! – Hört mich an!
DER KÖNIG: Geh deines Wegs, alter Narr; der Strick wartet auf dich!
PECHLIN: Im Namen des Himmels ...
DER KÖNIG: Hast du Beziehungen zum Himmel?

Armfelt und Anckarström erscheinen draußen.

PECHLIN: Er ist es!
DER KÖNIG: Armfelt?
PECHLIN: Nein, der andere!
DER KÖNIG: Schwätzer, geh!
PECHLIN *entfernt sich widerwillig*: Das ist er!

Armfelt bleibt draußen stehen, fordert Anckarström mit einer Geste auf einzutreten. Anckarström tritt ein. Der König gibt Armfelt einen Wink, sich zu entfernen. Der König und Anckarström sehen sich eine Weile schweigend an.

ANCKARSTRÖM *ungeduldig, aber beherrscht*: Majestät haben mich rufen lassen!

DER KÖNIG: Ja, das habe ich ...! Um deinen Namen hat sich in letzter Zeit ein gewisser Nimbus von Berühmtheit gebildet, und du bist so etwas wie ein Sprecher der Unzufriedenen geworden! In dieser deiner Eigenschaft als Repräsentant bitte ich dich, die öffentliche Meinung auszusprechen, die dir eine Art Piedestal gibt! Kurz und bündig, was wollt ihr von mir? Was habe ich euch getan? Warum haßt ihr mich?

ANCKARSTRÖM: Das wissen Majestät selbst!

DER KÖNIG: Nein, bei meiner Ehre! – Anckarström, hältst du dich für einen sogenannten Mann des Volkes?

ANCKARSTRÖM: Ja!

DER KÖNIG: Hör zu! Als du neulich wegen aufrührerischer Reden mit dem Tode rechnen konntest, schenkte ich dir dein Leben. Doch der Pöbel, für den du eingetreten bist, spuckte dich an und mißhandelte dich auf offener Straße!

ANCKARSTRÖM: Was macht das? Glauben Majestät, meine Ansichten über Recht und Unrecht lassen sich dadurch erschüttern, daß ein unverständiger Volkshaufen sich gelegentlich gemein benimmt?

DER KÖNIG: Du trittst also für das abstrakte Recht ein?

ANCKARSTRÖM: Für ein Recht, das frei ist von persönlichen Abneigungen und von persönlichen Interessen!

DER KÖNIG: Kannst du mit einem Wort das Ziel deines Hasses nennen?

ANCKARSTRÖM: Mit einem Wort? – Die Alleinherrschaft!

DER KÖNIG: Liebst du dann die Vielherrschaft?

ANCKARSTRÖM: Ja, denn viele Augen sehen mehr als zwei, viele Willen befriedigen mehrere Wünsche und Bedürfnisse!

DER KÖNIG: Du weißt wenigstens, was du willst!

ANCKARSTRÖM: Ja!

Pause.

DER KÖNIG *brüsk*: Was werdet ihr tun, wenn ich die Staatsumwälzung durchführe?

ANCKARSTRÖM: So etwas sagt man nicht!

DER KÖNIG *gequält*: Weißt du, daß ich beabsichtige, den unfreien Ständen eine größere Freiheit zu schenken, als sie jetzt besitzen?

ANCKARSTRÖM: Ja, das weiß ich!

DER KÖNIG: Wie ... kannst du das wissen?

ANCKARSTRÖM: Wie? Das interessiert nicht. Doch wenn man etwas von dem Vielen zurückgibt, das man genommen hat, so bleibt immer ein Rest von Entwendung!

DER KÖNIG: Entwendung?

ANCKARSTRÖM: Ja!

DER KÖNIG: Wie du dir gleichst, Jacob ...! Und die Hände sind Esaus Hände! Noch immer!
Badin erscheint in der Tür im Hintergrund mit einem Brief. Gib her! *Badin übergibt dem König den Brief und geht. Der König liest den Brief und schaut Anckarström an. Darauf zerreißt er den Brief.* Du kannst gehen! *Anckarström geht.* Warte! *Pause.* Ich habe dir einmal unrecht getan, Jacob! Vor langer Zeit!

ANCKARSTRÖM: Das habe ich vergessen!

DER KÖNIG: Aber vergiß nie, daß ich dir das Leben geschenkt habe!

ANCKARSTRÖM: Auch ich will dieses Leben schenken – einer großen Sache schenken!

DER KÖNIG: Wären meine Freunde so, wie meine Feinde sind, dann würde ich weit kommen! *Von draußen Hurrarufe und Jubelschreie. Der König erhebt sich.* Was ist das?

ARMFELT *kommt hastig herein*: Jetzt geht es schief!

DER KÖNIG *zu Anckarström*: Du kannst gehen! *Anckarström geht.* Was ist das?

ARMFELT: Die letzten Neuigkeiten aus Paris! – Die Bastille ist genommen und niedergebrannt! Der König vom Pöbel aus Versailles nach Paris gebracht!

DER KÖNIG: Als Gefangener?

ARMFELT: Ja ...!

DER KÖNIG: Und deshalb jubeln meine Gäste? In meinem Versailles?

ARMFELT: Hast du gehört, was sie da singen?
DER KÖNIG: Nein!

Gesang draußen.

„Dansons la Carmagnole!
Vive le son! Vive le son!
Dansons la Carmagnole!
Vive le son du canon!"

DER KÖNIG: Wie heißt das Lied?
ARMFELT: Man nennt es „La Carmagnole"!
DER KÖNIG: Sie werden Kanonen bekommen, morgen! – Ist alles bereit?
ARMFELT: Alles! Aber ... Olof Olsson ist tot, wie du weißt!
DER KÖNIG: Tot? Ich hörte, er sei krank ...! Nun gut, wollen wir seine Leiche nutzen! Hör zu! – Er soll in der Riddarholmskirche begraben werden, genauso wie Olof Håkansson! Fersen, De Geer und die anderen sollen zum Begräbnis eingeladen werden! Kommen sie nicht, dann wirft ihnen der Pöbel die Fenster ein; und kommen sie, dann haben sie den Pöbel auch auf dem Hals ...! Kann man nicht das Gerücht verbreiten, er sei vergiftet worden oder so was?
ARMFELT: Jetzt bist du zynisch, Gustav!
DER KÖNIG: Ja, jetzt bin ich zynisch! Ebenso zynisch wie – die anderen!
ARMFELT: Die Bastille ist gefallen – und Gustav der Dritte errichtet die Alleinherrschaft!
DER KÖNIG: Ja, das macht er! Aber ich habe die Revolution selbst gemacht!
ARMFELT: Was für ein Paradoxon! Was für ein Schelmenstreich!
DER KÖNIG: Jetzt wollen wir uns die Leute ansehen!
ARMFELT: Und dann?
DER KÖNIG: Dann tanzen wir!
ARMFELT: Du bist auf jeden Fall göttlich!
DER KÖNIG: Ach, Geschwätz!

ARMFELT: Doch, man bewundert dich, obwohl man dich verachtet!

DER KÖNIG: Und man haßt mich, obwohl man mich liebt! Das ist Räson!

ARMFELT: Man muß dich nehmen, wie du bist!

DER KÖNIG: Und ich bin so, wie ich geworden bin! Ich habe mich nicht selbst gemacht ...! – Doch hör zu, da Fersen und De Geer nicht kommen, laß das Regiment der Dalekarlier abziehen!

ARMFELT: Es ist nicht so leicht, das unbemerkt zu tun, aber ich werde es versuchen!

DER KÖNIG: Bemerkt oder unbemerkt, aber sie müssen fort, damit sie nicht böses Blut machen!

ARMFELT: Gut, es wird geschehen – am besten, solange sie noch nüchtern sind!

DER KÖNIG *lauscht*: Daß sie „La Carmagnole“ auf Schloß Drottningholm singen ...! Bin ich nicht liberal – wer kann etwas anderes sagen?

ARMFELT: Schließen wir hinter uns ab?

DER KÖNIG: Nein, es soll offen bleiben ... das Volk soll sehen, daß sein König Vertrauen hat ...

ARMFELT: Zum Regiment der Dalekarlier?

DER KÖNIG: Und daß er keine Geheimnisse hat ... und keine Furcht hegt ... und so weiter! – Sortie! *Ab nach rechts.*

Armfelt geht nach links hinaus.

Schröderheim kommt aus dem Hintergrund herein, sieht sich um, als suche er jemand. Setzt sich müde auf einen Stuhl und wartet.
Frau Schröderheim, maskiert und als Megaira gekleidet, kommt herein, sieht sich ebenfalls um, als suche sie jemand. Sie erblickt Schröderheim, will zunächst gehen, entschließt sich aber zu bleiben.

SCHRÖDERHEIM *traurig*: Laß die Maske fallen, Anne Charlotte!

FRAU SCHRÖDERHEIM *nimmt die Maske ab*: Elis!
SCHRÖDERHEIM: Ja, Elis!

Schweigen.

FRAU SCHRÖDERHEIM: Du bist müde ...?

SCHRÖDERHEIM: Ja, wir sind alle dieses Karnevals müde, dem jetzt eine Passionswoche mit einem langen, langen Karfreitag folgen wird.

FRAU SCHRÖDERHEIM *weich*: Warum hast du nicht mit mir gesprochen, Elis, bevor du die Scheidung beantragt hast?

SCHRÖDERHEIM: Mein Kind, ich habe dreizehn Jahre mit dir gesprochen, doch du hast nicht mit dir reden lassen. Übrigens habe nicht ich das getan!

FRAU SCHRÖDERHEIM: Es ist der König, der sich rächt?

SCHRÖDERHEIM: Ja! Und das deutet ja darauf hin, daß er beleidigt wurde. Was hattest du mit seiner Ehe zu tun?

FRAU SCHRÖDERHEIM: Ist es schön, sich zu rächen?

SCHRÖDERHEIM: Ist es schön zu beleidigen?

FRAU SCHRÖDERHEIM: Wessen hast du mich angeklagt?

SCHRÖDERHEIM: Ich? Ich habe dich überhaupt nicht angeklagt ...! Aber du! Das ist häßlich, weil es nicht wahr ist!

FRAU SCHRÖDERHEIM: Ich habe gesagt, du hast mich vernachlässigt! Das ist wahr!

SCHRÖDERHEIM: Anne Charlotte! Als ich mich mit dir verheiratete, geschah das, um eine Frau und ein Heim zu bekommen! Nun ja, wir waren Eheleute zu Beginn, und ich vernachlässigte dich so wenig, daß du ein Kind bekamst! Wenn ich bei unserer Tochter saß, gingst du fort, du warst nie zu Hause. Und als du bestimmt erklärtest, daß du keine Kinder mehr haben wolltest – ja, da fand ich mich darein, weil ich deine Freiheit respektierte, in diesem Fall. Doch als du wolltest, ich sollte dein Liebhaber sein, oder wie man das nennen soll, da sagte ich nein, denn ich hatte gelobt, dein Mann zu sein.

FRAU SCHRÖDERHEIM: Diesen Unterschied habe ich nie verstanden!

SCHRÖDERHEIM: Nein, das hast du nicht! – Ich habe die Ehe als einen Bund zweier guter Freunde verschiedenen Geschlechts aufgefaßt, die auch zusammen Kinder bekommen. – Ich habe dich als meine Frau geachtet und als meine Frau geliebt; darum wollte ich dich nicht als meine Mätresse sehen ...! Indessen, die Kleine starb; und da war ich ganz einsam zu Hause. Da ging ich aus! – Du also, die du Heim, Gatten und Kind vernachlässigt hast, du klagst mich der Vernachlässigung an! Das ist schön! Und je mehr Unrecht du mir zufügtest, desto mehr kam die Furie hervor!

FRAU SCHRÖDERHEIM: Wir hätten uns viel früher scheiden lassen sollen!

SCHRÖDERHEIM: Ja, meine Freundin, das hätten wir tun sollen! Doch du wolltest nicht, denn durch den Staatssekretär hast du deine Stellung bei Hofe bekommen, und die wolltest du nicht verlieren.

FRAU SCHRÖDERHEIM: Verlieren?

SCHRÖDERHEIM: Ja, weißt du nicht, daß du jetzt vom Hofe verwiesen bist?

FRAU SCHRÖDERHEIM: Verwiesen, ich?

SCHRÖDERHEIM: Ja, das bist du! Der Hofkanzler hat bereits das Papier ausgefertigt!

FRAU SCHRÖDERHEIM: Das ist deine Rache!

SCHRÖDERHEIM: Nein, sage ich! Das ist eine natürliche Folge deiner Taten, insbesondere deines grenzenlosen Hochmuts. Ich räche mich nicht, denn ich bin der einzige, der dich verstanden hat! Du warst nicht für das Haus geboren, sondern für die Straße, dafür kannst du nichts, ebensowenig wie ich es verdiene, die Schande zu tragen, die du über dich gebracht hast!

FRAU SCHRÖDERHEIM: Ich bin vom Hof verwiesen, von diesem Hof, dessen Zierde ich war!

SCHRÖDERHEIM: Ja – jetzt gibt es eine andere, eine jüngere, schönere und lebendigere Hofzierde!

FRAU SCHRÖDERHEIM: Eine jüngere?

SCHRÖDERHEIM: Ja, du bist fünfunddreißig, meine Freundin, und sie ist neunzehn!

FRAU SCHRÖDERHEIM: Ich will nicht mehr leben!

SCHRÖDERHEIM: Siehst du! Das habe ich dreizehn Jahre lang gesagt, aber ich mußte leben mit diesem Elend! Nun, jetzt bist du soweit!

FRAU SCHRÖDERHEIM: Das freut dich!

SCHRÖDERHEIM: Nein, denn ich empfinde Trauer, wenn ich Schönheit vergehen sehe; ja, denn ich atme auf, wenn ich sehe, daß es auf Erden Gerechtigkeit gibt!

FRAU SCHRÖDERHEIM: Gab es auch für dich Gerechtigkeit?

SCHRÖDERHEIM: Ja! Sonst würde ich nicht wagen, so zu sprechen! Ich habe das Meine bekommen, liebe Alte! Ich bin in halber Ungnade und vollkommen ruiniert!

FRAU SCHRÖDERHEIM: Elis! Ich bin sehr unglücklich!

SCHRÖDERHEIM: Ich noch mehr! Deshalb begreife ich deinen Kummer! – Er hat dich verlassen?

FRAU SCHRÖDERHEIM: Ja!

SCHRÖDERHEIM: Weinen kann ich gerade nicht! Aber ..., was nun?

FRAU SCHRÖDERHEIM: Jetzt habe ich ein Zimmer gemietet, draußen am Stadtrand, und dorthin gehe ich, um mich zu verbergen, bis ... der Tag kommt ...

SCHRÖDERHEIM: Arme Anne Charlotte! – Gustavs Sonne sinkt ..., und wir geraten in den Schatten ... Es war Sonne, aber mitunter soll es auch Nacht werden! – Gute Nacht, meine Liebe!

FRAU SCHRÖDERHEIM: Gute Nacht, Elis! *Schweigen.* Sag noch ein Wort!

SCHRÖDERHEIM: Ja, was? Was? – Ich möchte sagen: Ich danke dir für das Schöne und Gute, das du in mein Leben gebracht hast ... Ich war selbst häßlich, was weiß ich, aber ein Ehemann braucht ja nicht schön zu sein! – Das Böse und das Häßliche verzeihe ich ..., ich hatte die Pflicht, zu vergeben und zu verzeihen, und das habe ich getan, aber ich hatte nicht das Recht, in Erniedrigung zu leben ...

FRAU SCHRÖDERHEIM *schaut in einen Spiegel*: Bin ich denn häßlich?

SCHRÖDERHEIM: Frage nicht mich!

FRAU SCHRÖDERHEIM: Doch, dich, den einzigen, der das sagen kann!

SCHRÖDERHEIM: Nun gut, du weißt, daß man dich nie für eine Schönheit gehalten hat ...

FRAU SCHRÖDERHEIM: Nein, das weiß ich nicht!

SCHRÖDERHEIM: Oh, ich glaubte ...

FRAU SCHRÖDERHEIM: Die Maske vor! Hinaus aus dem Lustgarten! Hinab ins Vergessen! Jetzt sehe ich, ich bin schrecklich häßlich! Vielleicht war ich auch nicht geistreich?

SCHRÖDERHEIM: Doch, du warst schlagfertig, konntest gute Zweideutigkeiten und schlechte Bosheiten sagen, aber du warst nicht intelligent, denn wenn du dich in Staatsangelegenheiten einmischtest und ich dir eine Frage erklären sollte, wurdest du zerstreut und bekamst Kopfschmerzen – ja!

FRAU SCHRÖDERHEIM: Das hast du früher nicht gewagt zu sagen!

SCHRÖDERHEIM: Ich wollte nicht, denn dein Charme bestand gerade in dieser Selbstverehrung, die von den Schmeicheleien der Herren genährt wurde. – Siehst du, mein Kind, alles, was ein Herr einer Dame sagt, ist vollkommen wertlos; es ist keine Lüge, aber es gleicht einem Gedicht. Deshalb wurde Frau Schröderheim nur zu einem Gedicht läufiger Herren!

FRAU SCHRÖDERHEIM: Es ist nicht mehr viel von mir übrig!

SCHRÖDERHEIM: Nein, von Frau Schröderheim ist nichts mehr übrig, denn jetzt beginnt Frau Stapelmohr, die Fortsetzung von Fräulein Stapelmohr ...

FRAU SCHRÖDERHEIM *streckt die Arme aus, nach draußen gewandt*: Mich gibt es nicht mehr, und dennoch stehe ich hier, stehe auf meinem eigenen Grab – wie ein Kreuz auf meinem eigenen Grab – und mit der Maske in der Hand – demaskiert, denn die Komödie ist zu Ende, und keiner applaudiert! *Sie läßt die Arme fallen, setzt die Maske auf und geht durch die Tür im Hintergrund hinaus.*

Schröderheim erhebt sich und geht, mit den Händen auf dem Rücken, auf und ab, führt Selbstgespräche, die man nicht hört. Danach ein Trommelwirbel. Badin kommt herein.

SCHRÖDERHEIM: Was ist los?

BADIN: Ja, was ist los? – Der Park soll geräumt werden, denn eine Schar Ungeladener ist auf geheimnisvolle Weise eingedrungen – Damen aus den Gassen Stockholms, Herren in Trachten, die nach Verkleidung aussehen. – Man spricht von den Verschwörern, Ihr wißt, Herr Staatssekretär ...!

SCHRÖDERHEIM: Was sagst du! Badin, du bist vielleicht der einzige Freund, den der König besitzt, öffne ihm die Augen, beweise ihm, daß Gefahr besteht – überzeuge ihn ...!

BADIN: Mein Herr, der König weiß, daß Gefahr besteht ... Er hat heute nacht im großen Schlafgemach geschlafen, mit Wachen im Raum! Und trotzdem sprang er jedesmal auf, wenn die Uhr schlug! – Schließlich stieg er auf einen Stuhl und zerbrach das Schlagwerk der Uhr!

SCHRÖDERHEIM: Er glaubt also endlich, daß es ernst ist?

BADIN: Ja, jetzt ist es ernst, aber er darf nicht zeigen, daß er daran glaubt!

SCHRÖDERHEIM: Weißt du, ob das Regiment der Dalekarlier noch da ist?

BADIN: Nein, es ist nach Lovön abgezogen!

SCHRÖDERHEIM: Wer hat das befohlen?

BADIN: Der König selbst!

SCHRÖDERHEIM: O Himmel! – Badin, suche den König, folge ihm, wache über ihn ... Warne ihn! Schnell! – Lauf!

BADIN: Ja! – Ich laufe! *Eilt durch die Tür im Hintergrund hinaus.*

Schröderheim geht wie vorher auf und ab und spricht vor sich hin; schließlich geht er nach links hinaus.
Halldin kommt aus dem Hintergrund herein, leichenblaß. Er sieht sich um, holt einen Packen Broschüren heraus, die er auf Stühle und Tische im Zimmer verteilt. Als er hinausgehen will, erscheinen im Hintergrund Fersen und De Geer. Halldin verbirgt sich hinter einem Wandschirm.

FERSEN: So sind wir dennoch hier! Ein gewagtes Unternehmen, das glücken kann!

DE GEER: Ich habe nicht verstanden, was Ihr mit dieser Kühnheit beabsichtigt, Fersen!

FERSEN: Nicht! – Ja, wenn wir doch verhaftet werden sollen, dann ist es besser, es geschieht heute als morgen! Geschieht es heute, was ein taktischer Fehler wäre, so haben wir morgen die Sympathien.

SCHRÖDERHEIM: Unbegreiflich, was geschieht! Aber der Ritterstand und der Adel verteidigen die Freiheit, während die niederen Stände die Tyrannei verteidigen!

FERSEN: Oder so: der Tyrann verteidigt das Volk, sogar den Pöbel!

HALLDIN *hinter dem Wandschirm*: Darum ist er ein aufgeklärter Tyrann!

FERSEN: Wer hat hier gesprochen?

HALLDIN *hinter dem Wandschirm*: Einer, der weder an aufgeklärte Tyrannen noch an freiheitsliebende Grafen glaubt!

DE GEER: Wer ist das?

HALLDIN *hinter dem Wandschirm*: Niemand, nur eine Stimme!

FERSEN: Teufel! *Halldin kommt hervor, mit einer Maske vor dem Gesicht, geht durch die Tür im Hintergrund hinaus.* Wer war das?

DE GEER: Ich weiß es nicht!

FERSEN: Hier ist sicher das ganze Jahr hindurch Maskerade, doch diese Maske hier ..., glaubt Ihr an eine Verschwörung, De Geer?

DE GEER: Sie lügen meist, wenn sie hier bei Hofe die Wahrheit sagen ..., so daß ich jetzt nichts mehr weiß!

FERSEN: Und der König! Er hat schon als Kind lügen gelernt – besonders während der mißglückten Staatsstreiche des Hofes ..., ich war damals dabei! – Und dann ist er so verlogen geworden, daß er selbst nicht mehr weiß, wer er ist. Und da er über alles seine Scherze macht, kann er zwischen Ernst und Spaß nicht unterscheiden.

DE GEER *nimmt eine Broschüre von einem Stuhl*: Was ist das hier? – Ein Pasquill? ... Nein, pfui!

FERSEN: Worum handelt es sich?

DE GEER: Ja! Es ist die alte Geschichte, mit neuen Beiträgen!

FERSEN: Über ... die Königin?

DE GEER: Und den Prinzen! *Wirft die Broschüre ins Feuer.* Er ist doch ein Mensch mit Gefühlen ... Das ist häßlich!

FERSEN: Wenn man den Pöbel hereinläßt, dann ... Und das sind seine Freunde ...! Seht nur! Dort ist Pechlin!

DE GEER: Unser Freund!

FERSEN: Besser: Anhänger! Ein schmutziger Typ!

DE GEER: Feine Papiere sind das nicht! – Doch wie ernst er aussieht und wie ängstlich! Das habe ich noch nie gesehen!

FERSEN: Pechlin hat Angst! Dann ist es weit gekommen!

PECHLIN *kommt herein, ernst*: Guten Abend, meine Herren!

FERSEN: Was ist jetzt los?

PECHLIN: Das weiß niemand ...! Sind wir allein?

DE GEER: Wahrscheinlich nicht! Mir war, als poltere es hinter der Geheimtür dort!

FERSEN: Sprecht dann nicht so laut ...!

PECHLIN *halblaut*: Der König hat die drei unfreien Stände gewonnen, und außerdem den Landmarschall!

DE GEER: Dann haben wir die Alleinherrschaft!

FERSEN *zornig*: Wieder! Wieder! – Gibt es denn kein Fredrikshald?

PECHLIN: Doch ..., es gibt eine Hoffnung!

DE GEER: Sprecht!

PECHLIN: Man soll den Priesterstand kaufen können!

FERSEN: Das glaube ich nicht!

DE GEER: Was kosten sie?

PECHLIN: Fünfzigtausend Speziestaler!

DE GEER: So viel besitzen wir nicht!

FERSEN: Der Erzbischof verkauft sich nicht! Dafür stehe ich ein!

PECHLIN: Ich glaube auch nicht daran! – Es bleibt nur noch eins übrig! Eins!

DE GEER: Was?

PECHLIN: Sich der Person des Königs versichern!

Schweigen.

DE GEER: Wo?

PECHLIN: Hier!

FERSEN: Wann?

PECHLIN: Jetzt! – Er kommt gleich!

Schweigen.

PECHLIN: Das ist sicher die einzige Art!

DE GEER: Vielleicht!

FERSEN: Vielleicht!

Schweigen.

PECHLIN: Er kommt! – Dann gehe ich ... und ... sehe, was wir tun können! – Haltet ihn eine Weile auf, meine Herren! *Ab nach links.*

FERSEN: Die Alleinherrschaft!

DE GEER: Es ist bestimmt jemand hinter der Geheimtür!

FERSEN: Vielleicht ... die, die uns verhaften sollen!

DE GEER: Er oder wir! – Jetzt gilt es!

FERSEN: Er oder wir!

Schweigen.

DE GEER: Hörst du eine Uhr im Nebenzimmer ticken?

FERSEN: Nein, aber ich höre die roten Absätze des Königs, die Sandkörner zerquetschen und auf die Nagelköpfe der Dielen treten!

DE GEER: Kannst du hören, ob er den Degen trägt oder unbewaffnet ist?

FERSEN *greift nach seinem Degen*: Er trägt den Degen! Aber ich kann ihn mit einer Finte einer falschen Terzparade entwaffnen ...

DE GEER: Er ist ein schlechter Fechter – mit dem Degen; mit der Zunge ist er überlegen!

FERSEN: Achtung ...!

DE GEER: Wenn nur nicht diese Geheimtür wäre ...!

FERSEN: Er spricht mit jemand! Und jetzt bleibt er stehen ..., das Seidenfutter seines Mantels knistert ...

DE GEER: Wenn du das hören kannst, dann hast du ...

FERSEN: In diesem Augenblick entscheidet sich das künftige Schicksal des schwedischen Reiches – und das der Dynastie!

DE GEER: Das Schicksal der Dynastie ist schon entschieden!

FERSEN: Es hat sich bewölkt! Wenn es nun regnet! Dann ist es aus mit dem Fest ...

DE GEER: Und der Park wird geräumt ... Glaubst du, daß Pechlin etwas tun kann?

FERSEN: Er pflegt nicht ratlos zu sein ... Sieh da!

DER KÖNIG *kommt von rechts, bemerkt Fersen und De Geer nicht, spricht nach draußen gewandt*: Doch, da Fersen und De Geer nicht geruht haben, die Einladung anzunehmen, sondern zu Hause geblieben sind ..., wird die Sache bis morgen verschoben! *Wartet eine Antwort ab, die nicht zu hören ist, dann wie vorher*: Nein, das geht nicht! *Wie vorher*: So? Ja, darüber müssen wir später reden! Nicht jetzt! *Pause.* Nein, ich bin beschäftigt. *Dreht sich um, bemerkt die Anwesenden und kann sein Erstaunen und seinen Zorn nicht verbergen. Er verliert die Fassung, nimmt eine Broschüre von einem Stuhl, faltet sie zu einem Fächer und fächelt sich das Gesicht, doch ohne gesehen zu haben, wovon die Broschüre handelt.* Ach so! *Pause.* Die Herren kommen etwas spät – zu der Einladung eines Königs.

FERSEN: Majestät! Da die Stände des Reiches morgen zusammentreten, hatten wir – *Bleibt stecken.*

DE GEER: ... hatten wir die kostbare Zeit dafür verwenden wollen – *Bleibt stecken.*

DER KÖNIG: Weshalb habt Ihr Euren Beschluß so schnell geändert?

FERSEN: Ein wichtiger Brief von meinem Sohn aus Paris ...

DER KÖNIG: Was schreibt er?

FERSEN: Die Bastille ist eingenommen und niedergebrannt!

DER KÖNIG: Das weiß ich ...! Wollt Ihr die Türen schließen, Graf Fersen, es beginnt zu regnen. *Fersen rührt sich nicht, sieht sich nach einem Diener um.* Schließt die Türen, Graf Fersen! *Fersen rührt sich nicht. Der König läutet heftig. Pause. Der König läutet erneut.*

Armfelt kommt von links herein.

DER KÖNIG *erhebt sich, geht Armfelt entgegen und führt ihn zur Seite, spricht halblaut*: Ist das Regiment der Dalekarlier noch da?

ARMFELT: Nein, es ist nach Lovön abmarschiert! Du hast das doch gesagt!

DER KÖNIG *schlägt sich vor die Stirn*: Oh ...! Sind die Offiziere der Bürgerschaft hier?

ARMFELT: Nein! – Du wolltest sie doch nicht einladen!

DER KÖNIG *wie vorher*: Sind noch Leute im Park?

ARMFELT: Nein, alle sind vor dem Regen geflohen.

DER KÖNIG: Sieh dir die beiden an! Was, meinst du, haben sie vor?

ARMFELT: Sie schauen zur Tür, als ob sie jemand erwarten ..., und sie tragen Fechtwaffen!

DER KÖNIG: Wirklich! *Zieht sich zur Tür rechts zurück, als ob er Angst habe.* Hier ist was im Gange! – Man hört draußen Schritte! Sporen und Degen ...! *Er öffnet die rechte Tür und winkt.*

Drei Soldaten der Leibgarde, Badin und Papillon, bewaffnet, kommen von rechts herein. Pechlin, Horn und Ribbing kommen aus dem Hintergrund. Die beiden Parteien betrachten sich einen Augenblick mit fragender und drohender Miene.

DER KÖNIG *zu Fersen, De Geer, Pechlin, Horn und Ribbing*: Die Herren können gehen! – Wir treffen uns morgen!

FERSEN *und* DE GEER: Morgen!

Fersen, De Geer, Pechlin, Horn und Ribbing gehen durch den Ausgang im Hintergrund und schließen die Türen hinter sich.

DER KÖNIG *verabschiedet mit einem Wink die Soldaten der*

Leibgarde sowie Badin und Papillon, setzt sich, noch immer die Broschüre in der Hand: Was war das?

ARMFELT: Das sah eigenartig aus!

DER KÖNIG *liest geistesabwesend in der Broschüre. Sein Gesicht verändert sich, und er fällt in sich zusammen*: Geh, aber bewache die Türen ...!

ARMFELT: Möchtest du allein sein?

DER KÖNIG: Ja ...!

ARMFELT: Ist es die Schmähschrift?

DER KÖNIG: Ja! Hast du sie gesehen?

ARMFELT: Ich habe sie gelesen ...! Entsetzlich!

DER KÖNIG: Denk dir, sie haben mir meinen Sohn gestohlen ... Wie soll er jetzt Thronfolger werden können ...? Das ist schrecklich ...!

ARMFELT: Ich lasse dich allein!

DER KÖNIG: Das ist schrecklich ...! Aber man kann ja nichts dagegen tun!

ARMFELT: Nein! Nichts. *Geht nach links hinaus.*

Der König erhebt sich. Er geht herum und sammelt die Broschüren auf und wirft sie in den Kamin. Darauf bleibt er gebrochen an der Tür im Hintergrund stehen und trommelt auf die Glasscheiben, den Rücken dem Publikum zugewandt.
Die Geheimtür wird geöffnet, Anckarström kommt herein und hebt die Pistole. Aber gleichzeitig ist von links die Königin hereingekommen, einen Brief lesend, und bleibt genau zwischen Anckarström und dem König stehen, als der Schuß abgefeuert werden soll. Anckarström zieht sich zurück, die Tür wird geschlossen.

DER KÖNIG *dreht sich um*: Madame! Sie sind es? – Ha! Ich dachte ... *Greift sich ans Herz.*

DIE KÖNIGIN: Sire ...? *Betrachtet ihn forschend.* Sind Sie krank?

DER KÖNIG: Ich? Nein ...! Ich war allein ..., ich suche einen Menschen ... Verzeiht eine etwas eigenartige Frage! – Würden Sie mir heute abend Gesellschaft leisten?

DIE KÖNIGIN: Wenn Sie mit mir vorliebnehmen wollen ...

DER KÖNIG: Sie möchten? Wirklich? – Mir scheint, als sei ich einer großen Gefahr entronnen und als hätten Sie mich gerettet!

DIE KÖNIGIN: Oh, Sire!

DER KÖNIG: Oder als ob mir eine Gefahr bevorstünde ... Leisten Sie mir Gesellschaft und lassen Sie uns von allem anderen sprechen, nur nicht von morgen! Sie wissen, was morgen geschieht!

DIE KÖNIGIN: Ich glaube, das weiß niemand!

DER KÖNIG: Sie meinen den Ausgang! Sehr gut gesagt ...! Keiner weiß es ..., nur ich!

DIE KÖNIGIN: Sire!

DER KÖNIG: Madame! Ich bin mit der Siegeskrone und mit dem Glück Cäsars geboren ...

DIE KÖNIGIN: Mit Cäsars Glück ..., war da nicht einer, der Brutus hieß?

Anckarströms Gesicht ist hinter der Glasscheibe im Hintergrund zu sehen, aber auch diesmal steht die Königin vor dem König.

DER KÖNIG: Bravo, Madame! Es gab wirklich einen, der Brutus hieß.

DIE KÖNIGIN: Und solange Cäsar auf die guten Ratschläge seiner Königin hörte ...

DER KÖNIG: Die Königin ist die stärkste Figur im Spiel und hat die Aufgabe, den König zu schützen ... Wollen Sie mich beschützen?

DIE KÖNIGIN: Das tue ich immer, Sire!

DER KÖNIG: Nicht immer ...! „War da nicht einer, der Brutus hieß?“ – Das ist süperb! – Süperb! Madame! *Reicht der Königin seine Hand, um sie nach rechts hinauszuführen.*

Ein Traumspiel

(Ett Drömspel)

Vorbemerkung:

In diesem Traumspiel hat der Verfasser im Anschluß an sein früheres Traumspiel „Nach Damaskus“ versucht, die unzusammenhängende, doch scheinbar logische Form des Traumes nachzubilden. Alles kann geschehen, alles ist möglich und wahrscheinlich. Zeit und Raum existieren nicht. Auf einer geringfügigen Grundlage von Wirklichkeit entfaltet sich die Phantasie und webt neue Muster: eine Mischung aus Erinnerungen, Erlebnissen, freien Erfindungen, Ungereimtheiten und Improvisationen. Personen spalten sich, verdoppeln sich, vertreten einander, verflüchtigen sich, verdichten sich, zerfließen, nehmen wieder Gestalt an. Aber ein Bewußtsein steht über allem, das des Träumenden. Für dieses Bewußtsein gibt es keine Geheimnisse, keine Inkonsequenz, keine Skrupel, kein Gesetz. Es verurteilt nicht, es spricht nicht frei, es gibt nur wieder. Und weil der Traum meistens schmerzlich ist und selten heiter, geht ein Ton von Wehmut und Mitleid mit allem, was lebt, durch den voranschwankenden Bericht. Der Schlaf, der Befreier, peinigt oft; doch wenn die Pein am stärksten ist, kommt das Erwachen und versöhnt den Leidenden mit der Wirklichkeit, die, so qualvoll sie auch sein kann, in diesem Augenblick, verglichen mit dem peinigenden Traum, doch eine Erleichterung ist.

PERSONEN

Indras Stimme
Indras Tochter
Der Glasermeister
Der Offizier
Die Mutter
Der Vater
Lina
Die Pförtnerin
Der Zettelankleber
Victoria
Das Ballettmädchen
Der Chorist
Der Souffleur
Ein Polizist
Der Advokat
Drei Doktorkandidaten
Kristin
Der Quarantänemeister
Der Don Juan
Die Kokotte
Der Freund
Der Dichter
Er
Sie
Der Pensionär
Ein Mädchen
Edit
Edits Mutter
Alice
Ein Seeoffizier
Der Lehrer
Ein Schüler
Der Ehemann
Die Ehefrau
Der Blinde
Erster Kohlenträger
Zweiter Kohlenträger

Die Dame
Der Herr
Der Universitätskanzler
Vier Dekane
Choristen
Statisten

VORSPIEL

Im Hintergrund Wolkengebilde, die zerklüfteten Schiefergebirgen mit Schlössern und Burgruinen gleichen.
Die Sternbilder des Löwen, der Jungfrau und der Waage, dazwischen leuchtet stark der Planet Jupiter.
Indras Tochter steht auf der höchsten Wolke.

INDRAS STIMME *von oben*: Wo bist du, meine Tochter, wo?

INDRAS TOCHTER: Hier, Vater, hier!

INDRAS STIMME: Du hast dich verirrt, mein Kind, gib acht, du sinkst ... Wie kamst du hierher?

INDRAS TOCHTER: Ich folgte dem Blitzstrahl, hoch aus dem Äther, und nahm eine Wolke als Reisewagen ...
Aber die Wolke sank, und abwärts geht nun die Fahrt ...
Sag, Indra, Vater, in welche Regionen
ich geraten bin?
Es ist so drückend hier,
so schwer zu atmen!

INDRAS STIMME: Du hast die zweite Welt verlassen
und gehst ein in die dritte,
dem Morgensterne Cukra bist du immer ferner
und näherst dich der Erde Dunstkreis.
Nimm jetzt das siebte Haus der Sonne,
es heißt Waage, als Zeichen dir,
dort steht der Tagesstern im Herbst,
Wenn Tag und Nacht einander gleichen ...

INDRAS TOCHTER: Du sagtest: Erde,
ist das der dunkle Klumpen Welt,
auf den das Mondlicht scheint?

INDRAS STIMME: Es ist die dichteste und schwerste
aller Kugeln, die im Raume wandern.

INDRAS TOCHTER: Sag, scheint die Sonne niemals dort?

INDRAS STIMME: Gewiß scheint sie, jedoch nicht immer ...

INDRAS TOCHTER: Nun reißt die Wolke, und ich seh hinunter ...

INDRAS STIMME: Was siehst du, Kind?
INDRAS TOCHTER: Ich seh ..., es ist schön dort unten,
mit grünen Wäldern, blauen Wassern,
weißen Gipfeln, gelben Feldern –
INDRAS STIMME: Ja, schön wie alles das, was Brahma schuf ...,
doch schöner war es noch in frühen Zeiten,
bis jener Bruch kam, eine Störung,
eine Veränderung der Bahn vielleicht,
ein Aufruhr, dem Verbrechen folgte,
das man nun hindern muß ...
INDRAS TOCHTER: Ich höre Stimmen von dort unten,
was sind es denn für Wesen, die da wohnen?
INDRAS STIMME: Steig du hinab, es zu erfahren ...
Kinder des Schöpfers sind auch sie, meine Sache ist es nicht,
mich über sie zu äußern –
doch was du hörst,
ist ihre Sprache.
INDRAS TOCHTER: Sie klingt wie ..., sie klingt nicht froh.
INDRAS STIMME: So höre ich es auch! Denn
ihre Muttersprache heißt Klage. Ja!
Nur unzufrieden, undankbar
sind sie dort auf der Erde ...
INDRAS TOCHTER: Oh, sag das nicht,
jetzt hör ich Jubelrufe, Lärm, seh Feuerwerk,
nun läuten Glocken, Freudenfeuer
flammen auf, und tausendfach,
tausendfach singen die Stimmen ihr Lob und Dank
'gen Himmel ... *Pause.* Dein Urteil ist zu hart, o Vater –
INDRAS STIMME: Steig hinunter, Tochter, sieh und hör,
komm dann zurück, mir zu berichten,
welch Fug und Recht
ihr Klagen hat da unten ...
INDRAS TOCHTER: Ich gehe, doch – Vater, komm mit mir!
INDRAS STIMME: Nein, ich kann nicht atmen dort ...
INDRAS TOCHTER: Die Wolke sinkt, die Luft erstickt mich ...,
nein, nicht die Luft – Rauch, Wasser sind es,
die mich quälen ...,

schwer und drückend, mich niederziehen,
nieder in diese schwankende Welt,
die, ich spür es schon, nicht die beste ist ...

INDRAS STIMME: Nein, Kind, die beste nicht, auch nicht die schlechteste, sie ist aus Staub, rollt wie alle anderen Welten, und so erfaßt zuweilen Schwindel ihr Geschlecht im Grenzraum zwischen Torheit und noch Schlimmerem ...
Hab Mut, mein Kind – für dich
ist es nur eine Prüfung.

INDRAS TOCHTER *auf der sinkenden Wolke kniend*: Ich sinke!

Im Hintergrund ein Wald aus riesigen blühenden Rosenstöcken, weiße, rosa, purpurrote, schwefelgelbe, violette; darüber das vergoldete Dach einer Schlosses mit einer Blüte an der Spitze, die einer Krone gleicht. Unterhalb der Grundmauern des Schlosses liegt Stroh in Bündeln und ausgestreut. Die Seitenkulissen, die das ganze Stück hindurch stehenbleiben, stellen in stilisierter Form gleichzeitig Innenraum, Architektur und Landschaft dar. Der Glasermeister und die Tochter treten auf.

DIE TOCHTER: Das Schloß wächst immer noch aus der Erde ..., kannst du sehen, wie sehr es seit dem letzten Jahr gewachsen ist?

DER GLASERMEISTER *zu sich selbst*: Ich habe dieses Schloß noch nie gesehen ..., hab nie gehört, daß ein Schloß wächst, aber – *zur Tochter, mit fester Überzeugung*: Ja, es ist zwei Ellen gewachsen, das kommt, weil man es gedüngt hat ... Und wenn du genau hinschaust, siehst du, daß an der Sonnenseite ein Flügel ausgeschlagen hat.

DIE TOCHTER: Es müßte wohl bald blühen, denn Mittsommer ist vorbei –

DER GLASERMEISTER: Siehst du nicht die Blüte dort oben?

DIE TOCHTER: Ja, ich sehe sie! *Klatscht in die Hände.* Sag, Vater, warum wachsen Blumen aus dem Schmutz hervor?

DER GLASERMEISTER *fromm*: Weil ihnen im Schmutz nicht wohl

ist, versuchen sie, so schnell sie können, hinauf ins Licht zu kommen, um zu blühen und dann zu sterben!

DIE TOCHTER: Weißt du, wer in dem Schloß wohnt?

DER GLASERMEISTER: Ich habe es gewußt, aber ich erinnere mich nicht mehr.

DIE TOCHTER: Ich glaube, es sitzt ein Gefangener dort ..., und er wartet sicher, daß ich ihn befreie.

DER GLASERMEISTER: Doch zu welchem Preis?

DIE TOCHTER: Man feilscht nicht um das, was man tun muß. Laß uns ins Schloß hineingehen!

DER GLASERMEISTER: Ja, laß uns gehen!

Sie gehen in den Hintergrund, der sich langsam zu den Seiten hin öffnet. Die Bühne ist jetzt ein einfaches, kahles Zimmer mit einem Tisch und ein paar Stühlen. Auf einem Stuhl sitzt ein Offizier in einer höchst eigenartigen, modernen Uniform. Er wippt mit dem Stuhl und schlägt mit dem Säbel auf den Tisch.

DIE TOCHTER *geht zu dem Offizier und nimmt ihm sanft den Säbel aus der Hand*: Nicht so! Nicht so!

DER OFFIZIER: Ach, Agnes, laß mir den Säbel!

DIE TOCHTER: Nein, du schlägst den Tisch entzwei! *Zum Vater*: Geh jetzt in die Geschirrkammer und setz die Scheibe ein, wir treffen uns dann später!

Der Glasermeister geht.

DIE TOCHTER: Du bist in deinen Zimmern gefangen; ich bin gekommen, dich zu befreien!

DER OFFIZIER: Ich habe schon darauf gewartet, aber ich war nicht sicher, ob du es wolltest.

DIE TOCHTER: Das Schloß ist stark, es hat sieben Mauern, aber es wird gehen! ... Willst du oder willst du nicht?

DER OFFIZIER: Offen gesagt, ich weiß es nicht, denn was ich auch tue, geht böse für mich aus! Jede Freude im Leben muß mit doppeltem Kummer bezahlt werden. Hier, wo ich nun sitze, hab ich es schwer, aber wenn ich mir die süße Freiheit erkaufe, muß ich dreifach leiden. – Agnes, ich ertrage es lieber, wie es ist, wenn ich dich nur sehen darf!

DIE TOCHTER: Was siehst du in mir?

DER OFFIZIER: Das Schöne, die Harmonie im Universum. – Deine Gestalt hat Linien, die ich nur in den Bahnen des Sonnensystems wiederfinde, im schönen Klang der Saite, in den Vibrationen des Lichts. – Du bist ein Kind des Himmels …

DIE TOCHTER: Das bist du auch!

DER OFFIZIER: Warum muß ich dann Pferde hüten? Den Stall saubermachen und Streu ausfahren?

DIE TOCHTER: Weil du dich wegsehnen sollst!

DER OFFIZIER: Ich sehne mich weg, aber es ist so schwer, sich loszumachen!

DIE TOCHTER: Aber es ist eine Pflicht, draußen im Licht die Freiheit zu suchen!

DER OFFIZIER: Pflicht? Das Leben hat mir gegenüber niemals Pflichten wahrgenommen!

DIE TOCHTER: Du fühlst dich vom Leben ungerecht behandelt?

DER OFFIZIER: Ja, es ist ungerecht gewesen …

Man hört jetzt Stimmen hinter dem Zwischenvorhang, der gleich darauf zur Seite gezogen wird. Der Offizier und die Tochter schauen dorthin und erstarren dann in Geste und Miene. An einem Tisch sitzt die Mutter, sie wirkt kränklich. Vor ihr steht eine brennende Kerze, die sie ab und zu mit einer Lichtschere schneuzt. Auf dem Tisch liegen Stöße neuer Hemden, die sie mit Wäschetinte und Gänsefeder zeichnet. Links steht ein brauner Kleiderschrank.

DER VATER *reicht ihr eine Seidenmantille, mild*: Du willst sie nicht haben?

DIE MUTTER: Eine Seidenmantille, für mich, Lieber, was soll ich damit, wo ich doch bald sterben muß

DER VATER: Glaubst du nicht, was der Arzt sagt?

DIE MUTTER: Das auch, aber am meisten glaub ich der Stimme, die hier drinnen spricht.

DER VATER *traurig*: Dann ist es also ernst…? Und du denkst zuerst und zuletzt an deine Kinder!

DIE MUTTER: Das war doch mein Leben, meine Daseinsberechtigung …, meine Freude – und mein Kummer …

DER VATER: Kristina, verzeih mir – alles!

DIE MUTTER: Was denn? Verzeih du mir, Lieber! Wir haben einander gequält – warum? Das wissen wir nicht! Wir konnten nicht anders! … Hier sind also die neuen Hemden für die Kinder – achte darauf, daß sie zweimal in der Woche die Wäsche wechseln, Mittwoch und Sonntag, und daß Lovisa die Kinder wäscht – am ganzen Körper. – Willst du weggehen?

DER VATER: Ich muß um elf im Kollegium sein!

DIE MUTTER: Bevor du gehst, bitte Alfred, daß er zu mir kommt!

DER VATER *zeigt auf den Offizier*: Er ist doch hier, liebes Herz!

DIE MUTTER: Fangen auch meine Augen an, schwach zu werden …, ja, es wird dunkel … *Sie schneuzt die Kerze.* Komm, Alfred!

Der Vater geht, zum Abschied nickend, mitten durch die Wand hinaus. Der Offizier tritt zur Mutter.

DIE MUTTER: Wer ist das Mädchen dort?

DER OFFIZIER *flüsternd*: Das ist Agnes!

DIE MUTTER: Oh, das ist Agnes? Weißt du, was sie sagen? – Daß sie die Tochter des Gottes Indra ist, die ihn gebeten hat, hinunter auf die Erde zu dürfen, um zu erfahren, wie es bei den Menschen eigentlich zugeht … Aber sag nichts!

DER OFFIZIER: Sie ist ein Kind der Götter!

DIE MUTTER *laut*: Mein Alfred, ich werde dich und deine Geschwister bald verlassen … Laß mich dir ein Wort auf den Weg mitgeben!

DER OFFIZIER *traurig*: Sprich, Mutter!

DIE MUTTER: Nur ein Wort, erzürn dich nie mit Gott!

DER OFFIZIER: Was meinst du, Mutter?

DIE MUTTER: Du sollst dich nicht vom Leben benachteiligt fühlen.

DER OFFIZIER: Aber wenn man mich ungerecht behandelt.

DIE MUTTER: Du meinst das eine Mal, als du zu Unrecht bestraft wurdest, weil du ein Geldstück genommen haben solltest, das sich dann wiederfand!

DER OFFIZIER: Ja! Und diese Ungerechtigkeit gab meinem ganzen Leben eine schiefe Richtung –

DIE MUTTER: Na ja! Aber geh jetzt zu dem Schrank dort –

DER OFFIZIER *beschämt*: Du weißt es also! Es ist –

DIE MUTTER: Der Schweizer Robinson – der –

DER OFFIZIER: Sag nichts weiter!

DIE MUTTER: Für den dein Bruder bestraft wurde – und den du zerrissen und versteckt hattest!

DER OFFIZIER: Daß dieser Schrank nach zwanzig Jahren noch immer dort steht ... Wir sind doch so oft umgezogen, und meine Mutter ist vor zehn Jahren gestorben!

DIE MUTTER: Was hat das damit zu tun? Du mußt doch immer nach allem fragen, und dadurch verdirbst du dir das Beste im Leben! ... Da kommt Lina!

LINA *kommt herein*: Liebe Frau, ich bedanke mich vielmals, aber ich kann nicht in die Kirche gehen ...

DIE MUTTER: Warum nicht, mein Kind?

LINA: Ich hab nichts anzuziehn!

DIE MUTTER: Du darfst meine Mantille hier nehmen!

LINA: Nein, liebe Frau, das geht doch nicht!

DIE MUTTER: Ich verstehe dich nicht! Ich werde nie mehr ausgehen ...

DER OFFIZIER: Was wird Vater sagen? Es ist doch ein Geschenk von ihm.

DIE MUTTER: Wie kleinlich –

DER VATER *steckt den Kopf herein*: Willst du mein Geschenk dem Dienstmädchen ausleihen?

DIE MUTTER: Sprich nicht so – denk daran, daß ich auch einmal Dienstmädchen gewesen bin ..., warum willst du eine Unschuldige verletzen?

DER VATER: Warum willst du mich verletzen, deinen Gatten ...

DIE MUTTER: Was für ein Leben! Tut man etwas Schönes, so gibt es immer jemand, der es häßlich findet ..., tut man dem einen gut, tut man einem andern weh. Was für ein Leben! *Sie putzt das Licht so heftig, daß es erlischt.*

Es wird dunkel auf der Bühne, und der Zwischenvorhang wird vorgezogen.

DIE TOCHTER: Es ist schade um die Menschen!

DER OFFIZIER: Du findest das!

DIE TOCHTER: Ja, das Leben ist schwer, aber die Liebe überwindet alles! Komm und schau!

Sie gehen in den Hintergrund.

Der Hintergrund wird aufgezogen, eine alte, schmutzige Brandmauer erscheint als neuer Hintergrund. Mitten in der Mauer öffnet sich eine Gittertür zu einem Gang, der in einen grünen, hellen Platz mündet, auf dem ein riesiger, blauer Sturmhut (Aconitum) steht. Links neben der Tür sitzt die Pförtnerin, mit einem Schal um Kopf und Schultern, und häkelt an einer Sternendecke. Rechts befindet sich eine Anschlagtafel, die der Zettelankleber säubert, neben ihm lehnt ein rundes Fischernetz mit einer grünen Stange. Weiter hinten rechts ist eine Tür mit einem Luftloch in Form eines vierblättrigen Kleeblatts. Links von der Gittertür steht eine kleine Linde mit kohlschwarzem Stamm und ein paar hellgrünen Blättern; daneben eine Kellerluke.

DIE TOCHTER *geht zur Pförtnerin*: Ist die Sternendecke noch nicht fertig?

DIE PFÖRTNERIN: Nein, Kindchen, sechsundzwanzig Jahre sind keine Zeit für so ein Werk!

DIE TOCHTER: Und der Bräutigam ist niemals wiedergekommen?

DIE PFÖRTNERIN: Nein, aber es war nicht seine Schuld. Er mußte weg – der Arme. Es ist dreißig Jahre her!

DIE TOCHTER *zum Zettelankleber*: Sie war doch beim Ballett? Da oben in der Oper?

DER ZETTELANKLEBER: Sie war die Erste dort..., aber als er abreiste, hat er gleichsam ihren Tanz mit sich genommen..., und dann bekam sie keine Rollen mehr –

DIE TOCHTER: Alle klagen, mit den Augen zumindest, und mit der Stimme ...

DER ZETTELANKLEBER: Ich klage nicht am meisten ..., jetzt nicht, seit ich ein Netz und einen grünen Fischkasten bekommen habe!

DIE TOCHTER: Und das macht Sie glücklich?

DER ZETTELANKLEBER: Ja, und wie glücklich..., es war mein Jugendtraum..., und nun ist er wahr geworden, auch wenn ich nun schon fünfzig bin ...

DIE TOCHTER: Fünfzig Jahre für ein Netz und einen Fischkasten ...

DER ZETTELANKLEBER: Einen grünen Fischkasten, einen grünen...

DIE TOCHTER *zur Pförtnerin*: Gib mir deinen Schal, dann kann ich hier sitzen und die Menschenkinder betrachten! Aber bleib hinter mir stehen und erkläre mir alles! *Nimmt den Schal um und setzt sich neben die Gittertür.*

DIE PFÖRTNERIN: Heute ist der letzte Tag, bevor die Oper geschlossen wird – da erfahren sie, ob sie engagiert sind ...

DIE TOCHTER: Und die, die keine Anstellung bekommen?

DIE PFÖRTNERIN: Ja, Herr Jesus, das mit anzusehen ..., ich, ich zieh den Schal über den Kopf ...

DIE TOCHTER: Arme Menschen!

DIE PFÖRTNERIN: Sehen Sie, dort kommt eine! ... Sie gehört nicht zu den Auserwählten..., sehen Sie, wie sie weint!...

Die Sängerin kommt von rechts und stürzt durch die Gittertür hinaus, das Taschentuch gegen die Augen gepreßt. Sie bleibt einen Augenblick im Gang hinter der Gittertür stehen und lehnt den Kopf an die Wand, dann läuft sie schnell hinaus.

DIE TOCHTER: Es ist schade um die Menschen! ...

DIE PFÖRTNERIN: Aber hier – so sieht ein glücklicher Mensch aus!

Der Offizier erscheint im Gang, in Redingote und Zylinder und mit einem Rosenstrauß in der Hand, strahlend und heiter.

DIE PFÖRTNERIN: Er will Fräulein Victoria heiraten! ...

DER OFFIZIER *steht unten auf der Bühne, schaut hinauf und singt*: Victoria!

DIE PFÖRTNERIN: Das Fräulein kommt gleich!

DER OFFIZIER: Das ist gut! Die Kutsche wartet, der Tisch ist gedeckt, der Champagner eisgekühlt ... Darf ich Sie umarmen, meine Damen. *Er umarmt die Tochter und die Pförtnerin, singt*: Victoria!

EINE FRAUENSTIMME *singt von oben*: Ich bin hier!

DER OFFIZIER *läuft hin und her*: Gut! Ich warte!

DIE TOCHTER: Kennst du mich?

DER OFFIZIER: Nein, ich kenne nur eine Frau – Victoria! Sieben Jahre lang bin ich hier hin und her gegangen und habe auf sie gewartet ..., mittags, wenn die Sonne über den Schornsteinen stand, und abends, wenn es zu dunkeln begann ... Schaut, hier auf dem Asphalt, die Spuren des getreuen Liebhabers! Hurra! Sie ist mein! *Singt*: Victoria! *Er bekommt keine Antwort.* Na ja, sie zieht sich jetzt an! *Zum Zettelankleber*: Ein Schöpfnetz, wie ich sehe! Alle an der Oper schwärmen für Schöpfnetze ..., oder richtiger gesagt: für Fische! Die stummen Fische, weil sie nicht singen können ... Was kostet so ein Gerät?

DER ZETTELANKLEBER: Es ist ziemlich teuer!

DER OFFIZIER *singt*: Victoria! ... *Schüttelt die Linde.* Sieh an, jetzt grünt sie wieder! Zum achtenmal! ... *Singt*: Victoria! ... Jetzt kämmt sie sich die Stirnlöckchen! ... *Zur Tochter*: Hören Sie, gute Frau, lassen Sie mich hinauf und meine Braut holen! ...

DIE PFÖRTNERIN: Es wird keiner auf die Bühne gelassen!

DER OFFIZIER: Sieben Jahre bin ich hier auf und ab gegangen!

Siebenmal dreihundertfünfundsechzig macht zweitausendfünfhundertfünfundfünfzig! *Er bleibt stehen und macht sich an der Tür mit dem vierblättrigen Kleeblatt schaffen...* Und diese Tür hier habe ich zweitausendfünfhundertfünfundfünfzigmal gesehen und habe noch nicht herausbekommen, wohin sie führt! Und dieses Kleeblatt, das Licht hineinlassen soll ..., zu wem soll es Licht hineinlassen? Ist jemand da drinnen? Wohnt dort jemand?

DIE PFÖRTNERIN: Das weiß ich nicht! Ich habe nie gesehen, daß sie geöffnet wurde! ...

DER OFFIZIER: Sie sieht aus wie eine Speisekammertür, die ich gesehen habe, als ich vier Jahre alt war und eines Sonntags am Nachmittag mit dem Dienstmädchen ausging! Zu Besuch, zu irgendwelchen Familien, zu anderen Dienstmädchen, aber ich kam niemals weiter als bis in die Küche, und ich saß zwischen der Wassertonne und dem Salzscheffel; ich habe in meinem Leben so viele Küchen gesehen, und die Speisekammern waren immer im Flur, mit runden Luftlöchern und einem Kleeblatt! ... Aber die Oper hat doch keine Speisekammer, da sie keine Küche hat! *Singt*: Victoria! ... Hören Sie, Frau, sie kommt doch wohl nicht durch einen anderen Ausgang als diesen hier?

DIE PFÖRTNERIN: Nein, es gibt keinen anderen Ausgang!

DER OFFIZIER: Gut, dann werde ich sie treffen! *Er mustert die Theaterleute, die eilig herauskommen.*

DER OFFIZIER: Nun muß sie bald hier sein.! ... Liebe Frau! Dieser blaue Sturmhut da draußen! Ich kenne ihn seit meiner Kindheit ..., ist es derselbe? ... Ich erinnere mich an einen Pfarrhof, da war ich sieben Jahre alt ..., zwei Tauben sitzen da, blaue Tauben unter diesem Sturmhut ..., aber damals kam eine Biene und flog hinein ..., da dachte ich, jetzt hab ich dich! Und ich preßte die Blüte zusammen, aber die Biene stach hindurch, und ich weinte ..., da kam die Pfarrersfrau und kühlte den Stich mit feuchter Erde ..., und dann bekamen wir Walderdbeeren mit Milch zum Abendbrot! ...
Ich glaube, es wird schon dunkel – wohin geht der Zettelankleber?

DER ZETTELANKLEBER: Ich muß nach Hause, Abendbrot essen.

DER OFFIZIER *reibt sich die Augen*: Abendbrot? Um diese Zeit? Ach..., darf ich mal hineingehen und im „wachsenden Schloß" anrufen?

DIE TOCHTER: Was hast du dort zu tun?

DER OFFIZIER: Ich will dem Glasermeister sagen, er soll doppelte Scheiben einsetzen, denn bald ist Winter, und ich friere so entsetzlich! *Er geht in die Pförtnerloge.*

DIE TOCHTER: Wer ist Fräulein Victoria?

DIE PFÖRTNERIN: Sie ist seine Liebste!

DIE TOCHTER: Das ist die richtige Antwort! Was sie für uns und für andere ist, kümmert ihn nicht! Nur, was sie für ihn ist, das ist sie! ...

Es wird schnell immer dunkler.

DIE PFÖRTNERIN *zündet die Lampe an*: Heute kommt der Abend schnell!

DIE TOCHTER: Für die Götter ist ein Jahr wie eine Minute!

DIE PFÖRTNERIN: Und für Menschen kann eine Minute lang sein wie ein Jahr!

DER OFFIZIER *kommt wieder heraus; er sieht verstaubt aus, und die Rosen sind verwelkt*: Ist sie noch nicht gekommen?

DIE PFÖRTNERIN: Nein!

DER OFFIZIER: Sie kommt bestimmt! ... Sie kommt bestimmt! *Geht auf und ab* ... Aber es stimmt schon, ich tue vielleicht klug daran, das Souper trotzdem abzubestellen ... Es ist ja schon Abend ... Ja, ja, das werde ich tun! *Geht wieder hinein zum Telefon.*

DIE PFÖRTNERIN *zur Tochter*: Darf ich jetzt meinen Schal haben!

DIE TOCHTER: Nein, meine Freundin, du sollst frei sein, ich will deinen Dienst tun ..., denn ich will die Menschen und das Leben kennenlernen, ich will herausfinden, ob es so schwer ist, wie sie sagen.

DIE PFÖRTNERIN: Aber auf diesem Posten darf man nicht einschlafen, niemals einschlafen, weder in der Nacht noch am Tage ...

DIE TOCHTER: In der Nacht nicht schlafen?

DIE PFÖRTNERIN: Doch, wenn man kann, mit dem Klingelzug um den Arm ..., denn auf der Bühne gehen Nachtwächter die Runde, und die werden alle drei Stunden abgelöst ...

DIE TOCHTER: Das ist ja Folter ...

DIE PFÖRTNERIN: Das finden Sie, aber wir anderen sind froh, wenn wir so eine Stellung haben – wenn Sie wüßten, wie ich beneidet werde ...

DIE TOCHTER: Beneidet? Man beneidet den Gefolterten?

DIE PFÖRTNERIN: Ja! ... Aber sehn Sie, schwerer als Nachtwache und Plackerei, als Zugluft und Kälte und Feuchtigkeit, ist es, wenn einem all die Unglücklichen dort oben ihr Vertrauen entgegenbringen ... Sie kommen zu mir, und warum? Vielleicht lesen sie die Furchen in meinem Gesicht als Runenschrift, die das Leid eingezeichnet hat, und das flößt Vertrauen ein ... In diesem Schal, Kind, sind dreißig Jahre eigener Qualen und der Qualen anderer aufbewahrt!

DIE TOCHTER: Deshalb ist er auch so schwer und brennt wie Nesseln ...

DIE PFÖRTNERIN: Tragen Sie ihn, da Sie es wollen ..., wenn er zu schwer wird, rufen Sie mich, dann komme ich und löse Sie ab!

DIE TOCHTER: Leb wohl! Was du kannst, das muß ich wohl auch können!

DIE PFÖRTNERIN: Wir werden sehen! ... Aber seien Sie freundlich zu meinen armen Freunden, und werden Sie ihrer Klage nicht müde. *Sie verschwindet im Gang.*

Die Bühne wird völlig dunkel, und das Bild verändert sich währenddessen: die Linde steht nackt und kahl da, der Sturmhut ist fast verwelkt, und als es wieder hell wird, hat sich das Grün, das man am Ende des Ganges sah, in Herbstbraun verwandelt.

DER OFFIZIER *erscheint, während es hell wird. Er ist ergraut, seine Kleidung ist heruntergekommen, der steife Kragen schmutzig und zerknittert. Vom Rosenstrauß sind nur noch die Stiele übrig. Er geht auf und ab*: Die Zeichen deuten darauf hin, daß der Sommer vorbei und der Herbst nah ist. Ich sehe es an der Linde und am Sturmhut dort! ... *Geht auf und ab.* Aber der Herbst ist mein Frühling, denn dann macht das Theater wieder auf! Und da muß sie kommen! Liebe Frau, darf ich solange auf dem Stuhl hier sitzen?

DIE TOCHTER: Setz dich, mein Freund, ich kann stehen!

DER OFFIZIER *setzt sich*: Wenn ich nur ein bißchen schlafen könnte, dann ginge es besser! ... *Er nickt einen Augenblick ein, fährt wieder hoch und läuft herum; bleibt an der Tür mit dem Kleeblatt stehen und macht sich daran zu schaffen*: Diese Tür, sie läßt mir keine Ruhe ..., was ist dahinter? Es muß etwas sein! *Von oben ist leise Musik im Tanzrhythmus zu hören.* Oh, jetzt haben die Proben angefangen! *Auf die Bühne fällt jetzt in Abständen Licht wie von einem Leuchtfeuer.* Was ist das? *Skandiert im Rhythmus des Lichts*: Hell und dunkel, hell und dunkel?

DIE TOCHTER *ahmt ihn nach*: Tag und Nacht, Tag und Nacht! ... Eine gütige Vorsehung will dein Warten abkürzen! Und deshalb fliehen die Tage und jagen die Nächte

Die Bühne ist jetzt richtig hell; der Zettelankleber kommt mit seinem Fischnetz und seinem Arbeitsgerät.

DER OFFIZIER: Ach, der Zettelankleber, mit dem Fischnetz ..., gab's gute Beute?

DER ZETTELANKLEBER: Doch, doch! Der Sommer war warm und ziemlich lang ..., das Netz auch recht gut, aber nicht ganz so gut, wie ich gedacht hatte ...

DER OFFIZIER *betont*: Nicht ganz so gut, wie ich gedacht hatte! ... Das ist vorzüglich gesagt! Nichts ist so, wie ich gedacht hatte! ... Weil der Gedanke anders ist als das Tun, mehr als die Sache ... *Er geht hin und her und schlägt mit dem Rosenstrauß an die Wand, so daß die letzten Blätter abfallen.*

DER ZETTELANKLEBER: Ist sie noch nicht gekommen?

DER OFFIZIER: Nein, noch nicht, aber sie kommt bald! ... Wissen Sie, was hinter dieser Tür ist?

DER ZETTELANKLEBER: Nein, ich hab diese Tür niemals offen gesehen.

DER OFFIZIER: Ich werde nach einem Schlosser telefonieren, daß er sie aufmacht! *Geht hinein zum Telefon.*

Der Zettelankleber klebt ein Plakat an und geht nach rechts weiter.

DIE TOCHTER: Was hatte denn das Schöpfnetz für einen Fehler?

DER ZETTELANKLEBER: Fehler? Ja, es war eigentlich kein Fehler ..., aber es war nicht so, wie ich es mir gedacht hatte, und deshalb war die Freude nicht so groß ...

DIE TOCHTER: Wie hatten Sie sich das Netz denn gedacht?

DER ZETTELANKLEBER: Wie? ... Das kann ich nicht sagen ...

DIE TOCHTER: Dann will ich es sagen! ... Sie hatten es sich so gedacht, wie es nicht war! Grün sollte es sein, aber nicht dieses Grün!

DER ZETTELANKLEBER: Ja, Sie wissen es, liebe Frau! Sie wissen alles – und deshalb kommen alle zu Ihnen mit ihren Kümmernissen ... Wenn Sie mir auch einmal zuhören wollten ...

DIE TOCHTER: Das will ich gern. – Kommen Sie mit hinein und schütten Sie Ihr Herz aus ...

Sie geht in die Pförtnerloge. Der Zettelankleber steht draußen vor dem Fenster und spricht.

Es wird stockdunkel, dann langsam wieder hell, und jetzt ist die Linde wieder grün, und der Sturmhut blüht, die Sonne scheint auf den grünen Rasen am Ende des Ganges.
Der Offizier tritt auf; er ist jetzt alt und weißhaarig, zerlumpt, mit ausgetretenen Schuhen, er hält die Stiele des Rosenstraußes

in der Hand. er geht langsam, wie ein Greis, auf und ab, liest das Plakat.
Ein Ballettmädchen kommt von rechts.

DER OFFIZIER: Ist Fräulein Victoria gegangen?
DAS BALLETTMÄDCHEN: Nein, noch nicht!
DER OFFIZIER: Dann warte ich! Sie kommt doch bald?
DAS BALLETTMÄDCHEN *ernsthaft*: Ja, sicherlich!
DER OFFIZIER: Gehen Sie noch nicht, dann können Sie sehen, was hinter dieser Tür ist, ich habe nämlich nach dem Schlosser geschickt!
DAS BALLETTMÄDCHEN: Das wird richtig interessant, dabeizusein, wenn diese Tür aufgemacht wird. Diese Tür und das wachsende Schloß, kennen Sie das wachsende Schloß?
DER OFFIZIER: Und ob! – Ich bin doch dort gefangen gewesen!
DAS BALLETTMÄDCHEN: Nein, Sie waren das? Aber warum hatten die denn so viele Pferde dort?
DER OFFIZIER: Das war doch ein Stallschloß ...
DAS BALLETTMÄDCHEN *beschämt*: Wie dumm ich bin! Daß ich das nicht begriffen hab!

Ein Chorist kommt von rechts.

DER OFFIZIER: Ist Fräulein Victoria gegangen?
DER CHORIST *ernsthaft*: Nein, sie ist nicht gegangen! Sie geht nie!
DER OFFIZIER: Sie geht nicht, weil sie mich liebt! ... Herr Chorsänger, Sie dürfen jetzt nicht gehen, bevor der Schlosser kommt und die Tür hier aufmacht.
DER CHORIST: Oh, soll die Tür aufgemacht werden! Nein, wie interessant! ... Ich will nur die Pförtnerin etwas fragen.

Der Souffleur kommt von rechts.

DER OFFIZIER: Ist Fräulein Victoria gegangen?
DER SOUFFLEUR: Nein, nicht daß ich wüßte!
DER OFFIZIER: Na also! Hab ich nicht gesagt, daß sie auf mich

wartet! – Gehen Sie nicht, die Tür wird nämlich aufgemacht.

DER SOUFFLEUR: Welche Tür?

DER OFFIZIER: Gibt es mehr als eine Tür?

DER SOUFFLEUR: Jetzt weiß ich: die mit dem Kleeblatt! ... Da bleibe ich bestimmt! Will mich nur ein bißchen mit der Pförtnerin unterhalten!

Das Ballettmädchen, der Chorist und der Souffleur stellen sich neben den Zettelankleber vor das Fenster der Pförtnerloge und sprechen abwechselnd mit der Tochter.
Der Glasermeister kommt durch die Gittertür.

DER OFFIZIER: Sind Sie der Schlosser?

DER GLASERMEISTER: Nein, der Schlosser hatte Besuch, aber es geht ja genausogut mit dem Glaser.

DER OFFIZIER: Ja, das schon ..., das schon, aber haben Sie auch den Diamanten mit?

DER GLASERMEISTER: Natürlich! Ein Glasermeister ohne Diamant, was ist das schon?

DER OFFIZIER: Nichts! – Laßt uns also ans Werk schreiten!

Klatscht in die Hände.
Alle versammeln sich im Kreis um die Tür.
Choristen in Kostümen aus den „Meistersingern" und Statistinnen als Tänzerinnen aus „Aida" kommen von rechts hinzu.

DER OFFIZIER: Schlosser oder Glaser – tun Sie Ihre Pflicht!

Der Glasermeister tritt vor mit dem Diamanten.

DER OFFIZIER: Ein Augenblick wie dieser kehrt nicht oft im Leben eines Menschen wieder, deshalb, gute Freunde, bitte ich euch ..., genau zu bedenken ...

DER POLIZIST *tritt vor*: Im Namen des Gesetzes verbiete ich das Öffnen dieser Tür!

DER OFFIZIER: O Gott, was für ein Aufstand, wenn man etwas

Neues und Großes tun will! – Aber wir werden prozessieren! ... Zum Advokaten also! Da werden wir sehen, ob die Gesetze noch Bestand haben! – Zum Advokaten!

Die Bühne verwandelt sich bei offenem Vorhang in das Büro des Advokaten: die Gittertür bleibt stehen und fungiert als Tür in der Barriere, die quer über die Bühne geht. Die Pförtnerloge, jetzt vorn offen, ist das Schreibzimmer des Advokaten; die Linde, entlaubt, dient als Garderobenständer; an der Anschlagtafel hängen Bekanntmachungen und Gerichtsentscheidungen; die Tür mit dem vierblättrigen Kleeblatt gehört jetzt zu einem Aktenschrank. Der Advokat sitzt im Frack, mit weißer Halsbinde, links hinter der Barriere an einem mit Papieren überladenen Pult. Er sieht leidgeprüft aus, sein Gesicht ist kalkweiß, zerfurcht, mit fast violetten Schatten. Er ist häßlich, und sein Gesicht spiegelt alle Arten von Verbrechen und Lastern wider, mit denen er sich in seinem Beruf befassen mußte.
Der eine seiner beiden Schreiber hat nur einen Arm, der andere ist einäugig.
Die Leute, die sich versammelt hatten, um dem „Öffnen der Tür" beizuwohnen, stehen noch da, aber jetzt, als hätten sie immer darauf gewartet, beim Advokaten vorgelassen zu werden.
Die Tochter, im Schal, und der Offizier im Vordergrund.

DER ADVOKAT *geht auf die Tochter zu*: Sag, meine Schwester, kann ich diesen Schal haben – ich will ihn hier drin aufhängen, bis ich Feuer im Kachelofen gemacht habe, dann werde ich ihn mit all seinem Kummer und Elend verbrennen ...

DIE TOCHTER: Noch nicht, mein Bruder, ich will ihn erst richtig voll haben, und vor allem möchte ich deine Schmerzen darin sammeln, alles, was dir anvertraut wurde über Verbrechen, Laster, Ungerechtigkeit, Verleumdungen, Schmähungen ...

DER ADVOKAT: Liebe Freundin, da würde dein Schal nicht ausreichen! Schau diese Wände an: ist es nicht, als hätten alle

diese Sünden die Tapeten beschmutzt; sieh diese Papiere an, in die ich ganze Geschichten über das Unrecht eintrage; sieh mich an.
Hierher kommt nie ein Mensch, der lächelt; nur böse Blicke, gefletschte Zähne, geballte Fäuste ... Und alle speien sie ihre Bosheit, ihren Neid, ihre Verdächtigungen über mich. – Sieh, meine Hände sind schwarz, und sie können nie reingewaschen werden, siehst du, wie aufgesprungen und blutig sie sind. – Ich kann die Kleider nie länger als ein paar Tage tragen, weil sie von den Verbrechen anderer stinken. – Manchmal lasse ich hier drin ausschwefeln, aber es hilft nicht; ich schlafe hier nebenan und träume nur von Verbrechen.
Ich habe gegenwärtig einen Mordfall bei Gericht zu verhandeln – das geht noch an, aber weißt du, was schlimmer als alles andere ist? ... Ein Ehepaar zu scheiden! – Das ist, als wenn es tief in der Erde und hoch oben im Himmel schreit ... Verrat schreit an der Urkraft, an der Quelle des Guten, an der Liebe ... Und siehst du, wenn das Papier mit ihren gegenseitigen Anklagen vollgeschrieben ist und schließlich ein liebevoller Mensch mit dem einen der beiden Ehegatten unter vier Augen spricht, ihn am Ohr zieht und lächelnd die einfache Frage stellt: Was hast du eigentlich gegen deinen Mann – oder gegen deine Frau –, dann steht er – oder sie – sprachlos da und weiß keinen Grund! Einmal – ja, da ging es wohl um grünen Salat, ein andermal war es ein Wort, meistens gar nichts. Aber diese Qualen, dieses Leiden! Die werden mir aufgeladen! – Schau, wie ich aussehe! Glaubst du, ich könnte die Liebe einer Frau gewinnen mit diesem Aussehen eines Verbrechers? Und glaubst du, jemand will mich zum Freund haben, mich, der die ganzen Schulden, Geldschulden der Stadt eintreiben muß? – Ein Jammer ist es, Mensch zu sein!

DIE TOCHTER: Es ist schade um die Menschen!

DER ADVOKAT: Ja, wirklich! Und wovon die Menschen leben, ist mir ein Rätsel! Sie heiraten mit einem Einkommen von zweitausend Kronen, wenn sie viertausend brauchen – natürlich borgen sie, alle borgen! Sie schlagen sich mühsam durch, bis sie sterben – ihr Nachlaß sind immer Schulden! Wer's schließlich bezahlen soll, ja, sag mir das!

DIE TOCHTER: Der, der die Vögel ernährt!

DER ADVOKAT: Ja! Wenn der, der die Vögel ernährt, auf seine Erde heruntersteigen und sich ansehen würde, wie es den armen Menschenkindern ergeht, würde er vielleicht Mitleid bekommen ...

DIE TOCHTER: Es ist schade um die Menschen!

DER ADVOKAT: Ja, das ist wirklich wahr! – *Zum Offizier*: Was wünschen Sie?

DER OFFIZIER: Ich wollte nur fragen, ob Fräulein Victoria gegangen ist!

DER ADVOKAT: Nein, das ist sie nicht, Sie können ganz ruhig sein ... Was machen Sie da an meinem Schrank?

DER OFFIZIER: Mir schien die Tür so ähnlich –

DER ADVOKAT: O nein, nein, nein!

Man hört Kirchenglocken läuten.

DER OFFIZIER: Ist ein Begräbnis in der Stadt?

DER ADVOKAT: Nein, es ist Promotion, die Doktorpromotion. Und ich bin gerade auf dem Weg dorthin, ich soll Doktor juris werden. Vielleicht haben Sie auch Lust zu promovieren und einen Lorbeerkranz zu empfangen?

DER OFFIZIER: Ja, warum nicht? Das wäre jedenfalls eine kleine Abwechslung –

DER ADVOKAT: Wollen wir uns dann gleich zu dem feierlichen Akt begeben? – Gehen Sie sich nur schnell umziehen!

Der Offizier geht hinaus; die Bühne wird dunkel, während folgende Verwandlung vor sich geht: die Barriere wird zur Balustrade vor dem Chor in einer Kirche; die Anschlagtafel wird zur Nummerntafel für die Gesangbuchlieder; der Linden-Garderobenständer wird zum Kandelaber, das Pult des Advokaten wird zum Katheder des Promotors, die Tür mit dem Kleeblatt führt jetzt zur Sakristei. – Die Choristen aus den Meistersingern stellen Herolde mit geschmückten Stäben dar,

und die Statistinnen tragen Lorbeerkränze in den Händen. Die übrigen Leute bleiben als Zuschauer stehen. Der Hintergrund wird hochgezogen, und der neue Hintergrund wird von einer großen Orgel eingenommen, mit den Registern unten und dem Spiegel darüber.
Musik erklingt! An beiden Seiten der Bühne stehen die Vertreter der vier Fakultäten: Philosophie, Theologie, Medizin, Jurisprudenz. Die Bühne bleibt einen Augenblick leer.
Die Herolde treten von rechts vor, danach die Statistinnen mit den Lorbeerkränzen in den ausgestreckten Händen.
Drei Doktorkandidaten treten nacheinander von links vor, werden von den Statistinnen bekränzt und gehen nach rechts ab. Der Advokat tritt vor, um sich bekränzen zu lassen. Die Statistinnen wenden sich ab, weigern sich, ihn zu bekränzen, und gehen hinaus. Der Advokat lehnt sich erschüttert an einen Pfeiler.
Alle ziehen sich zurück. Der Advokat bleibt allein.

DIE TOCHTER *kommt, mit einem weißen Schleier über Kopf und Schultern*: Siehst du, nun habe ich den Schal gewaschen ... Aber warum stehst du hier? Hast du den Kranz nicht bekommen?
DER ADVOKAT: Nein, ich war seiner nicht würdig.
DIE TOCHTER: Warum? Weil du dich der Armen angenommen, ein gutes Wort für den Verbrecher eingelegt, die Bürde des Schuldigen erleichtert, dem Verurteilten Aufschub verschafft hast ... Weh den Menschen – sie sind keine Engel, aber es ist schade um sie.
DER ADVOKAT: Sprich nicht schlecht von den Menschen, ich muß doch ihre Sache vertreten ...
DIE TOCHTER *an die Orgel gelehnt*: Warum schlagen sie ihre Freunde ins Gesicht?
DER ADVOKAT: Sie wissen es nicht besser!
DIE TOCHTER: Dann müssen wir sie aufklären! Willst du? Zusammen mit mir!
DER ADVOKAT: Sie wollen keine Aufklärung! ... Oh, daß unsere Klage die Götter im Himmel erreichte ...

DIE TOCHTER: Sie wird den Thron erreichen! – *Stellt sich an die Orgel.* Weißt du, was ich hier im Spiegel sehe? – Die Welt zurechtgewendet! – Ja, weil sie selbst verkehrt ist!

DER ADVOKAT: Wie wurde sie verkehrt?

DIE TOCHTER: Als das Abbild gemacht wurde –

DER ADVOKAT: Ja, du hast recht! Das Abbild ..., ich habe immer geahnt, daß es ein falsches Abbild war ..., und als ich anfing, mich der Urbilder zu erinnern, da fand ich, daß nichts mehr stimmte ... Das nannten die Menschen dann Unzufriedenheit und Blendwerk des Teufels und noch anderes mehr ...

DIE TOCHTER: Es ist schon verrückt! Sieh diese vier Fakultäten an! – Die gesellschaftsbewahrende Regierung entlohnt sie alle vier: die Theologie, die Lehre von Gott, die ständig angegriffen und lächerlich gemacht wird von der Philosophie, die sich wiederum als die Weisheit selbst ausgibt! Und die Medizin, die die Philosophie ablehnt und die Theologie nicht zu den Wissenschaften zählt, sondern Aberglauben nennt. Und alle zusammen sitzen sie im selben Konsistorium, das der Jugend Respekt beibringen soll – vor der Universität! Das ist doch ein Tollhaus! Und weh dem, der das zuerst durchschaut!

DER ADVOKAT: Als erste erfahren es die Theologen. Als Vorstudium haben sie Philosophie, die ihnen eibringt, daß die Theologie Nonsens ist, dann lernen sie in der Theologie, daß die Philosophie Nonsens ist! Toren, was?

DIE TOCHTER: Und dann die Rechtswissenschaft, sie dient allen, nur nicht den Dienenden!

DER ADVOKAT: Die Gerechtigkeit wird dem zum Verhängnis, der gerecht sein will! – Recht, das so oft unrecht tut.

DIE TOCHTER: Wie habt ihr euch nur die Welt eingerichtet, ihr Menschenkinder! Kinder! – Komm, du sollst von mir einen Kranz bekommen, einen, der dich besser kleidet! *Setzt ihm eine Dornenkrone auf.* Nun werde ich dir etwas vorspielen! *Sie setzt sich an die Orgel und spielt ein Kyrie, doch anstelle der Orgel ertönen Menschenstimmen.*

KINDERSTIMMEN: Ewiger! Ewiger! *Der letzte Ton wird ausgehalten.*

FRAUENSTIMMEN: Erbarme dich! *Der letzte Ton wird ausgehalten.*

MÄNNERSTIMMEN *Tenöre*: Erlöse uns, um deiner Barmherzigkeit willen! *Der letzte Ton wird ausgehalten.*

MÄNNERSTIMMEN *Bässe*: Verschone deine Kinder, Herr, und zürne uns nicht!

ALLE: Erbarme dich! Erhöre uns! Hab Mitleid mit den Sterblichen! – Ewiger, du bist so fern! – Aus der Tiefe rufen wir: Gnade, Ewiger! Mach deinen Kindern die Bürde nicht zu schwer! Erhöre uns! Erhöre uns!

Die Bühne wird dunkel, die Tochter erhebt sich und nähert sich dem Advokaten.
Veränderte Beleuchtung verwandelt die Orgel in die Fingalsgrotte. Das Meer wogt bis unter die Basaltsäulen, Wogen und Wind vereinen sich zu einem Klang-Ensemble.

DER ADVOKAT: Wo sind wir, Schwester?

DIE TOCHTER: Was hörst du?

DER ADVOKAT: Ich höre Tropfen fallen ...

DIE TOCHTER: Es sind Tränen, die die Menschen weinen ... Was hörst du noch?

DER ADVOKAT: Es seufzt ..., es winselt ..., es jammert ...

DIE TOCHTER: Bis hierher ist die Klage der Sterblichen gelangt, nicht weiter. Doch warum dieses ewige Klagen? Hat denn das Leben gar keine Freude?

DER ADVOKAT: Doch, die süßeste, die auch die bitterste ist – die Liebe! Frau und Heim! Das Höchste und das Geringste!

DIE TOCHTER: Ich möchte es erproben!

DER ADVOKAT: Mit mir?

DIE TOCHTER: Mit dir! Du kennst die Klippen, die Steine, an denen man sich wund stößt – wir können ihnen ausweichen!

DER ADVOKAT: Ich bin arm!

DIE TOCHTER: Was tut das, wenn wir uns nur lieben? Und etwas Schönheit kostet nichts!

DER ADVOKAT: Ich habe Abneigungen, wo du vielleicht Zuneigung empfindest?

DIE TOCHTER: Das kann man ausgleichen!

DER ADVOKAT: Und wenn wir einander überdrüssig werden?

DIE TOCHTER: Dann kommt ein Kind, lenkt uns ab und läßt alles wieder neu erscheinen!

DER ADVOKAT: Du, du willst mich haben – arm und häßlich, verachtet, ausgestoßen, wie ich bin?

DIE TOCHTER: Ja! Laß uns unsere Geschicke vereinen!

DER ADVOKAT: So sei es!

Eine sehr einfache Kammer hinter dem Büro des Advokaten. Rechts ein großes Doppelbett mit Vorhängen, daneben ein Fenster. Links ein eiserner Herd mit Kochtöpfen. Kristin ist dabei, die Innenfenster abzudichten. Im Hintergrund steht die Tür zum Büro offen, draußen warten ärmlich gekleidete Leute.

KRISTIN: Ich kleistre, ich kleistre!

DIE TOCHTER *sitzt, bleich und abgezehrt, neben dem Ofen*: Du sperrst die Luft aus! Ich ersticke! ...

KRISTIN: Nun ist bloß noch ein kleiner Spalt offen!

DIE TOCHTER: Luft, Luft, ich kann nicht atmen!

KRISTIN: Ich kleistre, ich kleistre!

DER ADVOKAT: Recht so, Kristin, Wärme ist teuer!

DIE TOCHTER: Oh, es ist, als leimtest du mir den Mund zu!

DER ADVOKAT *steht mit einem Papier in der Hand in der Tür*: Schläft das Kind?

DIE TOCHTER: Ja, endlich!

DER ADVOKAT *mild*: Dieses Geschrei verscheucht meine Klienten!

DIE TOCHTER *freundlich*: Was kann man dagegen tun?

DER ADVOKAT: Nichts!

DIE TOCHTER: Wir müssen eine größere Wohnung haben!

DER ADVOKAT: Wir haben kein Geld!

DIE TOCHTER: Darf ich das Fenster aufmachen? Ich ersticke in dieser schlechten Luft.

DER ADVOKAT: Dann zieht die Wärme hinaus, und wir müssen frieren!

DIE TOCHTER: Das ist furchtbar! ... Können wir denn da draußen scheuern?

DER ADVOKAT: Du schaffst es nicht, ich auch nicht, und Kristin muß kleistern, das ganze Haus muß sie zukleistern, jeden Spalt, in der Decke, im Fußboden, in den Wänden!

DIE TOCHTER: Auf Armut war ich vorbereitet, nicht auf Schmutz!

DER ADVOKAT: Armut ist immer ziemlich schmutzig!

DIE TOCHTER: Das ist schlimmer, als ich es mir vorgestellt habe!

DER ADVOKAT: Wir sind nicht am schlimmsten dran! Noch gibt es Essen im Topf!

DIE TOCHTER: Aber was für Essen?

DER ADVOKAT: Kohl ist billig, nahrhaft und gut!

DIE TOCHTER: Für den, der Kohl mag! Mir ist er zuwider!

DER ADVOKAT: Warum hast du das nicht gesagt?

DIE TOCHTER: Weil ich dir zugetan war, wollte ich dir meinen Geschmack opfern!

DER ADVOKAT: Dann muß ich dir meine Vorliebe für Kohl opfern! Die Opfer müssen gegenseitig sein.

DIE TOCHTER: Was wollen wir dann essen? Fisch? Aber du magst keinen Fisch.

DER ADVOKAT: Und außerdem ist er teuer!

DIE TOCHTER: Es ist schwerer, als ich dachte!

DER ADVOKAT *freundlich*: Du siehst, wie schwer es ist! ... Und das Kind, das zum vereinigenden Band, zum Segen werden sollte ..., wird unser Verderben!

DIE TOCHTER: Liebster! Ich sterbe in dieser Luft, in diesem Zimmer mit der Aussicht auf den Hinterhof, mit diesem Kindergeschrei in endlosen Stunden ohne Schlaf, mit diesen Menschen da draußen, ihrem Gejammer und Gezänk, ihren Beschuldigungen ... Ich muß hier drinnen sterben!

DER ADVOKAT: Arme kleine Blume, ohne Licht, ohne Luft ...

DIE TOCHTER: Und du sagst, es gibt welche, die es schwerer haben!

DER ADVOKAT: Ich gehöre hier im Viertel zu den Beneideten.

DIE TOCHTER: Alles wäre zu ertragen, wenn ich nur ein wenig Schönheit hier im Hause hätte!

DER ADVOKAT: Ich weiß, du meinst eine Blume, besonders eine Heliotropblüte, aber die kostet eine Krone und fünfzig Öre, das sind sechs Liter Milch oder zehn Pfund Kartoffeln.

DIE TOCHTER: Ich will gern auf Essen erzichten, wenn ich nur meine Blume bekomme.

DER ADVOKAT: Es gibt eine Schönheit, die nichts kostet, und wenn sie im Heim fehlt, dann bedeutet das für einen Mann mit Schönheitssinn die schlimmste Qual!

DIE TOCHTER: Was meinst du?

DER ADVOKAT: Wenn ich es sage, wirst du böse!

DIE TOCHTER: Wir haben uns geeinigt, nicht böse zu werden!

DER ADVOKAT: Wir haben uns geeinigt – alles, Agnes, nur nicht diesen kurzen, harten Tonfall! Kennst du solche Töne? Noch nicht!

DIE TOCHTER: Wir wollen sie lassen!

DER ADVOKAT: Ja, ich will es auf jeden Fall!

DIE TOCHTER: Sprich nun!

DER ADVOKAT: Also, wenn ich in ein Heim komme, achte ich zuerst darauf, wie die Gardine aufgehängt ist – *geht zum Fenster und rückt die Gardine zurecht* –, wenn sie wie ein Strick sitzt oder wie ein Lappen – dann gehe ich bald wieder! Dann werfe ich einen Blick auf die Stühle – wenn sie ordentlich dastehen, dann bleibe ich! *Rückt einen Stuhl an die Wand.* Dann sehe ich nach den Kerzen in den Leuchtern – wenn sie schief stehen, ist mit dem Haus etwas schief! *Rückt eine Kerze auf der Kommode gerade.* – Siehst du, meine Kleine, diese Schönheit ist es, die nichts kostet!

DIE TOCHTER *senkt den Kopf auf die Brust*: Nicht diese kurzen Töne, Axel!

DER ADVOKAT: Sie waren nicht kurz!

DIE TOCHTER: O doch!

DER ADVOKAT: Was denn, zum Donnerwetter!

DIE TOCHTER: Wie sprichst du mit mir?

DER ADVOKAT: Verzeih, Agnes! Aber ich habe unter deiner Unordentlichkeit genauso gelitten wie du unter dem Schmutz! Und ich wollte nicht selber Ordnung machen, weil du das als Vorwurf aufgefaßt hättest und böse geworden wärst..., uff! Wollen wir jetzt aufhören?

DIE TOCHTER: Es ist entsetzlich schwer, verheiratet zu sein..., schwerer als alles andere! Man muß ein Engel sein, glaube ich!

DER ADVOKAT: Ja, das glaube ich auch!

DIE TOCHTER: Ich glaube, ich fange jetzt an, dich zu hassen!

DER ADVOKAT: Dann wehe uns! – Aber laß uns dem Haß zuvorkommen! Ich verspreche dir, ich werde dich nie mehr wegen der Unordnung tadeln – obwohl es eine Tortur für mich ist!

DIE TOCHTER: Und ich werde Kohl essen, obwohl es eine Qual für mich ist!

DER ADVOKAT: Also ein Zusammenleben unter Qualen! Des einen Genuß ist des anderen Plage!

DIE TOCHTER: Es ist schade um die Menschen!

DER ADVOKAT: Du siehst es ein?

DIE TOCHTER: Ja! Aber laß uns in Gottes Namen die Klippen vermeiden, da wir sie nun so gut kennen!

DER ADVOKAT: Ja, das wollen wir! Wir sind doch humane und aufgeklärte Menschen, wir können doch verzeihen und nachsichtig sein!

DIE TOCHTER: Wir können doch über Kleinigkeiten lächeln!

DER ADVOKAT: Wir, nur wir können es!... Weißt du, ich habe heute im Morgenblatt gelesen – apropos – wo ist die Zeitung?

DIE TOCHTER *verlegen*: Welche Zeitung?

DER ADVOKAT *hart*: Halte ich mehr als eine Zeitung?

DIE TOCHTER: So lächle doch, und spricht nicht so hart! – Ich habe mit deiner Zeitung Feuer gemacht...

DER ADVOKAT *heftig*: Das ist doch nicht zu fassen, zum Donnerwetter!

DIE TOCHTER: Lächle doch!... Ich habe sie verbrannt, weil sie verhöhnt, was mir heilig ist...

DER ADVOKAT: Und was mir nicht heilig ist! Tja ... *Schlägt, außer sich, die Hände zusammen.* Ich werde lächeln, ich werde lächeln, daß man die Backenzähne sieht..., ich werde human sein und mit meinen Ansichten hinter dem Berg halten und zu allem ja sagen und mich drücken und heucheln! Du hast also meine Zeitung verbrannt! Sieh an! *Er ordnet die Gardine am Bettpfosten.* Aha! Jetzt werde ich mich dranmachen und aufräumen, damit du böse wirst! ... Agnes, das alles ist ganz einfach unmöglich!

DIE TOCHTER: Natürlich!

DER ADVOKAT: Und trotzdem müssen wir aushalten, nicht wegen der Versprechen, aber wegen des Kindes!

DIE TOCHTER: Das ist wahr! Wegen des Kindes! Oh! – Oh! ... Wir müssen aushalten!

DER ADVOKAT: Und jetzt muß ich hinausgehen zu meinen Klienten! Hörst du, wie sie murren – vor Ungeduld, einander in Stücke reißen zu können, den andern zu Geldbußen zu zwingen, ihn ins Gefängnis zu bringen..., unselige Geister!

DIE TOCHTER: Arme, arme Menschen! Und dieses Kleistern! *Sie senkt in stummer Verzweiflung den Kopf.*

KRISTIN: Ich kleistre, ich kleistre!

Der Advokat steht an der Tür und hantiert nervös am Türgriff.

DIE TOCHTER: Oh, wie das Schloß schreit – das ist, als drücktest du die Feder in meinem Herzen zusammen ...

DER ADVOKAT: Ich drücke, ich drücke ...

DIE TOCHTER: Hör auf!

DER ADVOKAT: Ich drücke ...

DIE TOCHTER: Nein!

DER ADVOKAT: Ich –

DER OFFIZIER *öffnet die Tür von der andern Seite*: Gestatten Sie!

DER ADVOKAT *läßt den Griff los*: Bitte sehr! Da Sie promoviert sind!

DER OFFIZIER: Nun ist das ganze Leben mein! Alle Wege stehen mir offen, der Parnaß ist erreicht, der Lorbeer errungen, Unsterblichkeit, Ehre, alles ist mein!

DER ADVOKAT: Und wovon wollen Sie leben?

DER OFFIZIER: Wovon leben?

DER ADVOKAT: Sie brauchen doch wohl Wohnung, Kleidung, Essen?

DER OFFIZIER: Das findet sich immer, wenn man nur jemanden hat, der zu einem hält!

DER ADVOKAT: So, so! – Mag sein! ... Kleistre, Kristin! Kleistre, bis sie nicht mehr atmen können! *Er geht, mit dem Kopf nickend, rückwärts hinaus.*

KRISTIN: Ich kleistre, ich kleistre, bis sie nicht mehr atmen können!

DER OFFIZIER: Kommst du nun mit?

DIE TOCHTER: Sofort! Aber wohin?

DER OFFIZIER: Nach Schönbucht! Dort ist Sommer, dort scheint die Sonne, dort ist Jugend, sind Kinder und Blumen, Gesang und Tanz, Fest und Jubel!

DIE TOCHTER: Dort will ich hin!

DER OFFIZIER: Komm!

DER ADVOKAT *kommt zurück*: Nun kehre ich in meine erste Hölle zurück, hier war die zweite – und größte! Das Süßeste ist die größte Hölle! – Ach ja, jetzt hat sie die Haarnadeln schon wieder auf den Fußboden geworfen! *Er hebt etwas auf.*

DER OFFIZIER: Nein, jetzt hat er sogar die Haarnadeln entdeckt!

DER ADVOKAT: Sogar? – Sehen Sie, hier, das sind zwei Drähte, aber eine Nadel! Das sind zwei – und doch eins! Biege ich sie gerade, dann ist es ein einziges Stück. Biege ich sie um, dann sind es zwei – und bleiben doch eins! Das bedeutet: die zwei sind eins. Aber wenn ich sie auseinander breche – hier! Dann sind es zwei, zwei! *Zerbricht die Haarnadel und wirft die Stücke weg.*

DER OFFIZIER: Das hat er alles entdeckt! – Aber ehe man sie zerbrechen kann, müssen die Teile divergieren! Konvergieren sie, dann hält es!

DER ADVOKAT: Und sind sie parallel, dann treffen sie sich niemals, es hält weder, noch bricht es.

DER OFFIZIER: Die Haarnadel ist das vollkommenste von allen Dingen, die je geschaffen wurden! Eine Gerade, die gleich zwei Parallelen ist!

DER ADVOKAT: Ein Schloß, das schließt, wenn es offen ist!

DER OFFIZIER: Schließt eine Haarflechte, die offen bleibt, wenn sie geschlossen wird ...

DER ADVOKAT: Wie diese Tür! Wenn ich sie schließe, öffne ich dir den Weg hinaus, Agnes! *Er zieht sich zurück und schließt die Tür.*

DIE TOCHTER: Also?

Verwandlung auf der Bühne: das Bett mit den Vorhängen wird zu einem Zelt, der eiserne Herd bleibt stehen; der Hintergrund geht hoch: rechts im Vordergrund sieht man verbrannte Berge mit rotem Heidekraut und schwarz-weißen Baumstümpfen nach einem Waldbrand, rote Schweinekoben und Schuppen. Unterhalb eine Anlage für mechanische Heilgymnastik, wo Menschen mit Apparaten behandelt werden, die wie Folterinstrumente aussehen. Links im Vordergrund ein Teil der Quarantänegebäude: offene Hütten mit Feuerstellen, eingemauerten Kesseln und Rohrleitungen. Im mittleren Teil der Bühne ein Meeressrund. In der Ferne ein schönes, mit Laubbäumen bewachsenes Ufer; an den flaggengeschmückten Landungsbrücken liegen weiße Boote vertäut, teils mit gehißten Segeln, teils ohne Segel. Zwischen dem Laubwerk am Ufer kleine Villen im italienischen Stil, Pavillons, Kioske, Marmorstatuen. Der Quarantänemeister geht, als Mohr verkleidet, am Strand entlang.

DER OFFIZIER *tritt auf ihn zu und schüttelt ihm die Hand*: Nein, sieh da, Redemeier! Bist du hier gelandet?

DER QUARANTÄNEMEISTER: Wie du siehst!

DER OFFIZIER: Ist das hier Schönbucht?

DER QUARANTÄNEMEISTER: Nein, das liegt dort drüben – hier ist Schamsund!

DER OFFIZIER: Da sind wir verkehrt gegangen!

DER QUARANTÄNEMEISTER: Wir? – Willst du mich nicht vorstellen?

DER OFFIZIER: Nein, das ist unpassend! *Halblaut*: Das ist doch die Tochter Indras!

DER QUARANTÄNEMEISTER: Indras? Ich dachte, es sei Waruna selbst! – Na, wunderst du dich nicht über mein schwarzes Gesicht?

DER OFFIZIER: Mein Junge, ich bin fünfzig Jahre alt, da wundert einen nichts mehr! – Ich habe mir gleich gedacht, daß du heute nachmittag zur Maskerade gehen willst!

DER QUARANTÄNEMEISTER: Stimmt genau! Und ich hoffe, ihr kommt mit?

DER OFFIZIER: Sicherlich, denn hier – hier sieht es nicht verlockend aus! – Was sind das für Leute, die hier wohnen?

DER QUARANTÄNEMEISTER: Hier wohnen die Kranken, dort drüben wohnen die Gesunden!

DER OFFIZIER: Dann sind hier wohl nur die Armen?

DER QUARANTÄNEMEISTER: Nein, mein Bester, hier sind die Reichen! Schau dir den da auf der Streckbank an! Er hat viel zuviel Gänseleber mit Trüffeln gegessen und so viel Burgunder getrunken, daß seine Füße ganz verkrüppelt sind!

DER OFFIZIER: Verkrüppelt?

DER QUARANTÄNEMEISTER: Ja, er hat Gichtfüße bekommen! – Und der da, auf der Guillotine, der hat so viel Hennessy getrunken, daß seine Wirbelsäule ausgemangelt werden muß!

DER OFFIZIER: Das ist aber auch nicht gut!

DER QUARANTÄNEMEISTER: Im übrigen wohnen hier auf dieser Seite alle, die irgendein Elend zu verbergen haben! Sieh den an, der da kommt, zum Beispiel!

Ein älterer Lebemann wird im Rollstuhl hereingefahren, begleitet von einer mageren, häßlichen Kokotte. Sie ist um die

Sechzig, nach der letzten Mode gekleidet; ihr „Freund“, etwa vierzig, macht ihr den Hof.

DER OFFIZIER: Das ist der Major! Unser Schulkamerad?

DER QUARANTÄNEMEISTER: Der Don Juan! Siehst du, er ist immer noch in das Gespenst an seiner Seite verliebt. Er sieht nicht, daß sie gealtert ist, daß sie häßlich ist, treulos, grausam!

DER OFFIZIER: Ja, das ist Liebe! Ich hätte niemals geglaubt, daß dieser Leichtfuß so tief und ernsthaft lieben könnte!

DER QUARANTÄNEMEISTER: Was für eine schöne Einstellung du hast!

DER OFFIZIER: Ich habe selbst Victoria geliebt – ja, ich wandere immer noch im Korridor auf und ab und warte auf sie ...

DER QUARANTÄNEMEISTER: Du bist das, der im Korridor auf und ab geht?

DER OFFIZIER: Ja, ich!

DER QUARANTÄNEMEISTER: Na, habt ihr denn endlich die Tür aufbekommen?

DER OFFIZIER: Nein, unser Prozeß läuft noch ... Der Zettelankleber ist wie immer mit dem Schöpfnetz unterwegs, so daß sich die Zeugenaussagen verzögern ..., unterdessen hat der Glasermeister die Scheiben im Schloß eingesetzt, es ist eine halbe Etage gewachsen ... Es war ein ungewöhnlich gutes Jahr ..., warm und feucht!

DER QUARANTÄNEMEISTER: Aber so warm, wie es bei mir drinnen ist, habt ihr's trotzdem nicht gehabt!

DER OFFIZIER: Wie warm ist es denn in den Öfen?

DER QUARANTÄNEMEISTER: Wenn wir Choleraverdächtige desinfizieren, sechzig Grad.

DER OFFIZIER: Grassiert denn die Cholera schon wieder?

DER QUARANTÄNEMEISTER: Weißt du das nicht? ...

DER OFFIZIER: Doch, natürlich weiß ich das, aber ich vergesse so oft, was ich weiß!

DER QUARANTÄNEMEISTER: Ich wünsche oft, ich könnte vergessen, vor allem mich selbst, deshalb suche ich Maskeraden, Verkleidungen und Gesellschaftsspektakel.

DER OFFIZIER: Was hast du denn in all der Zeit gemacht?
DER QUARANTÄNEMEISTER: Wenn ich darüber spreche, heißt es, ich prahle, schweige ich, werde ich Heuchler genannt!
DER OFFIZIER: Hast du dir deshalb das Gesicht geschwärzt?
DER QUARANTÄNEMEISTER: Ja! Ein bißchen schwärzer als ich bin!
DER OFFIZIER: Wer kommt da?
DER QUARANTÄNEMEISTER: Oh, das ist ein Dichter! Er muß sein Schlammbad haben!

Der Dichter tritt auf, mit einem Eimer Schlamm in der Hand, den Blick gen Himmel gerichtet.

DER OFFIZIER: Der sollte lieber in Licht und Luft baden!
DER QUARANTÄNEMEISTER: Nein, er schwebt die ganze Zeit in den höchsten Regionen, da bekommt er Heimweh nach dem Schlamm ..., der macht die Haut hart, wie beim Schwein, das sich im Unrat wälzt. Dann spürt er die Stiche der Bremsen nicht!
DER OFFIZIER: Was für eine sonderbare Welt von Widersprüchen!
DER DICHTER *ekstatisch*: Aus Lehm schuf Gott Ptah den Menschen auf einer Töpferscheibe, einer Drehscheibe – *skeptisch* oder weiß der Teufel, worauf! – *Ekstatisch*: Aus Lehm formt der Bildhauer sein mehr oder weniger unsterbliches Meisterwerk – *skeptisch* –, das meistens nur Plunder ist! *Ekstatisch*: Aus Lehm werden alle für die Speisekammer notwendigen Gefäße gemacht, die man allgemein Töpfe, Teller nennt – *skeptisch* –, es interessiert mich übrigens sehr wenig, wie man sie nennt! *Ekstatisch*: Das ist der Lehm! Wenn der Lehm dünnflüssig ist, heißt er Schlamm – c'est mon affaire! *Ruft*: Lina!

Lina kommt mit einem Eimer.

DER DICHTER: Lina, zeig dich Fräulein Agnes! – Sie kannte dich vor zehn Jahren, als du ein junges, heiteres und, sagen wir, hübsches Mädchen warst. – Nun schau, wie sie aussieht! Fünf Kinder, Plackerei, Geschrei, Hunger, Schläge! Schau, wie das Schöne vergangen, wie die Heiterkeit verschwunden ist – bei der Ausübung von Pflichten, die jene innere Befriedigung schenken sollte, welche in harmonischen Linien des Angesichts und stiller Glut des Auges zum Ausdruck kommt. –

DER QUARANTÄNEMEISTER *hält ihm den Mund zu*: Halt den Mund, halt den Mund!

DER DICHTER: Das sagen alle! Und schweigt man, dann sagen sie, sprich! Sie wissen nicht, was sie wollen, diese Menschen!

DIE TOCHTER *tritt zu Lina*: Sag, was du zu klagen hast!

LINA: Nein, ich wage es nicht, denn dann wird es mir noch schlechter ergehen!

DIE TOCHTER: Wer ist so grausam?

LINA: Ich wage es nicht zu sagen, denn dann bekomme ich Schläge!

DER DICHTER: So kann es gehen! Aber ich werde es sagen, auch wenn mir der Mohr die Zähne ausschlagen will! – Ich werde sagen, wie ungerecht es manchmal zugeht – Agnes, Tochter der Götter! Hörst du Musik und Tanz dort oben auf dem Hügel? – Gut! – Es ist für Linas Schwester, die nach Hause gekommen ist, aus der Stadt, wo sie auf Abwege geraten war, du verstehst … Jetzt wird das gemästete Kalb geschlachtet, aber Lina, die zu Hause blieb, muß mit dem Eimer gehen und die Schweine füttern! …

DIE TOCHTER: Sie freuen sich zu Hause, weil die Verirrte den verkehrten Weg verlassen hat, und nicht nur, weil sie heimgekommen ist! Bedenke das!

DER DICHTER: Aber dann müßten sie auch jeden Abend einen Ball mit Festessen für diese redliche Arbeiterin geben, die nie auf Abwege geriet – aber das tun sie nicht! Nein, wenn Lina frei hat, muß sie ins Bethaus gehen und sich Vorwürfe anhören, daß sie nicht vollkommen ist! Ist das Gerechtigkeit?

DIE TOCHTER: Ihre Fragen sind so schwer zu beantworten, weil …, es gibt so viele unvorhergesehene Fälle …

DER DICHTER: Das sah der Kalif Harun der Gerechte auch ein!

Er saß ruhig auf seinem Thron und sah dort oben niemals, wie es denen da unten erging! Schließlich drangen die Klagen bis an sein erhabenes Ohr. Da stieg er eines schönen Tages herunter, verkleidete sich und ging unerkannt unters Volk, um zu sehen, wie es eigentlich um die Gerechtigkeit stand.

DIE TOCHTER: Sie glauben doch nicht, daß ich Harun der Gerechte bin?

DER OFFIZIER: Laßt uns von etwas anderem sprechen! – Da kommt Besuch!

Ein weißes, drachenförmiges Boot mit hellblauem Seidensegel an goldener Rahe und goldenem Mast mit rosenrotem Wimpel gleitet von links im Sund heran. Am Ruder sitzen, eng umschlungen, Er und Sie.

DER OFFIZIER: Seht nur, das vollkommene Glück, die Seligkeit ohne Grenzen, das Jauchzen der jungen Liebe!

Die Bühne erhellt sich.

ER *erhebt sich im Boot und singt:*

„Gruß dir, du schöne Bucht,
wo Jugend ich und Frühling hatte,
und träumte meine ersten Rosenträume,
hier bin ich wieder,
doch heut nicht mehr allein!
Haine und Ufer,
Himmel und Meer,
begrüßt sie!
Meine Geliebte, meine Braut!
Meine Sonne, mein Leben!“

Die Flaggen an den Landungsbrücken von Schönbucht wehen zum Gruß, von Villen und Ufern wird mit weißen Taschentüchern gewinkt, und ein Akkord von Harfen und Geigen klingt über den Sund.

DER DICHTER: Seht, welches Leuchten von ihnen ausgeht! Hört, welch ein Klang über dem Wasser! – Eros!

DER OFFIZIER: Das ist Victoria!

DER QUARANTÄNEMEISTER: Und wenn schon!

DER OFFIZIER: Es ist seine Victoria, meine hab ich für mich! Und meine, die darf niemand sehen! ... Zieht die Quarantäneflagge auf, ich werde das Netz einholen!

Der Quarantänemeister winkt mit einer gelben Flagge.

DER OFFIZIER *zieht an einer Leine, so daß das Boot in Richtung Schamsund wendet*: Haltet an!

Er und Sie gewahren jetzt die düstere Landschaft und zeigen ihr Entsetzen.

DER QUARANTÄNEMEISTER: Ja, ja! Ob man es will oder nicht – aber hierher müssen alle, alle, die aus verseuchten Orten kommen!

DER DICHTER: Wie man so reden kann, wie man so etwas tun kann, wenn man zwei Menschen in Liebe vereint sieht! Rühr sie nicht an! Rühr die Liebe nicht an – das ist Majestätsbeleidigung! ... Weh uns! Alles Schöne muß nun hinunter, hinunter in den Schlamm!

Er und Sie steigen an Land, traurig und beschämt.

ER: Weh uns! Was haben wir getan?

DER QUARANTÄNEMEISTER: Man muß nichts getan haben, um den kleinen Unbehaglichkeiten des Lebens ausgesetzt zu werden!

SIE: Wie kurz sind Freude und Glück!

ER: Wie lange müssen wir hier bleiben?

DER QUARANTÄNEMEISTER: Vierzig Tage und Nächte!

SIE: Dann gehen wir lieber ins Wasser!

ER: Hier leben, zwischen verbrannten Bergen und Schweinekoben?

DER DICHTER: Die Liebe besiegt alles, selbst Schwefeldampf und Karbol!

DER QUARANTÄNEMEISTER *zündet Feuer unter dem Kessel an, blaue Schwefeldämpfe schlagen hoch*: Jetzt zünde ich den Schwefel an, bitte eintreten!

SIE: Oh! Mein blaues Kleid wird die Farbe verlieren!

DER QUARANTÄNEMEISTER: Und weiß werden! Deine roten Rosen werden auch weiß werden!

ER: Und deine Wangen auch! In vierzig Tagen!

SIE *zum Offizier*: Das wird dir Freude machen!

DER OFFIZIER: Nein, das wird es nicht! – Dein Glück wurde allerdings zur Qual für mich, aber – das macht nichts ..., ich bin jetzt promoviert und habe eine Anstellung dort drüben – haha, jaja, und im Herbst werde ich in einer Schule angenommen – da werde ich mit den Jungen die gleichen Lektionen lernen, die ich meine ganze Kindheit hindurch gelernt habe, meine ganze Jugend, und nun wieder lernen soll, die gleichen Lektionen, mein ganzes Mannesalter, bis ich ein Greis bin, die gleichen Lektionen: wieviel ist zweimal zwei? wieviel ist vier durch zwei? ... Bis ich Pension bekomme, ohne Beschäftigung herumlaufe und auf die Mahlzeiten und die Zeitung warte – bis ich schließlich hinaus ins Krematorium geschickt und verbrannt werde ... Habt ihr keinen Pensionär hier draußen? Das ist sicher das schlimmste gleich nach zweimal zwei ist vier – wieder in der Schule anfangen, wenn man schon promoviert ist, immer die gleichen Fragen stellen, bis man stirbt ...

Ein älterer Herr geht vorbei, die Hände auf dem Rücken.

Schaut, dort geht ein Pensionierter und wartet sich die Seele aus dem Leib; das ist gewiß ein Hauptmann, der es nicht bis zum Major geschafft hat, oder ein Referendar vom Hofgericht, der nicht Assessor wurde – viele sind berufen, doch wenige sind auserwählt. – Da geht er und wartet auf das Frühstück ...

DER PENSIONÄR: Nein, auf die Zeitung! Die Morgenzeitung!

DER OFFIZIER: Und er ist erst vierundfünfzig, er kann noch

fünfundzwanzig Jahre weitermachen und auf die Mahlzeiten und die Zeitung warten – ist das nicht schrecklich?

DER PENSIONÄR: Was ist denn nicht schrecklich? Sagen Sie's, sagen Sie's, sagen Sie's!

DER OFFIZIER: Ja, wer das sagen könnte! ... Jetzt soll ich mit den Jungen lernen, zweimal zwei ist vier! Wieviel ist vier durch zwei? *Er greift sich verzweifelt an den Kopf.* Und Victoria, die ich geliebt habe und der ich deshalb alles Glück hier auf Erden wünschte ... Jetzt hat sie das Glück, das größte Glück, das sie sich vorstellen kann, und da leide ich – leide, leide!

SIE: Glaubst du, ich kann glücklich sein, wenn ich dich leiden sehe? Wie kannst du das glauben? Vielleicht lindert es deinen Schmerz, daß ich hier vierzig Tage und Nächte gefangen sitzen soll? Sag, ob das deinen Schmerz lindert?

DER OFFIZIER: Ja und nein! Ich kann nicht froh sein, wenn du leidest! Oh!

ER: Und glaubst du, mein Glück könnte auf deinen Qualen beständig sein?

DER OFFIZIER: Es ist schade – um uns alle!

ALLE *heben die Hände zum Himmel und stoßen einen dissonanten Schmerzensschrei aus*: Oh!

DIE TOCHTER: Ewiger, erhöre sie! Das Leben ist böse! Es ist schade um die Menschen!

ALLE *wie vorher*: Oh!

Die Bühne wird stockdunkel, unterdessen entfernen sich die Anwesenden oder wechseln den Platz. Wenn es wieder hell wird, liegt der Strand von Schamsund im Hintergrund, jedoch im Schatten. Der Sund liegt im Mittelteil der Bühne und Schönbucht im Vordergrund, beide hell beleuchtet. Rechts eine Ecke des Kurhauses, durch die geöffneten Fenster sind tanzende Paare zu sehen. Auf einer leeren Kiste davor stehen drei Dienstmädchen, halten sich umfaßt und schauen den Tanzenden zu. Auf einer Bank auf dem Treppenabsatz des Kurhauses sitzt die „häßliche Edit", barhäuptig, traurig, mit langem, zerzaustem

Haar. Vor ihr steht ein offenes Klavier. Links ist ein gelbes Holzhaus zu sehen. Davor spielen zwei Kinder in Sommerkleidern Ball.
Im Vordergrund eine Landungsbrücke mit weißen Booten, Fahnenstangen mit Flaggen. Draußen im Sund liegt ein weißes Kriegsschiff, eine Brigg mit Geschützluken.
Aber die ganze Landschaft ist winterlich, mit Schnee auf den entlaubten Bäumen und auf der Erde.
Die Tochter und der Offizier treten auf.

DIE TOCHTER: Hier ist Frieden und Ferienglück! Die Arbeit ist getan, jeder Tag ist ein Fest, die Menschen gehen in Feiertagskleidung, Musik und Tanz schon am Vormittag. *Zu den Mädchen*: Warum geht ihr nicht hinein, tanzen, Kinder?
DIE MÄDCHEN: Wir?
DER OFFIZIER: Es sind doch Dienstboten!
DIE TOCHTER: Das ist wahr! – Aber warum sitzt Edit dort, anstatt zu tanzen?

Edit verbirgt das Gesicht in den Händen.

DER OFFIZIER: Frag sie nicht! Sie hat drei Stunden dort gesessen, ohne aufgefordert zu werden ...

Er geht in das gelbe Haus links.

DIE TOCHTER: Was für ein grausames Vergnügen!
EDITS MUTTER *im Dekolleté, kommt heraus und geht zu Edit*: Warum gehst du nicht hinein, wie ich dir gesagt habe?
EDIT: Weil – ich mich nicht anbieten kann. Daß ich häßlich bin, weiß ich, und deshalb will keiner mit mir tanzen, aber ich möchte nicht daran erinnert werden.

Sie beginnt auf dem Klavier Bachs Toccata con Fuga Nr. 10 zu spielen.

Der Walzer aus dem Saal ist erst schwach zu hören, dann immer stärker, als kämpfte er gegen Bachs Toccata an. Edits Spiel

übertönt ihn jedoch und bringt ihn zum Schweigen. Ballgäste erscheinen in der Tür und hören ihrem Spiel zu. Alle auf der Bühne stehen andächtig da und lauschen.

EIN SEEOFFIZIER *faßt Alice, eine der Tänzerinnen, um die Taille und führt sie hinunter zur Landungsbrücke*: Nun komm doch, schnell!

Edit unterbricht ihr Spiel, steht auf und sieht den beiden verzweifelt nach. Sie bleibt wie versteinert stehen.

Jetzt wird die Wand des gelben Hauses hochgezogen. Man sieht drei Schulbänke, in denen Knaben sitzen, unter ihnen der Offizier, er sieht unruhig und bekümmert aus. Vor ihnen steht der Lehrer mit Brille, Kreide und Rohrstock.

DER LEHRER *zum Offizier*: Na, mein Junge, kannst du mir jetzt sagen, wieviel zwei mal zwei ist!

Der Offizier bleibt sitzen und überlegt verzweifelt, ohne die Antwort zu finden.

DER LEHRER: Du sollst aufstehen, wenn du gefragt wirst.
DER OFFIZIER *erhebt sich gequält*: Zwei ... mal zwei ..., einen Augenblick! ... Das ist zwei zwei!
DER LEHRER: Aha, du! Du hast deine Lektion nicht gelernt!
DER OFFIZIER *beschämt*: Doch, das habe ich, aber ... Ich weiß es, aber ich kann's nicht sagen ...
DER LEHRER: Du willst dich rausreden! Du weißt es, aber

kannst es nicht sagen. Soll ich dir vielleicht nachhelfen? *Er zieht den Offizier an den Haaren.*

DER OFFIZIER: Oh, das ist schrecklich, das ist schrecklich!

DER LEHRER: Ja, das ist schrecklich, daß ein so großer Junge keinen Ehrgeiz hat ...

DER OFFIZIER *gepeinigt*: Ein großer Junge, ja, freilich bin ich groß, viel größer als die anderen hier; ich bin erwachsen, habe die Schule abgeschlossen – *wie erwachend* –, ich bin ja promoviert! ... Warum sitze ich dann hier? Bin ich nicht promoviert?

DER LEHRER: Gewiß doch, aber siehst du, du sollst hier sitzen und reifen. Du sollst reifen ... Ist das vielleicht nicht richtig?

DER OFFIZIER *greift sich an die Stirn*: Doch, es ist richtig, man soll reifen ... Zwei mal zwei ..., ist zwei, und das werde ich mit einem Analogiebeweis demonstrieren, dem höchsten aller Beweise! Also, hören Sie zu! ... Ein mal eins ist eins, also ist zwei mal zwei zwei! Denn was für das eine gilt, gilt auch für das andere!

DER LEHRER: Der Beweis entspricht ganz den Gesetzen der Logik, aber die Antwort ist falsch!

DER OFFIZIER: Was den Gesetzen der Logik entspricht, kann nicht falsch sein! Prüfen wir's! Eins ist in eins einmal enthalten, also ist zwei in zwei zweimal enthalten!

DER LEHRER: Als Analogiebeweis völlig richtig. Aber wieviel ist dann ein mal drei?

DER OFFIZIER: Das ist drei!

DER LEHRER: Folglich ist zwei mal drei auch drei!

DER OFFIZIER *nachdenklich*: Nein, das kann nicht stimmen ..., das kann nicht ..., oder doch ... *Setzt sich verzweifelt.* Nein, ich bin noch nicht reif!

DER LEHRER: Nein, du bist noch lange nicht reif ...

DER OFFIZIER: Aber wie lange muß ich dann hier sitzen?

DER LEHRER: Wie lange? Hier? Glaubst du, daß Zeit und Raum existieren? Nimm an, daß Zeit existiert, dann müßtest du sagen können, was Zeit ist! Was ist Zeit?

DER OFFIZIER: Zeit ... *Denkt nach.* Ich kann's nicht sagen, aber ich weiß, was es ist – ergo kann ich wissen, wieviel zwei mal zwei ist, ohne daß ich es sagen kann! Können sie sagen, was Zeit ist, Herr Lehrer?

DER LEHRER: Natürlich kann ich das!

DIE SCHULJUNGEN: Dann sagen Sie's!

DER LEHRER: Zeit? ... Laßt mich sehen! *Steht unbeweglich, mit dem Finger an der Nase.* Während wir reden, flieht die Zeit. Also ist Zeit etwas, das flieht, während ich rede!

EIN JUNGE *steht auf*: Jetzt redet der Herr Lehrer, und während der redet, fliehe ich – also bin ich die Zeit! *Macht sich davon.*

DER LEHRER: Das ist völlig richtig nach den Gesetzen der Logik!

DER OFFIZIER: Aber dann sind die Gesetze der Logik verrückt, denn Nils, der davonlief, kann nicht die Zeit sein!

DER LEHRER: Auch das ist nach den Gesetzen der Logik richtig, obwohl es verrückt ist.

DER OFFIZIER: Dann ist die Logik verrückt!

DER LEHRER: Es sieht wirklich so aus! Aber wenn die Logik verrückt ist, dann ist die ganze Welt verrückt..., und da mag der Teufel hier sitzen und euch Verrücktheiten beibringen! Will nicht jemand einen Schnaps spendieren? Dann gehn wir baden!

DER OFFIZIER: Das ist ein qosterus qrius oder eine verkehrte Welt, denn man geht erst baden und trinkt dann einen Schnaps! Alter Trottel!

DER LEHRER: Nicht so hochmütig, Herr Doktor!

DER OFFIZIER: Herr Offizier, wenn ich bitten darf! Ich bin Offizier, und ich begreife nicht, warum ich hier unter Schulbuben sitze und Schelte einstecke ...

DER LEHRER *hebt den Finger*: Wir müssen reifen!

DER QUARANTÄNEMEISTER *tritt ein*: Die Quarantäne fängt an!

DER OFFIZIER: Da bist du ja! Kannst du dir vorstellen, daß mich der da auf der Schulbank sitzen läßt, obwohl ich promoviert bin!

DER QUARANTÄNEMEISTER: Na, aber warum gehst du denn nicht weg?

DER OFFIZIER: Meinst du? – Einfach gehen? Das ist nicht so leicht!

DER LEHRER: Nein, das möcht ich wohl meinen! Versuch es doch!

DER OFFIZIER *zum Quarantänemeister*: Rette mich! Rette mich vor seinen Augen!

DER QUARANTÄNEMEISTER: Komm nur! – Komm und hilf uns tanzen ... Wir müssen tanzen, ehe die Pest ausbricht! Wir müssen!

DER OFFIZIER: Soll denn die Brigg ablegen?

DER QUARANTÄNEMEISTER: Erst muß die Brigg ablegen! ... Das wird aber Tränen geben!

DER OFFIZIER: Immer Tränen, beim Ankommen und beim Abfahren! ... Komm!

Sie gehen. Der Lehrer setzt seine Lektion pantomimisch fort. Die Dienstmädchen, die am Fenster des Tanzsaales gestanden haben, gehen betrübt zur Landungsbrücke hinunter; Edit, die wie versteinert am Klavier gestanden hat, geht langsam hinterher.

DIE TOCHTER *zum Offizier*: Gibt es denn keinen glücklichen Menschen in diesem Paradies!

DER OFFIZIER: Doch, zwei Jungvermählte! Hör ihnen zu!

Die Jungvermählten kommen.

DER MANN *zu seiner Frau*: Meine Seligkeit ist so grenzenlos, daß ich sterben möchte ...

DIE FRAU: Warum sterben?

DER MANN: Weil mitten im Glück der Keim zum Unglück wächst; es verzehrt sich selbst wie die Flamme ..., sie kann nicht ewig brennen, sondern muß erlöschen; dieses Vorgefühl des Endes vernichtet die Seligkeit mitten auf dem Höhepunkt.

DIE FRAU: Laß uns zusammen sterben, in diesem Augenblick!

DER MANN: Sterben? Ja! Weil ich das Glück fürchte! Das trügerische Glück!

Sie gehen beide zum Wasser.

DIE TOCHTER *zum Offizier*: Das Leben ist böse! Es ist schade um die Menschen!

DER OFFIZIER: Schau den an, der da kommt! Er ist der am meisten beneidete von allen Sterblichen an diesem Ort! *Der Blinde wird hereingeführt.* Ihm gehören diese hundert Sommervillen, ihm gehören alle diese Fjorde, Buchten, Ufer und Wälder, mit den Fischen im Wasser, den Vögeln in der Luft und dem Wild im Walde. Diese tausend Menschen sind seine Mieter, und die Sonne geht auf über seinem Meer und unter über seinem Land ...

DIE TOCHTER: Und klagt er auch?

DER OFFIZIER: Ja, und er hat Grund dazu – er kann nicht sehen!

DER QUARANTÄNEMEISTER: Er ist blind! ...

DIE TOCHTER: Der am meisten Beneidete von allen!

DER OFFIZIER: Jetzt wartet er darauf, daß die Brigg ablegt, auf der sein Sohn ist!

DER BLINDE: Ich sehe nicht, aber ich höre! Ich höre, wie die Ankerklaue den Grund aufreißt, als wenn man den Angelhaken aus einem Fisch zieht und ihm das Herz mit herausreißt! ... Mein Sohn, mein einziges Kind wird über das weite Meer in fremde Länder reisen; ich kann ihn nur mit meinen Gedanken begleiten ..., jetzt höre ich die Kette rasseln ... und ... etwas flattern und klatschen wie nasse Wäsche auf der Leine ..., nasse Taschentücher vielleicht ..., und ich höre es schlucken und schluchzen, wie wenn Menschen weinen ..., ob es die glucksenden kleinen Wellen an der Mole sind oder die Mädchen am Strand ..., die Verlassenen ..., die Trostlosen ... Ich fragte einmal ein Kind, warum das Meer salzig ist, und das Kind, dessen Vater auf großer Fahrt auf See war, antwortete gleich: Das Meer ist salzig von den vielen Tränen der Seeleute. Warum weinen denn die Seeleute so viel? ... Ja, sagte das Kind, weil sie immer wieder fortmüssen ... Und deshalb hängen sie immer ihre Taschentücher in den Masten zum Trocknen auf! ... Warum weint der Mensch, wenn er traurig ist, fragte ich weiter ... Na, sagte das Kind, weil die Augen manchmal geputzt werden müssen, damit man klarer sehen kann! ...

Die Brigg hat die Segel gesetzt und gleitet davon. Die Mädchen am Strand winken mit den Taschentüchern und trocknen zwischendurch die Tränen. Jetzt wird am Signalstag am Fockmast das Signal „Ja“ gehißt, ein roter Kreis auf weißem Grund! Alice winkt freudig als Antwort.

DIE TOCHTER *zum Offizier*: Was bedeutet diese Flagge?

DER OFFIZIER: Sie bedeutet „Ja“. Das ist das Jawort des Leutnants in Rot! Rot wie Herzblut, in das Blau des Himmels gemalt!

DIE TOCHTER: Und wie sieht das „Nein“ aus?

DER OFFIZIER: Das ist blau, wie verdorbenes Blut in blauen Adern ... Aber sieh nur, wie sich Alice freut!

DIE TOCHTER: Und wie Edit weint! ...

DER BLINDE: Sich finden und sich trennen! Sich trennen und sich finden! Das ist das Leben! Ich fand seine Mutter! Und dann ging sie! Der Sohn blieb mir – nun geht er!

DIE TOCHTER: Er kommt gewiß wieder! ...

DER BLINDE: Wer spricht zu mir? Ich habe diese Stimme schon gehört, in meinen Träumen, in meiner Jugend, wenn die Sommerferien anfingen, als ich jungverheiratet war, als mein Kind geboren wurde ... Immer wenn mir das Leben lächelte, hörte ich diese Stimme, wie ein Säuseln des Südwinds, wie ein Harfenakkord von oben, so wie ich mir den Gruß der Engel vorstelle in der Weihnachtsnacht ...

Der Advokat kommt, geht zu dem Blinden und flüstert ihm etwas zu.

DER BLINDE: Ach so!

DER ADVOKAT: Ja, so ist es! *Zur Tochter*: Nun hast du das meiste gesehen, aber das Schlimmste hast du noch nicht erlebt.

DIE TOCHTER: Was sollte das sein!

DER ADVOKAT: Das Wiederaufnehmen…, die Wiederholungen! Das Zurückgehen! Die Aufgaben noch einmal machen müssen! – Komm!

DIE TOCHTER: Wohin?

DER ADVOKAT: Zu deinen Pflichten!

DIE TOCHTER: Was ist das?

DER ADVOKAT: Alles, wovor du zurückschreckst! Alles, was du nicht willst und doch mußt! Das heißt verzichten, entsagen, entbehren, aufgeben – alles Unangenehme, Widrige, Quälende …

DIE TOCHTER: Gibt es keine angenehmen Pflichten?

DER ADVOKAT: Sie werden angenehm, wenn sie erfüllt sind…

DIE TOCHTER: Wenn es sie nicht mehr gibt… Pflicht ist also alles Unangenehme! Was ist dann das Angenehme?

DER ADVOKAT: Das Angenehme ist Sünde.

DIE TOCHTER: Sünde?

DER ADVOKAT: Sünde, die bestraft werden muß, ja! Habe ich einen angenehmen Tag und Abend gehabt, dann leide ich Höllenqualen und habe ein schlechtes Gewissen am Tage danach.

DIE TOCHTER: Wie seltsam!

DER ADVOKAT: Ja, ich wache am Morgen mit Kopfschmerzen auf, und dann fängt das Wiederholen an, aber ein perverses Wiederholen. Denn alles, was am Abend vorher schön, angenehm, witzig war, erscheint am nächsten Morgen in der Erinnerung häßlich, widerlich, dumm. Das Vergnügen fault gewissermaßen, und die Freude zerfällt. Was die Menschen Erfolg nennen, wird immer Anlaß zum nächsten Mißerfolg. Die Erfolge, die ich in meinem Leben gehabt habe, wurden mein Verderben. Die Menschen haben nämlich eine instinktive Abneigung gegen das Wohlergehen anderer. Sie finden es ungerecht vom Schicksal, daß es den einen begünstigt, und deshalb suchen sie das Gleichgewicht wiederherzustellen, indem sie ihm Steine in den Weg legen. Talent zu haben, ist lebensgefährlich, weil man da leicht verhungern kann! … Also, geh zurück zu deinen Pflichten, oder ich zeige dich an, und wir durchlaufen alle drei Instanzen, eins, zwei, drei!

DIE TOCHTER: Zurückkehren? Zum Kochherd mit dem Kohltopf, zu den Kinderkleidern ...

DER ADVOKAT: Jawohl! Wir haben große Wäsche heute, wir müssen nämlich alle Taschentücher waschen ...

DIE TOCHTER: Oh, muß ich alles noch einmal machen?

DER ADVOKAT: Das ganze Leben besteht nur aus Wiederholungen ... Sieh den Lehrer an da drin ... Er wurde gestern promoviert, bekam Lorbeerkranz und Ehrensalut, erklomm den Gipfel und wurde vom Monarchen umarmt ..., und heute fängt er wieder in der Schule an, fragt, wieviel zweimal zwei ist, und das geht immer so weiter, bis er stirbt ... Also, komm zurück, in dein Zuhause!

DIE TOCHTER: Dann nehme ich mir lieber das Leben!

DER ADVOKAT: Das Leben nehmen? Das darf man nicht! Denn erstens ist es ehrlos, so ehrlos, daß die Schande sogar noch auf der Leiche lastet, und dann ... wird man auf ewig verdammt! ...
Es ist eine Todsünde!

DIE TOCHTER: Es ist nicht leicht, Mensch zu sein!

ALLE: Wie wahr!

DIE TOCHTER: Ich kehre nicht mit dir in die Erniedrigung und in den Schmutz zurück! ... Ich will wieder dort hinauf, woher ich gekommen bin, aber – erst soll die Tür geöffnet werden, damit ich das Geheimnis erfahre ... Ich will, daß die Tür geöffnet wird!

DER ADVOKAT: Dann mußt du umkehren und denselben Weg zurückgehen, den du gegangen bist, und den ganzen Prozeß noch einmal durchmachen, mit allen Widerwärtigkeiten, Umständlichkeiten, Wiederholungen ...

DIE TOCHTER: So sei es denn. Aber vorher will ich hinaus in Einsamkeit und Ödnis, um wieder zu mir selbst zu finden! Wir sehen uns wieder! *Zum Dichter*: Komm mit mir! *Jammerrufe von fern aus dem Hintergrund: Weh uns, weh uns!* Was war das?

DER ADVOKAT: Das sind die Verdammten in Schamsund!

DIE TOCHTER: Warum klagen sie heute mehr als sonst?

DER ADVOKAT: Weil hier die Sonne scheint, weil hier Musik ist,

Tanz und Jugend! Da empfinden sie ihr Leiden um soviel schmerzlicher.

DIE TOCHTER: Wir müssen sie befreien!

DER ADVOKAT: Versuch es nur! Es kam schon einmal ein Befreier, aber er wurde ans Kreuz geschlagen!

DIE TOCHTER: Von wem?

DER ADVOKAT: Von allen Rechtdenkenden!

DIE TOCHTER: Wer sind die?

DER ADVOKAT: Kennst du nicht all die Rechtdenkenden? Dann sollst du sie kennenlernen!

DIE TOCHTER: Waren es die, die dir die Promotion verweigerten?

DER ADVOKAT: Ja!

DIE TOCHTER: Dann kenne ich sie!

Am Strand des Mittelmeeres. Links im Vordergrund eine weiße Mauer, dahinter Orangenbäume voller Früchte. Im Hintergrund Villen und ein Casino mit Terrasse. Rechts ein großer Haufen Steinkohle und zwei Schubkarren. Im Hintergrund rechts ein Zipfel des blauen Meeres. Zwei Kohlenträger sitzen verzweifelt auf den Schubkarren, die nackten Oberkörper sowie Gesichter und Hände schwarz von Kohlenstaub.
Die Tochter und der Advokat im Hintergrund.

DIE TOCHTER: Dies ist das Paradies!

1. KOHLENTRÄGER: Dies ist die Hölle!

2. KOHLENTRÄGER: Achtundvierzig Grad im Schatten!

1. KOHLENTRÄGER: Wollen wir ins Meer gehen?

2. KOHLENTRÄGER: Dann kommt die Polizei! Dürfen hier nicht baden!

1. KOHLENTRÄGER: Darf man sich nicht eine Frucht vom Baum pflücken?

2. KOHLENTRÄGER: Nein, dann kommt die Polizei!

1. KOHLENTRÄGER: Aber ich kann nicht arbeiten in dieser Hitze; ich lasse alles stehn und liegen.

2. KOHLENTRÄGER: Dann kommt die Polizei und nimmt dich

fest! – *Pause.* Und außerdem hast du dann nichts zu essen ...

1. KOHLENTRÄGER: Nichts zu essen? Wir, die am meisten arbeiten, kriegen am wenigsten zu essen, und die Reichen, die überhaupt nichts tun, die haben das meiste! ... Könnte man nicht – ich will niemandem zu nahe treten – behaupten, daß das ungerecht ist? ... Was sagt die Tochter der Götter dazu?

DIE TOCHTER: Ich weiß keine Antwort! ... Doch sag mir, was hast du getan, daß du so schwarz bist und ein so schweres Los hast?

1. KOHLENTRÄGER: Was wir getan haben? Wir haben uns arme und ziemlich mißratene Eltern ausgesucht – und sind vielleicht ein paarmal bestraft worden!

DIE TOCHTER: Bestraft?

1. KOHLENTRÄGER: Ja, die nicht bestraft werden, sitzen dort oben im Casino und speisen acht Gänge mit Wein.

DIE TOCHTER *zum Advokaten*: Kann das wahr sein?

DER ADVOKAT: Im großen und ganzen, ja! ...

DIE TOCHTER: Du meinst, daß jeder Mensch irgendwann einmal Gefängnis verdient hätte?

DER ADVOKAT: Ja!

DIE TOCHTER: Du auch?

DER ADVOKAT: Ja!

DIE TOCHTER: Ist es wahr, daß die Armen nicht hier im Meer baden dürfen?

DER ADVOKAT: Ja, nicht einmal in Kleidern! Nur die, die sich ertränken wollen, brauchen nichts zu bezahlen. Aber dafür bekommen sie dann Prügel oben in der Polizeiwache!

DIE TOCHTER: Können sie denn nicht ein Stück weggehen vom Ort und baden, wo es etwas freier ist?

DER ADVOKAT: Da ist nichts frei, alles ist besetzt!

DIE TOCHTER: Draußen im Freien, meine ich!

DER ADVOKAT: Es gibt nichts Freies, alles ist besetzt!

DIE TOCHTER: Selbst das Meer, das große, weite Meer ...

DER ADVOKAT: Alles! Du darfst nicht mit einem Boot hinausfahren und an Land gehen, ohne daß es aufgeschrieben wird und dafür bezahlt werden muß. Schön, nicht wahr?

DIE TOCHTER: Dies ist nicht das Paradies!

DER ADVOKAT: Nein, wirklich nicht!

DIE TOCHTER: Warum tun die Menschen nichts, um ihre Lage zu verbessern ...

DER ADVOKAT: O doch, das tun sie schon, aber die etwas verbessern wollen, enden im Gefängnis oder Irrenhaus.

DIE TOCHTER: Wer bringt sie ins Gefängnis?

DER ADVOKAT: Alle Rechtdenkenden, alle Rechtschaffenen ...

DIE TOCHTER: Wer bringt sie ins Irrenhaus?

DER ADVOKAT: Ihre eigene Verzweiflung, weil alles Streben so aussichtslos ist!

DIE TOCHTER: Ist niemand auf den Gedanken gekommen, daß es aus geheimen Gründen so sein soll, wie es ist?

DER ADVOKAT: Doch, die es gut haben, die denken immer so!

DIE TOCHTER: Daß es gut ist, so wie es ist? ...

1. KOHLENTRÄGER: Und trotzdem sind wir das Fundament der Gesellschaft. Wenn wir euch nicht die Kohlen schleppen, geht der Herd in der Küche aus, der Kamin in der Wohnstube, und die Maschine in der Fabrik steht still, da erlöschen die Lichter auf der Straße, in den Läden, in den Häusern; Dunkelheit und Kälte kommen über euch – und deshalb schwitzen wir wie in der Hölle, um die schwarze Kohle zu schleppen. – Was gebt ihr uns dafür?

DER ADVOKAT *zur Tochter*: Hilf ihnen ... *Pause.* Daß es nicht alle ganz gleich haben können, das verstehe ich, aber daß die Unterschiede so groß sein dürfen?

Ein Herr und eine Dame gehen über die Bühne.

DIE DAME: Kommst du mit, eine Partie spielen?

DER HERR: Nein, ich muß mich noch ein bißchen bewegen, damit ich zu Mittag essen kann!

1. KOHLENTRÄGER: Damit er zu Mittag essen kann?

2. KOHLENTRÄGER: Damit er essen kann ...?

Kinder kommen und schreien erschrocken auf, als sie die kohlegeschwärzten Arbeiter sehen.

1. KOHLENTRÄGER: Die schreien, wenn sie uns sehen! Die schreien ...

2. KOHLENTRÄGER: Pfui Teufel! ... Wir müssen wohl bald die Schafotte holen und diesen verfaulten Körper operieren.

1. KOHLENTRÄGER: Pfui Teufel – das sag ich auch! *Spuckt aus.*

DER ADVOKAT *zur Tochter*: Es ist schon verrückt. Die Menschen sind nicht so schlecht, sondern ...

DIE TOCHTER: Sondern?

DER ADVOKAT: Sondern die Administration ...

DIE TOCHTER *verbirgt das Gesicht in den Händen und geht*: Dies ist nicht das Paradies!

DER ADVOKAT: Nein, die Hölle ist es, die Hölle!

Die Fingalsgrotte. Sachte schlagen lange, grüne Wellen in die Grotte. Im Vordergrund schaukelt eine rotgemalte Glockentonne auf dem Wasser, doch erst an der später angegebenen Stelle beginnt sie zu tönen.
Musik der Winde, Musik der Wogen.
Die Tochter und der Dichter.

DER DICHTER: Wohin hast du mich geführt?

DIE TOCHTER: Weit weg vom Murren und Jammern der Menschen, an das äußerste Ende des Weltmeers, in diese Grotte, die wir DAS OHR INDRAS nennen, weil es heißt, daß der Himmelsfürst hier den Klagen der Irdischen lauscht!

DER DICHTER: Wie denn? Hier?

DIE TOCHTER: Siehst du nicht, daß diese Grotte wie eine Muschel gebaut ist? Doch, du siehst es. Weißt du nicht, daß dein Ohr wie eine Muschel gebaut ist? Du weißt es, aber du hast nicht daran gedacht. *Sie hebt eine Muschel aus dem Sand auf.* Hast du nicht als Kind eine Muschel an dein Ohr gehalten und gelauscht ..., hast dein Herzblut darin rauschen gehört, das Wandern deiner Gedanken im Hirn, das Bersten von tausend dünnen, abgenutzten Fäden in dem Gewebe deines Körpers ...

Das alles hörst du in der kleinen Muschel, dann stell dir vor, was alles in dieser großen zu hören ist! ...

DER DICHTER *lauscht*: Ich höre nichts, nur das Sausen des Windes ...

DIE TOCHTER: Dann will ich dir sagen, was darin erklingt! Höre! Die Klage der Winde. *Spricht zu leiser Musik.*

Geboren in den Wolken des Himmels,
wurden wir von den Blitzen Indras
hinuntergejagt auf die Erde –
die Stoppeln der Äcker unter den Füßen,
den Staub der Landstraßen,
den Qualm der Städte,
verbrauchte Atemzüge,
Küchengerüche und Weindünste
mußten wir ertragen ...
Draußen dann, auf dem weiten Meer,
dehnten wir unsere Lungen,
spannten unsere Flügel
und netzten unsere Füße.
Indra, Herr des Himmels,
hör uns!
Hör unser Seufzen!
Die Erde ist nicht rein,
das Leben ist nicht gut,
die Menschen sind nicht böse,
aber auch nicht gut.
Sie leben, wie sie können,
von einem Tag zum andern.
Im Staub wandern sie, Kinder des Staubs,
aus Staub geboren,
werden sie wieder zu Staub.
Füße erhielten sie,
Flügel nicht.
Im Staub bleiben sie,
wer ist schuld?
Sie oder du?

DER DICHTER: So hörte ich es einmal ...

DIE TOCHTER: Still! Die Winde singen noch! *Spricht zu leiser Musik.*

Wir Winde, Kinder der Lüfte,
tragen die Klage der Menschen.
Hörst du uns,
am Herbstabend im Schornstein,
im Ofenrohr,
im Fensterspalt,
wenn draußen der Regen über den Dächern weint,
oder am Winterabend
im verschneiten Wald,
über dem wogenden Meer
hörst du das Jammern und Wimmern
in Segel und Tau ...
Das sind wir, die Winde,
die Kinder der Lüfte,
in der Brust der Menschen,
durch die wir zogen,
lernten wir diese Töne der Qual ...
Von Krankenlagern und Schlachtfeldern,
aus den Stuben der Kinder,
den Betten der Kleinsten
hörten wir es klagen und schreien
vor Schmerz, da zu sein.
Das sind wir, wir, die Winde,
die wehen und weinen.
Weh! Weh! Weh!

DER DICHTER: Mir ist, als hätte ich früher –

DIE TOCHTER: Still! Die Wogen singen. *Spricht zu leiser Musik.*

Das sind wir, wir, die Wogen,
wir wiegen die Winde
zur Ruh!
Grüne Wiegen, wir Wogen
aus Wasser und Salz,

gleichen den Flammen,
nasse Flammen sind wir.
löschend, brennend,
waschend, badend,
zeugend, gebärend.
Wir, wir, die Wogen
wiegen die Winde
zur Ruh!

DIE TOCHTER: Falsche, treulose Wogen, alles was auf Erden nicht verbrennt, das ertränken – die Wogen. – Sieh hier. *Zeigt auf einen Haufen Abfall.*

Sieh nur, das alles hat das Meer geraubt und zerschlagen – von den gesunkenen Schiffen sind nur noch die Galionsfiguren geblieben – und die Namen: Gerechtigkeit, Freundschaft, Güldener Friede, Hoffnung – das ist alles, was von der Hoffnung übrigbleibt, diese trügerische Hoffnung! – Rahen, Ruder, Schöpfkellen! Und hier: der Rettungsring – er rettete sich selbst und ließ den in Not Geratenen untergehen!

DER DICHTER *stöbert im Abfallhaufen*: Das Namensschild des Schiffes „Gerechtigkeit" ist hier. Das war die Brigg, die aus Schönbucht auslief, mit dem Sohn des Blinden. Also gesunken! Und an Bord war Alices Verlobter, Edits hoffnungslose Liebe.

DIE TOCHTER: Der Blinde? Schönbucht? Das muß ich geträumt haben! Und Alices Verlobter, die häßliche Edit, Schamsund und die Quarantäne, Schwefel und Karbol, die Promotion in der Kirche, das Advokatenbüro, der Korridor und Victoria, das wachsende Schloß und der Offizier – das alles habe ich geträumt ...

DER DICHTER: Das habe ich einmal gedichtet!

DIE TOCHTER: Dann weißt du, was Dichtung ist ...

DER DICHTER: Dann weiß ich, was Traum ist ... Was ist Dichtung?

DIE TOCHTER: Nicht Wirklichkeit, doch mehr als Wirklichkeit, nicht Traum, doch wache Träume ...

DER DICHTER: Und die Menschen glauben, daß wir Dichter nur spielen ..., uns etwas ausdenken und erfinden!

DIE TOCHTER: Gut, daß es so ist, mein Freund, denn sonst würde die Welt veröden, ohne Ermutigung. Alle würden auf dem Rücken liegen und in den Himmel gucken, keiner würde Pflug und Spaten, Hobel und Hacke anpacken.

DER DICHTER: Das sagst du, Indras Tochter, die halb zu Hause ist dort oben ...

DIE TOCHTER: Du hast recht mit deinem Vorwurf; ich bin zu lange hier unten gewesen und habe im Schlamm gebadet wie du. – Meine Gedanken können nicht mehr fliegen – Lehm auf den Flügeln – Erde an den Füßen – und ich selbst – *hebt die Arme* – ich sinke, sinke ... Hilf mir, Vater, Gott des Himmels! *Schweigen.* Ich höre seine Antwort nicht mehr! Der Äther trägt den Laut von seinen Lippen nicht mehr in die Muschel meines Ohrs ..., der Silberfaden ist zerrissen ... Weh mir, ich bin an die Erde gebunden!

DER DICHTER: Willst du hinauf ..., bald?

DIE TOCHTER: Sobald ich die Hülle verbrannt habe – denn das Wasser des Ozeans kann mich nicht reinwaschen. Warum fragst du?

DER DICHTER: Weil ich ..., ich habe eine Bitte – eine Bittschrift ...

DIE TOCHTER: Was für eine Bittschrift ...

DER DICHTER: Eine Bittschrift der Menschheit an den Herrscher der Welt – verfaßt von einem Träumenden!

DIE TOCHTER: Von wem zu überbringen? ...

DER DICHTER: Von Indras Tochter ...

DIE TOCHTER: Kannst du dein Gedicht?

DER DICHTER: Ich kann es.

DIE TOCHTER: Dann sag es.

DER DICHTER: Sag du es lieber!

DIE TOCHTER: Wo soll ich es lesen?

DER DICHTER: In meinen Gedanken, oder hier! *Reicht ihr eine Papierrolle.*

DIE TOCHTER: Gut, so werde ich es sagen! *Nimmt das Papier, spricht aber auswendig.*

„Warum wirst du mit Schmerzen geboren,
warum quälst du deine Mutter,
Menschenkind,
wenn du ihr Mutterfreuden schenken sollst,
die höchste aller Freuden?
Warum erwachst du zum Leben,
warum begrüßt du das Licht
mit einem Schrei von Wut und Schmerz?
Warum lächelst du dem Leben nicht,
Menschenkind,
wenn doch des Lebens Gabe
die Freude selbst sein soll?
Warum werden wir den Tieren gleich geboren,
wir Menschen, Geschlecht, das von den Göttern
stammt?
Der Geist fordert doch ein andres Kleid
als dieses hier aus Blut und Schmutz!
Soll Gottes Abbild
die Milchzähne verlieren ...“
... Still! Vermessener ...,
das Werk darf nicht den Meister tadeln!
Das Rätsel des Lebens hat noch keiner gelöst! ...
„Und so beginnt die Wanderung
über Dornen, Disteln, Steine;
führt jemals sie über glatte Bahn,
so heißt es gleich: verbotner Weg;
sobald du eine Blume pflückst,
mußt du erfahren, daß ein andrer sie besitzt;
versperrt ein Acker deinen Weg,
und du mußt dennoch weiter,
zertrittst du eines andern Saat,
und andere zertreten dann die deine,
des Ausgleichs wegen!
Genießt du eine Freude,
bringt sie den andern Leid,
dein Leid jedoch bringt keinem Freude,
es doppelt nur das Leid!

So gehst du weiter bis zum Tod,
und der bedeutet für andre Brot!“
–
So willst du dich, du Staubgeborener,
dem Allerhöchsten nahen ...?

DER DICHTER: Wie sollte denn ich Staubgeborener
so helle, reine, leichte Worte finden,
daß von der Erde sie sich hoch erheben können...
willst du nicht, Kind der Götter,
unsere Klage in jene Sprache übersetzen,
die die Unsterblichen verstehen?

DIE TOCHTER: Ich will es tun!

DER DICHTER *deutet auf die Boje*: Was ist das dort? – Eine Boje?

DIE TOCHTER: Ja!

DER DICHTER: Sie sieht aus wie eine Lunge mit einem Kehlkopf!

DIE TOCHTER: Sie ist die Wächterin des Meeres. Wenn Gefahr droht, singt sie.

DER DICHTER: Mir scheint, das Meer steigt und die Wogen kommen ...

DIE TOCHTER: Es sieht so aus!

DER DICHTER: Und da sehe ich ein Schiff – vor der Klippe.

DIE TOCHTER: Was kann das für ein Schiff sein?

DER DICHTER: Ich glaube, es ist das Gespensterschiff.

DIE TOCHTER: Was ist das?

DER DICHTER: Der Fliegende Holländer.

DIE TOCHTER: Der? Warum wird er so hart bestraft, und warum geht er nicht an Land?

DER DICHTER: Weil er sieben untreue Frauen hatte.

DIE TOCHTER: Soll er dafür bestraft werden?

DER DICHTER: Ja! Alle Rechtdenkenden haben ihn verurteilt ...

DIE TOCHTER: Sonderbare Welt! ... Wie kann er denn von diesem Fluch befreit werden?

DER DICHTER: Befreit werden? Man hütet sich wohl, ihn zu befreien ...

DIE TOCHTER: Warum?

DER DICHTER: Weil ... Nein, es ist nicht der Holländer! Es ist ein gewöhnliches Schiff in Seenot! – Warum heult die Boje jetzt nicht? – Sieh, das Meer steigt, die Wogen gehen hoch, bald sind wir in der Grotte eingeschlossen! – Jetzt läutet die Schiffsglocke! – Bald werden wir eine Galionsfigur dazubekommen! – Schrei, Boje, tu deine Pflicht, Wächterin ... *Die Boje singt einen vierstimmigen Quint-Sext-Akkord, ähnlicht dem Ton von Nebelhörnern.* Die Besatzung winkt uns, doch wir kommen selbst um!

DIE TOCHTER: Willst du die Befreiung nicht?

DER DICHTER: Doch, ja, ich will sie, ich will, aber nicht jetzt – und nicht im Wasser!

DIE BESATZUNG *singt vierstimmig*: Christ Kyrie!

DER DICHTER: Jetzt rufen sie, und das Meer ruft! Doch keiner hört.

DIE BESATZUNG *wie vorher*: Christ Kyrie!

DIE TOCHTER: Wer kommt dort draußen?

DER DICHTER: Auf dem Wasser gehend? Es gibt nur einen, der auf dem Wasser geht – Petrus, der Fels, ist es nicht, denn er sank wie ein Stein ...

Ein weißes Leuchten erscheint draußen über dem Meer.

DIE BESATZUNG: Christ Kyrie!

DIE TOCHTER: Ist Er es?

DER DICHTER: Er ist es, der Gekreuzigte ...

DIE TOCHTER: Warum – sag mir, warum nur wurde er gekreuzigt?

DER DICHTER: Weil er befreien wollte ...

DIE TOCHTER: Wer waren sie – ich habe es vergessen –, die ihn gekreuzigt haben?

DER DICHTER: Alle Rechtdenkenden.

DIE TOCHTER: Was für eine sonderbare Welt!

DER DICHTER: Das Meer steigt! Die Finsternis überfällt uns ... Der Sturm nimmt zu ...

Die Besatzung stößt einen Schrei aus.

DER DICHTER: Die Besatzung schreit vor Entsetzen, wenn sie ihren Retter sieht! – Und jetzt – sie springen über Bord, aus Furcht vor dem Erlöser ...

Die Besatzung stößt wieder einen Schrei aus.

DER DICHTER: Jetzt schreien sie, weil sie sterben müssen! Schreien, wenn sie geboren werden, und schreien, wenn sie sterben!

Die steigenden Wogen drohen die beiden in der Grotte zu ertränken.

DIE TOCHTER: Wenn ich sicher wäre, daß es ein Schiff ist ...

DER DICHTER: Wahrhaftig ..., ich glaube, das ist kein Schiff ..., es ist ein zweistöckiges Haus, mit Bäumen davor ..., und ein Telefonmast ..., ein Mast, der bis in die Wolken reicht ... Das ist der moderne babylonische Turm, der seine Drähte dort hinaufschickt – um denen da oben mitzuteilen ...

DIE TOCHTER: Kind, die Gedanken der Menschen brauchen keinen Metalldraht, um sich fortzubewegen ..., das Gebet des Frommen dringt durch alle Welten ... Das ist bestimmt nicht der Turm zu Babylon, denn willst du den Himmel stürmen, so bestürme ihn mit deinen Gebeten!

DER DICHTER: Nein, das ist kein Haus ..., kein Telefonmast ..., siehst du es?

DIE TOCHTER: Was siehst du?

DER DICHTER: Ich sehe eine Heide im Schnee, ein Exerzierfeld ..., die Wintersonne scheint hinter einer Kirche auf dem Hügel, und der Turm wirft seinen langen Schatten auf den Schnee ..., jetzt kommt ein Trupp Soldaten über die Heide marschiert, sie marschieren auf den Turm, die Spitze hinauf – jetzt sind sie beim Kreuz, aber mir ist, als wenn der erste, der auf den Wetterhahn tritt, sterben muß ..., jetzt nähern sie sich ..., der Korporal, der an der Spitze geht ... Haha! Eine Wolke kommt über die Heide gezogen, natürlich an der Sonne vorbei ..., nun ist alles weg ..., das Wasser der Wolke hat das Feuer der Sonne gelöscht! – Das Licht der Sonne hat das Schattenbild des Turmes erschaffen, aber das Schattenbild der Wolke hat das Schattenbild des Turmes erstickt ...

Unterdessen hat sich die Bühne wieder in den Theaterkorridor verwandelt.

DIE TOCHTER *zur Pförtnerin*: Ist der Universitätskanzler schon eingetroffen?

DIE PFÖRTNERIN: Nein!

DIE TOCHTER: Und die Dekane?

DIE PFÖRTNERIN: Nein!

DIE TOCHTER: Dann ruf sie her, sofort, denn die Tür soll aufgemacht werden ...

DIE PFÖRTNERIN: Ist es so dringend?

DIE TOCHTER: Ja, das ist es! Weil es den Verdacht gibt, daß die Lösung des Welträtsels dahinter verwahrt wird! ... Also, ruf den Universitätskanzler und die Dekane der vier Fakultäten!

Die Pförtnerin stößt einen Pfiff auf einer Pfeife aus.

DIE TOCHTER: Und vergiß nicht den Glasermeister mit dem Diamanten, denn sonst wird es nichts!

Theaterleute kommen von links herein, wie zu Beginn des Spiels.

DER OFFIZIER *kommt aus dem Hintergrund, in Redingote und Zylinder, mit einem Rosenstrauß in der Hand, strahlend heiter*: Victoria!

DIE PFÖRTNERIN: Das Fräulein kommt gleich!

DER OFFIZIER: Sehr gut! Die Kutsche wartet, der Tisch ist gedeckt, der Champagner eisgekühlt ... Darf ich Euch umarmen, gute Frau. *Umarmt die Pförtnerin.* Victoria!

EINE FRAUENSTIMME *singt von oben*: Ich bin hier!

DER OFFIZIER *fängt an, auf und ab zu gehen*: Gut! Ich warte.

DER DICHTER: Mir scheint, ich habe das schon einmal erlebt ...

DIE TOCHTER: So scheint mir auch.

DER DICHTER: Vielleicht habe ich es geträumt?

DIE TOCHTER: Oder es vielleicht gedichtet?

DER DICHTER: Oder es gedichtet.

DIE TOCHTER: Dann weißt du, was Dichtung ist.

DER DICHTER: Dann weiß ich, was Traum ist.

DIE TOCHTER: Mir scheint, wir haben irgendwo anders gestanden und diese Worte schon einmal gesagt.

DER DICHTER: Dann kannst du bald ausrechnen, was Wirklichkeit ist!

DIE TOCHTER: Oder Traum!

DER DICHTER: Oder Dichtung!

Der Universitätskanzler, die Dekane der Theologischen, Philosophischen, Medizinischen und Juristischen Fakultät treten auf.

DER UNIVERSITÄTSKANZLER: Es geht um die Tür, versteht sich! Was meint der Herr Dekan der Theologischen Fakultät?

DER DEKAN DER THEOLOGISCHEN FAKULTÄT: Ich meine nicht, sondern ich glaube ..., credo ...

DER DEKAN DER PHILOSOPHISCHEN FAKULTÄT: Ich bin der Ansicht ...

DER DEKAN DER MEDIZINISCHEN FAKULTÄT: Ich weiß ...

DER DEKAN DER JURISTISCHEN FAKULTÄT: Ich zweifle, bis ich Beweise und Zeugen habe!

DER UNIVERSITÄTSKANZLER: Jetzt fängt das Gezänk wieder an! ... Was glaubt also der Theologe?

DER DEKAN DER THEOLOGISCHEN FAKULTÄT: Ich glaube, daß diese Tür nicht geöffnet werden darf, weil sich dahinter gefährliche Wahrheiten verbergen ...

DER DEKAN DER PHILOSOPHISCHEN FAKULTÄT: Die Wahrheit ist niemals gefährlich.

DER DEKAN DER MEDIZINISCHEN FAKULTÄT: Was ist Wahrheit?

DER DEKAN DER JURISTISCHEN FAKULTÄT: Das, was mit zwei Zeugen bewiesen werden kann.

DER DEKAN DER THEOLOGISCHEN FAKULTÄT: Mit zwei falschen Zeugen kann ein Rechtsverdreher alles beweisen.

DER DEKAN DER PHILOSOPHISCHEN FAKULTÄT: Wahrheit ist Weisheit, und die Weisheit, das Wissen ist die Philosophie selbst ... Die Philosophie ist die Wissenschaft der Wissenschaften, das Wissen allen Wissens, und alle anderen Wissenschaften sind Diener der Philosophie.

DER DEKAN DER MEDIZINISCHEN FAKULTÄT: Die einzige Wissenschaft ist die Naturwissenschaft, die Philosophie ist keine Wissenschaft. Sie besteht nur aus leeren Spekulationen.

DER DEKAN DER THEOLOGISCHEN FAKULTÄT: Bravo!

DER DEKAN DER PHILOSOPHISCHEN FAKULTÄT *zum Theologen*: Du sagst bravo! Was bist du für einer? Du bist der Erbfeind allen Wissens, du bist der Gegensatz zur Wissenschaft, du bist die Unkenntnis und die Finsternis ...

DER DEKAN DER MEDIZINISCHEN FAKULTÄT: Bravo!

DER DEKAN DER THEOLOGISCHEN FAKULTÄT *zum Mediziner*: Du sagst bravo, du, der nicht weiter sieht, als die Nase im Vergrößerungsglas reicht, du, der nur an seine trügerischen Sinne glaubt, an dein Auge zum Beispiel, das weitsichtig oder kurzsichtig sein kann, blind, trübe, schielend, einäugig, farbblind, rotblind, grünblind ...

DER DEKAN DER MEDIZINISCHEN FAKULTÄT: Dummkopf!

DER DEKAN DER THEOLOGISCHEN FAKULTÄT: Esel!

Sie geraten aneinander.

DER UNIVERSITÄTSKANZLER: Ruhe! Die eine Krähe soll der andern kein Auge aushacken.

DER DEKAN DER PHILOSOPHISCHEN FAKULTÄT: Wenn ich zwischen den beiden da wählen sollte, zwischen der Theologie und der Medizin, ich würde – keine wählen!

DER DEKAN DER JURISTISCHEN FAKULTÄT: Und wenn ich über euch drei zu Gericht sitzen sollte, dann würde ich euch – alle drei – verurteilen! Ihr könnt euch ja nicht in einem einzigen Punkt einigen, und habt es nie gekonnt. – Zurück zur Sache! Welche Ansichten hat der Herr Universitätskanzler über diese Tür und das Öffnen derselben?

DER UNIVERSITÄTSKANZLER: Ansichten? Ich habe keine Ansichten. Ich bin nur von der Regierung eingesetzt, um aufzupassen, daß ihr euch, während ihr die Jugend erzieht, nicht gegenseitig im Konsistorium die Arme und Beine brecht. Ansichten? Nein, ich, ich hüte mich vor Ansichten. Ich hatte einmal ein paar, aber sie wurden sofort widerlegt; Ansichten werden sofort widerlegt – vom Gegner, natürlich! ... Vielleicht können wir nun die Tür öffnen, selbst auf das Risiko hin, daß sich dahinter gefährliche Wahrheiten verbergen?

DER DEKAN DER JURISTISCHEN FAKULTÄT: Was ist Wahrheit? Was ist die Wahrheit?

DER DEKAN DER THEOLOGISCHEN FAKULTÄT: Ich bin die Wahrheit und das Leben ...

DER DEKAN DER PHILOSOPHISCHEN FAKULTÄT: Ich bin das Wissen allen Wissens ...

DER DEKAN DER MEDIZINISCHEN FAKULTÄT: Ich bin das exakte Wissen ...

DER DEKAN DER JURISTISCHEN FAKULTÄT: Ich bezweifle!

Sie geraten aneinander.

DIE TOCHTER: Lehrer der Jugend, schämt euch!

DER DEKAN DER JURISTISCHEN FAKULTÄT: Herr Universitätskanzler, Sachwalter der Regierung, Haupt des Lehrkörpers, ahndet das Vergehen dieser Frau! Sie hat gesagt, ihr sollt euch schämen, das ist Beschimpfung, und sie hat uns „Lehrer der

Jugend“ in höhnischem, ironischem Ton genannt, und das ist Schmähung.

DIE TOCHTER: Arme Jugend!

DER DEKAN DER JURISTISCHEN FAKULTÄT: Sie beklagt die Jugend, das heißt, sie klagt uns an. Herr Universitätskanzler, ahndet das Vergehen!

DIE TOCHTER: Ja, ich klage euch an, euch alle, daß ihr Zweifel und Zwietracht unter der Jugend sät.

DER DEKAN DER JURISTISCHEN FAKULTÄT: Hört, sie weckt selbst Zweifel an unserer Autorität bei den Jungen, und dann klagt sie uns an, daß wir es seien, die Zweifel weckten. Ist das nicht eine verbrecherische Handlung, frage ich alle Rechtdenkenden?

ALLE RECHTDENKENDEN: Ja, es ist verbrecherisch.

DER DEKAN DER JURISTISCHEN FAKULTÄT: Alle rechtdenkenden Menschen haben dich verurteilt! – Geh in Frieden mit deinem Gewinn! Sonst ...

DIE TOCHTER: Meinem Gewinn? – Sonst? Was sonst?

DER DEKAN DER JURISTISCHEN FAKULTÄT: Sonst wirst du gesteinigt.

DER DICHTER: Oder gekreuzigt.

DIE TOCHTER: Ich gehe. Komm mit mir, und du wirst das Geheimnis erfahren!

DER DICHTER: Welches Geheimnis?

DIE TOCHTER: Was meint er mit „meinem Gewinn“? ...

DER DICHTER: Wahrscheinlich nichts. Das war, was wir Geschwätz nennen. Er hat geschwätzt.

DIE TOCHTER: Aber er hat mich zutiefst gekränkt damit!

DER DICHTER: Deshalb hat er es wohl auch gesagt ... So sind die Menschen.

ALLE RECHTDENKENDEN: Hurra! Die Tür ist geöffnet worden!

DER UNIVERSITÄTSKANZLER: Was ist dahinter verborgen?

DER GLASERMEISTER: Ich kann nichts sehen.

DER UNIVERSITÄTSKANZLER: Er kann nichts sehen, nein, das will ich glauben! ... Meine Herren Dekane! Was ist hinter der Tür verborgen?

DER DEKAN DER THEOLOGISCHEN FAKULTÄT: Nichts! Das ist die

Lösung des Welträtsels: aus Nichts schuf Gott zu Anfang Himmel und Erde.

DER DEKAN DER PHILOSOPHISCHEN FAKULTÄT: Aus nichts wird nichts.

DER DEKAN DER MEDIZINISCHEN FAKULTÄT: Unsinn! Es ist nichts da.

DER DEKAN DER JURISTISCHEN FAKULTÄT: Ich bezweifle. Und hier liegt ein Betrug vor. Ich appelliere an alle Rechtdenkenden!

DIE TOCHTER *zum Dichter*: Wer sind die Rechtdenkenden?

DER DICHTER: Ja, sage es, wer kann. Alle Rechtdenkenden sind meistens nur eine Person. Heute bin ich es und die Meinen, morgen bist du es und die Deinen. – Dazu wird man ernannt, oder richtiger gesagt, man ernennt sich selbst dazu.

ALLE RECHTDENKENDEN: Man hat uns betrogen!

DER UNIVERSITÄTSKANZLER: Wer hat euch betrogen?

ALLE RECHTDENKENDEN: Die Tochter!

DER UNIVERSITÄTSKANZLER: Will die Tochter so freundlich sein und uns sagen, was sie mit diesem Türöffnen beabsichtigte?

DIE TOCHTER: Nein, liebe Freunde! Wenn ich's sagte, ihr würdet's nicht glaube.

DER DEKAN DER MEDIZINISCHEN FAKULTÄT: Es ist doch nichts da.

DIE TOCHTER: Du sagst es. – Aber du hast es nicht verstanden!

DER DEKAN DER MEDIZINISCHEN FAKULTÄT: Das ist Unsinn, was sie sagt.

ALLE: Unsinn!

DIE TOCHTER *zum Dichter*: Es ist schade um sie.

DER DICHTER: Meinst du das ernst?

DIE TOCHTER: Ich meine es immer ernst.

DER DICHTER: Meinst du, es ist auch schade um die Rechtdenkenden?

DIE TOCHTER: Um sie vielleicht am meisten.

DER DICHTER: Um die vier Fakultäten auch?

DIE TOCHTER: Selbst um sie, und nicht am wenigsten! Vier Köpfe, vier Hirne auf einem Körper! Wer hat dieses Monstrum geschaffen?

ALLE: Sie antwortet nicht!

DER UNIVERSITÄTSKANZLER: Dann schlagt sie!

DIE TOCHTER: Ich habe geantwortet.

DER UNIVERSITÄTSKANZLER: Hört, sie antwortet.

ALLE: Schlagt sie! Sie antwortet.

DIE TOCHTER: Ob sie antwortet oder nicht antwortet: schlagt sie! ... Komm, Seher, so werde ich dir, weit weg von hier, die Lösung des Rätsels sagen – aber draußen in der Einöde, wo keiner uns sieht! Denn ...

DER ADVOKAT *tritt vor, faßt die Tochter am Arm*: Hast du deine Pflichten vergessen?

DIE TOCHTER: O Gott, nein! Aber ich habe höhere Pflichten.

DER ADVOKAT: Und dein Kind?

DIE TOCHTER: Mein Kind! Was sonst?

DER ADVOKAT: Dein Kind ruft nach dir.

DIE TOCHTER: Mein Kind! Weh mir, ich bin an die Erde gebunden! ... Und diese Qual in meiner Brust, diese Angst ..., was ist das?

DER ADVOKAT: Weißt du es nicht?

DIE TOCHTER: Nein!

DER ADVOKAT: Das sind die Gewissensqualen.

DIE TOCHTER: Das sind Gewissensqualen?

DER ADVOKAT: Ja! Und sie stellen sich nach jeder versäumten Pflicht ein, nach jedem Vergnügen, auch dem harmlosesten, wenn es harmlose Vergnügen gibt, was zweifelhaft ist, und nach jedem Leid, das man seinem Nächsten zugefügt hat.

DIE TOCHTER: Und es gibt keine Sühne?

DER ADVOKAT: Doch, aber nur eine! Sie heißt: sofortige Pflichterfüllung ...

DIE TOCHTER: Du siehst aus wie ein Dämon, wenn du das Wort Pflicht aussprichst! – Aber wenn man, wie ich, zwei Pflichten zu erfüllen hat?

DER ADVOKAT: So erfüllt man erst die eine, dann die andere!

DIE TOCHTER: Die höchste zuerst ..., deshalb sieh nach meinem Kind, und ich werde meine Pflicht erfüllen ...

DER ADVOKAT: Dein Kind leidet, weil du ihm fehlst – kannst du es ertragen, daß ein Mensch deinetwegen leidet?

DIE TOCHTER: Jetzt hast du Unfrieden in meine Seele gebracht, sie ist in Stücke gegangen, und es reißt mich nach zwei Seiten!

DER ADVOKAT: Das sind die kleinen Disharmonien des Lebens, siehst du!

DIE TOCHTER: Oh, wie es mich zerreißt!

DER DICHTER: Wenn du ahntest, was für Kummer und Verderben ich verbreitet habe, weil ich meiner Berufung folgte – merk wohl: Berufung, sie ist die höchste Pflicht –, würdest du mir nicht die Hand reichen!

DIE TOCHTER: Wieso?

DER DICHTER: Ich hatte einen Vater, der seine ganze Hoffnung auf mich setzte, den einzigen Sohn, der sein Geschäft weiterführen sollte ... Ich bin aus dem Handelsinstitut davongelaufen ... Mein Vater grämte sich zu Tode. Meine Mutter wollte mich religiös haben ..., ich konnte nicht religiös werden ..., sie verstieß mich ... Ich hatte einen Freund, der mich in harten Zeiten der Not unterstützte ... Der Freund trat wie ein Tyrann all denen gegenüber auf, für die ich sprach und für die ich sang. Ich mußte meinen Freund und Wohltäter von mir stoßen, um meine Seele zu retten! Seitdem habe ich keine Ruhe mehr; die Menschen nennen mich ehrlos, Abschaum, es hilft nichts, daß mein Gewissen sagt: du hast recht getan, denn im nächsten Augenblick sagt das Gewissen: du hast unrecht getan! So ist das Leben.

DIE TOCHTER: Komm mit mir in die Einöde!

DER ADVOKAT: Dein Kind!

DIE TOCHTER *weist auf alle Anwesenden*: Hier sind meine Kinder! Jedes für sich ist freundlich, doch kaum treffen sie zusammen, so streiten sie sich und werden zu Dämonen ... Leb wohl!

Vor dem Schloß; das gleiche Bühnenbild wie im 1. Bild, nur ist der Boden unterhalb der Grundmauer mit Blumen (blauer Sturmhut, Aconitum) bedeckt. Auf dem Schloßdach, auf der obersten Spitze, ist eine Chrysanthemenknospe kurz vor dem

Aufblühen. Die Fenster des Schlosses sind mit Stearinkerzen illuminiert.
Die Tochter und der Dichter.

DIE TOCHTER: Die Stunde ist nicht fern, da ich mit des Feuers Hilfe wieder in den Äther steigen werde ... Ihr nennt es sterben und erwartet es mit Furcht.

DER DICHTER: Furcht vor dem Unbekannten.

DIE TOCHTER: Das ihr kennt.

DER DICHTER: Wer kennt es?

DIE TOCHTER: Alle! Warum glaubt ihr euern Propheten nicht?

DER DICHTER: Den Propheten hat man nie geglaubt – wie kommt das? – Und „Warum glauben denn die Menschen nicht, wenn Gott gesprochen hat“? Seine Überzeugungskraft müßte unwiderstehlich sein!

DIE TOCHTER: Hast du immer gezweifelt?

DER DICHTER: Nein! Ich habe viele Male die Gewißheit gehabt, aber nach einiger Zeit schwand sie dahin, wie ein Traum beim Erwachen!

DIE TOCHTER: Es ist nicht leicht, Mensch zu sein!

DER DICHTER: Du siehst es ein und gibst es zu? ...

DIE TOCHTER: Ja!

DER DICHTER: Sag! War es nicht Indra, der einmal seinen Sohn hierher entsandte, damit er die Klagen der Menschheit höre?

DIE TOCHTER: Ja, so war es! Wie wurde er aufgenommen?

DER DICHTER: Wie erfüllte er seine Mission? Um mit einer Frage zu antworten.

DIE TOCHTER: Um mit einer andern Frage zu antworten: Wurde die Lage der Menschen nicht besser nach seinem Besuch auf Erden? Antworte wahrheitsgetreu!

DER DICHTER: Besser? ... Doch, ein bißchen! Ein ganz kleines bißchen! ... Aber, anstatt zu fragen: Willst du mir des Rätsels Lösung sagen?

DIE TOCHTER: Ja! Doch wozu? Du glaubst mir ja nicht!

DER DICHTER: Dir will ich glauben, denn ich weiß, wer du bist!

DIE TOCHTER: Nun gut, ich werde es sagen!

Im Morgen der Zeiten, ehe die Sonne schien, ließ Brahma, die göttliche Urkraft, sich von Maja, der Weltenmutter, zur Zeugung verleiten. Diese Berührung des göttlichen Urstoffs mit dem Erdenstoff war der Sündenfall des Himmels. Die Welt, das Leben und die Menschen sind somit nur ein Phantom, ein Schein, ein Traumbild ...

DER DICHTER: Mein Traum!

DIE TOCHTER: Ein Wahrtraum! ... Aber um sich aus dem Erdenstoff zu befreien, suchen die Abkömmlinge Brahmas die Entsagung und das Leiden ..., das Leiden als Befreier ... Aber dieser Drang nach dem Leiden gerät in Widerstreit mit dem Verlangen nach Genuß oder der Liebe ... Verstehst du nun, was Liebe ist, mit ihrer höchsten Freude im tiefsten Leiden, dem Süßesten im Bittersten! Verstehst du nun, was die Frau ist? Die Frau, mit der die Sünde und der Tod in das Leben kamen?

DER DICHTER: Ich verstehe! ... Und das Ende? ...

DIE TOCHTER: Du kennst es ..., der Kampf zwischen dem Schmerz des Genusses und dem Genuß des Leidens ..., die Qualen des Büßers und die Freuden des Wollüstigen ...

DER DICHTER: Kampf also?

DIE TOCHTER: Kampf zwischen Gegensätzen erzeugt Kraft, so wie das Feuer und das Wasser Dampfkraft hervorbringen ...

DER DICHTER: Aber der Friede? Die Ruhe?

DIE TOCHTER: Still, du darfst nicht weiter fragen, und ich darf nicht antworten! ... Der Altar ist schon für die Opferung geschmückt ..., die Blumen halten Wache; die Lichter sind entzündet ..., weiße Trauertücher vor den Fenstern ..., Tannenzweige im Eingang ...

DER DICHTER: Du sagst das so ruhig, als gäbe es kein Leiden für dich!

DIE TOCHTER: Kein Leiden? ... Ich habe all euer Leid erlitten, und hundertfach, denn meine Sinne waren empfindlicher ...

DER DICHTER: Sag, was du erlitten hast!

DIE TOCHTER: Dichter, konntest du es sagen, ohne daß ein Wort zuviel war; konnte dein Wort auch nur ein einziges Mal an deine Gedanken heranreichen?

DER DICHTER: Nein! Du hast recht! Ich war wie ein Taubstummer mir selbst gegenüber, und wenn die Menge voll Bewunderung meinem Gesang lauschte, empfand ich ihn selbst als mißtönendes Geschrei...

Deshalb, siehst du, schämte ich mich immer, wenn man mich feierte!

DIE TOCHTER: Und dann willst du, daß ich...? Sieh mir in die Augen!

DER DICHTER: Ich halte deinen Blick nicht aus –

DIE TOCHTER: Wie willst du dann mein Wort aushalten, wenn ich in meiner Sprache redete! ...

DER DICHTER: Doch sag, bevor du gehst, woran hast du am meisten gelitten, hier bei uns?

DIE TOCHTER: Daran, da zu sein; meinen Blick geschwächt zu fühlen durch ein Auge, mein Gehör abgestumpft durch ein Ohr, und meine Gedanken, meine luftigen, hellen Gedanken eingesperrt in das Labyrinth der Gehirnwindungen. Du hast ja ein Gehirn gesehen ..., welche Umwege, welche Schleichwege ...

DER DICHTER: Ja, und das ist der Grund, weshalb alle Rechtdenkenden nicht gerade denken!

DIE TOCHTER: Boshaft, immer boshaft, aber das seid ihr alle! ...

DER DICHTER: Wie kann man anders sein?

DIE TOCHTER: Nun schüttle ich zuerst den Staub von meinen Füßen ..., die Erde, den Lehm ...

Sie zieht die Schuhe aus und legt sie ins Feuer.

DIE PFÖRTNERIN *kommt und legt ihren Schal ins Feuer*: Vielleicht darf ich auch meinen Schal verbrennen? *Geht.*

DER OFFIZIER *kommt*: Und ich meine Rosen, es sind nur noch die Dornen übrig. *Geht.*

DER ZETTELANKLEBER *kommt*: Die Zettel auch, aber das Schöpfnetz – niemals! *Geht.*

DER GLASERMEISTER *kommt*: Der Diamant, der die Tür öffnete! Leb wohl! *Geht.*

DER ADVOKAT *kommt*: Die Protokolle aus dem großen Prozeß um des Kaisers Bart oder das Sinken des Wassers in den Quellen des Ganges. *Geht.*

DER QUARANTÄNEMEISTER *kommt*: Als kleinen Beitrag hier die schwarze Maske, die mich zum Mohren machte, wider meinen Willen! *Geht.*

VICTORIA *kommt*: Meine Schönheit, mein Leid! *Geht.*

EDIT *kommt*: Meine Häßlichkeit, mein Leid! *Geht.*

DER BLINDE *kommt, hält die Hand ins Feuer*: Ich gebe meine Hand für mein Auge! *Geht.*

Don Juan wird im Rollstuhl hereingefahren, die Kokotte und der Freund.

DON JUAN: Macht schnell, macht schnell, das Leben ist kurz! *Alle drei treten ab.*

DER DICHTER: Ich habe gelesen, wenn das Leben sich seinem Ende nähert, zieht alles in rascher Folge noch einmal an einem vorüber ... Ist dies das Ende?

DIE TOCHTER: Ja, mein Ende! Leb wohl!

DER DICHTER: Sag ein Wort zum Abschied!

DIE TOCHTER: Nein, ich kann nicht! Glaubst du, daß eure Worte unsere Gedanken ausdrücken können!

DER THEOLOGE *stürzt wütend herein*: Gott hat mich verleugnet, die Menschen verfolgen mich, die Regierung läßt mich im Stich, und meine Amtsbrüder verhöhnen mich! Wie soll ich glauben können, wenn kein anderer glaubt – wie soll ich einen Gott verteidigen, der nichts für die Seinen tut? Unsinn ist alles! *Wirft ein Buch ins Feuer und geht.*

DER DICHTER *reißt das Buch aus dem Feuer*: Weißt du, was das ist? ... Ein Buch des Martyriums, ein Kalender mit einem Märtyrer für jeden Tag des Jahres.

DIE TOCHTER: Märtyrer?

DER DICHTER: Ja, einer, der um seines Glaubens willen gemartert und getötet wurde! Sag mir, warum! Glaubst du, daß alle, die gemartert werden und leiden, daß alle, die sterben, Schmerz empfinden? Das Leiden ist doch die Erlösung und der Tod die Befreiung.

KRISTIN *kommt mit Papierstreifen*: Ich kleistre, ich kleistre, bis es nichts mehr zu kleistern gibt...

DER DICHTER: Und wenn der Himmel selbst zerrisse, dann würdest du versuchen, ihn zusammenzukleistern. – Geh!

KRISTIN: Haben die keine Doppelfenster dort im Schloß?

DER DICHTER: Nein, du, dort nicht!

KRISTIN *geht*: Na, dann gehe ich!

DIE TOCHTER:

Der Abschied steht bevor, das Ende naht;
leb wohl, du Erdenkind, du Träumer,
du Dichter, der versteht zu leben,
auf Flügeln schwebend,
nur manchmal niedertauchend,
die Erde streifend, ohne doch an ihr zu haften!
Nun, da ich gehe, in der Abschiedsstunde,
da man sich trennen muß von einem Freund, von einem Ort,
verläßt mit Schmerz man, was man liebte,
und Reue spürt man über das Versäumte ...
Es ballt sich jetzt der Schmerz des ganzen Daseins,
so also ist es, Mensch zu sein ...
Auch was man nicht geschätzt hat, wird nun teuer,
auch was man nicht versäumte, kränkt und reut...
Man will davongehn, und man will doch bleiben ...
Das Herz ist hier und doch nicht hier,
und das Gefühl zerreißt wie zwischen Pferden
von Widerspruch, Unschlüssigkeit, Disharmonie...

Leb wohl! Sag deinen Geschwistern, daß ich an sie denke,
dort, wohin ich gehe, und daß ich ihre Klage
in deinem Namen
hintragen werde vor den Thron.
Leb wohl!

Sie geht in das Schloß. Musik erklingt. Der Hintergrund ist durch das brennende Schloß erleuchtet und erscheint wie ein Wandbild aus fragenden, trauernden, verzweifelten Menschengesichtern. Während das Schloß brennt, entfaltet sich die Blütenknospe auf dem Dach zu einer riesigen Chrysantheme.

Wetterleuchten

(Oväder)

PERSONEN

Der Herr, *pensionierter Beamter*
Der Bruder, *Konsul*
Konditor Starck
Agnes, *seine Tochter*
Louise, *Verwandte des Herrn*
Gerda, *geschiedene Frau des Herrn*
Fischer, *Gerdas neuer Mann, stumme Person*
Der Eismann
Der Briefträger
Der Laternenanzünder

ERSTE SZENE

Eine moderne Hausfassade, das Kellergeschoß aus Granit, der obere Teil aus Ziegeln mit gelbem Putz; Fenstereinfassungen und Ornamente aus Sandstein. In der Mitte des Kellergeschosses eine niedrige Tür, die zum Hof führt und gleichzeitig der Eingang zur Konditorei ist. Die Fassade endet rechts mit einer Ecke, wo ein Platz mit Stockrosen und anderen Blumen zu sehen ist. An der Ecke befindet sich ein Briefkasten. Das Erdgeschoß über dem Kellergeschoß hat große Fenster, die offenstehen; vier davon gehören zu einem elegant möblierten Speisezimmer. Über dem Erdgeschoß ist die Wohnung im ersten Stock zu sehen, deren vier Mittelfenster heruntergelassene rote Rollos haben, die von innen her beleuchtet werden.
Vor der Fassade befindet sich der Bürgersteig mit einigen Bäumen der Allee; im Vordergrund eine grüne Bank und eine Gaslaterne.
Der Konditor kommt mit einem Stuhl heraus und setzt sich auf den Bürgersteig.
Der Herr ist am Tisch im Speisezimmer zu sehen. Hinter seinem Rücken ein grüner Majolikakachelofen mit einem Absatz, auf dem eine große Fotografie zwischen zwei Leuchtern und Blumenvasen steht. Ein hellgekleidetes Mädchen serviert ihm den Nachtisch.

DER BRUDER *(draußen) kommt von links, klopft mit seinem Stock auf das Fenstersims*: Bist du bald fertig?

DER HERR: Ich komme gleich.

DER BRUDER *grüßt den Konditor*: Guten Abend, Herr Starck, es ist noch immer warm ... *Setzt sich auf die Bank.*

DER KONDITOR: Guten Abend, Herr Konsul, das sind die Hundstage, und wir haben den ganzen Tag eingekocht...

DER BRUDER: So ..., ist es ein gutes Obstjahr?

DER KONDITOR: Nicht schlecht. Das Frühjahr war kalt, aber der Sommer unerträglich warm. Wir, die in der Stadt geblieben sind, haben es zu spüren bekommen ...

DER BRUDER: Ich bin gestern vom Lande gekommen, wenn die Abende dunkel werden, sehnt man sich nach der Stadt ...

DER KONDITOR: Meine Frau und ich sind nicht vor die Tore der Stadt gekommen; das Geschäft ist zwar geschlossen, aber man muß auf dem Posten sein und für den Winter sorgen. Erst hat man Gartenerdbeeren und Walderdbeeren, dann kommen die Kirschen, dann haben wir die Himbeeren und danach die Stachelbeeren, die Melonen und die ganze Herbsternte.

DER BRUDER: Sagen Sie mir eins, Herr Starck, soll dieses Haus verkauft werden?

DER KONDITOR: Nein, ich habe nichts davon gehört!

DER BRUDER: Es wohnen viele Leute hier?

DER KONDITOR: Ich glaube, es sind zehn Haushalte, wenn man die Hofseite mitrechnet. Aber man kennt sich nicht, es wird nämlich in diesem Haus ungewöhnlich wenig geklatscht, eher scheint es, als ob man sich versteckte. Seit zehn Jahren wohne ich hier, und die ersten beiden Jahre waren meine Nachbarn zum Hof hin unbekannte Herrschaften, die den ganzen Tag über ruhig waren. Aber nachts kamen sie in Bewegung, dann fuhren Wagen vor und holten etwas ab. Erst gegen Ende des zweiten Jahres erfuhr ich, daß hier ein Heim für Kranke war und daß es Leichen waren, was man abholte.

DER BRUDER: Das ist ja schauerlich!

DER KONDITOR: Und man nennt es das stille Haus!

DER BRUDER: Ja, man spricht wohl wenig hier.

DER KONDITOR: Aber Dramen haben sich hier abgespielt ...

DER BRUDER: Sagen Sie mir, Herr Starck, wer wohnt im ersten Stock, über meinem Bruder?

DER KONDITOR: Ja, dort oben, wo die roten Rollos leuchten, dort ist der Mieter im Sommer gestorben, dann stand die Wohnung einen Monat leer, und vor acht Tagen sind dort Herrschaften eingezogen, die ich noch nicht gesehen habe ... Weiß nicht, wie sie heißen. Ich glaube, sie gehen überhaupt nicht aus. Weshalb fragen Sie mich danach, Herr Konsul?

DER BRUDER: Ja ..., ich weiß nicht! Die vier roten Rollos sehen wie Vorhänge aus, hinter denen man blutige Dramen probt ..., bilde ich mir ein. Dort steht eine Fächerpalme wie eine Eisenrute und wirft ihren Schatten auf ein Rollo ..., wenn man einige Gestalten sehen könnte ...

DER KONDITOR: Ich habe eine ganze Menge gesehen, aber erst später, in der Nacht!

DER BRUDER: Waren es Damen oder Herren?

DER KONDITOR: Es waren wohl Damen und Herren ... Doch nun muß ich hinunter zu meinen Töpfen ... *Geht durch die Tür hinein.*

DER HERR *im Speisezimmer hat sich erhoben und zündet sich eine Zigarre an. Am Fenster spricht er jetzt mit dem Bruder*: Ich bin gleich fertig. – Louise muß nur noch einen Knopf an meinen Handschuh nähen.

DER BRUDER: Willst du dann in die Stadt hinuntergehen?

DER HERR: Vielleicht gehen wir ein bißchen hinunter ... Mit wem hast du gesprochen?

DER BRUDER: Es war bloß der Konditor ...

DER HERR: Ach so, ja, er ist ein anständiger Mensch. Mein einziger Umgang hier im Sommer übrigens ...

DER BRUDER: Hast du wirklich jeden Abend zu Hause gesessen, bist du nie draußen gewesen?

DER HERR: Nie! Diese hellen Abende machen mich scheu, sie sind sicher schön auf dem Lande, aber in der Stadt wirken sie unnatürlich, fast unheimlich. Doch wenn die erste Laterne angezündet wird, fühle ich mich wieder ruhig und kann meinen Abendspaziergang machen. Dann werde ich müde und kann nachts besser schlafen ...

Louise übergibt den Handschuh.

DER HERR: Danke, mein Kind ... Die Fenster können ruhig offen bleiben, denn hier gibt es ja keine Mücken ... Jetzt komme ich!

Einen Augenblick später sieht man den Herrn über den Platz kommen und einen Brief in den Postkasten werfen; er kommt in den Vordergrund und setzt sich neben den Bruder auf die Bank.

DER BRUDER: Aber sag doch, weshalb sitzt du in der Stadt, wenn du aufs Land fahren kannst?

DER HERR: Ich weiß nicht! Ich bin unbeweglich geworden, ich bin an diese Wohnung durch die Erinnerung gebunden ..., nur dort drinnen habe ich Ruhe und Schutz. Dort drinnen, ja! Es ist interessant, sein Heim von draußen zu sehen. Ich stelle mir vor, es ist ein anderer, der dort drinnen umherwandert ... Stell dir vor, ich bin dort zehn Jahre umhergewandert.

DER BRUDER: Sind es jetzt zehn?

DER HERR: Ja, die Zeit ist schnell vergangen, wenn sie vorüber ist, aber während sie vergeht, dauert es lange ... Das Haus war damals neu. Ich hab gesehen, wie sie im Speisezimmer das Parkett legten, wie sie Paneele und Türen strichen, und sie durfte die Tapeten auswählen, die noch dort sind ... Ja, so war es! Der Konditor und ich sind die Ältesten im Haus, und auch er hat sein Schicksal gehabt ... Er ist so ein Mensch, dem nichts gelingt, er hat immer irgendwelche Scherereien. Ich habe gewissermaßen sein Leben mitgelebt und seine Bürde neben meiner eigenen getragen.

DER BRUDER: Trinkt er denn?

DER HERR: Nein! Er ist keineswegs nachlässig, aber er hat keinen Erfolg ... Doch er und ich kennen die Chronik des Hauses: hier sind sie mit Hochzeitskutschen eingezogen und mit dem Leichenwagen hinausgefahren, und der Briefkasten da an der Ecke hat vertrauliche Mitteilungen aufgenommen ...

DER BRUDER: Ihr habt hier ja mitten im Sommer einen Todesfall gehabt?

DER HERR: Ja, wir hatten einen Typhusfall. Es war ein Bankbeamter. Dann stand die Wohnung einen Monat leer. Zuerst kam der Sarg aus dem Haus, dann die Witwe mit den Kindern und zum Schluß kamen die Möbel ...

DER BRUDER: Das war im ersten Stock?

DER HERR: Dort oben, wo das Licht brennt, bei den Neuen, die ich noch nicht kenne.

DER BRUDER: Hast du sie auch noch nicht gesehen?

DER HERR: Ich kümmere mich nie um die Mieter. Was sich von

selbst anbietet, nehme ich, ohne es zu mißbrauchen oder mich irgendwie einzumischen, denn mir liegt an der Ruhe des Alters...

DER BRUDER: Ja, das Alter! Ich glaube, es ist schön, alt zu werden, denn dann hat man es nicht mehr weit.

DER HERR: Ja, sicher ist es schön. Ich mache meine Abrechnung mit dem Leben und den Menschen und habe bereits begonnen, für die Reise zu rüsten. Die Einsamkeit ist ja nicht besonders, aber wenn niemand Anspruch auf einen hat, dann ist die Freiheit errungen. Die Freiheit, nach eigener Wahl gehen und kommen, denken und handeln, essen und schlafen zu können.

Jetzt wird das Rollo in der oberen Wohnung hochgezogen, jedoch nur ein Stückchen, so daß man das Kleid einer Frau sehen kann. Danach wird das Rollo hastig wieder heruntergelassen.

DER BRUDER: Sie rühren sich dort oben! Siehst du?

DER HERR: Ja, das ist so geheimnisvoll, aber am schlimmsten ist es nachts. Manchmal ist dort Musik, aber schlechte, manchmal glaube ich, sie spielen Karten, und spät nach Mitternacht kommen Wagen und holen ... Ich beklage mich nie über Mieter, denn dann rächen sie sich, und keiner bessert sich... Es ist am besten, nichts zu wissen!

Ein Herr, barhäuptig, im Smoking, kommt über den Platz und wirft eine große Anzahl Briefe in den Kasten, dann verschwindet er wieder.

DER BRUDER: Der hatte aber gewaltig viel Post!

DER HERR: Es scheinen Rundschreiben zu sein!

DER BRUDER: Aber wer war das?

DER HERR: Es kann ja kein anderer als der Mieter aus dem ersten Stock gewesen sein ...

DER BRUDER: Das war er? Wonach sah er aus, was meinst du?

DER HERR: Ich weiß nicht! Musiker, Direktor, ein bißchen

Operette, auf der Grenze zum Varieté, Kartenspieler, Adonis, von jedem etwas …

DER BRUDER: Zu seiner weißen Haut müßte schwarzes Haar gehören, aber es war braun, also gefärbt – oder Perücke. Ein Smoking zu Hause deutet auf Kleidersorgen hin, und die Bewegung der Hände, als er die Briefe einwarf, sah aus wie mischen, abheben, geben … *Man hört sehr leise einen Walzer aus dem ersten Stock.* Immer Walzer, vielleicht haben sie eine Tanzschule, aber es ist fast immer derselbe Walzer. Wie heißt er?

DER HERR: Ich glaube fast …, es ist „Pluie d'Or" …, den kann ich auswendig …

DER BRUDER: Hast du ihn im Hause gehabt?

DER HERR: Ja, den und den Alcazarwalzer …

Louise ist im Speisezimmer zu sehen, sie hantiert mit polierten Gläsern auf dem Büfett.

DER BRUDER: Bist du noch immer mit Louise zufrieden?

DER HERR: Sehr!

DER BRUDER: Will sie nicht heiraten?

DER HERR: Nicht daß ich wüßte!

DER BRUDER: Kein Verlobter in Sicht?

DER HERR: Weshalb fragst du danach?

DER BRUDER: Vielleicht hast du Absichten?

DER HERR: Ich? Nein, danke! Als ich das letzte Mal heiratete, war ich nicht zu alt, denn wir bekamen sofort Kinder. Aber jetzt bin ich es, und nun möchte ich in Ruhe alt werden … Glaubst du, ich möchte eine Herrin in m e i n e m Hause haben und Leben, Ehre und Gut aus den Händen geben?

DER BRUDER: Leben und Gut hast du behalten …

DER HERR: Hat denn die Ehre Schaden genommen?

DER BRUDER: Weißt du das nicht?

DER HERR: Was willst du damit sagen?

DER BRUDER: Sie mordete deine Ehre, als sie ging …

DER HERR: Dann bin ich fünf Jahre ein Ermordeter, ohne es zu wissen?

DER BRUDER: Hast du es nicht gewußt?

DER HERR: Nein, aber jetzt sollst du in zwei Worten erfahren, wie es sich wirklich verhalten hat ... Als ich mich im Alter von fünfzig Jahren wiederverheiratete mit einem relativ jungen Mädchen, dessen Zuneigung ich gewonnen hatte und das mir seine Hand ohne Furcht oder Zwang gab, da versprach ich ihr, meiner Wege zu gehen und ihr die Freiheit wiederzugeben, wenn mein Alter für ihre Jugend beschwerlich werden sollte. Nachdem das Kind zur rechten Zeit gekommen war und keine der Parteien mehr Kinder wünschte, als unsere Tochter mir zu entwachsen begann und ich mich überflüssig fühlte, da ging ich, das heißt, ich nahm ein Boot, denn wir wohnten auf einer Insel, und damit war die Geschichte zu Ende. Ich hatte mein Versprechen eingelöst und meine Ehre gerettet, was noch?

DER BRUDER: Ja, aber sie war der Ansicht, ihre Ehre sei angegriffen, denn sie hatte selbst gehen wollen, und deshalb mordete sie dich, mit stummen Anklagen, die du nie erfahren hast.

DER HERR: Klagte sie sich selbst auch an?

DER BRUDER: Nein, sie hatte keinen Grund.

DER HERR: Nun, dann ist keine Gefahr!

DER BRUDER: Weißt du etwas über ihr Schicksal und das ihres Kindes?

DER HERR: Ich möchte nichts davon erfahren! Nachdem ich alle Qualen des Verlustes durchgemacht hatte, sah ich diese Angelegenheit als begraben an, und da nur angenehme Erinnerungen in der Wohnung verblieben waren, blieb ich dort. Ich danke dir jedoch für deine wertvolle Mitteilung...

DER BRUDER: Welche denn?

DER HERR: Daß sie sich nicht anzuklagen brauchte, denn das wäre eine Anklage gegen mich gewesen ...

DER BRUDER: Ich glaube, du lebst in einem großen Irrtum ...

DER HERR: Laß mich darin leben, Bruder. Ein reines Gewissen, relativ rein, ist für mich immer wie ein Taucheranzug gewesen, mit dem ich in die Tiefe gestiegen bin, ohne zu ersticken. *Erhebt sich.* Daß ich damals mit dem Leben davongekommen bin! Und nun ist es vorbei! Wollen wir ein kleines Stück in der Allee promenieren?

DER BRUDER: Das können wir tun, dann sehen wir, wie sie die erste Laterne anzünden.

DER HERR: Aber es wird sicher heute abend Mondschein sein, Augustmondschein!

DER BRUDER: Ich glaube, es ist sogar Vollmond...

DER HERR *am Fenster, spricht ins Haus hinein*: Louise, sei so lieb und gib mir meinen Stock! Den leichten Sommerstock, nur um etwas in der Hand zu haben.

LOUISE *reicht einen Rohrstock heraus*: Hier, bitte!

DER HERR: Danke, mein Kind! Lösche das Licht im Speisezimmer, wenn du dort nichts mehr zu besorgen hast ... Wir bleiben wohl eine Weile fort ..., ich kann nicht sagen, wie lange ...

Der Herr und der Bruder gehen nach links.
Louise am Fenster.

DER KONDITOR *kommt aus der Pforte*: Guten Abend, Fräulein, es ist etwas warm ..., sind Ihre Herren gegangen?

LOUISE: Ja, sie sind die Allee hinuntergegangen. Das ist der erste Abend in diesem Sommer, an dem der Patron einmal wieder draußen ist.

DER KONDITOR: Wir Alten lieben die Dämmerung, sie verbirgt so viele Mängel bei uns selbst und bei anderen ... Wissen Sie, Fräulein, daß meine Alte allmählich blind wird, aber sie will sich nicht operieren lassen! Es gibt nichts, was man sehen muß, sagt sie, und manchmal wünscht sie sich, auch taub zu sein.

LOUISE: Ja, manchmal scheint es einem so!

DER KONDITOR: Sie führen ja ein ruhiges, schönes Leben dort drinnen, im Wohlstand, ohne Sorgen. Nie höre ich ein lautes Wort oder eine Tür knallen; vielleicht etwas zu ruhig für eine junge Dame wie Sie?

LOUISE: Nein, gewiß nicht, ich liebe die Ruhe und das Würdige, Behagliche, Abgeklärte, wo man nicht alles sagt, und wo man sich verpflichtet fühlt, das weniger Angenehme des Alltags zu übersehen ...

DER KONDITOR: Sie haben auch nie Besuch?

LOUISE: Nein, nur der Konsul kommt, und solche Bruderliebe habe ich noch nie gesehen.

DER KONDITOR: Wer ist eigentlich der ältere von den beiden?

LOUISE: Das kann ich nicht sagen ... Ob ein Jahr sie trennt oder mehrere oder ob sie Zwillinge sind, weiß ich nicht, denn sie behandeln sich mit gegenseitiger Achtung, als wäre jeder der ältere Bruder.

Agnes kommt heraus, versucht, sich am Konditor vorbeizuschleichen.

DER KONDITOR: Wohin willst du, meine Tochter?

AGNES: Ich will nur ein bißchen spazierengehen.

DER KONDITOR: Das ist richtig, aber komm bald wieder!

Agnes geht.

DER KONDITOR: Glauben Sie, daß Ihr Herr noch um seine Lieben trauert?

AGNES: Nein, er trauert nicht, er vermißt sie auch nicht, denn er wünscht sie nicht zurück, aber er lebt mit ihnen in der Erinnerung, wo er nur das Schöne besitzt ...

DER KONDITOR: Aber das Schicksal der Tochter beunruhigt ihn wohl manchmal ...

LOUISE: Ja, er muß ja befürchten, daß sich die Mutter wieder verheiratet, und dann kommt es darauf an, wer der Stiefvater wird ...

DER KONDITOR: Man hat mir erzählt, daß die Frau zu Anfang auf jede Unterstützung verzichtet hat, aber nach fünf Jahren einen Advokaten mit einer langen Rechnung über mehrere Tausend geschickt hat ...

LOUISE *abweisend*: Das weiß ich nicht ...

DER KONDITOR: Doch ich glaube, die Frau ist am schönsten in seiner Erinnerung ...

RESTAURANTBOTE *kommt mit einem Korb, gefüllt mit Weinflaschen*: Entschuldigen Sie, wohnt hier ein Herr Fischer?

LOUISE: Herr Fischer? Nicht daß ich wüßte.

DER KONDITOR: Vielleicht heißt der im ersten Stock Fischer? Klingeln Sie im ersten Stock, um die Ecke.

RESTAURANTBOTE *geht zum Hofplatz*: Im ersten Stock, vielen Dank!

LOUISE: Das wird heute wieder eine schlaflose Nacht, wenn Flaschen nach oben gebracht werden.

DER KONDITOR: Was sind das für Leute? Warum sind sie nie zu sehen?

LOUISE: Sie gehen sicher durch den Hinterausgang, ich habe sie nie gesehen. Aber ich höre sie!

DER KONDITOR: Ich habe auch Korkenknallen und Türenschlagen gehört, vielleicht auch andere Schläge ...

LOUISE: Nie öffnen sie die Fenster, in dieser Wärme, es müssen Südländer sein ... Sehen Sie, jetzt blitzt es! Eins, zwei, drei ... Das ist nur Wetterleuchten! Denn man hört keinen Donner!

STIMME *von unten aus dem Kellergeschoß*: Lieber Starck, komm runter und hilf mir bei der Zuckerlösung!

DER KONDITOR: Ich komme, meine Alte! – Ja, wir sind beim Einkochen ... Ich komme, ich komme ...

Geht hinunter zu seiner Arbeit.
Louise bleibt am Fenster stehen.

DER BRUDER *kommt langsam von rechts*: Ist mein Bruder noch nicht zurückgekommen?

LOUISE: Nein, Herr Konsul.

DER BRUDER: Er wollte telefonieren, ich sollte schon vorausgehen. Nun, er wird wohl gleich hier sein ... Was ist denn das hier? *Beugt sich herab und hebt eine Postkarte auf.* Was steht da? – „Bostonklub nach Mitternacht ... Fischers“. Wer sind Fischers, wissen Sie das, Louise?

LOUISE: Es war gerade ein Mann mit Wein hier, der einen Fischer suchte, im ersten Stock.

DER BRUDER: Im ersten Stock, Fischers! Das rote Rollo, das wie die Glut einer Zigarre in der Nacht leuchtet, ich glaube, Sie haben schlechte Gesellschaft ins Haus bekommen.

LOUISE: Was ist Bostonklub?

DER BRUDER: Das kann etwas recht Unschuldiges sein, doch in diesem Fall weiß ich nicht ... Aber wie ist die Postkarte hierhergekommen? Er hat sie vorhin verloren; dann werfe ich sie in den Kasten ... Fischer? Ich habe den Namen schon früher gehört, im Zusammenhang mit etwas, das ich vergessen habe ... Fräulein Louise, darf ich Sie etwas fragen, spricht mein Bruder nie über ... das Vergangene?

LOUISE: Nie mit mir.

DER BRUDER: Fräulein Louise ..., darf ich Sie fragen ...

LOUISE: Entschuldigung, jetzt kommt die Abendmilch, und ich muß sie entgegennehmen ... *Sie entfernt sich, das Milchmädchen kommt von rechts und geht über den Hof ins Haus.*

DER KONDITOR *kommt wieder heraus, nimmt seine weiße Mütze ab und schnauft*: Raus und rein wie ein Maulwurf in seinem Bau ... Es ist entsetzlich dort unten am Herd ..., und nicht einmal eine kühle Abendbrise ...

DER BRUDER: Es wird Regen geben, denn es blitzt ... In der Stadt ist es nicht angenehm, aber hier oben haben Sie es ruhig. Nie ein Wagen, der lärmt, noch weniger Straßenbahnen, es ist ja wie auf dem Lande!

DER KONDITOR: Es ist gewiß ruhig, aber für das Geschäft ist es zu ruhig. Meinen Beruf verstehe ich, aber ich bin ein schlechter Verkäufer, bin es immer gewesen und werde es nie lernen, oder vielleicht ist es auch etwas anderes ..., ich habe vielleicht nicht die richtige Art. Wenn ein Käufer mich wie einen Betrüger behandelt, bin ich zuerst verlegen, und dann werde ich so böse, wie es nur geht, aber jetzt kann ich nicht mehr; das nutzt sich ab, alles nutzt sich ab.

DER BRUDER: Weshalb nehmen Sie dann keine Stellung an?

DER KONDITOR: Niemand will mich haben!
DER BRUDER: Haben Sie denn gefragt?
DER KONDITOR: Wozu soll das dienen?
DER BRUDER: Ach so?

Jetzt ist ein langgezogenes „Oh!“ aus der oberen Etage zu hören.

DER KONDITOR: Um Himmels willen, was machen die da oben? Bringen die sich gegenseitig um?
DER BRUDER: Ich mag das Neue, Unbekannte nicht, das ins Haus gekommen ist. Es liegt wie eine rote Gewitterwolke über einem. Was sind das für Menschen? Woher kommen sie, was wollen sie hier?
DER KONDITOR: Es ist so gefährlich, sich in fremde Angelegenheiten zu mischen, und man wird nur hineingezogen ...
DER BRUDER: Wissen Sie etwas über sie?
DER KONDITOR: Nein, ich weiß nichts ...
DER BRUDER: Jetzt haben sie wieder geschrien, im Treppenaufgang ...
DER KONDITOR *zieht sich zurück, langsam*: Hiermit will ich nichts zu tun haben ...

Frau Gerda, die geschiedene Frau des Herrn, erscheint auf dem Platz, barhäuptig, mit aufgelöstem Haar, erregt. Der Bruder geht auf sie zu, sie erkennen sich, die Frau schreckt zurück.

DER BRUDER: Du bist es also, meine frühere Schwägerin?
GERDA: Ja, ich bin's.
DER BRUDER: Wie bist du in dieses Haus gekommen, und warum gönnst du es meinem Bruder nicht, seine Ruhe zu genießen?
GERDA *erregt*: Man hat mir einen falschen Namen genannt. Ich glaubte, er sei weggezogen, ich kann nichts dafür ...
DER BRUDER: Hab keine Angst vor mir, du sollst keine Angst vor mir haben, Gerda ... Kann ich dir helfen? Was geschieht dort oben?

GERDA: Er hat mich geschlagen!

DER BRUDER: Ist dein kleines Mädchen auch dort?

GERDA: Ja!

DER BRUDER: Sie hat also einen Stiefvater?

GERDA: Ja!

DER BRUDER: Bring dein Haar in Ordnung und beruhige dich, ich will versuchen, das hier zu klären, aber schone meinen Bruder ...

GERDA: Er haßt mich wohl?

DER BRUDER: Nein, siehst du nicht, wie er deine Blumen auf deinen Beeten hier pflegt. Er hat die Erde selbst hierhergebracht, du erinnerst dich, in einem Korb. Erkennst du deinen blauen Enzian und die Reseda, deine Rosen, „Malmaison" und „Merville de Lyon", die er selbst gepfropft hat? Begreifst du, wie er die Erinnerung an dich und an eure Tochter gepflegt hat?

GERDA: Wo ist er jetzt?

DER BRUDER: Er geht auf der Allee spazieren und ist gleich hier mit der Abendzeitung, und wenn er von links kommt, geht er über den Hofweg, setzt sich ins Speisezimmer und liest. Bleib still stehen, dann bemerkt er dich nicht! – Aber du mußt wieder zu dir hinaufgehen...

GERDA: Das kann ich nicht, ich kann nicht zurück zu diesem Mann ...

DER BRUDER: Wer ist er, und was?

GERDA: Er – ist Sänger gewesen!

DER BRUDER: Gewesen, und jetzt? Abenteurer!

GERDA: Ja!

DER BRUDER: Betreibt er ein Spielhaus?

GERDA: Ja!

DER BRUDER: Und das Kind? Lockvogel!

GERDA: Sprich nicht so!

DER BRUDER: Das ist entsetzlich.

GERDA: Du beurteilst das hier zu hart.

DER BRUDER: Schmutz soll man vornehm übersehen, wie fein! Aber eine gerechte Sache kann man in den Schmutz ziehen! Weshalb hast du seine Ehre geschändet, und weshalb hast du mich dazu verleitet, dein Mittäter zu sein? Ich war kindisch genug, deinen Worten zu glauben, und ich habe deine ungerechte Sache gegen ihn verteidigt!

GERDA: Du vergißt, daß er zu alt war.

DER BRUDER: Nein, er war es damals nicht, denn ihr bekamt sofort das Kind. Und als er um dich warb, fragte er dich, ob du ein Kind mit ihm haben möchtest. Dazu versprach er, dir die Freiheit wiederzugeben, wenn er sein Versprechen erfüllt habe und wenn sein Alter zu einer Last werde.

GERDA: Er hat mich verlassen, das war eine Beschimpfung.

DER BRUDER: Nicht für dich! Deine Jugend schützte dich vor der Schande ...

GERDA: Er hätte mich gehen lassen sollen!

DER BRUDER: Weshalb? Weshalb wolltest du ihm die Schmach antun?

GERDA: Einer muß sie wohl ertragen?

DER BRUDER: Wie sonderbar deine Gedanken sind! Doch du hast ihn ermordet und auch mich verleitet, dasselbe zu tun. Wie sollen wir ihm seine Ehre wiedergeben?

GERDA: Wenn ihm seine Ehre wiedergegeben wird, geschieht das auf meine Kosten!

DER BRUDER: Ich kann deinen Gedanken nicht folgen, die nur von Haß ausgehen. Aber wenn wir die Ehrenrettung lassen und daran denken, seiner Tochter zu helfen, was sollten wir dann tun?

GERDA: Das ist mein Kind, das Gesetz hat sie mir zugesprochen, und mein Mann ist ihr Vater ...

DER BRUDER: Du nimmst das hier zu schwer! Und du bist wild und rauh geworden ... Still, jetzt kommt er!

Der Herr kommt von links mit einer Zeitung in der Hand und geht, in Gedanken versunken, über den Hofweg hinein, währenddessen stehen der Bruder und Gerda unbeweglich da, von der Ecke bei dem Platz verborgen.
Der Bruder und Gerda treten in den Vordergrund. Unmittelbar danach sieht man, wie der Herr sich im Speisezimmer setzt und die Zeitung liest.

GERDA: Das war er!

DER BRUDER: Komm hierher und sieh dein Heim! Wie er alles beibehalten hat, so wie es nach deinem Geschmack eingerichtet war! – Hab keine Angst, er sieht uns hier im Dunkeln nicht – das Licht blendet ihn ja, verstehst du.

GERDA: Wie er mich belogen hat …

DER BRUDER: In welcher Hinsicht?

GERDA: Er ist nicht gealtert! Er war meiner überdrüssig, das ist alles. Sieh, was für einen Kragen er hat, und das Halstuch, nach der letzten Mode. Ich bin sicher, daß er eine Geliebte hat!

DER BRUDER: Du kannst ihr Porträt dort auf dem Kachelofen sehen, zwischen den Leuchtern.

GERDA: Das bin ich mit dem Kind! Liebt er mich noch immer?

DER BRUDER: Die Erinnerung an dich!

GERDA: Das ist sonderbar!

Der Herr hört auf zu lesen und starrt aus dem Fenster.

GERDA: Er schaut uns an!

DER BRUDER: Steh still!

GERDA: Er sieht mir direkt in die Augen.

DER BRUDER: Steh still! Er sieht dich nicht!

GERDA: Er sieht aus wie ein toter Mann …

DER BRUDER: Er ist ja ermordet worden!

GERDA: Weshalb sagst du so was!

Jetzt werden der Bruder und Gerda von einem starken Blitz beleuchtet.
Der Herr fährt zusammen und erhebt sich.
Gerda flieht hinter die Ecke beim Platz.

DER HERR: Karl Fredrik! *Am Fenster.* Bist du allein? – Ich dachte … Bist du wirklich allein?

DER BRUDER: Wie du siehst!

DER HERR: Es ist so schwül, und von den Blumen bekomme ich Kopfschmerzen … Nun will ich nur noch meine Zeitung zu Ende lesen. *Setzt sich wieder auf seinen Platz.*

DER BRUDER *an der Seite Gerdas*. Nun zu deinen Angelegenheiten! Willst du, daß ich dich hinaufbegleite?

GERDA: Vielleicht! Aber es wird viel Streit geben!

DER BRUDER: Aber das Kind muß gerettet werden! Und ich kenne mich in den Gesetzen aus!

GERDA: Also des Kindes wegen! Folge mir!

Sie gehen.

DER HERR *von innen*: Karl Fredrik! Komm Schach spielen! – Karl Fredrik!

ZWEITE SZENE

Im Speisezimmer. Im Hintergrund der Kachelofen; links davon eine Tür zum Servierzimmer; rechts eine Tür, die zum Flur offensteht. Links ein Büfett mit einem Telefon; rechts ein Klavier und eine Salonuhr. In der linken und in der rechten Wand Türen. Louise kommt herein.

DER HERR: Wohin ist mein Bruder gegangen?

LOUISE *unruhig*: Er war eben draußen, er kann nicht weit weg sein.

DER HERR: Sie machen einen entsetzlichen Lärm hier oben. Es ist, als trampelten sie mir auf dem Kopf herum. Jetzt ziehen sie Schubladen auf, als ob sie reisen wollten, vielleicht fliehen .. Wenn du doch Schach spielen könntest, Louise.

LOUISE: Ich kann ja etwas ...

DER HERR: Nun, Hauptsache, man weiß, wie die Figuren ziehen, dann geht's sicher ... Setz dich, mein Kind! *Er stellt das Spiel auf.* Die lärmen dort oben, daß der Kronleuchter zittert, und hier unten heizt der Konditor ..., ich glaube, ich ziehe bald aus.

LOUISE: Das sollten Sie wirklich tun, das meine ich schon lange.

DER HERR: Wirklich?

LOUISE: Es ist nicht gut, zu lange in alten Erinnerungen zu leben.

DER HERR: Weshalb nicht? Wenn genügend Zeit vergangen ist, sind alle Erinnerungen schön.

LOUISE: Aber Sie können noch zwanzig Jahre leben, und das ist zu lange, um Erinnerungen nachzuhängen, die dann doch verblassen und eines schönen Tages vielleicht die Farbe ändern.

DER HERR: Wieviel du weißt, liebes Kind! – Fang jetzt an und zieh einen Bauern! Aber nicht den der Königin, denn dann bist du matt in zwei Zügen.

LOUISE: Dann fange ich mit dem Springer an ...

DER HERR: Ebenso gefährlich, meine Liebe ...

LOUISE: Aber ich glaube, ich fange trotzdem mit dem Springer an!

DER HERR: Gut! Dann ziehe ich meinen Läuferbauern ...

Der Konditor erscheint mit einem Tablett im Korridor.

LOUISE: Herr Starck ist mit dem Teegebäck da. Er bewegt sich so leise wie eine Maus! *Steht auf und geht auf den Korridor hinaus, nimmt das Tablett entgegen und geht in das Servierzimmer.*

DER HERR: Nun, Herr Starck, wie geht es Ihrer Frau?

DER KONDITOR: Ja, danke, es sind die Augen, wie üblich ...

DER HERR: Haben Sie vielleicht meinen Bruder gesehen?

DER KONDITOR: Er geht sicher draußen spazieren.

DER HERR: Hat er Gesellschaft bekommen?

DER KONDITOR: Nein, das glaube ich nicht.

DER HERR: Sie haben diese Wohnung lange nicht gesehen, Herr Starck.

DER KONDITOR: Nein, es ist genau zehn Jahre her ...

DER HERR: Als Sie mit der Hochzeitstorte kamen ..., sieht es noch genauso aus?

DER KONDITOR: Genauso ... Die Palmen sind natürlich gewachsen. Ja, alles ist gleich ...

DER HERR: Und bleibt so, bis Sie mit der Begräbnistorte kommen. Nach einem gewissen Alter ändert sich nichts mehr, alles bleibt stehen, und doch geht's vorwärts, wie ein Schlitten auf einem Abhang ...

DER KONDITOR: Ja, so ist es!

DER HERR: Und so ist es ruhig ... Keine Liebe, keine Freude, nur etwas Gesellschaft in der Einsamkeit. Da werden Menschen zu Menschen, ohne Besitzrecht auf Gefühle und Sympathien. So löst man sich wie ein alter Zahn und fällt heraus, ohne Schmerz und ohne Bedauern. Louise zum Beispiel, ein junges, schönes Mädchen, dessen Anblick mir Wohlbehagen bereitet wie ein Kunstwerk, das man nicht zu besitzen wünscht. Nichts stört unser Verhältnis! Mein Bruder und ich verkehren wie zwei alte Gentlemen, die einander nie zu nahe kommen oder zu vertraulich werden. Indem man sich zu den Menschen neutral verhält, bekommt man einen gewissen Abstand, und auf Abstand nehmen wir uns besser aus. Mit einem Wort, ich bin zufrieden mit dem Alter und seiner stillen Ruhe. *Nach draußen.* Louise!

LOUISE *in der linken Tür, freundlich, wie die ganze Zeit*: Ich habe die Wäsche zurückbekommen und muß sie zählen ...

DER HERR: Nun, Herr Starck, wollen Sie sich nicht setzen und ein wenig mit mir plaudern, vielleicht spielen Sie Schach?

DER KONDITOR: Ich kann von meinen Töpfen nicht weg, und um elf muß der Backofen geheizt werden ... Ich danke aber für die Freundlichkeit ...

DER HERR: Wenn Sie meinen Bruder sehen, bitten Sie ihn, hereinzukommen und mir Gesellschaft zu leisten ...

DER KONDITOR: Gewiß, das werde ich tun ..., das werde ich tun! *Geht.*

DER HERR *allein, zieht ein paar Sekunden einige Schachfiguren, dann erhebt er sich und wandert umher*: Die Ruhe des Alters, ja! *Setzt sich an das Klavier und schlägt einige Akkorde an;steht auf und wandert wieder umher.* Louise! Kannst du das mit der Wäsche nicht später machen?

LOUISE *in der linken Tür*: Das ist unmöglich, die Wäscherin hat es eilig, und sie hat Mann und Kinder zu Hause, die auf sie warten...

DER HERR: Nun ja! *Setzt sich an den Tisch und trommelt mit den Fingern; versucht Zeitung zu lesen, wird müde; reißt Streichhölzer an und bläst sie aus; sieht auf die Uhr. Lärm im Korridor.* Karl Fredrik, bist du es?

DER BRIEFTRÄGER *erscheint*: Es ist der Briefträger! Entschuldigen Sie, daß ich eingetreten bin, aber die Türen standen offen!

DER HERR: Haben Sie Briefe für mich?

DER BRIEFTRÄGER: Nur eine Postkarte! *Übergibt sie und geht.*

DER HERR *liest die Karte*: Wieder Herr Fischer! Bostonklub! Das ist der dort oben! Der mit den weißen Händen im Smoking! Und an mich! Das ist unverschämt! Ich muß umziehen! – Fischer! *Zerreißt die Karte. Lärm im Korridor.* Karl Fredrik, bist du's?

DER EISVERKÄUFER: Es ist der Eismann!

DER HERR: Das ist schön, daß wir Eis bekommen, in dieser Wärme! Aber achten Sie auf die Flaschen in der Kiste! Und legen Sie das Stück auf die Kante, dann höre ich, wie es schmilzt und wie die Wassertropfen fallen – das ist meine Wasseruhr, die die Zeit ausmißt, die lange Zeit... Hören Sie, woher nehmen Sie das Eis? – Ist er gegangen? – Alle gehen, gehen nach Hause, um ihre Stimme zu hören und um Gesellschaft zu haben ... *Pause.* Karl Fredrik, bist du's?

Jetzt wird oben Chopins „Fantaisie Impromptu, opus 66" auf dem Klavier gespielt, aber nur der erste Teil.

DER HERR *lauscht, erwacht, sieht zur Decke hinauf*: Wer spielt dort? Mein Impromptu? *Er hält die Hände vor die Augen und lauscht.*

Der Bruder kommt vom Korridor.

DER HERR: Karl Fredrik, bist du's?

Die Musik bricht ab.

DER BRUDER: Ich bin's!

DER HERR: Wo bist du so lange gewesen?

DER BRUDER: Ich hatte eine Angelegenheit zu klären. Bist du allein gewesen?

DER HERR: Ja gewiß! Komm jetzt Schach spielen!

DER BRUDER: Ich möchte mich lieber unterhalten! Und du mußt wohl auch mal deine Stimme hören.

DER HERR: Wirklich wahr, aber wir geraten so leicht in die Vergangenheit ...

DER BRUDER: Dann vergißt man die Gegenwart ...

DER HERR: Es gibt keine Gegenwart, was jetzt geschieht, ist das leere Nichts; vorwärts oder rückwärts – am liebsten vorwärts, denn dort liegt die Hoffnung!

DER BRUDER *am Tisch*: Die Hoffnung – worauf?

DER HERR: Auf eine Veränderung!

DER BRUDER: Gut! Du willst sagen, daß du von der Ruhe des Alters genug hast?

DER HERR: Vielleicht!

DER BRUDER: Also sicher! Und wenn du jetzt noch einmal zwischen der Einsamkeit und dem Vergangenen wählen könntest ...

DER HERR: Doch keine Gespenster!

DER BRUDER: Deine Erinnerungen dann?

DER HERR: Die spuken nicht; sie sind meine Gedichte über gewisse wirkliche Geschehnisse. Aber wenn die Toten umgehen würden, das wären Gespenster!

DER BRUDER: Also in der Erinnerung – wer steht dir am schönsten vor Augen, die Frau oder das Kind?

DER HERR: Beide! Ich kann sie nicht trennen, und deshalb habe ich nie versucht, das Kind zu behalten.

DER BRUDER: Aber war das richtig? Hast du nicht an die

Möglichkeit gedacht, daß einmal ein Stiefvater da sein könnte?

DER HERR: Ich habe damals nicht so weit gedacht, aber später habe ich reichlich – über – die Angelegenheit – nachgedacht.

DER BRUDER: Ein Stiefvater, der deine Tochter mißhandelt, vielleicht erniedrigt!

DER HERR: Still!

DER BRUDER: Was hörst du?

DER HERR: Ich glaube, „die kleinen Schritte" zu hören, die kleinen trippelnden Schritte im Korridor, wenn sie zu mir kam. – Es war wohl das Kind, was das beste war. Dieses unerschrockene kleine Wesen zu sehen, das nichts fürchtete, nichts ahnte von der Falschheit des Lebens, das keine Geheimnisse hatte. Ich erinnere mich an ihre erste Erfahrung mit der Bosheit der Menschen. Sie erblickte ein schönes, unbekanntes Kind unten im Park, und sie ging ihm mit offenen Armen entgegen, um es zu küssen. Das schöne Kind beantwortete die Freundlichkeit damit, daß es ihr in die Wange biß und dann die Zunge rausstreckte. Da hättest du meine kleine Anne-Charlotte sehen sollen: sie stand wie versteinert, nicht vor Schmerz, sondern vor Entsetzen, diesen Abgrund sich öffnen zu sehen, der Menschenherz heißt! Ich habe es einmal gesehen, wie hinter den schönsten Augen sich plötzlich zwei fremde Blicke zeigten, wie von einem bösen Tier, wahrlich, mir wurde so angst, daß ich nachsah, ob hinter ihrem Gesicht, das einer Maske glich, jemand stand. Aber weshalb sprechen wir darüber? Ist es die Wärme und das Gewitter, oder was?

DER BRUDER: Die Einsamkeit bringt schwere Gedanken, und du solltest Gesellschaft haben; dieser Sommer in der Stadt scheint dich gebrochen zu haben!

DER HERR: Es sind nur diese letzten Wochen. Der Krankheitsfall und die Leiche dort oben haben mich so mitgenommen, als hätte ich es selbst durchgemacht. Auch die Sorgen und der Kummer des Konditors sind meine geworden, so daß ich mich um seine ökonomische Lage, die Augenkrankheit seiner Frau, um seine Zukunft sorge ..., und in letzter Zeit träume ich jede Nacht von meiner kleinen Anne-Charlotte ... Ich sehe sie in Gefahren, in unbekannten, unvorstellbaren, namenlosen; und bevor ich einschlafe, wenn sich das Gehör ganz unglaublich schärft, höre ich ihre kleinen Schritte, und einmal hörte ich ihre Stimme ...

DER BRUDER: Wo ist sie denn?

DER HERR: Hm, ja!

DER BRUDER: Wenn du sie nun einmal auf der Straße treffen würdest ...

DER HERR: Dann würde ich den Verstand verlieren oder umfallen, stelle ich mir vor ... Ich war nämlich einmal sehr lange im Ausland, zu der Zeit, als meine kleine Schwester heranwuchs ... Nach mehreren Jahren kam ich zurück, traf an der Dampferanlegestelle ein junges Mädchen, das mich umarmte. Voller Entsetzen sah ich zwei Augen, die in meine drangen, aber mit fremden Blicken, die das ungeheuerlichste Erschrecken darüber ausdrückten, nicht erkannt zu werden. „Ich bin's", wiederholte sie mehrmals, bevor ich meine Schwester wiedererkannte. So ungefähr stelle ich mir ein Wiedersehen mit meiner Tochter vor. Fünf Jahre in diesem Alter bewirken, daß man einen nicht wiedererkennt! Denk dir, sein Kind nicht wiederzuerkennen! Dasselbe und doch ein fremdes! Ich würde das nicht überleben! Nein, dann behalte ich lieber meine kleine Vierjährige dort auf dem Altar des Hauses; ich möchte keine andere haben ... *Pause.* Ist das Louise, die im Wäscheschrank aufräumt? Es riecht so sauber, und das erinnert ..., ja, an die Hausfrau am Wäscheschrank, die gute Fee, die pflegt und erneuert; an die Hausfrau mit dem Bügeleisen, das das Unebene glättet und die Falten herausbringt ..., ja, die Falten ... Jetzt – gehe – ich – hinein und schreibe einen Brief. Willst du hierbleiben, dann komme ich gleich wieder? *Geht nach links.*

Der Bruder hustet.

GERDA *ist in der Korridortür zu sehen*: Bist du ... *Die Salonuhr schlägt.* O Gott! Dieser Klang ..., zehn Jahre habe ich ihn im Ohr! Diese Uhr, die nie richtig ging, aber fünf Jahre die langen Stunden gezählt hat, die Tage und Nächte. *Sieht sich um.* Mein Klavier ..., meine Palmen ..., der Eßtisch; den hat er in Ehren gehalten, blank wie ein Schild! Mein Büfett! Mit dem Ritter und der Eva, Eva mit den Äpfeln im Korb ... In der rechten Schublade, ganz hinten, lag ein Thermometer ... *Pause.* Ich möchte wissen, ob es noch dort liegt ... *Sie geht zum Büfett und zieht die rechte Schublade heraus.* Ja, es liegt noch dort!

DER BRUDER: Was soll das bedeuten?

GERDA: Ja, zum Schluß wurde es zu einem Symbol! Für das Unbeständige! – Als wir die Wohnung einrichteten, blieb das Thermometer liegen, es sollte ja außen ans Fenster ..., ich versprach, es anzubringen ..., vergaß es; er versprach, es zu tun, und vergaß es. So quälten wir uns gegenseitig, und schließlich, um es loszuwerden, versteckte ich es hier in der Schublade ... Ich begann es zu hassen und er ebenfalls. Weißt du, was das bedeutete? – Ja, keiner glaubte an die Dauerhaftigkeit unserer Verbindung, da wir sofort die Masken fallenließen und unsere Antipathien zeigten. In der ersten Zeit lebten wir wie auf dem Sprung ..., bereit, jederzeit zu fliehen. – Das war das Thermometer ..., und hier liegt es noch! Herauf und herunter, immer veränderlich, wie das Wetter. *Sie legt es fort und geht zum Schachspiel.* Mein Schachspiel! Das er kaufte, um die langen Tage des Wartens zu vertreiben, bevor die Kleine kam! Mit wem spielt er jetzt?

DER BRUDER: Mit mir!

GERDA: Wo ist er?

DER BRUDER: Er ist in seinem Zimmer, um einen Brief zu schreiben!

GERDA: Wo?

DER BRUDER *zeigt nach links*: Dort!

GERDA *fährt zusammen*: Und hier ist er fünf Jahre lang gewesen?

DER BRUDER: Zehn Jahre, fünf Jahre allein!

GERDA: Er liebt doch die Einsamkeit?

DER BRUDER: Ich glaube, er hat genug davon.

GERDA: Weist er mir die Tür?

DER BRUDER: Versuch es! Du riskierst ja nichts, denn er ist immer höflich.

GERDA: Den Tischläufer dort habe ich nicht gemacht ...

DER BRUDER: Das heißt, du riskierst, daß er nach dem Kind fragt.

GERDA: Aber er soll mir ja gerade helfen, es wiederzufinden ...

DER BRUDER: Wohin, glaubst du, ist Fischer gegangen, und was bezweckt er mit dieser Flucht?

GERDA: Einmal will er von dieser unbehaglichen Nachbarschaft fortkommen; dann möchte er mich dazu bringen, ihm nachzulaufen; das Mädchen will er als Geisel haben und dann für das Ballett erziehen, da sie wirklich Neigung und Anlagen dafür gezeigt hat.

DER BRUDER: Fürs Ballett? Das darf der Vater nicht erfahren, denn er haßt solche Vorstellungen!

GERDA *setzt sich an das Schachspiel und ordnet gedankenlos die Figuren*: Solche Vorstellungen! Ich bin auch dort gewesen!

DER BRUDER: Du?

GERDA: Ich habe ihn begleitet!

DER BRUDER: Arme Gerda!

GERDA: Weshalb? Ich liebte dieses Leben; und als ich hier gefangen saß, lag es nicht am Gefangenenwärter, sondern am Gefängnis, daß ich mich hier nicht wohl fühlte!

DER BRUDER: Aber jetzt hast du genug?

GERDA: Jetzt liebe ich Ruhe und Einsamkeit ..., vor allem mein Kind!

DER BRUDER: Still, er kommt

GERDA *erhebt sich, als wollte sie fliehen, fällt aber wieder auf den Stuhl zurück*: Oh!

DER BRUDER: Jetzt verlasse ich dich! – Überleg nicht, was du sagen willst, das ergibt sich von selbst, wie der „nächste Zug" im Schachspiel!

GERDA: Ich habe am meisten Angst vor seinen ersten Blicken, denn in denen kann ich lesen, ob ich mich zu meinem Vorteil oder zu meinem Nachteil verändert habe – ob ich alt und häßlich geworden bin ...

DER BRUDER *geht nach rechts*: Findet er dich gealtert, so wagt er, sich dir zu nähern; findet er dich genausojung, dann hat er keine Hoffnung, und er ist anspruchsloser, als du glaubst! – Jetzt!

Man sieht den Herrn langsam an der linken offenen Tür zum Servierzimmer vorbeigehen; er trägt einen Brief in der Hand; er verschwindet, ist aber unmittelbar danach im Korridor zu sehen und geht dann hinaus.

DER BRUDER *in der rechten Tür*: Er ist zum Briefkasten gegangen!

GERDA: Ich halte das hier nicht aus! Wie soll ich ihn um Hilfe bei dieser Scheidung bitten können? Ich fliehe! Das ist schamlos!

DER BRUDER: Bleib! Du kennst seine grenzenlose Güte! Er hilft dir, des Kindes wegen!

GERDA: Nein, nein!

DER BRUDER: Und nur er kann helfen!

DER HERR *kommt schnell vom Korridor herein, nickt Gerda zu, die er bei seiner Kurzsichtigkeit für Louise hält; geht zum Telefon auf dem Büfett und telefoniert; aber im Vorbeigehen wirft er Gerda hin*: Schon fertig! Stell die Figuren auf, Louise, dann fangen wir noch mal von vorne an ...

Gerda erstarrt, begreift nichts.

DER HERR *mit dem Rücken zu Gerda, telefoniert*: Hallo! – Guten Abend, bist du's, Mama? – Ja, danke, gut! Louise sitzt schon am Schachspiel, sie ist aber müde nach einigen Schereien. – Ja, das ist jetzt vorbei, alles ist erledigt! Nur Bagatellen! – Ob es warm ist? Das Gewitter ist über unsere Köpfe hinweggezogen, direkt über uns, aber es hat nicht eingeschlagen! Blinder Alarm! – Was sagst du? Fischers! Ja, aber die sind sicher auf Reisen! – Weshalb? Ich weiß nichts Besonderes! – So? So? – Ja, der geht um sechs Uhr fünfzehn; den äußeren Weg durch die Schären, und er legt an, laß mich sehen, acht Uhr fünfundzwanzig – War es amüsant? *Lacht leise.* Ja, er ist zu albern, wenn er loslegt; was hat Maria dazu gesagt? – Wie es im Sommer war? Ja, Louise und ich, wir haben uns Gesellschaft geleistet; sie hat immer gleichmäßig gute Laune. – Oh, sie ist so lieb, ja! – Nein danke, das nicht.

Gerda beginnt zu begreifen, erhebt sich erschrocken.

DER HERR *am Telefon*: Meine Augen? Ja, ich werde kurzsichtig, aber ich sage doch, wie die Alte des Konditors: „Es gibt nichts, was man sehen muß", wünschte auch, etwas taub zu sein! Taub und blind! Die Nachbarn oben machen nachts so einen entsetzlichen Lärm ..., irgendein Spielklub ... Sieh da, jetzt haben sie uns unterbrochen, um mitzuhören. *Ruft erneut an.*

Louise erscheint in der Korridortür, wird vom Herrn nicht bemerkt.
Gerda betrachtet sie mit Bewunderung und Haß; Louise zieht sich durch die rechte Tür zurück.

DER HERR *am Telefon*: Bist du wieder da? Daß man das Gespräch unterbricht, um mitzuhören! Also morgen, sechs Uhr fünfzehn! – Danke, ebenfalls. – Ja, das werde ich! Adieu, Mama! *Legt auf.*

Louise hat sich zurückgezogen; Gerda steht in der Mitte des Zimmers.

DER HERR *dreht sich um, erblickt Gerda und erkennt sie allmählich; greift sich ans Herz*: O Gott, bist du's? War das nicht eben Louise?

Gerda bleibt stumm.

DER HERR *matt*: Wie – bist – du – hierhergekommen?

GERDA: Verzeih mir, ich bin auf Reisen, kam hier vorbei und bekam Sehnsucht, mein ehemaliges Heim wiederzusehen ..., die Fenster standen offen ...

Pause.

DER HERR: Findest du, daß es genauso ist?

GERDA: Es ist dasselbe, aber etwas ist anders, etwas ist dazugekommen ...

DER HERR *ernst*: Bist du zufrieden – mit deinem Leben?

GERDA: Jaa! Mir geht es, wie ich es mir gewünscht habe.

DER HERR: Und das Kind?

GERDA: Ja, es wächst heran, fühlt sich wohl, hat es gut.

DER HERR: Dann will ich nicht weiter fragen. *Pause.* Wünschst du etwas von mir, kann ich dir irgendeinen Dienst erweisen?

GERDA: Danke, aber ..., ich brauche nichts, nachdem ich gesehen habe, daß es dir auch gut geht! *Pause.* Möchtest du Anne-Charlotte sehen?

Pause.

DER HERR: Ich glaube nicht, nachdem ich gehört habe, daß es ihr gut geht. – Es ist so schwer, etwas zu wiederholen; das ist wie eine Strafarbeit, die man eigentlich kann, obwohl der Lehrer anderer Meinung ist.– Ich bin so weit von all dem entfernt – ich bin in ganz anderen Gefilden gewesen –, und ich kann an das Vergangene nicht anknüpfen. – Es fällt mir schwer, unhöflich zu sein, aber ich bitte dich, nicht Platz zu nehmen. – Du bist die Frau eines anderen Mannes – und du bist nicht derselbe Mensch, von dem ich mich getrennt habe.

GERDA: Habe ich mich so – verändert?

DER HERR: So fremd! Die Stimme, der Blick, die Art ...

GERDA: Bin ich älter geworden?

DER HERR: Das weiß ich nicht! – Man sagt, daß nach drei Jahren kein Atom vom Körper des Menschen mehr vorhanden ist – nach fünf Jahren hat sich alles erneuert, und deshalb sind Sie, die Sie dort stehen, eine andere als die, die hier gesessen und gelitten hat – ich kann kaum du sagen, so wildfremd kommen Sie mir vor! Und ich nehme an, das wäre mit meiner Tochter ebenso!

GERDA: Sprich nicht so, ich wünschte lieber, daß du böse wärst!

DER HERR: Warum sollte ich böse sein?

GERDA: Wegen all des Bösen, das ich dir angetan habe!

DER HERR: Hast du das? Davon weiß ich nichts!

GERDA: Hast du die Klage nicht gelesen?

DER HERR: Nein, die habe ich meinem Anwalt gegeben. *Er setzt sich.*

GERDA: Und das Urteil?

DER HERR: Das habe ich auch nicht gelesen. Da ich nicht die Absicht habe, wieder zu heiraten, benötige ich solche Papiere nicht!

Pause.
Gerda setzt sich.

DER HERR: Was stand denn in den Papieren? Daß ich zu alt war? *Gerda schweigt zustimmend.* Das war ja nur die Wahrheit, das braucht dich also nicht zu genieren! Ich habe genau das gleiche in meiner Gegenklage geschrieben und beantragt, das Gericht möge dir die Freiheit wiedergeben.

GERDA: Du hast geschrieben, daß …

DER HERR: Ich habe nicht geschrieben, ich s e i, sondern ich sei im Begriff, zu alt zu werden, für d i c h!

GERDA *gekränkt*: Für mich?

DER HERR: Ja! – Ich konnte ja nicht sagen, daß ich zu alt war, als wir heirateten, denn dann hätte die Entstehung des Kindes eine unangenehme Deutung bekommen, und es war u n s e r Kind, nicht wahr?

GERDA: Das weißt du doch! – Aber ...

DER HERR: Bedeutet das, daß ich mich wegen meines Alters schämen muß? Ja, wenn ich nachts Boston tanzen und Karten spielen würde, dann käme ich bald in den Rollstuhl oder auf den Operationstisch, und das wäre eine Schande!

GERDA: Du siehst nicht so aus ...

DER HERR: Glaubtest du, ich würde an der Scheidung sterben?

Gerda schweigt zweideutig.

DER HERR: Es gibt Leute, die behaupten, daß du mich ermordet hast? Findest du, ich sehe ermordet aus?

Gerda wird verlegen.

DER HERR: Deine Freunde sollen mich in kleinen Zeitungen abgezeichnet haben, aber ich habe das nie gesehen, und das ist jetzt nach fünf Jahren Makulatur! Du brauchst dein Gewissen meinetwegen nicht zu quälen.

GERDA: Weshalb hast du dich mit mir verheiratet?

DER HERR: Das weißt du wohl, weshalb sich ein Mann verheiratet. Und daß ich um deine Liebe nicht zu betteln brauchte, das weißt du auch. Und du dürftest dich erinnern, wie wir zusammen über alle klugen Ratgeber, die dich warnten, gelacht haben. – Aber weshalb du mich angelockt hast, das habe ich nie erklären können ... Als du nach der Trauung mich nicht beachtet, sondern dich aufgeführt hast, als ob du auf einer fremden Hochzeit wärst, da glaubte ich, daß du eine Wette abgeschlossen hättest, mich zu ermorden. Alle meine Untergebenen haßten mich ja als den damaligen Chef des Amtes, aber sie wurden sofort deine Freunde. Sobald ich einen neuen Feind bekam, wurde er dein Freund! Das veranlaßte mich zu sagen: Du sollst deine Feinde nicht hassen, gewiß, aber du sollst nicht meine Feinde lieben! – Als ich jedoch sah, woran ich bei dir war, begann ich zu packen, erst aber wollte ich einen lebendigen Zeugen dafür haben, daß du die Unwahrheit gesprochen hattest, und deshalb wartete ich auf die Ankunft des Kindes.

GERDA: Daß du so falsch sein konntest!

DER HERR: Ich wurde verschwiegen, aber ich habe nie gelogen! – Du hast meine Freunde allmählich in Detektive verwandelt und meinen eigenen Bruder zur Treulosigkeit mir gegenüber veranlaßt. Aber das Schlimmste von allem, du hast durch dein gedankenloses Gerede Zweifel über die eheliche Geburt deines Kindes geweckt.

GERDA: Das habe ich zurückgenommen!

DER HERR: Man kann ein ausgeflogenes Wort nicht wieder bei den Flügeln packen. Und das Allerschlimmste ist, daß dieses falsche Gerücht auch bis zu dem Kind gedrungen ist, das seine Mutter für eine ...

GERDA: Oh, nein!

DER HERR: Doch, so ist es! – Du hast einen ganzen Turm auf einem Lügengrund gebaut, und jetzt stürzt der Lügenturm über dir zusammen!

GERDA: Das ist nicht wahr!

DER HERR: O doch! Ich habe Anne-Charlotte vor kurzem getroffen ...

GERDA: Du hast sie getroffen ...?

DER HERR: Wir trafen uns auf der Treppe, und sie sagte, ich sei ihr Onkel. Weißt du, was ein Onkel ist? Das ist ein älterer Freund des Hauses und der Mutter. Und ich weiß, daß ich auch in der Schule als ihr Onkel gelte! – Das ist ja furchtbar für das Kind.

GERDA: Du hast sie getroffen?

DER HERR: Ja! Aber das brauchte ich keinem zu erzählen. Habe ich nicht das Recht zu schweigen? Im übrigen war die Begegnung so aufregend, daß ich sie aus meiner Erinnerung gestrichen habe, als hätte sie nie stattgefunden.

GERDA: Was kann ich tun, um dir deine Ehre wiederzugeben?

DER HERR: Du? Du kannst mir meine Ehre nicht wiedergeben, denn das kann nur ich selber tun. *Sie sehen sich lange scharf an.* Das heißt, ich habe schon Genugtuung erfahren...

Pause.

GERDA: Kann ich nicht wiedergutmachen, kann ich dich nicht bitten zu verzeihen, zu vergessen …

DER HERR: Was meinst du?

GERDA: Wiederherstellen, reparieren …

DER HERR: Meinst du wiederanknüpfen, neu beginnen, dich wieder als Hausherrin über mich stellen? Nein, danke! Ich will dich nicht haben!

GERDA: Das muß ich hören!

DER HERR: Fühl es!

Pause.

GERDA: Ein schöner Tischläufer …

DER HERR: Ja, er ist schön!

GERDA: Woher hast du ihn?

Pause.
Louise erscheint in der Tür zum Servierzimmer mit einer Rechnung in der Hand.

DER HERR *dreht sich um*: Eine Rechnung?

Gerda erhebt sich, zieht an den Handschuhen, so daß die Knöpfe herausspringen.

DER HERR *nimmt Geld für die Rechnung heraus*: Achtzehn und zweiundsiebzig. Stimmt!

LOUISE: Darf ich Ihnen ein Wort sagen?

DER HERR *erhebt sich, geht zur Tür, wo Louise ihm etwas zuflüstert*: O Herr …

Louise geht hinaus.

DER HERR: Arme Gerda!

GERDA: Was meinst du? Denkst du, ich bin eifersüchtig auf deine Magd?

DER HERR: Nein, das habe ich nicht gemeint!

GERDA: Doch, und du meinst, daß du zu alt für mich gewesen bist, aber nicht für sie. Ich verstehe die Beschimpfung ... Sie ist schön, das streite ich nicht ab, als Magd gesehen ...

DER HERR: Arme Gerda!

GERDA: Weshalb sprichst du so?

DER HERR: Weil es schade um dich ist! Eifersüchtig auf meine Dienerin, das ist wohl Genugtuung ...

GERDA: Ich, eifersüchtig ...

DER HERR: Weshalb bist du dann wie rasend gegen meine nette, stille Verwandte?

GERDA: Mehr als deine Verwandte ...

DER HERR: Nein, mein Kind, ich habe seit langem resigniert ... und bin sehr zufrieden mit meiner Einsamkeit ... *Das Telefon klingelt, der Herr geht an den Apparat.* Herr Fischer? Das ist nicht hier – Ach so, ja, ich bin's. – Er ist geflohen? – Mit wem ist er geflohen? – Mit der Tochter von Konditor Starck! O Gott, wie alt ist sie? – Achtzehn Jahre! Das reine Kind!

GERDA: Daß er geflohen ist, wußte ich! – Aber mit einer Frau! Jetzt bist du froh?

DER HERR: Nein, ich bin nicht froh; obwohl es mich erleichtert, wenn ich sehe, daß es noch Gerechtigkeit in der Welt gibt! Das Leben geht weiter, und jetzt stehst du dort, wo ich gestanden habe!

GERDA: Ihre achtzehn Jahre gegen meine neunundzwanzig – ich bin zu alt, zu alt für ihn!

DER HERR: Alles ist relativ, auch das Alter! – Aber jetzt zu etwas anderem! Wo ist dein Kind?

GERDA: Mein Kind! Das habe ich vergessen! Mein Kind! Herr Gott! Hilf mir! Er hat das Kind mitgenommen; er liebt Anne-Charlotte wie seine eigene Tochter ..., komm mit zur Polizei ..., komm mit!

DER HERR: Ich? Nun verlangst du zuviel!

GERDA: Hilf mir!

DER HERR *geht zur rechten Tür*: Karl Fredrik, nimm eine Droschke und begleite Gerda zur Polizei. – Willst du nicht?

DER BRUDER *kommt herein*: Natürlich will ich! Wir sind doch Menschen, in Gottes Namen!

DER HERR: Schnell! Aber sage nichts zu Herrn Starck; alles kann noch repariert werden. Der Arme – und arme Gerda! – Beeilt euch!

GERDA *sieht aus dem Fenster*: Es fängt an zu regnen, leih mir einen Schirm ... Achtzehn Jahre – nur achtzehn Jahre – schnell!

Geht mit dem Bruder hinaus.

DER HERR *allein*: Die Ruhe des Alters! – Und mein Kind in den Händen eines Abenteurers! – Louise! *Louise kommt.* Komm und spiel Schach mit mir!

LOUISE: Ist der Herr Konsul ...?

DER HERR: Er ist in einer Angelegenheit unterwegs ... Regnet es noch?

LOUISE: Nein, jetzt hört es auf!

DER HERR: Dann gehe ich hinaus, um mich etwas abzukühlen. *Pause.* Du bist ein gutes Mädchen und verständig; du hast die Tochter des Konditors gekannt?

LOUISE: Ja, flüchtig!

DER HERR: Ist sie schön?

LOUISE: Jaa!

DER HERR: Kanntest du die Herrschaften von hier oben?

LOUISE: Ich habe sie nie gesehen!

DER HERR: Du weichst mir aus!

LOUISE: Ich habe schweigen gelernt – hier im Hause.

DER HERR: Ich muß gestehen, die angenommene Taubheit kann zu weit gehen und lebensgefährlich werden. – Halte den Tee bereit, ich gehe hinaus und kühle mich etwas ab. – Und noch etwas, mein Kind, du siehst ja, was hier passiert, aber frage mich nichts.

LOUISE: Ich? Nein, Herr, ich bin nicht neugierig.

DER HERR: Danke!

DRITTE SZENE

Die Hausfassade wie in der ersten Szene. Licht von unten aus der Wohnung des Konditors; in der ersten Etage ist alles erleuchtet, die Fenster stehen offen, und die Rollos sind hochgezogen.
Der Konditor vor seiner Tür.

DER HERR *auf der grünen Bank*: Der kleine Regenschauer tat gut.

DER KONDITOR: Wirklich ein Segen; jetzt kommen die Himbeeren wieder ...

DER HERR: Dann möchte ich darum bitten, mir einige Liter zu überlassen, denn uns ist es über, selbst einzukochen – es gärt und schimmelt nur ...

DER KONDITOR: Ja, das kenne ich. Man muß auf die Einmachtöpfe wie auf ungezogene Kinder aufpassen; manche nehmen Salizylsäure dazu, aber das sind nur neumodische Sachen, ich mag sie nicht...

DER HERR: Salizyl, ja, das soll antiseptisch sein – und das kann ja nur gut sein ...

DER KONDITOR: Ja, aber es schmeckt danach ..., und das sind solche Sachen ...

DER HERR: Sagen Sie, Herr Starck, haben Sie Telefon?

DER KONDITOR: Nein, ich habe kein Telefon ...

DER HERR: Ach so!

DER KONDITOR: Weshalb fragen Sie danach?

DER HERR: Ja, ich dachte gerade daran ..., man braucht ja mitunter ein Telefon ..., Bestellungen ..., wichtige Mitteilungen ...

DER KONDITOR: Mag sein. Aber manchmal ist es gut, keine Mitteilungen zu erhalten.

DER HERR: Sicher! Sicher! – Ja! Ich bekomme immer etwas Herzklopfen, wenn es klingelt – man weiß ja nie, was man zu hören bekommt..., und ich möchte Ruhe haben..., Ruhe vor allem!

DER KONDITOR: Ich auch!

DER HERR *sieht auf die Uhr*: Sie müßten wohl bald die Laterne anzünden!

DER KONDITOR: Er hat uns sicher vergessen, denn auf der Allee ist es schon hell ...

DER HERR: Dann kommt er gleich! Es wird richtig angenehm sein, seine Laterne wieder brennen zu sehen ...

Das Telefon im Speisezimmer klingelt, Louise erscheint drinnen; der Herr erhebt sich, greift sich ans Herz, versucht zu lauschen, aber von dem Gespräch ist nichts zu hören.
Pause.
Louise kommt vom Hofplatz.

DER HERR *unruhig*: Was Neues?

LOUISE: Unverändert!

DER HERR: War es mein Bruder?

LOUISE: Nein, es war die Frau!

DER HERR: Was wollte sie?

LOUISE: Mit Ihnen sprechen!

DER HERR: Das will ich nicht! Soll ich meinen Henker trösten? Das habe ich früher getan, aber jetzt ist es mir über! – Siehst du dort oben! Sie haben das Licht brennen lassen – leere Räume in voller Beleuchtung sind schrecklicher als im Dunkel ..., man sieht ja die Gespenster. *Halblaut.* Und die Agnes des Konditors, glaubst du, er weiß was?

LOUISE: Schwer zu sagen, denn er spricht nicht über seine Sorgen, und auch kein anderer hier in diesem stillen Haus.

DER HERR: Sollte man es ihm sagen?

LOUISE: Nein, um Gottes willen ...

DER HERR: Aber es ist bestimmt nicht das erste Mal, daß sie ihm Kummer macht?

LOUISE: Er spricht nie über sie ...

DER HERR: Das ist entsetzlich! Ist ein Ende abzusehen? *Das Telefon im Salon klingelt.* Jetzt klingelt es wieder! Geh nicht hin! Ich will nichts wissen! – Mein Kind! In dieser Gesellschaft! Ein Abenteurer und eine Dirne! – Das ist ungeheuerlich! Arme Gerda!

LOUISE: Es ist besser, Gewißheit zu bekommen – ich gehe hinein – Sie müssen etwas tun!

DER HERR: Ich kann mich nicht rühren ..., hinnehmen kann ich, aber zurückschlagen, nein!

LOUISE: Aber hält man eine Gefahr von sich fern, so drängt sie sich einem auf, und leistet man keinen Widerstand, so wird man niedergemacht!

DER HERR: Aber wenn man sich nicht einläßt, wird man unerreichbar!

LOUISE: Unerreichbar?

DER HERR: Alles klärt sich besser, wenn man es nicht durch Eingreifen noch mehr verwirrt. Wie kann man fordern, daß ich steuern soll, wo so viele Leidenschaften lodern! Ihre Leidenschaften kann ich nicht bändigen, ihren Weg kann ich nicht ändern.

LOUISE: Aber das Kind?

DER HERR: Ich habe auf meine Rechte verzichtet ..., und übrigens ..., aufrichtig gesagt, es liegt mir nichts daran – jetzt erst recht nicht, nachdem sie gekommen ist und die Bilder meiner Erinnerungen zerstört hat. All das Schöne, das ich bewahrt habe, hat sie ausgelöscht, und nichts ist geblieben.

LOUISE: Das ist ja die Befreiung!

DER HERR: Sieh, wie leer es aussieht dort drinnen! Wie nach einem Umzug ..., und dort oben, wie nach einem Brand!

LOUISE: Wer kommt dort?

Agnes kommt, erregt, ängstlich, beherrscht sich, geht zur Hoftür, wo der Konditor sitzt.

LOUISE *zum Herrn*: Es ist Agnes! Was soll das bedeuten?

DER HERR: Agnes! – Dann beginnt es sich zu ordnen!

DER KONDITOR *vollkommen ruhig:* Guten Abend, mein Kind, wo bist du gewesen?

AGNES: Ich bin spazierengegangen!

DER KONDITOR: Mama hat schon ein paarmal nach dir gefragt.

AGNES: Ach so! Ja, ich komme!

DER KONDITOR: Geh hinunter und hilf ihr, den kleinen Ofen zu heizen! Sei so gut!

AGNES: Ist sie böse auf mich?

DER KONDITOR: Sie kann dir nicht böse sein!

AGNES: Doch, aber sie sagt nichts.

DER KONDITOR: Das ist ja gut, liebes Kind, daß du keine Schelte bekommst!

Agnes geht hinein.

DER HERR *zu Louise*: Weiß er, oder weiß er nicht?

LOUISE: Möge er in seiner Unwissenheit leben ...

DER HERR: Aber was ist geschehen? Ein Bruch! *Zum Konditor.* Hören Sie, Herr Starck!

DER KONDITOR: Ist etwas?

DER HERR: Ich dachte ... Haben Sie jemanden hier herauskommen sehen, vor einer Weile?

DER KONDITOR: Ich habe einen Eismann und einen Briefträger gesehen, glaube ich.

DER HERR: So! *Zu Louise.* Vielleicht war es ein Irrtum – daß man nicht richtig gehört hat – ich kann das nicht erklären ... Vielleicht ist er genarrt worden! Was sagte die Frau am Telefon?

LOUISE: Sie wolle mit dem Herrn sprechen.

DER HERR: Wie klang das? War sie aufgeregt?

LOUISE: Ja.

DER HERR: Ich finde es etwas unpassend, sich in einer solchen Angelegenheit an mich zu wenden ...

LOUISE: Aber das Kind!

DER HERR: Denk dir, ich habe meine Tochter auf der Treppe getroffen, und als ich sie fragte, ob sie mich wiedererkenne, nannte sie mich Onkel, und dann erklärte sie mir, daß ihr Vater dort oben sei ... Er ist ja der Stiefvater und hat alle Rechte – sie haben mich ausgerottet, verleumdet ...

LOUISE: An der Ecke hält eine Droschke!

Der Konditor zieht sich ins Haus zurück.

DER HERR: Wenn sie nur nicht zurückkommen, so daß ich sie wieder auf dem Hals habe – zu hören, wie mein Kind seinen Vater lobt, den anderen – und dann von neuem die alte Geschichte beginnen „Warum hast du dich mit mir verheiratet?" – „Das weißt du gut; aber weshalb wolltest du mich haben?" – „Das weißt du genau." Und so weiter, bis ans Ende der Welt.

LOUISE: Der Konsul kommt!

DER HERR: Wie sieht er aus?

LOUISE: Er scheint keine Eile zu haben.

DER HERR *überlegt, was er sagen soll*: Sieht er denn zufrieden aus?

LOUISE: Eher nachdenklich ...

DER HERR: Oh ja ... So ist es immer gewesen. Wenn er nur in die Nähe dieser Frau kam, wurde er treulos gegen mich ... Sie konnte alle bezaubern, nur mich nicht! Für mich war sie die Rohe, Gemeine, Häßliche, Dumme, für die anderen war sie die Feine, Liebenswürdige, Schöne, Intelligente! All der Haß, den meine Selbständigkeit um mich herum erregte, sammelte sich um sie als unendliche Sympathie für die, die mir unrecht tat. Durch sie versuchten sie mich zu beherrschen und zu beeinflussen, mich zu verletzen, mich schließlich zu töten!

LOUISE: Nun gehe ich hinein und passe auf das Telefon auf – dieses Unwetter wird wohl auch vorübergehen!

DER HERR: Die Menschen vertragen keine selbständigen Naturen. Sie wollen, daß man ihnen gehorcht. Alle meine Untergebenen bis hin zum Hausmeister im Amt wollten, daß ich ihnen gehorchen sollte. Aber wenn ich nicht gehorchen wollte, nannten sie mich einen Despoten. Die Mägde im Hause wollten, daß ich ihnen gehorche und aufgewärmte Speisen esse, aber wenn ich das nicht wollte, dann hetzten sie die Frau gegen mich auf, und schließlich wollte die Frau, daß ich dem Kind gehorchen sollte, aber da bin ich gegangen, und so bildete sich eine Verschwörung gegen den Tyrannen – und das sollte ich sein! Geh jetzt schnell hinein, Louise, dann können wir die Mine hier draußen anzünden!

Der Bruder kommt von links.

DER HERR: Das Resultat! – Keine Details!

DER BRUDER: Können wir uns setzen, ich bin etwas müde ...

DER HERR: Die Bank ist sicher naß ...

DER BRUDER: Aber wenn du dort gesessen hast, kann es für mich wohl nicht gefährlich sein!

DER HERR: Wie du willst! – Wo ist mein Kind?

DER BRUDER: Darf ich mit dem Anfang beginnen?

DER HERR: Fang an!

DER BRUDER *langsam*: Ich fuhr mit Gerda zum Bahnhof – am Schalter sah ich ihn und Agnes ...

DER HERR: Agnes war also auch dabei?

DER BRUDER: Ja, und dein Kind! – Gerda blieb draußen, und ich ging zu ihnen. In diesem Augenblick gab er Agnes die Fahrkarten, aber als sie sah, daß sie für die dritte Klasse waren, warf sie sie ihm ins Gesicht und ging hinaus zu einer Droschke.

DER HERR: Oh!

DER BRUDER: Während ich eine Erklärung an den Herrn richtete, eilte Gerda herbei, ergriff das Kind und verschwand im Gewimmel ...

DER HERR: Was sagte der Herr?

DER BRUDER: Ja, du weißt, wenn man die andere Partei hört, und so weiter!

DER HERR: Ich möchte es hören! – Er war natürlich nicht so schlecht, wie wir ihn uns vorgestellt haben, er hat auch seine guten Seiten ...

DER BRUDER: Eben!

DER HERR: Das konnte ich mir denken! Aber du willst doch wohl nicht, daß ich Lobreden über meinen Feind anhören soll?

DER BRUDER: Nein, keine Lobreden, aber mildernde Umstände ...

DER HERR: Hast du jemals auf mich hören wollen, wenn ich dich über die wirkliche Lage aufklärte? Ja, du hast zugehört und mit dem Schweigen der Mißbilligung geantwortet, als ob ich gelogen hätte. Du hast immer auf der Seite des Unrechts gestanden, und du hast nur Lügen geglaubt, und zwar, weil – du in Gerda verliebt warst. Aber es gab auch ein anderes Motiv...

DER BRUDER: Sprich jetzt nicht weiter, Bruder! – Du siehst es nur von deinem Standpunkt!

DER HERR: Wie soll ich meine Lage vom Standpunkt des Feindes aus sehen? Ich kann wohl die Hand nicht gegen mich selbst erheben?

DER BRUDER: Ich bin nicht dein Feind.

DER HERR: Doch, wenn du dessen Freund bist, der mir unrecht getan hat! Wo ist mein Kind?

DER BRUDER: Das weiß ich nicht!

DER HERR: Wie endete das auf dem Bahnhof?

DER BRUDER: Der Herr ist allein nach Süden gefahren!

DER HERR: Und die anderen?

DER BRUDER: Sind verschwunden!

DER HERR: Dann können sie wieder über mich kommen! *Pause.* Hast du gesehen, ob die anderen ihm gefolgt sind?

DER BRUDER: Nein, er ist allein gefahren!

DER HERR: Dann ist das wenigstens klar! Nummer zwei! – Es bleiben: die Mutter und das Kind!

DER BRUDER: Weshalb brennt das Licht dort oben in der Wohnung?

DER HERR: Weil sie vergessen haben, es auszuschalten.

DER BRUDER: Ich werde hinaufgehen ...

DER HERR: Nein, geh nicht! – Wenn sie nur nicht wiederkommen! Noch einmal, noch einmal, es ist wie eine Strafarbeit!

DER BRUDER: Aber der Anfang hat sich doch gut angelassen ...

DER HERR: Und das Schlimmste steht noch aus ... Glaubst du, sie kommt zurück?

DER BRUDER: Sie nicht, nachdem sie dir Genugtuung geben mußte in Gegenwart von Louise.

DER HERR: Das hatte ich vergessen! Sie hat mir wirklich die Ehre erwiesen, eifersüchtig zu werden! Ich glaube, es gibt Gerechtigkeit auf Erden!

DER BRUDER: Und dann erfuhr sie, daß Agnes jünger ist.

DER HERR: Arme Gerda! Aber in solchen Fällen darf man den Menschen nicht sagen, daß es eine Gerechtigkeit gibt, eine rächende Gerechtigkeit..., denn es ist keineswegs wahr, daß sie die Gerechtigkeit lieben! – Und ihren Schmutz soll man fein finden! Und Nemesis – die ist nur für andere! ... Jetzt hat es geklingelt. Es klingt wie eine Klapperschlange, das Telefon.

Louise erscheint drinnen am Telefon.
Pause.

DER HERR *zu Louise*: Ist die Schlange verschwunden?

LOUISE *am Fenster*: Kann ich mit Ihnen sprechen?

DER HERR *zum Fenster*: Sprich!

LOUISE: Die Frau ist zu ihrer Mutter nach Dalarna gefahren, um sich dort mit dem Kind niederzulassen.

DER HERR *zum Bruder*: Mutter und Kind aufs Land, in ein gutes Zuhause! Nun ist es in Ordnung! Oh!

LOUISE: Und die Frau hat mich gebeten, hinaufzugehen und das Licht in der Wohnung zu löschen.

DER HERR: Mach das sofort, Louise, und laß die Rollos herunter, damit wir das hier nicht länger sehen!

Louise geht.

Der Konditor kommt wieder heraus.

DER KONDITOR *sieht nach oben*: Ich glaube, das Unwetter ist vorbei.

DER HERR: Es scheint wirklich aufgeklart zu haben, und dann bekommen wir Mondschein.

DER BRUDER: Das war ein wohltuender Regen!

DER KONDITOR: Wirklich herrlich!

DER HERR: Seht, dort kommt der Laternenanzünder, endlich!

Der Laternenanzünder kommt, entzündet die Laterne.

DER HERR: Die erste Laterne! Jetzt ist es Herbst! Das ist unsere Jahreszeit, Kinder! Die Dämmerung beginnt, aber dann kommt der Verstand und leuchtet mit der Blendlaterne, so daß man keine Irrwege geht.

Louise ist oben hinter den Fenstern zu sehen, unmittelbar danach wird es dunkel.

DER HERR *zu Louise*: Schließ die Fenster und laß die Rollos herunter, dann können die Erinnerungen sich schlafen legen, in aller Ruhe! In der Ruhe des Alters! Und im Herbst werde ich aus dem stillen Haus ausziehen.

Die Brandstätte

(Brända tomten)

PERSONEN

Der Färber, *Rudolf Valström*
Der Fremde, *sein Bruder, Arvid Valström*
Der Maurer *(Schwager des Gärtners), Andersson*
Die Alte, *seine Frau*
Der Gärtner, *Gustavsson, Schwager des Maurers*
Alfred, *sein Sohn*
Der Steinmetz *(Vetter des Leichenkutschers), Albert Eriksson*
Matilda, *seine Tochter*
Der Leichenkutscher, *Vetter des Steinmetzen*
Mann in Zivil, *Polizist*
Der Maler, *Sjöblom*
Frau Vesterlund, *Wirtin des Gasthauses „Zum letzten Nagel", ehemals Haushälterin des Färbers*
Die Frau, *Ehefrau des Färbers*
Der Student

Die linke Hälfte des Hintergrundes nehmen die Mauern eines abgebrannten einstöckigen Hauses ein; man sieht Tapeten an den Wänden und Kachelöfen.
Dahinter ist ein Garten mit blühenden Obstbäumen zu sehen.
In der rechten Kulisse befindet sich ein Gartenrestaurant, im Garten eine Stange mit einem Kranz sowie Tische und Bänke.
Links im Vordergrund gerettete Möbel und Hausrat, auf einen Haufen zusammengeworfen.

Der Maler streicht die Fenster des Wirtshauses und verfolgt lauschend alle Gespräche.
Der Maurer gräbt in den Ruinen.

DER KRIMINALPOLIZIST *kommt*: Ist jetzt alles gelöscht?

DER MAURER: Zumindest ist kein Rauch zu sehen.

DER KRIMINALPOLIZIST: Dann muß ich wieder einige Fragen stellen. *Pause.* Sie sind in diesem Viertel geboren?

DER MAURER: Ja doch! Fünfundsiebzig Jahre habe ich in dieser Straße gewohnt; als ich noch nicht geboren war, wurde dieses Haus schon gebaut, und mein Vater hat mit daran gemauert...

DER KRIMINALPOLIZIST: Dann kennen Sie alle in dieser Gegend?

DER MAURER: Wir kennen uns alle, denn mit dieser Straße hat es etwas Besonderes auf sich; wer einmal hierhergekommen ist, kommt nie wieder von hier fort, das heißt, wer fortzieht, kommt doch immer wieder zurück, früher oder später, bis er zum Friedhof gebracht wird, der ganz am Ende der Straße liegt.

DER KRIMINALPOLIZIST: Ihr habt einen besonderen Namen für euer Viertel hier?

DER MAURER: Wir nennen es Morast; alle hassen sich, verdächtigen sich gegenseitig, verleumden sich, peinigen einander...

Pause.

DER KRIMINALPOLIZIST: Sagen Sie mal, das Feuer brach abends um halb elf aus; war das Tor zu dieser Zeit zu?

DER MAURER: Ja, ei, das weiß ich nicht, denn ich wohne im Hof nebenan ...

DER KRIMINALPOLIZIST: Wo hat es angefangen zu brennen?

DER MAURER: Oben in der Dachkammer, wo der Student wohnt.

DER KRIMINALPOLIZIST: War er zu Hause?

DER MAURER: Ne, er war im Theater.

DER KRIMINALPOLIZIST: Hatte er die Lampe brennen lassen?

DER MAURER: Ja, ei, das weiß ich nicht ...

Pause.

DER KRIMINALPOLIZIST: Ist der Student mit dem Hausbesitzer verwandt?

DER MAURER: Ne, das glaub ich nicht. – Sind Sie von der Polizei?

DER KRIMINALPOLIZIST: Wie kam es, daß das Wirtshaus nicht Feuer fing?

DER MAURER: Sie haben Brandsegel darübergeworfen und bespritzt!

DER KRIMINALPOLIZIST: Es ist eigenartig, daß die Apfelbäume von der Hitze nicht zerstört worden sind!

DER MAURER: Sie standen in der Knospe, und es hatte am Tage geregnet, aber durch die Hitze erblühten sie mitten in der Nacht, etwas zu früh sozusagen, denn wenn jetzt Frost kommt, ist der Gärtner schlecht dran.

DER KRIMINALPOLIZIST: Was für ein Mensch ist der Gärtner?

DER MAURER: Er heißt Gustavsson ...

DER KRIMINALPOLIZIST: Aber was ist er für ein Mensch?

DER MAURER: Hören Sie jetzt, Herr, ich bin fünfundsiebzig Jahre ..., und deshalb weiß ich nichts Schlechtes über Gustavsson, und wenn ich was wüßte, würde ich nicht hier stehen und darüber sprechen!

Pause.

DER KRIMINALPOLIZIST: Und der Hausbesitzer heißt Valström, Färber, etwa sechzig Jahre, verheiratet ...

DER MAURER: Machen Sie allein weiter! Ich lasse mich nicht noch mehr aushorchen.

DER KRIMINALPOLIZIST: Meint man, es sei Brandstiftung?

DER MAURER: Das sagt man bei allen Bränden.

DER KRIMINALPOLIZIST: Und wer wird verdächtigt?

DER MAURER: Der Betroffene wird immer von der Feuerversicherung verdächtigt; deshalb habe ich nie versichern lassen.

DER KRIMINALPOLIZIST: Haben Sie beim Graben etwas gefunden?

DER MAURER: Gewöhnlich findet man alle Türschlüssel, denn kein Mensch hat Zeit, sie abzuziehen, wenn einem das Feuer auf den Fersen sitzt, nur manchmal, ausnahmsweise, wenn sie nämlich abgezogen worden sind ...

DER KRIMINALPOLIZIST: Es gab kein elektrisches Licht in dem Haus?

DER MAURER: Nicht in diesem alten Haus, und das war gut, denn jetzt können sie es nicht auf einen Kurzschluß schieben.

DER KRIMINALPOLIZIST: Schieben? Das ist gut! – Hören Sie...

DER MAURER: Wollen Sie mich reinlegen? Machen Sie das nicht, denn dann nehme ich alles zurück.

DER KRIMINALPOLIZIST: Das können Sie nicht!

DER MAURER: Nicht?

DER KRIMINALPOLIZIST: Nein!

DER MAURER: Doch, wir haben ja keinen Zeugen!

DER KRIMINALPOLIZIST: Nein?

DER MAURER: Nein!

Der Kriminalpolizist hustet.

Der Zeuge kommt von links.

DER KRIMINALPOLIZIST: Hier ist ein Zeuge!

DER MAURER: So ein Fuchs!

DER KRIMINALPOLIZIST: Man gebraucht seinen Verstand, auch wenn man noch nicht fünfundsiebzig ist! *Zum Zeugen*: Jetzt machen wir mit dem Gärtner weiter.

Sie gehen nach links.

DER MAURER: Jetzt bin ich aber reingerasselt! Aber so ist das mit der Quatscherei!

Die Alte kommt mit einem Essenbündel.

DER MAURER: Schön, daß du kommst!

DIE ALTE: Jetzt wollen wir Frühstück essen und brav sein. Du bist sicher hungrig nach diesem Spektakel. Ich möchte wissen, ob Schwager Gustavsson sich nach diesem hier erholen wird, er hatte mit den Frühbeeten angefangen und wollte gerade die Beete umgraben, iß jetzt, dort ist ja Maler Sjöblom schon mit dem Spachtel dabei, daß Frau Vesterlund bei dem Feuer so davongekommen ist. – Guten Tag, Sjöblom, jetzt haben Sie Arbeit.

Frau Vesterlund kommt aus dem Wirtshaus.

DIE ALTE: Tag, Tag, Frau Vesterlund, Sie sind gut davongekommen, das sage ich und füge hinzu …

FRAU VESTERLUND: Ich überlege gerade, wer mir das bezahlt, was ich heute verliere, denn auf dem Friedhof ist ein großes Begräbnis, und das ist mein bester Tag, doch ich mußte Waren und Gläser in Sicherheit bringen …

DIE ALTE: Was ist das für eine Beerdigung heute, ich sehe so viele Menschen hier draußen, und dann werden sie sich auch die Brandstätte ansehen …

FRAU VESTERLUND: Ich glaube nicht, daß es eine Beerdigung ist, aber sie wollen sicher einen Stein auf das Grab des Bischofs setzen – doch das Schlimmste ist, daß die Tochter des Steinmetzen mit dem Sohn des Gärtners Hochzeit machen sollte, wie Ihr wißt, er steht im Laden unten in der Stadt, aber jetzt hat der Gärtner alles verloren, was er besitzt, sind das nicht seine Möbel, die dort stehen?

DIE ALTE: Die des Färbers sicher auch. Sie kamen im Handumdrehen holterdiepolter heraus. Wo ist der Färber jetzt?

FRAU VESTERLUND: Er ist unten beim Kommissar und sagt aus.

DIE ALTE: Ach so! Jaja ... Seht, dort ist mein Cousin, der Leichenkutscher. Auf dem Heimweg ist er immer durstig ...

DER LEICHENKUTSCHER: Guten Tag, Malvina! Ihr habt hier heute nacht was angesteckt, habe ich gehört. Das sieht ja ganz schön aus, aber es wäre besser gewesen, wenn du eine neue Hütte gekriegt hättest ...

FRAU VESTERLUND: Oh, Gott bewahre uns! Aber mit wem warst du jetzt draußen?

DER LEICHENKUTSCHER: Ich erinnere mich nicht, wie er hieß. Es war nur ein Wagen dahinter und kein Kranz auf dem Sarg ...

FRAU VESTERLUND: Es war also keine Freudenleiche ... Wenn du was trinken willst, mußt du in die Küche gehen, denn ich habe auf dieser Seite noch nichts in Ordnung bringen können, und Gustavsson wird auch mit seinen Kränzen hierherkommen, die haben ja heute was auf dem Kirchhof draußen ...

DER LEICHENKUTSCHER: Ja, sie wollen irgendein Monument für den Bischof aufstellen. Er hat sicher Bücher geschrieben, und dann hat er Insekten gesammelt, er war ein Insektenjäger, hat man mir gesagt.

FRAU VESTERLUND: Was ist denn das?

DER LEICHENKUTSCHER: Er hatte Korkscheiben, in die er Nadeln gesteckt hat, mit Fliegen drauf ... So was verstehen wir nicht ... Aber es ist sicher richtig ... Darf ich jetzt in die Küche?

FRAU VESTERLUND: Geh durch den Hintereingang, dann bekommst du einen Schluck ...

DER LEICHENKUTSCHER: Aber ich will mit dem Färber sprechen, bevor ich fahre, ich habe die Pferde hier beim Steinmetzen, du weißt, er ist mein Vetter. Ich mag ihn nicht, wie du auch weißt, aber wir machen zusammen Geschäfte, das heißt, ich empfehle ihn den Erben, und dafür stelle ich manchmal die Pferde auf seinen Hof. Sag mir Bescheid, wenn der Färber kommt. Ein Glück, daß er die Färberei nicht hier hatte...

Er geht hinter das Wirtshaus; Frau Vesterlund verschwindet durch die Tür.

Der Maurer hat aufgehört zu essen, beginnt wieder zu graben.

DIE ALTE: Findest du nichts?

DER MAURER: Doch, Nägel und Türangeln. Alle Schlüssel hängen dort in einem Bund am Türpfosten...

DIE ALTE: Haben sie dort vorher gehangen, oder hast du sie zusammengesammelt?

DER MAURER: Sie hingen schon dort, als ich kam.

DIE ALTE: Das ist doch eigenartig! Da hat also jemand alle Türen zugeschlossen und die Schlüssel abgezogen, bevor es zu brennen begann! Wirklich eigenartig!

DER MAURER: Etwas eigenartig ist es, ja, denn dadurch war es schwerer zu löschen und zu retten. Jaja! Jaja!

Pause.

DIE ALTE: Ich habe bei dem Vater des Färbers gedient, vor vierzig Jahren, und ich kenne die Leute, den Färber und seinen Bruder auch, der nach Amerika gefahren ist, obwohl sie sagen, er sei zurückgekommen. Der Vater war ein reeller Mensch, aber die Jungs waren so lala. – Frau Vesterlund von dort drüben, sie kümmerte sich um diesen Rudolf, die Brüder konnten nie miteinander auskommen, sie schlugen und zankten sich ständig. – Ich hab's gesehen; hier im Hause ist viel passiert, viel, so daß ich glaube, es war Zeit, daß es ausgeräuchert wurde. Nein, solch ein Haus! Der eine kam, der andere ging, aber zurück kamen sie, und hier starben sie, hier wurden sie geboren, hier heirateten sie, und hier ließen sie sich scheiden.

Und man glaubte, daß der Bruder Arvid in Amerika seit vielen Jahren tot ist, jedenfalls hat er nie sein Erbteil verlangt, aber jetzt sagt man, wie gesagt, daß er zurückgekommen ist, obwohl ihn keiner gesehen hat. – Es wird ja so viel geredet! – Sieh, dort kommt ja der Färber vom Kommissar zurück!

DER MAURER: Er sieht nicht besonders froh aus, aber das kann man ja auch nicht verlangen ... Nun, und wer war der Student dort oben in der Kammer? Hier kleben alle zusammen wie Pech und Schwefel.

DIE ALTE: Ja, das weiß ich nicht. Er war in Kost und gab den Kindern Nachhilfestunden!

DER MAURER: Und der Frau des Hauses auch?

DIE ALTE: Nein, die spielten dies Tennis, und sonst zankten sie sich. Alle zanken sich und fügen sich Schaden zu in diesem Viertel ...

DER MAURER: Ja, als sie die Tür des Studenten aufbrachen, fanden sie lauter Haarnadeln auf dem Fußboden, es kam also doch an den Tag, aber es mußte erst ein Feuer darüber hinweggehen ...

DIE ALTE: Ich glaube, das war nicht der Färber, der da kam, sondern Schwager Gustavsson ...

DER MAURER: Er ist ja immer böse, aber heute ist er schlimmer als sonst, und jetzt wird er sicher kommen und seine Forderung bei mir eintreiben, nachdem er beim Brand verloren hat ...

DIE ALTE: Sei still!

DER GÄRTNER *kommt mit einer Ladung Grabkränze und dergleichen*: Ob ich heute was verkauft kriege? Dann hätten wir nach dieser Sache was zum Essen, vielleicht!

DER MAURER: Hattest du denn nicht versichert?

DER GÄRTNER: Doch, die Fenster der Treibbeete in der Glasversicherung, aber in diesem Jahr wollte ich geizig sein und hatte nur Ölpapier vor, daß ich so ein Rindvieh sein mußte! *Kratzt sich am Kopf.* Und dafür bekomme ich nicht bezahlt.

Sechshundert Papierfenster muß ich schneiden und kleben und ölen! Ja, sie haben immer gesagt, daß ich der Dümmste von den sieben Geschwistern bin, so ein Esel, so ein Schafskopf bin ich gewesen! Und gestern habe ich gesoffen, warum, zum Teufel, mußte ich gerade gestern saufen? Wo ich doch heute meinen Verstand brauche. Der Steinmetz spendierte, wir werden ja unsere Kinder heute abend miteinander verheiraten. Aber ich hätte nein sagen sollen! – Ich wollte nicht! Doch ich bin ein Dreck, der nicht nein sagen kann! Und so ist es auch, wenn sie zu mir kommen, um Geld von mir zu leihen, ich kann nicht nein sagen, ich armer Teufel! Und dann hatte ich diesen Polizisten auf dem Hals, der mich ausfragte und einwickeln wollte. Ich hätte die Schnauze halten sollen wie der Maler dort, aber ich kann die Schnauze ja nicht halten, und so sagte ich dies und das, er hat alles aufgeschrieben, und jetzt bin ich als Zeuge geladen.

DER MAURER: Was hast du denn gesagt, Schwager?

DER GÄRTNER: Ich sagte, ich glaube – da sei was faul! Und daß man das Haus angesteckt hat!

DER MAURER: Das hast du gesagt?

DER GÄRTNER: Sei böse auf mich, das verdiene ich, denn ich bin ein Rindvieh!

DER MAURER: Wer hat es denn angesteckt? – Genier dich nicht vor dem Maler, und die Alte rennt nicht rum und quatscht.

DER GÄRTNER: Wer es angesteckt hat? Der Student natürlich, denn in seiner Kammer hat es angefangen ...

DER MAURER: Nein, unter seiner Kammer!

DER GÄRTNER: War es unter seiner Kammer? Dann habe ich ja was angestellt ... Das nimmt ein böses Ende mit mir. War es unter seiner Kammer? Was war denn darunter? Die Küche?

DER MAURER: Nein, eine Kleiderkammer; sieh selbst, dort! Das war die Kleiderkammer der Köchin.

DER GÄRTNER: Dann war sie es also!

DER MAURER: Sag das doch nicht, wenn du es nicht weißt!

DER GÄRTNER: Der Steinmetz war gestern nicht gut auf die Köchin zu sprechen, er wußte viel ...

DIE ALTE: Du solltest die Worte des Steinmetzen nicht wiederholen, denn einem, der gesessen hat, glaubt man nicht ...

DER GÄRTNER: Ach, das ist so lange her, und übrigens, die Köchin ist ein Drache, sie feilschte immer beim Gemüse ...

DIE ALTE: Jetzt kommt der Färber vom Kommissar ... Still jetzt!

Der Fremde kommt, im Gehrock, Zylinder mit Trauerflor, Stock.

DIE ALTE: Das ist nicht der Färber, aber er sieht ihm so ähnlich!

DER FREMDE: Was kostet solch ein Kranz?

DER GÄRTNER: Der kostet fünfzig Öre.

DER FREMDE: Das ist aber nicht teuer.

DER GÄRTNER: Ja, sehen Sie, ich bin ein solches Rindvieh, das nicht draufschlagen kann.

DER FREMDE *sieht sich um*: Hat es ... hier – gebrannt?

DER GÄRTNER: Ja, gestern abend hat es gebrannt.

DER FREMDE: Oh, mein Gott! *Pause.* Wer war denn der Besitzer des Hauses?

DER GÄRTNER: Der Fabrikant Valström.

DER FREMDE: Der Färber?

DER GÄRTNER: Ja, er ist Färber!

Pause.

DER FREMDE: Wo ist er?

DER GÄRTNER: Er muß gleich kommen.

DER FREMDE: Dann werde ich hier etwas spazierengehen, der Kranz kann liegenbleiben, bis ich zurückkomme, ich will nämlich dann zum Friedhof.

DER GÄRTNER: Will der Herr zum Monument des Bichofs?

DER FREMDE: Welcher Bischof?

DER GÄRTNER: Na, Bischof Stecksén, von der Akademie.

DER FREMDE: Ist er tot?

DER GÄRTNER: Ja, schon lange!

DER FREMDE: Ach so! – Der Kranz kann also hier solange liegenbleiben. *Geht nach links, sieht sich die Ruine genau an.*

DIE ALTE: War das vielleicht einer von der Versicherung?

DER MAURER: Nein, der nicht, dann hätte er wohl anders gefragt.

DIE ALTE: Aber er sah jedenfalls dem Färber so ähnlich.

DER MAURER: Aber er war größer!

DER GÄRTNER: Jetzt fällt mir was ein – Ich muß ja bis heute abend einen Brautstrauß haben, und ich muß zur Hochzeit meines Sohnes, aber ich habe keine Blumen, und der schwarze Mantel ist verbrannt. Das ist ja vollkommen ... Madam Vesterlund wollte ja die Myrte für die Krone geben, denn sie ist ja die Patin der Braut. Den Ableger für diese Myrte hat sie von der Köchin des Färbers gestohlen, die ihre von der ersten Frau bekommen hatte, von der, die weggelaufen ist. Aber ich sollte die Krone binden, und ich hab's vergessen. – Ich bin das größte Rindvieh, das es auf der Welt gibt. *Öffnet die Tür des Wirtshauses.* Frau Vesterlund, kann ich die Myrte jetzt haben, dann kann ich's machen! Kriege ich die Myrte, sagte ich! – Soll es auch ein Kranz sein ...? Reicht es dann? – Nein? – Dann pfeif ich auf die Hochzeit, auf all das! – Sie sollen zum Pfarrer gehen und sich zusammenschreiben lassen, aber der Steinmetz wird wahnsinnig. – Was soll ich denn tun? – Das kann ich nicht – habe die ganze Nacht kein Auge zugemacht! – Das ist zuviel für einen Menschen. – Ja, ich bin ein Esel, ich weiß das, schimpft nur. – Dort ist der Topf, nun, danke, aber ich muß auch noch eine Schere haben, ich habe keine, und Stahldraht und Bindegarn, woher soll ich das nehmen? – Keiner will von seiner Arbeit weg, keiner! – Ich habe alles satt, fünfzig Jahre hat man sich abgerackert, und dann brennt alles ab! Ich kann nicht noch mal von vorn anfangen! Und dann kommt es auf einmal, Schlag auf Schlag! Wer weiß, vielleicht laufe ich noch mal von allem davon ... *Geht.*

DER FÄRBER *kommt, erschüttert, schlecht gekleidet, mit schwarzblauen Händen*: Ist denn jetzt endlich alles gelöscht, Andersson?

DER MAURER: Jetzt ist alles gelöscht!

DER FÄRBER: Ist was zutage gekommen?

DER MAURER: Ob was zutage gekommen ist? Was man im Schnee verscharrt, tritt bei Tauwetter zutage.

DER FÄRBER: Was meint Andersson?

DER MAURER: Wer gräbt, der findet!

DER FÄRBER: Hast du was gefunden, was die Entstehung des Brandes erklären kann?

DER MAURER: Nein, so was nicht!

DER FÄRBER: Dann sind wir weiterhin verdächtig, alle zusammen!

DER MAURER: Ich doch wohl nicht?

DER FÄRBER: Ja, aber sicher! Sie sind zu ungewöhnlicher Zeit auf dem Boden gesehen worden, Andersson.

DER MAURER: Ich kann ja nicht immer zu gewöhnlicher Zeit mein Werkzeug suchen, das ich vergessen habe. Als ich den Kachelofen beim Studenten repariert habe, habe ich meinen Hammer vergessen!

DER FÄRBER: Und der Steinmetz, der Gärtner, Madam Versterlund, sogar der Maler dort, alle sind wir verdächtig, der Student, die Köchin und ich am allermeisten. Ein Glück, daß ich die Versicherung am Tage zuvor bezahlt habe, sonst hätte ich in der Tinte gesessen. – Stellt Euch vor, der Steinmetz der Brandstiftung verdächtig, er, der solche Angst hat, das geringste Unrecht zu begehen. Er ist jetzt so gewissenhaft, daß er, wenn er gefragt wird, wie spät es ist, antwortet, er wolle nicht darauf schwören, denn die Uhr könnte ja falsch gehen. Wir kennen ja seine Strafe von zwei Jahren, er ließ sich bessern, und jetzt schwöre ich, er ist der ehrlichste Mensch im ganzen Viertel.

DER MAURER: Aber die Polizei verdächtigt ihn gerade deshalb, weil er schon einmal einen Fehltritt begangen hat – und einen schlechten Ruf hat.

DER FÄRBER: Ja, man kann die Sache so verschieden, so verschieden sehen, ja! – Jetzt können Sie gehen, Andersson, auf jeden Fall, Sie wollen ja zur Hochzeit heute abend!

DER MAURER: Ja, diese Hochzeit ... Vor kurzem war jemand hier, der den Herrn Fabrikanten suchte. Er wollte gleich wiederkommen.

DER FÄRBER: Wer war das?

DER MAURER: Das hat er nicht gesagt!

DER FÄRBER: War es ein Polizist?

DER MAURER: Ne, das glaube ich nicht! – Dort kommt er übrigens!

Geht mit der Alten.
Der Fremde kommt.

DER FÄRBER *betrachtet ihn neugierig, dann voller Entsetzen; will fliehen, kann aber nicht*: Arvid!

DER FREMDE: Rudolf!

DER FÄRBER: Bist du's?

DER FREMDE: Ja!

Pause.

DER FÄRBER: Du bist also nicht tot?

DER FREMDE: Doch, in gewisser Weise! – Ich komme aus Amerika, nach dreißig Jahren, irgend etwas hat mich hierhergezogen, ich mußte das Haus meiner Kindheit wiedersehen ... Und nun finde ich eine Ruine vor. *Pause.* Es ist heute nacht abgebrannt?

DER FÄRBER: Ja! Du bist zur rechten Zeit gekommen!

Pause.

DER FREMDE *langsam*: Dort ist das Grundstück; welch ein kleiner Platz für so viele Schicksale! – Dort ist das Eßzimmer mit den gemalten Wänden; Palmen, Zypressen, Tempel unter einem rosenroten Himmel; so sieht die Welt aus, träumte ich, wenn man nur von Zuhause wegkommt! – Und der Kachelofen mit den bleichen Blumen, die aus Schnecken herauswuchsen – die Nische mit den Zinktüren. – Ich erinnere mich an die Kinderzeit, als wir einzogen, war dort ein Name in das Zink eingeritzt – und Großmutter erzählte, daß der Mann mit diesem Namen sich in dem Zimmer ermordet habe. – Das hatte ich bald vergessen. Doch als ich später im Leben dann mit der Nichte des Selbstmörders verheiratet war, schien es mir, als sei mein Schicksal gleichsam vorausbestimmt auf diesem Metall. – Du glaubst ja nicht an so was! – Du weißt jedoch, wie meine Ehe endete!

DER FÄRBER: Ja, ich habe davon gehört...

DER FREMDE: Dort ist das Kinderzimmer! Ja!

DER FÄRBER: Wir wollen nicht in den Ruinen graben!

DER FREMDE: Warum nicht? Wenn es gebrannt hat, kann man in der Asche lesen. Das haben wir schon als Kinder im Herdfeuer getan ...

DER FÄRBER: Setz dich an den Tisch!

DER FREMDE: Was ist das hier? Das Wirtshaus „Zum letzten Nagel", wo die Leichenkutscher einkehrten und wo früher die Delinquenten das letzte Glas bekamen, bevor sie zum Galgenberg zogen ... Wer ist der Wirt hier?

DER FÄRBER: Madam Vesterlund, meine Kinderfrau.

DER FREMDE: Madam Vesterlund! Ich erinnere mich an sie ... Es ist, als gäbe die Bank unter mir nach und als fiele ich durch die Zeiten, sechzig Jahre zurück, in die Kindheit. – Ich fühle Kinderzimmerluft und einen Druck auf der Brust. – Ihr älteren habt mich unterdrückt und einen so entsetzlichen Lärm gemacht, daß ich immer verängstigt war. Ich versteckte mich aus Angst im Garten, wurde hervorgeholt und bekam Schläge, immer Schläge, aber ich konnte niemals erfahren weshalb und weiß es immer noch nicht! – Es war doch meine Mutter...

DER FÄRBER: Still!

DER FREMDE: Ja, du warst der Liebling und hattest immer Unterstützung ... Dann bekamen wir die Stiefmutter. – Ihr Vater war Leichenträger, und wir hatten ihn viele Jahre auf dem Wagen vorbeifahren sehen ... Er war schließlich so mit uns vertraut, daß er uns zunickte und grinste, als ob er sagen wollte: „Einmal komme ich und hole auch euch!" Und dann kam er eines Tages in dieses Haus und wurde Großvater genannt, als unser Vater seine Tochter heiratete.

DER FÄRBER: Das ist doch nicht merkwürdig.

DER FREMDE: Nein, aber wie sich hier alles zusammenwebte, das eigene Schicksal und fremde ...

DER FÄRBER: Das geschieht sicher überall ...

DER FREMDE: Sicher, überall das gleiche ... Wenn man jung ist, sieht man, wie das Gewebe angelegt wird: Eltern, Familie, Kameraden, Umgang und Diener bilden die Kette. Später im Leben sieht man den Schuß. Und dann geht das Schiffchen des Schicksals mit dem Faden vor und zurück; er reißt manchmal, wird aber wieder zusammengeknotet, und dann geht es weiter. Die Lade schlägt, die Fäden werden zu Schnörkeln zusammengepreßt, und dann liegt das Gewebe da. Im Alter, wenn das Auge sehend wird, entdeckt man, daß alle Schlaufen ein Muster bilden, einen Namenszug, ein Ornament, eine Hieroglyphe, die man erst jetzt deuten kann. Das ist das Leben! Die Weltenweberin hat es gewebt! *Pause. Er erhebt sich.* Ich sehe dort hinten auf dem Gerümpelhaufen das Fotoalbum der Familie ... *Er geht nach rechts und nimmt ein Album in die Hand.* Das ist das Buch unseres Schicksals! Großvater und Großmutter, Vater und Mutter, die Geschwister, Verwandte, der Umgang oder die sogenannten Freunde, die Schulkameraden, die Mägde, die Paten ... Und merkwürdig, ich bin in Amerika, Australien, im Kongo und in Hongkong gewesen, und wohin ich auch kam, überall fand ich einen Landsmann, mindestens einen. Und wenn wir ins Gespräch kamen, so kannte dieser Landsmann entweder meine Verwandten oder wenigstens einen Paten oder ein Mädchen, mit einem Wort, einen gemeinsamen Bekannten. Auf der Insel Formosa traf ich sogar einen Verwandten ...

DER FÄRBER: Wie bist du auf diese Ideen gekommen?

DER FREMDE: Wie sich das Leben auch gestaltete – ich bin reich und arm gewesen, bald oben und bald unten, habe Schiffbruch erlitten und Erdbeben durchgemacht –, wie das Leben sich auch zeigte, immer fand ich einen Zusammenhang und eine Wiederholung. – In dieser Situation sah ich das Resultat der voraufgegangenen; wenn ich diese Person traf, so wurde ich an jene Person aus der Vergangenheit erinnert. Es gab auch Szenen in meinem Leben, die sich mehrmals wiederholt haben, daß ich mir oft gesagt habe: das hier habe ich schon früher erlebt. Und es gab Ereignisse, die mir geradezu unvermeidlich oder vorausbestimmt erschienen.

DER FÄRBER: Wo bist du all diese Jahre gewesen?

DER FREMDE: Überall! Ich habe das Leben von allen Himmelsrichtungen und Punkten gesehen, von oben und von unten, aber immer, als ob es besonders für mich inszeniert gewesen sei. Und dadurch habe ich mich schließlich mit einem Teil der Vergangenheit versöhnt, habe ich die sogenannten Fehler der anderen und meine eigenen zu entschuldigen begonnen. Du und ich zum Beispiel, wir haben ja auch noch einiges miteinander abzumachen ...

Der Färber wird finster und schreckt zurück.

DER FREMDE: Ja, hab keine Angst jetzt!

DER FÄRBER: Ich habe nie Angst!

DER FREMDE: Wie du doch gleich geblieben bist.

DER FÄRBER: Und du erst!

DER FREMDE: Ich? Das ist interessant! Ja, du lebst in der Einbildung, daß du so mutig bist. Ich erinnere mich daran, als du auf die falsche fixe Idee kamst. Du hattest in der Schwimmschule einen Kopfsprung gemacht, und da sagte unsere Mutter: „Sieh – Rudolf, der hat Mut!“ Das war auf mich gemünzt, auf mich, dem ihr Mut und Selbstvertrauen geraubt hattet. Aber dann kam ein Tag, an dem du Äpfel gestohlen hattest und zu feige warst, dafür einzustehen, und mich beschuldigt hast.

DER FÄRBER: Das hast du nicht vergessen?

DER FREMDE: Ich habe es nicht vergessen, aber ich habe vergeben. – Ich sehe von hier aus gerade den Apfelbaum, deshalb erinnere ich mich so gut daran. Er steht dort hinten, der goldgelbe. – Und wenn du nachsiehst, wirst du die Narbe von einem abgesägten Ast finden. – Es war nämlich so, daß ich wegen der ungerechten Strafe nicht auf dich, sondern auf den Baum böse wurde und ihn verfluchte. – Zwei Jahre später wurde gerade der große Zweig trocken, und man sägte ihn ab. Da dachte ich an den Feigenbaum, den der Erlöser einmal verfluchte, aber ich zog keine vermessenen Schlußfolgerungen. – Noch heute kann ich alle Obstbäume auswendig, und als ich einmal mit Gelbfieber auf Jamaica krank lag, zählte ich sie alle auf. Die meisten sind noch da, sehe ich! Dort steht der Rosenhäger mit seinen rotgestreiften Früchten; darin nistete ein Buchfink. Dort sehe ich die Melonenäpfel vor dem Fenster unserer Bodenkammer, wo ich für das Technikerexamen lernte. Dort ist der Gravensteiner, dort der Herbstastrachan, dort der Zimtbirnenbaum, der einer kleinen Pyramidenpappel gleicht. Und dort war die Einmachbirne, die nie reif wurde und die wir verachteten, die die Mutter aber am meisten schätzte. In dem alten Baum lebte ein Wendehals, er verdrehte den Hals und schrie so entsetzlich ... Das ist fünfzig Jahre her!

DER FÄRBER *böse*: Worauf willst du hinaus?

DER FREMDE: Noch immer so mißtrauisch und boshaft! Das ist interessant! – Ich verfolge keine Absicht mit meinem Gerede, die Erinnerungen drängen hervor ... Ich erinnere mich, daß der Garten einmal verpachtet wurde; aber wir durften darin spazierengehen. Es war mir damals, als wären wir aus dem Paradies vertrieben worden – und der Versucher stände hinter jedem Baum! Im Herbst, als die Äpfel reif auf dem Boden lagen, erlag ich der Versuchung, die unwiderstehlich war ...

DER FÄRBER: Du hast auch gestohlen?

DER FREMDE: Ja, sicher! Aber ich hab es nicht abgeleugnet und dich beschuldigt! – Als ich später mit vierzig Jahren eine Zitronenplantage in den Südstaaten gepachtet hatte, ja, da waren jede Nacht Diebe im Garten. Ich konnte nicht schlafen, ich magerte ab, wurde krank ... Damals dachte ich an den armen Gärtner Gustavsson – hier!

DER FÄRBER: Er lebt noch!

DER FREMDE: Vielleicht hat er in seiner Kindheit auch Äpfel gestohlen?

DER FÄRBER: Wahrscheinlich!

DER FREMDE: Weshalb bist du so schwarz an den Händen?

DER FÄRBER: Weil ich mit gefärbten Sachen hantiere ... Oder meinst du etwas anderes?

DER FREMDE: Was sollte das sein?

DER FÄRBER: Daß ich keine sauberen Hände habe!

DER FREMDE: Ach!

DER FÄRBER: Du denkst vielleicht an das Erbe!

DER FREMDE: Noch immer so kleinlich! Du bist noch genau so, wie du mit acht Jahren warst!

DER FÄRBER: Und du – noch genauso sorglos, philosophisch und albern!

DER FREMDE: Wie sonderbar! – Wie oft haben wir das gesagt, was wir jetzt auch sagen? *Pause.* Ich sehe hier in deinem Album – die Geschwister! Fünf sind tot.

DER FÄRBER: Ja!

DER FREMDE: Und die Schulkameraden?

DER FÄRBER: Einige aufgenommen, einige weggelassen!

DER FREMDE: Ich habe einen in Südkarolina getroffen – Axel Eriksson, erinnerst du dich an ihn?

DER FÄRBER: Ja, sicher!

DER FREMDE: Er berichtete während einer langen Nacht, als wir mit dem Zug fuhren, daß unsere werte Familie, die allgemeines Ansehen genoß, nur aus Schurken bestehe und daß das Vermögen durch Schmuggel hier am Stadtrand entstanden sei und dieses Haus mit doppelten Mauern gebaut worden sei, um das Gut zu verbergen. Kannst du sehen, daß die Wände doppelt sind?

DER FÄRBER *gebrochen*: Deshalb waren so viele Garderoben überall!

DER FREMDE: Der Vater dieses Eriksson war beim Zoll, kannte unseren Vater und berichtete Einzelheiten, die meine ganze Welt, wie ich sie mir vorgestellt hatte, über den Haufen warfen.

DER FÄRBER: Hast du ihn nicht geschlagen?

DER FREMDE: Weshalb sollte ich ihn schlagen? – Ich bekam allerdings graue Haare in dieser Nacht, und mein ganzes Leben mußte ich umredigieren. Du weißt, wir bewunderten uns gegenseitig, wir waren der Meinung, unsere Familie sei die beste, und wir betrachteten besonders unsere Eltern mit nahezu religiöser Verehrung. Nun mußte ich ihr Gesicht neu malen, sie entkleiden und in den Staub ziehen, sie aus meinem Sinn herausbekommen. Das war schrecklich! Dann begannen sie zu spuken. Stücke der zerschlagenen Figuren setzten sich zusammen, paßten aber nicht, und es entstand ein Wachsfigurenkabinett von Monstern. Alle diese Grauhaarigen, die in unserem Haus verkehrten und Onkel genannt wurden, die Karten spielten und zu Abend aßen, waren Schmuggler, einigen von ihnen wurde das Halseisen angelegt ... Hast du das gewußt?

DER FÄRBER *vollkommen gebrochen*: Nein!

DER FREMDE: Die ganze Färberei war nur ein Versteck für geschmuggeltes Garn, das umgefärbt wurde, damit man es nicht wiedererkennen konnte – ich erinnere mich, ich habe diesen Geruch der Farbbottiche immer gehaßt, so was ekelhaft Süßliches ...

DER FÄRBER: Warum mußt du über all das hier sprechen?

DER FREMDE: Weshalb sollte ich schweigen und dich der Lächerlichkeit preisgeben, wenn du mit deiner ehrwürdigen Familie prahlst? Hast du nie gemerkt, daß man dich belächelt?

DER FÄRBER: Nein!

Pause.

DER FREMDE: Ich sehe dort auf dem Haufen den Bücherschrank unseres Vaters. Du erinnerst dich, er war immer verschlossen. Aber eines Tages, als Vater fort war, fand ich den Schlüssel. Die Bücher, die vorn standen, hatte ich schon durch die Glasscheiben gesehen – dort waren Predigten, die Werke großer Dichter, Gartenbücher, Gesetze über Zollwesen und Beschlagnahme, die Landesgesetzgebung, ein Buch über ausländische Währungen, eins über Technologie, die später meine Bahn bestimmen sollte. Doch dann entdeckte ich, daß hinter diesen Büchern Platz für anderes war, und ich forschte weiter. Dort lag zunächst der Rohrstock, jetzt weiß ich, daß die bittere Pflanze eine Frucht trägt, die das rote Färbemittel Drachenblut gibt, das ist wirklich eigenartig. – Daneben stand eine Büchse mit der Aufschrift Cyankalium ...

DER FÄRBER: Das war wohl für die Färberei...

DER FREMDE: Für etwas anderes vielleicht auch! – Aber jetzt kommt's: in Stößen lagen Hefte mit illustrierten Umschlägen, die mein Interesse erregten ... Ja, ohne Erklärungen, das waren die berühmten Memoiren eines gewissen Chevaliers. – Ich nahm sie heraus und schloß den Schrank wieder. Unter der großen Eiche dort hinten habe ich sie dann studiert. Wir nannten diese Eiche den Baum der Erkenntnis, all right. Und damit trat ich aus dem Paradies der Kindheit heraus und wurde zu früh – in die Geheimnisse eingeweiht, die ..., ja!

DER FÄRBER: Du auch?

DER FREMDE: Du also auch! *Pause.* Jedoch – wir wollen über etwas anderes sprechen, da all das zu Asche geworden ist. – Hast du versichert?

DER FÄRBER *böse*: Hast du das nicht gerade erst gefragt?

DER FREMDE: Ich kann mich nicht daran erinnern; ich verwechsle so oft, was ich gesagt habe, mit dem, was ich sagen wollte, und meist deshalb, weil ich so intensiv denke, das tue ich seit dem Tag, an dem ich mich in der Garderobe erhängte.

DER FÄRBER: Was sagst du?

DER FREMDE: Daß ich mich in der Garderobe erhängte!

DER FÄRBER *langsam*: War es das, was an jenem Gründonnerstagabend geschah und was wir Geschwister nie zu wissen bekamen? Als man dich ins Krankenhaus brachte?

DER FREMDE *langsam*: Ja! – Siehst du, so wenig weiß man über seine Nächsten, sein Heim, sein eigenes Leben!

DER FÄRBER: Aber warum hast du das getan?

DER FREMDE: Ich war zwölf Jahre alt und litt unter dem Leben! Es war, als ginge man in tiefe Dunkelheit hinein ... Ich wußte nicht, was ich hier tun sollte ..., und ich meinte, die Welt sei ein Irrenhaus! – Das entdeckte ich eines Tages, als die Schule mit Fahnen und Fackeln ausgeschickt wurde, um den „Zerstörer des Landes" zu feiern. Ich hatte gerade ein Buch gelesen, in dem bewiesen wurde, daß der schlechteste der Regenten des Reiches der Zerstörer des Landes sei – und diesen feierten wir nun mit Hymnen und Huldigungen!

Pause.

DER FÄRBER: Was geschah im Krankenhaus?

DER FREMDE: Ich lag im Leichenhaus, mein Lieber, als Toter. Ob ich es wirklich war, weiß ich nicht ... Aber als ich erwachte, hatte ich das meiste von meinem früheren Leben vergessen, und ich begann jetzt ein neues, aber auf die Weise, daß ihr mich für sonderbar hieltet. – Hast du wieder geheiratet?

DER FÄRBER: Ich habe Frau und Kinder! Irgendwo!

DER FREMDE: Als ich zu Bewußtsein kam, glaubte ich, in der Person eines anderen zu sein. Ich nahm das Leben mit einer zynischen Ruhe; es sollte wohl so sein! Und je schlimmer es war, desto interessanter wurde es ... Ich betrachtete mich von nun an als einen anderen, und ich beobachtete, studierte diesen anderen und sein Schicksal, das machte mich unempfindlich gegenüber eigenen Leiden. Aber ich hatte im Tod auch neue Fähigkeiten erhalten ..., ich durchschaute die Menschen, las ihre Gedanken, hörte ihre Absichten. Wenn ich in Gesellschaft war, sah ich sie nackt ... Wo hat das Feuer angefangen?

DER FÄRBER: Das weiß man eben nicht!

DER FREMDE: Aber in der Zeitung stand, es sei in der Garderobe unter der Bodenkammer des Studenten ausgebrochen. Was ist das für ein Student?

DER FÄRBER *entsetzt*: Das steht in der Zeitung? Ich habe heute noch keine Zeit gehabt, die Zeitung zu lesen. Was steht dort noch?

DER FREMDE: Alles – steht dort.

DER FÄRBER: Alles?

DER FREMDE: Die doppelten Mauern, die angesehene Schmugglerfamilie, das Halseisen, die Haarnadeln...

DER FÄRBER: Was für Haarnadeln?

DER FREMDE: Das weiß ich nicht, aber es steht dort. Weißt du's?

DER FÄRBER: Nein!

DER FREMDE: Alles ist an den Tag gekommen, und man erwartet einen Strom von Leuten, die das aufgedeckte Elend begaffen wollen.

DER FÄRBER: O Gott! Und es freut dich, daß deine Familie in den Schmutz gezogen wird?

DER FREMDE: Meine Familie? Ich habe mich nie mit euch verwandt gefühlt, ich habe nie Gefühle für meine Mitmenschen oder für mich selbst gehabt. Ich finde nur, es ist interessant, sie zu betrachten ... Was ist deine Frau für eine Figur?

DER FÄRBER: Hat über sie auch was gestanden?

DER FREMDE: Über sie und den Studenten.

DER FÄRBER: Schön! Dann habe ich recht! Du wirst sehen! Warte nur! – Dort kommt der Steinmetz!

DER FREMDE: Du kennst ihn?

DER FÄRBER: Und du auch! Ein Schulkamerad! Albert Eriksson!

DER FREMDE: Dessen Vater beim Zoll war und dessen Bruder ich im Zug getroffen habe; er, der über unsere Familie so gut unterrichtet war.

DER FÄRBER: Dann ist er auch dieser Teufel, der bei der Zeitung gequatscht hat.

Der Steinmetz kommt mit einer Hacke, betrachtet die Ruine.

DER FREMDE: Eine unheimliche Erscheinung ...

DER FÄRBER: Er hat auch gesessen, zwei Jahre ... Weißt du, was er gemacht hat? Er radierte auf einem Vertrag, den ich mit jemand abgeschlossen hatte ...

DER FREMDE: Und du hast ihn reingebracht; jetzt hat er sich gerächt!

DER FÄRBER: Aber das Eigentümliche ist, daß er jetzt für den ehrlichsten Menschen in der ganzen Gegend gehalten wird. Er ist ein Märtyrer geworden, fast ein Heiliger, und man wagt nicht mehr, ihn anzurühren.

DER FREMDE: Das ist sehr interessant!

DER KRIMINALPOLIZIST *kommt, zum Steinmetz*: Wollen Sie diese Mauer niederreißen, Steinmetz?

DER STEINMETZ: Die dort bei der Garderobe?

DER KRIMINALPOLIZIST: Ja, genau die!

DER STEINMETZ: Dort ist das Feuer ausgebrochen, und ich bin sicher, dort steht ein Licht oder eine Lampe. Ich kenne meine Leute!

DER KRIMINALPOLIZIST: Los, weiter!

DER STEINMETZ: Die Garderobentür ist zwar verbrannt, aber die Zwischendecke ist herabgestürzt, deshalb konnten wir das nicht aufklären. Aber jetzt nehmen wir die Hacke! *Haut mit der Hacke.* So, jetzt geht es! – So, jetzt haut's hin! – Her damit! Sehen Sie was?

DER KRIMINALPOLIZIST: Noch nicht!

DER STEINMETZ *wie zuvor*: Jetzt sehe ich was! – Die Lampe ist explodiert, aber der Fuß ist noch da! – Wer erkennt dieses Pfand wieder? – Ich glaube, der Fabrikant sitzt dort!

DER KRIMINALPOLIZIST: Ja, er sitzt dort! *Nimmt den Lampenfuß und zeigt ihn.* Erkennen Sie Ihre Lampe, Herr Fabrikant?

DER FÄRBER: Das ist nicht meine, die gehört dem Hauslehrer.

DER KRIMINALPOLIZIST: Dem Studenten? Wo ist er?

DER FÄRBER: Er ist in der Stadt, aber er kommt wohl bald, denn seine Bücher liegen dort.

DER KRIMINALPOLIZIST: Wie ist seine Lampe in die Kleiderkammer der Köchin gekommen? Hatte er ein Verhältnis mit ihr?

DER FÄRBER: Wahrscheinlich!

DER KRIMINALIST: Erkennt er nur die Lampe als seine an, wird er verhaftet. Was halten Sie von dieser Sache, Herr Fabrikant?

DER FÄRBER: Ich? Was soll man glauben?

DER KRIMINALPOLIZIST: Ja, welches Motiv mag er gehabt haben, das Haus eines anderen anzustecken?

DER FÄRBER: Das weiß ich nicht! Bosheit, Schadenfreude, die Menschen sind ja unberechenbar... Vielleicht wollte er etwas verbergen...

DER KRIMINALPOLIZIST: Das wäre eine schlechte Methode, denn der ganze alte Schmutz ist ja ans Tageslicht gekommen. – Hatte er etwas gegen Sie?

DER FÄRBER: Wahrscheinlich! Denn ich habe ihm einmal aus der Not geholfen, und seitdem haßt er mich, natürlich!

DER KRIMINALPOLIZIST: Natürlich! *Pause.* Wer ist denn der Student?

DER FÄRBER: Ein Findelkind, von unbekannten Eltern.

DER KRIMINALPOLIZIST: Haben Sie nicht eine erwachsene Tochter, Herr Fabrikant?

DER FÄRBER *böse*: Ja, sicher.

DER KRIMINALPOLIZIST: Ach so!

Pause.

DER KRIMINALPOLIZIST *zum Steinmetz*: Holen Sie jetzt Ihre zwölf Mann her und reißen Sie die Mauern schnell nieder, dann werden wir sehen, ob was Neues an den Tag kommt. *Ab.*

DER STEINMETZ: Das dauert nur einen Augenblick! *Ab.*

Pause.

DER FREMDE: Hast du wirklich die Versicherung bezahlt?

DER FÄRBER: Ja, sicher!

DER FREMDE: Selbst?

DER FÄRBER: Nein, ich habe jemand geschickt, wie üblich.

DER FREMDE: Du hast – einen anderen geschickt! Das sieht dir ähnlich! – Wollen wir mal in den Garten gehen und uns die Apfelbäume ansehen?

DER FÄRBER: Das können wir tun, dann werden wir sehen, was weiter geschieht.

DER FREMDE: Jetzt kommt das Interessanteste!

DER FÄRBER: Vielleicht nicht so interessant, falls du mit hineingezogen wirst.

DER FREMDE: Ich?

DER FÄRBER: Wer weiß?

DER FREMDE: Welch ein Gewebe!

DER FÄRBER: Du hattest doch ein Kind im Waisenhaus?

DER FREMDE: God bless! – Komm, gehen wir in den Garten!

Das gleiche Bühnenbild, die Mauern sind jedoch abgerissen, so daß der Garten mit allen Frühlingsblumen zu sehen ist, mit Seidelbast, Deutzie, Osterglocken, Narzissen, Tulpen, Aurikeln usw., sowie mit allen Obstbäumen in voller Blüte.
Der Steinmetz, der Maurer und die Alte, der Gärtner, der Leichenkutscher, Madam Vesterlund und der Maler stehen in einer Reihe und betrachten die Brandstätte.

DER FREMDE *kommt*: Dort stehen sie; freuen sich über das Unglück und warten auf das Opfer; das scheint die Hauptsache zu sein. Daß es Brandstiftung gewesen ist, ist für sie eine Tatsache, weil sie es wünschen! – Und alle diese Schurken sind meine Jugendfreunde, meine Kameraden. Mit dem Leichenkutscher bin ich durch meine Stiefmutter verwandt, deren Vater Leichen getragen hat ... *Zu den Anwesenden*: Liebe Leute, steht nicht dort herum, es könnte Dynamit im Keller liegen, und das kann jederzeit explodieren.

Die Leute gehen auseinander und verschwinden.

DER FREMDE *am Gerümpelhaufen, sucht in den Büchern herum*: Die Bücher des Studenten! – Der gleiche Mist wie in meiner Jugend – Livius, Römische Geschichte, jedes Wort soll eine Lüge sein. – Aber dort ein Buch aus der Sammlung meines Bruders! Kolumbus oder die Entdeckung Amerikas! – Das ist mein Buch, das bekam ich 1857 zu Weihnachten. Der Name ist ausradiert. Ja, es wurde mir gestohlen, und ich beschuldigte deswegen eine Magd, sie wurde rausgeworfen! Das ist nett, vielleicht ging sie dadurch unter! Fünfzig Jahre ist es her! – Dort, der Rahmen für ein Familienporträt: mein werter Großvater, der Schmuggler, der ins Halseisen geschlagen wurde. Schön! – Aber was sehe ich hier? Das Kopfende eines Bettes aus Mahagoni – in dem ich geboren bin! So was! – Und hier: der Fuß eines Eßtisches – das alte Erbstück, ja! Es wurde für Ebenholz ausgegeben und bewundert und wird jetzt nach fünfzig Jahren von mir als gefärbter Ahorn entlarvt. – Alles in unserem Haus war gefärbt, damit man es nicht wiedererkannte. Auch unsere Kinderkleider wurden gefärbt, so daß wir immer Farbe am Körper hatten! Humbug, Ebenholz! – Hier ist die Eßzimmeruhr, ebenfalls Schmuggelware, die zwei Generationen die Zeit abgemessen hat. Jeden Sonnabend wurde sie aufgezogen, wenn wir Kabeljau und Biersuppe zum Mittag hatten – als intelligente Uhr pflegte sie stehenzubleiben, wenn jemand starb. Doch als ich starb, ging sie weiter. – Darf ich sehen, alter Freund, wie du inwendig aussiehst? *Die Uhr fällt bei der Berührung auseinander.* Verträgst es nicht, angefaßt zu werden? Nichts hat das Anfassen vertragen, nichts! O Eitelkeit, Vergänglichkeit! – Und dort ist die Weltkugel, die oben auf der Uhr saß, obwohl sie hätte darunter sitzen müssen! Du kleine Erde, der dichteste aller Planeten, der schwerste, und deshalb ist es so schwer auf dir, so schwer zu atmen, so schwer zu tragen. Das Kreuz ist dein Symbol, es hätte aber auch eine Narrenkappe oder eine Zwangsjacke sein können – Welt der Narren und der Toren! Ewiger! Hat sich deine Erde im Weltenraum verirrt? Und wie kam es, daß sie sich im Kreise dreht, so daß deine Kinder wirr im Kopf wurden und den Verstand verloren, nicht sehen können, was ist, sondern nur das, was scheint? Amen! Dort ist der Student! *Der Student kommt, sucht mit den Augen jemanden.* Er sucht die Frau! Und über alles, was er weiß, sprechen seine Augen! Glückliche Jugend! – Wen suchen Sie?

DER STUDENT *verlegen*: Ich suche …

DER FREMDE: Sprechen Sie, junger Mann, oder schweigen Sie! Ich verstehe Sie trotzdem!

DER STUDENT: Mit wem habe ich die Ehre zu sprechen?

DER FREMDE: Es ist keine Ehre, mit mir zu sprechen, das wissen Sie. Ich bin einmal nach Amerika geflohen, meiner Schulden wegen …

DER STUDENT: Das war nicht recht …

DER FREMDE: Recht oder unrecht, aber es ist eine Tatsache. Sie suchen also die Frau des Hauses. Sie ist nicht hier, doch sie wird sicher bald kommen, wie all die anderen. Sie werden vom Feuer angezogen wie die Mücken …

DER STUDENT: – vom Licht!

DER FREMDE: Das haben Sie gesagt, ich wollte sagen, von der Lampe, um einen prägnanteren Ausdruck zu wählen. – Verbergen Sie Ihre Gefühle, junger Mann, wenn Sie können! Ich kann meine verbergen! – Wir sprachen über die Lampe, ja! Wie war das mit der Lampe?

DER STUDENT: Mit welcher Lampe?

DER FREMDE: Ja, sieh da! Sie leugnen und lügen alle zusammen! Die Lampe, die in der Kleiderkammer der Köchin stand und das Haus in Brand setzte.

DER STUDENT: Davon weiß ich nichts.

DER FREMDE: Manche werden rot, wenn sie lügen, andere bekommen eine weiße Nase. – Dieser hier hat eine neue Art erfunden!

DER STUDENT: Führen Sie Selbstgespräche?

DER FREMDE: Ich habe diese Angewohnheit! – Leben Ihre Eltern?

DER STUDENT: Nein, ich habe keine!

DER FREMDE: Jetzt hat er wieder gelogen, jedoch ohne es zu wissen!

DER STUDENT: Ich lüge nie!

DER FREMDE: Dreimal bereits in dieser kurzen Zeit! Ich kenne Ihren Vater.

DER STUDENT: Das glaube ich nicht!

DER FREMDE: Um so besser für mich! – Sehen Sie diese Krawattennadel? Sie ist schön, ja! Aber ich selbst bekomme sie nie zu sehen, habe keine Freude daran, daß sie hier sitzt, während alle anderen sich daran erfreuen können. Das ist wenigstens nicht egoistisch, und es gibt Augenblicke, da möchte ich sie am Halstuch eines anderen sehen, um sie zu bewundern. Wollen Sie sie haben?

DER STUDENT: Ich verstehe nicht ... Es ist vielleicht besser, sie nicht zu haben, wie Sie sagten.

DER FREMDE: Vielleicht! – Nicht so ungeduldig, sie kommt gleich! Ist es beneidenswert, jung zu sein?

DER STUDENT: Nein, das kann ich nicht finden.

DER FREMDE: Man ist nicht sein eigener Herr, ißt fremdes Brot, hat nie Geld, darf in Gesellschaft nie sprechen, wird als Schafskopf behandelt, und wenn man sich nicht verheiraten kann, muß man nach den Frauen anderer sehen, mit all den gefährlichen Konsequenzen. Ein Humbug, diese Jugend!

DER STUDENT: Ja, wahrhaftig! Wenn man ein Kind ist, wünscht man sich, groß zu sein, das heißt, fünfzehn Jahre alt zu sein, studieren zu können und einen Zylinder tragen zu dürfen. Dann möchte man alt werden, das heißt einundzwanzig Jahre! Also will keiner jung sein!

DER FREMDE: Und wenn man wirklich alt geworden ist, wünscht man sich, tot zu sein. Dann ist nicht viel Wünschenswertes übriggeblieben! – Wissen Sie, daß Sie verhaftet werden sollen?

DER STUDENT: Ich soll verhaftet werden?

DER FREMDE: Ja, der Polizist hat das vorhin gesagt!

DER STUDENT: Ich?

DER FREMDE: Überrascht Sie das? Wissen Sie nicht, mein Herr, daß man hier im Leben auf alles gefaßt sein muß?

DER STUDENT: Was habe ich denn getan?

DER FREMDE: Man muß nichts getan haben, um verhaftet zu werden. Man braucht nur verdächtig zu sein!

DER STUDENT: Dann könnte man alle Menschen verhaften!

DER FREMDE: Vollkommen richtig, ja! Man könnte der ganzen Art einen Strick um den Hals legen, wenn man gerecht sein wollte. Aber das will man nicht! Es ist eine entsetzliche

Gattung, häßlich, schwitzend, stinkend; unreine Wäsche, schmutzige Strümpfe mit Löchern, Frostbeulen, Hühneraugen! Nein, da ist ein blühender Apfelbaum viel schöner. Sehen Sie die Osterblumen auf dem Felde, es ist, als gehörten sie nicht hierher, und riechen Sie nur, wie sie duften!

DER STUDENT: Sind Sie Philosoph?

DER FREMDE: Ich bin ein großer Philosoph!

DER STUDENT: Sie treiben nur Ihren Scherz mit mir!

DER FREMDE: Das sagen Sie, um fortzukommen! Gehen Sie nur! Beeilen Sie sich!

DER STUDENT: Ich erwarte hier jemand!

DER FREMDE: Ja, das habe ich mir gedacht. – Aber es ist sicher am besten, ihr entgegenzugehen!

DER STUDENT: Hat Sie Ihnen das gesagt?

DER FREMDE: Das war nicht nötig.

DER STUDENT: Dann will ich sie nicht warten lassen ... Wenn das so ist ... *Ab.*

DER FREMDE: Ist das mein Kind? Aber ich bin schlimmstenfalls auch einmal Kind gewesen, das war weder merkwürdig noch angenehm. – Und ich bin sein ... Was noch? Im übrigen ..., wer weiß? – Jetzt werde ich Frau Vesterlund begrüßen – sie war bei meinen Eltern im Dienst, treu und gutmütig. Als sie zehn Jahre lang gestohlen hatte, wurde sie zur Treudienerin ernannt. *Setzt sich an den Tisch.* Hier liegen Gustavssons Kränze aus den Zweigen der Bärentraube, die er für Preiselbeerlaub verkauft, genauso nachlässig gebunden wie vor zehn Jahren – alles, was er tat, war nachlässig oder dumm, und deshalb ging es ihm schlecht. Seine Selbsterkenntnis verzieh ihm jedoch viel. Ich armes Rindvieh, pflegte er zu sagen, und dann nahm er die Mütze ab und kratzte sich am Kopf. – Dort steht eine Myrte. *Er klopft an den Topf.* Natürlich hat sie kein Wasser bekommen. Er vergaß immer das Gießen, der Esel ..., und dann wunderte er sich, daß nichts wuchs! *Der Maler erscheint.* Was ist das für ein Maler? Er gehört wohl auch hier zum Morastviertel und hat vielleicht auch einen Faden in meinem Gewebe! *Der Maler starrt den Fremden an, der Fremde den Maler.* Nun, erkennen Sie mich wieder?

DER MALER: Sind – Sie – Herr Arvid?

DER FREMDE: War es und bin es, wenn der Schein nicht trügt.

Pause.

DER MALER: Ich müßte Ihnen eigentlich böse sein.

DER FREMDE: Bitte, dann sein Sie es! Doch sagen Sie mir die Ursache! Dann klärt sich gewöhnlich alles auf.

DER MALER: Erinnern Sie sich ...

DER FREMDE: Ich habe leider ein ausgezeichnetes Gedächtnis!

DER MALER: Erinnern Sie sich an einen Jungen, der Robert hieß?

DER FREMDE: Doch, das war ein großer Lümmel, der gut zeichnen konnte!

DER MALER *langsam*: Und dann sollte er zur Akademie, um Maler zu werden, Künstler. Aber das war zu der Zeit – als die Farbenblindheit in Mode war. Sie, Herr Arvid, waren damals Techniker und sollten meine Augen untersuchen, als der Herr, Ihr Vater, mich auf die Malerschule schicken wollte ... Deshalb nahmen Sie zwei Garnsträhnen aus der Färberei, die eine rötlich, die andere grünlich. Und dann fragten Sie mich. Ich antwortete und bezeichnete die rote als grün und die grüne als rot. Damit war es um meine Laufbahn geschehen...

DER FREMDE: Das war doch vollkommen richtig!

DER MALER: Nein! – Denn die Sache war die, daß ich zwar die Farben unterscheiden konnte, doch die Namen nicht. Das wurde jedoch erst entdeckt, als ich siebenunddreißig Jahre war ...

DER FREMDE: Das ist eine unangenehme Geschichte, aber ich wußte es nicht besser, und deshalb müssen Sie mir verzeihen!

DER MALER: Wie soll ich das können?

DER FREMDE: Unverstand ist verzeihlich! – Hören Sie mich jetzt an! Ich sollte zur Flotte, segelte zur Probe als Hospitant und wurde scheinbar seekrank. Wurde abgelehnt! Aber ich war seefest, und die Seekrankheit rührte daher, daß ich zuviel getrunken hatte. So war meine Laufbahn zerschlagen, und ich wählte eine andere ...

DER MALER: Was habe ich mit der Flotte zu tun! Ich träumte von Rom und Paris ...

DER FREMDE: Nun ja, man träumt so viel, wenn man jung ist und wenn man alt ist auch! Und übrigens, es ist so lange her, warum noch darüber reden!

DER MALER: Daß Sie so was sagen können! Vielleicht können Sie mir ein verlorenes Leben wiedergeben ...

DER FREMDE: Das kann ich nicht! Aber ich bin dazu auch nicht verpflichtet! Das mit dem Garn hatte ich auf der Schule gelernt, und Sie hätten die Namen der Farben kennen müssen. – Machen Sie jetzt, daß Sie fortkommen – ein Kleckser weniger kann für die Menschheit nur eine Wohltat sein! – Dort kommt ja Frau Vesterlund!

DER MALER: Wie können Sie nur so reden! Aber das werden Sie büßen!

Frau Vesterlund kommt auf die Bühne.

DER FREMDE: Guten Tag, Frau Vesterlund! Ich bin's, Herr Arvid, haben Sie keine Angst. Ich bin in Amerika gewesen. Wie geht es Ihnen? Mir geht es ausgezeichnet. Und hier hat es gebrannt. Ihr Mann ist tot, er war Polizist, ein sehr angenehmer Mensch, ich mochte ihn wegen seines guten Gemüts und seiner freundlichen Art. Er war ein harmloser Witzbold, der nie jemand verletzte. Ich erinnere mich, einmal ...

FRAU VESTERLUND: Oh, mein Gott! Das ist mein Arvid, den ich großgemacht habe ...

DER FREMDE: Ja, das war nicht ich, das war mein Bruder. Aber das macht nichts, im Gegenteil. Ich sprach von Ihrem Alten, der gestorben ist vor fünfunddreißig Jahren, ein lieber Mensch, mein besonders guter Freund ...

FRAU VESTERLUND: Ja, er ist gestorben. – *Pause.* – Aber ich weiß nicht recht. – Herr Arvid, Sie verwechseln vielleicht ...

DER FREMDE: Ich verwechsle nichts ... Ich erinnere mich gut an den alten Vesterlund, und ich mochte ihn sehr ...

FRAU VESTERLUND *langsam*: Es ist zwar eine Schande, das sagen zu müssen, aber er hatte nicht die beste Gemütsart.

DER FREMDE: Er?

FRAU VESTERLUND: Ja ..., er hatte so eine Art, sich bei den Leuten einzuschmeicheln, aber er meinte nicht, was er sagte ..., oder er sagte das Gegenteil ...

DER FREMDE: Was? Er meinte nicht, was er sagte? War er vielleicht falsch?

FRAU VESTERLUND: Es ist eine Schande, es sagen zu müssen, ich glaube ...

DER FREMDE: War er vielleicht nicht aufrichtig?

FRAU VESTERLUND: Nun ja! Er – war – etwas – ja, er meinte nicht, was er sagte. Nun, Herr Arvid, wie ist es Ihnen ergangen?

DER FREMDE: Jetzt geht mir ein Licht auf! – So ein Schurke! Und ich habe fünfunddreißig Jahre gut von ihm gesprochen, ihn vermißt, seinen Tod beinahe betrauert. Ich kaufte einen Kranz für seinen Sarg von meinem Tabaksgeld ...

FRAU VESTERLUND: Was war es, was war es denn?

DER FREMDE: So ein Schurke! *Pause.* Doch! Er hat mich angeführt, an einem Fastnachtsabend. Er sagte mir, man müsse den Hühnern jedes dritte Ei wegnehmen, dann würden sie um so mehr legen. Ich hab das getan, bekam Schläge, wäre beinahe ins Loch gekommen ... Aber ich hatte nie ihn im Verdacht, mich angezeigt zu haben ... Er ging in die Speisekammer und fraß – die Mägde ließ er dann unverfroren den Spüleimer auskippen. – Jetzt sehe ich ihn im richtigen Licht! – Und jetzt werde ich auf einen böse, der schon fünfunddreißig Jahre im Grabe liegt! – Er war also satirisch, und das habe ich damals noch nicht verstanden! Doch jetzt verstehe ich's!

FRAU VESTERLUND: Ja, er war zweifellos etwas satirisch, ich weiß das!

DER FREMDE: Jetzt erinnere ich mich noch an etwas ... Und über diesen Halunken habe ich fünfunddreißig Jahre lang gut gesprochen! Und ich war zu seinem Begräbnis, bekam dort meinen ersten Grog ... Ich erinnere mich, gewöhnlich schmeichelte er mir, nannte mich Herr Professor, verehrter Kronsohn ... Nein, so was! – Dort ist ja der Steinmetz! Gehen Sie jetzt hinein, Madam, sonst gibt es Krach, wenn er mit seinen Rechnungen kommt. Gehen Sie, Madam! Auf Wiedersehen!

FRAU VESTERLUND *geht hinein*: Nein, nicht auf Wiedersehen, man sollte sich niemals wiedersehen! – Das ist nie so wie vorher, und sie reißen einem nur alles entzwei. Weshalb mußte er das alles sagen, es war doch vorher alles so klar ... *Ab.*

Der Steinmetz kommt.

DER FREMDE: Kommen Sie!

DER STEINMETZ: Wie bitte?

DER FREMDE: Kommen Sie näher! *Der Steinmetz schaut den Fremden durchdringend an.* Sehen Sie sich meine Krawattennadel an? – Die habe ich in London am Charing Cross gekauft.

DER STEINMETZ: Ich bin kein Dieb!

DER FREMDE: Nein, aber Sie üben die edle Kunst des Radierens aus. Sie radieren!

DER STEINMETZ: Das ist wahr, aber es war ein schändlicher Vertrag, der mich beinahe erwürgt hätte.

DER FREMDE: Weshalb haben Sie ihn unterschrieben?

DER STEINMETZ: Weil ich in Not war.

DER FREMDE: Das ist ein Motiv.

DER STEINMETZ: Aber jetzt habe ich mich rächen können!

DER FREMDE: Das ist ja schön!

DER STEINMETZ: Und nun müssen die dran glauben!

DER FREMDE: Haben wir uns als Jungen nie geschlagen?

DER STEINMETZ: Nein, ich war zu jung!

DER FREMDE: Haben wir uns nie belogen oder etwas gestohlen, haben wir uns nicht gegenseitig die Laufbahn zerstört oder die Schwester des andern verführt?

DER STEINMETZ: Nein, aber mein Vater war beim Zoll, und Ihr Vater war Schmuggler …

DER FREMDE: Sieh da, es gibt immer etwas!

DER STEINMETZ: Und wenn mein Vater nichts beschlagnahmen konnte, wurde er entlassen.

DER FREMDE: Wollen Sie sich an mir rächen, weil Ihr Vater ein Rindvieh war?

DER STEINMETZ: Weshalb sagten Sie vorhin, daß Dynamit im Keller liegt?

DER FREMDE: Jetzt lügen Sie schon wieder! Ich sagte, es könne dort Dynamit liegen, es ist ja alles möglich.

DER STEINMETZ: Inzwischen ist der Student verhaftet worden! Kennen Sie ihn?

DER FREMDE: Nur wenig. Seine Mutter hingegen war Magd in Ihrem Hause. Sie war gut und schön, und ich habe mich um sie bemüht. In dieser Zeit bekam sie ein Kind.

DER STEINMETZ: Sind Sie dann nicht der Vater?

DER FREMDE: Nein! Aber da man die Vaterschaft nicht verleugnen darf, bin ich wohl eine Art Stiefvater!

DER STEINMETZ: Dann hat man Sie belogen?

DER FREMDE: Ja, sicher! Aber das ist ja ein sehr gewöhnlicher Fall …

DER STEINMETZ: Und auch ich habe gegen Sie ausgesagt …, unter Eid!

DER FREMDE: Das glaube ich schon, aber was macht das? Nichts macht etwas! – Jetzt wollen wir mal aufhören, solche Fäden zu spinnen, sonst kommen wir noch bis zum Strick des Schlächters oder werfen Reisig ins Feuer!

DER STEINMETZ: Aber denken Sie an mich, ich habe einen Meineid geschworen …

DER FREMDE: Ja, das ist nicht angenehm, aber so was kann ja passieren …

DER STEINMETZ: Das ist entsetzlich! Ist es nicht entsetzlich zu leben?

DER FREMDE *mit der Hand vor den Augen*: Doch! Es – ist – über alle – Maßen – entsetzlich.

DER STEINMETZ: Ich will nicht mehr leben ...

DER FREMDE: Sie müssen! *Pause*. Sie müssen! *Pause*. Hören Sie, der Student ist verhaftet, kann er wieder freikommen?

DER STEINMETZ: Kaum! – Jetzt muß ich Ihnen noch was sagen, weil wir so schön miteinander reden: er ist unschuldig, kann das aber nicht beweisen, denn der einzige Zeuge, der seine Unschuld beweisen kann, beweist dadurch seine eigene Schuld – in einer anderen Angelegenheit.

DER FREMDE: Das ist sie mit den Haarnadeln?

DER STEINMETZ: Ja!

DER FREMDE: Die alte oder die junge?

DER STEINMETZ: Das müssen Sie sich selber ausrechnen, aber die Köchin ist es nicht!

DER FREMDE: Was für ein Gewebe! – Aber wer hat die Lampe dorthin gestellt?

DER STEINMETZ: Sein schlimmster Feind.

DER FREMDE: Hat sein schlimmster Feind das Feuer gelegt?

DER STEINMETZ: Ja, das weiß ich nicht! – Das weiß nur der Maurer!

DER FREMDE: Wer ist der Maurer?

DER STEINMETZ: Er ist der älteste auf dem Hof, mit Frau Vesterlund gewissermaßen verwandt, kennt alle Geheimnisse des Hauses; hat auch irgendein Geheimnis zusammen mit dem Fabrikanten, so daß dieser nichts sagen wird.

DER FREMDE: Wer ist nun die Frau, meine Schwägerin?

DER STEINMETZ: Ja! – Sie war Lehrerin im Hause, als die erste Frau ihres Weges ging!

DER FREMDE: Was hat sie für einen Charakter?

DER STEINMETZ: Hm! Charakter? Ja, ich weiß nicht, was das ist. Meinen Sie den Beruf? Name und Charakter stehen im Gemeinderegister, aber dort meint man nicht Charakter, sondern Beschäftigung.

DER FREMDE: Ich meine ihr Gemüt!

DER STEINMETZ: Ach so! Ja, das Gemüt wechselt. Bei mir hängt es davon ab, mit wem ich spreche. Zu einem freundlichen

Menschen bin ich freundlich, bei einem bösen werde ich zu einem wilden Tier.

DER FREMDE: Aber wir sprachen über die Gemütsart der Frau im täglichen Leben!

DER STEINMETZ: Ja doch, nichts Besonderes, wie die meisten Leute; sie wird böse, wenn man sie reizt, sie wird aber auch wieder gut. Man kann ja nicht immer bei gleicher Laune sein.

DER FREMDE: Ich meine, hat sie ein frohes Gemüt oder ist sie trübsinnig?

DER STEINMETZ: Geht es ihr gut, ist sie froh; geht es schlecht, ist sie traurig oder böse, wie wir anderen auch.

DER FREMDE: Ja, aber wie ist so ihre Art?

DER STEINMETZ: Ja, das läuft wohl auf das gleiche hinaus! – Als gebildeter Mensch hat sie eine wohlerzogene Art, obwohl, das heißt, sie kann auch grob werden, ja, wenn es ihr gegen den Strich geht.

DER FREMDE: Daraus werde ich nicht schlau!

DER STEINMETZ *klopft ihm auf die Schulter*: Nein, Herr, aus Menschen wird man nicht schlau!

DER FREMDE: Sie sind süperb! – Nun, was denken Sie über den Fabrikanten, meinen Bruder?

Pause.

DER STEINMETZ: Ja, er hat eine gute Art! Und etwas anderes kann ich nicht sagen, denn was er verbirgt, das weiß ich ja nicht.

DER FREMDE: Ausgezeichnet! – Dennoch! Er hat immer blaue Hände, aber Sie wissen, daß sie darunter weiß sind.

DER STEINMETZ: Aber dann müssen sie erst gescheuert werden, und das läßt er nicht zu.

DER FREMDE: Gut! – Was sind das für junge Leute, die dort kommen?

DER STEINMETZ: Der Sohn des Gärtners mit meiner Tochter. Sie sollten heute abend heiraten, aber wegen des Brandes haben sie Aufschub bekommen. – Jetzt gehe ich, denn ich will sie nicht in Verlegenheit bringen. – Sie verstehen, solch ein Schwiegervater wie ich. – Adieu! *Ab.*

Der Fremde zieht sich hinter das Wirtshaus zurück, bleibt jedoch für den Zuschauer sichtbar. Alfred und Matilda kommen Hand in Hand.

ALFRED: Ich mußte hierher und mir die Brandstätte ansehen, ich mußte –

MATILDA: Was ist daran zu sehen?

ALFRED: Ich habe es in diesem Hause so schlecht gehabt, daß ich oft das Feuer herbeigesehnt habe ...

MATILDA: Ja, ich weiß, daß das Haus seinen Schatten auf den Garten geworfen hat. Jetzt wird alles besser wachsen, wenn sie nur nicht ein neues, größeres Haus bauen ...

ALFRED: Hier ist es ja schön und frei, luftig und sonnig. Ich habe gehört, daß das hier Straße werden soll ...

MATILDA: Dann werdet ihr vielleicht wegziehen?

ALFRED: Ja, wir werden alle wegziehen, und das mag ich, ich mag Neues. Am liebsten möchte ich auswandern ...

MATILDA: O nein! Weißt du, daß unsere Tauben hier auf dem Dach genistet haben? Und als es heute nacht brannte, flatterten sie zuerst immer um das Haus herum. Doch als das Dach einstürzte, flogen sie direkt ins Feuer hinein ... Sie konnten sich von ihrem alten Heim nicht trennen!

ALFRED: Aber wir müssen von hier weg – hinaus! Vater sagt, die Erde hier ist ausgezehrt ...

MATILDA: Ich habe gehört, der Grus vom Brand soll aufs Land gefahren werden, um die Erde zu verbessern ...

ALFRED: Du meinst die Asche ...

MATILDA: Ja, es soll gut sein, in Asche zu säen ...

ALFRED: Neue Erde ist besser ...

MATILDA: Aber dein Vater, der Gärtner, ist ruiniert ...

ALFRED: Überhaupt nicht, er hat Geld auf der Bank! – Ja, er klagt, das tun ja alle ...

MATILDA: Hat er ... Ist er durch den Brand nicht ruiniert worden?

ALFRED: Nicht ein bißchen! Er ist ein gerissener alter Schlauberger, obwohl er sich einen Esel nennt ...

MATILDA: Was soll ich jetzt glauben?

ALFRED: Er hat dem Maurer hier ... und mehreren anderen Geld geliehen.

MATILDA: Jetzt versteh ich gar nichts mehr! Träume ich? – Wir haben den ganzen Morgen über das Unglück deines Vaters geweint und über die aufgeschobene Hochzeit ...

ALFRED: Meine arme Kleine! Aber die Hochzeit soll doch heute abend sein ...

MATILDA: Ist sie nicht aufgeschoben?

ALFRED: Sie ist um zwei Stunden verschoben, bis Vater seinen neuen Rock bekommt.

MATILDA: Und da haben wir geweint ...

ALFRED: Unnütze Tränen! Zu viele Tränen!

MATILDA: Es grämt mich, daß sie unnütz waren, obwohl ... Daß der Schwiegervater so ein Schelm sein kann ...

ALFRED: Ja, er ist ein großer Spaßmacher, gelinde gesagt. – Er sagt immer, daß er müde ist. Doch das ist nur Faulheit. Er ist so faul, so faul ...

MATILDA: Sag jetzt nicht noch mehr Böses über Schwiegervater. – Laß uns gehen – ich muß mich doch anziehen und mein Haar machen. – Nein, daß Schwiegervater nicht der ist, für den ich ihn gehalten habe! Sich so zu verstellen, und einen so anzuführen! – Vielleicht bist du auch so – daß man nicht weiß, wer du bist!

ALFRED: Das wirst du später erfahren!

MATILDA: Wenn es zu spät ist!

ALFRED: Es ist nie zu spät ...

MATILDA: Ihr auf dem Hof hier seid so garstig ... Und jetzt habe ich vor euch Angst ...

ALFRED: Doch nicht vor mir?

MATILDA: Ich weiß nicht, was ich glauben soll ... Warum hast du das nicht früher gesagt, daß es Schwiegervater gut geht ...

ALFRED: Ich wollte dich prüfen und sehen, ob du mich auch als armen Menschen magst.

MATILDA: Das sagt man dann immer, daß man einen prüfen wollte. Doch deshalb kann ich doch niemals mehr einem Menschen vertrauen ...

ALFRED: Geh und zieh dich an! Ich bestelle die Wagen.

MATILDA: Wollen wir mit Wagen fahren?

ALFRED: Na sicher! – Mit geschlossenen Wagen!

MATILDA: Geschlossene Wagen? Und heute abend? Oh, wie schön! Komm! Komm schnell! Mit geschlossenen Wagen!

ALFRED *nimmt sie bei der Hand, beide springen davon*: Hier hast du mich! Juchhei!

DER FREMDE: Bravo!

Der Kriminalist kommt, spricht etwa eine halbe Minute leise mit dem Fremden, der ebenso antwortet, danach geht der Kriminalist wieder.

DIE FRAU *kommt herein, schwarzgekleidet, sieht den Fremden lange forschend an*: Mein Schwager?

DER FREMDE: Ja, das bin ich. *Pause.* Entspreche ich nicht den Beschreibungen oder den Ausmalungen?

DIE FRAU: Ehrlich gesagt, nein!

DER FREMDE: Das ist meistens so. Ich muß gestehen, die Beschreibung, die ich vorhin über Ihre Person erhielt, stimmt auch nicht mit dem Original überein.

DIE FRAU: Ja, die Menschen tun einander so unrecht. Sie malen sich um, jeder nach seinem eigenen Bilde ...

DER FREMDE: Und wie Theaterdirektoren verteilen sie die Rollen! Einige nehmen die Rollen an, andere geben sie zurück und ziehen vor zu improvisieren ...

DIE FRAU: Welches Fach haben Sie dabei gespielt?

DER FREMDE: Den Verführer! – Nicht, weil ich einer gewesen bin. Ich habe nie verführt, weder Mädchen noch Frauen, aber ich wurde einmal in meiner Jugend verführt, und deshalb bekam ich diese Rolle. Eigentümlich ist, daß sie mir so aufgedrängt wurde, daß ich sie annahm. Zwanzig Jahre habe ich mit dem schlechten Gewissen eines Verführers gelebt ...

DIE FRAU: Sie sind also unschuldig?

DER FREMDE: Ja!

DIE FRAU: Wie seltsam! Mein Mann spricht noch heute von der Nemesis, die Sie verfolgt hat, weil Sie die Frau eines anderen verführt haben.

DER FREMDE: Das will ich wohl glauben. – Aber Ihr Mann ist ein noch interessanterer Fall: er hat sich im Laufe der Zeit einen Charakter zusammengelogen. Nicht wahr, er ist feige in den Kämpfen des Lebens?

DIE FRAU: Ja, gewiß ist er feige.

DER FREMDE: Und prahlt mit seinem Mut, der nur Brutalität ist.

DIE FRAU: Sie kennen ihn gut!

DER FREMDE: Ja und nein! – Nun, und Sie haben sicher in dem Glauben gelebt, Sie hätten in eine angesehene Familie eingeheiratet, die immer Ehre eingelegt hat?

DIE FRAU: Ja, bis heute morgen habe ich das geglaubt ...

DER FREMDE: Da ist alles zusammengebrochen! – Welch ein Gewebe von Lügen, Fehlern, Mißverständnissen! Und das soll man ernst nehmen?

DIE FRAU: Tun Sie es?

DER FREMDE: Mitunter! Jetzt äußerst selten. Ich gehe wie ein Nachtwandler auf dem Dachfirst – ich weiß, daß ich schlafe, doch ich bin wach – und ich warte nur darauf, geweckt zu werden.

DIE FRAU: Sie sollen auf der anderen Seite gewesen sein ...

DER FREMDE: Ich bin über den Fluß gewesen, doch ich erinnere mich an nichts weiter, als – daß dort alles w a r, wofür es sich ausgab! Das ist der Unterschied!

DIE FRAU: Wenn nichts das Anfassen aushält, woran soll man sich dann halten?

DER FREMDE: Wissen Sie das nicht?

DIE FRAU: Sagen Sie es! Sagen Sie es!

DER FREMDE: Betrübnis gibt Geduld. Geduld gibt Erfahrung. Erfahrung gibt Hoffnung. Und die Hoffnung läßt einen nicht untergehen.

DIE FRAU: Die Hoffnung, ja!

DER FREMDE: Ja, die Hoffnung!

DIE FRAU: Finden Sie niemals, daß es schön ist zu leben?

DER FREMDE: Ja, sicher, aber auch das ist eine Täuschung. Ich möchte Ihnen, Schwägerin, sagen, wenn man ohne Haut auf den Augen geboren ist, dann sieht man Leben und Menschen so, wie sie sind ... Und man muß schon ein Schwein sein, wenn man sich hier im Dreck wohl fühlen soll. – Wenn man sich an dem blauen Dunst sattgesehen hat, kehrt man die Augen nach innen und schaut sich selbst in die Seele. Dort gibt es wirklich was zu sehen ...

DIE FRAU: Was sieht man dort?

DER FREMDE: Sich selbst! Aber hat man sich selbst gesehen, dann stirbt man!

Die Frau hält die Hände vor die Augen.
Pause.

DIE FRAU: Wollen Sie mir helfen?

DER FREMDE: Wenn ich kann!

DIE FRAU: Versuchen Sie es!

DER FREMDE: Warten Sie! – Nein, das kann ich nicht! – Er ist unschuldig eingesperrt. Nur Sie können ihn befreien, aber das können Sie nicht. Das ist ein Gewebe, das nicht von Menschen geknüpft worden ist ...

DIE FRAU: Aber er ist nicht schuldig.

DER FREMDE: Wer ist schuldig?

Pause.

DIE FRAU: Keiner! – Es war keine Brandstiftung!

DER FREMDE: Das weiß ich!

DIE FRAU: Was soll ich tun?

DER FREMDE: Leiden! Das geht vorbei! Auch das ist Eitelkeit!

DIE FRAU: Leiden?

DER FREMDE: Leiden! Aber hoffen!

DIE FRAU *reicht ihm die Hand*: Danke!

DER FREMDE: Und nehmen Sie als Trost ...

DIE FRAU: Was?

DER FREMDE: Daß Sie nicht unschuldig leiden.

Die Frau senkt den Kopf und geht. Der Fremde steigt auf die Ruine.

DER FÄRBER *kommt, fröhlich*: Geisterst du hier in den Ruinen herum?

DER FREMDE: Gespenster mögen Ruinen. – Jetzt bist du froh?

DER FÄRBER: Jetzt bin ich froh.

DER FREMDE: Und mutig?

DER FÄRBER: Wen sollte ich fürchten und was?

DER FREMDE: Ich sehe an deiner Freude, daß du von einem wichtigen Umstand nichts weißt ... Hast du Mut, ein Unglück zu tragen?

DER FÄRBER: Was ist es denn?

DER FREMDE: Wirst du blaß?

DER FÄRBER: Ich?

DER FREMDE: Ein großes Unglück!

DER FÄRBER: Sprich!

DER FREMDE: Der Kriminalpolizist war gerade hier und hat mir mitgeteilt ..., unter vier Augen ...

DER FÄRBER: Was?

DER FREMDE: Daß der Versicherungsbeitrag zwei Stunden zu spät bezahlt worden ist ...

DER FÄRBER: O Gott – was sagst du? – Ich habe doch meine Frau mit dem Geld geschickt!

DER FREMDE: Und sie schickte den Buchhalter ... Und er kam zu spät!

DER FÄRBER: Dann bin ich ruiniert!

Pause.

DER FREMDE: Weinst du?

DER FÄRBER: Ich bin ruiniert!

DER FREMDE: Ja! Kannst du das nicht tragen?

DER FÄRBER: Wovon soll ich leben? Was soll ich tun?

DER FREMDE: Arbeiten!

DER FÄRBER: Ich bin zu alt, habe keine Freunde ...

DER FREMDE: Vielleicht bekommst du jetzt welche! Ein unglücklicher Mensch ist immer sympathisch. Ich hatte meine besten Stunden im Unglück.

DER FÄRBER *wild*: Ich bin ruiniert!

DER FREMDE: Doch in den Tagen des Erfolges und des Glücks war ich einsam! Der Neid konnte sich nicht hinter der Freundschaft verbergen ...

DER FÄRBER: Ich werde den Buchhalter verklagen!

DER FREMDE: Mach das nicht!

DER FÄRBER: Er muß bezahlen ...

DER FREMDE: Wie du dir gleichbleibst! Was nutzt es zu leben, wenn du nichts gelernt hast!

DER FÄRBER: Ich verklage ihn, er ist ein Schurke, er haßt mich, weil er einmal eine Ohrfeige bekommen hat ...

DER FREMDE: Vergib ihm – wie ich dir, als ich auf mein Erbe verzichtete.

INDRAS TOCHTER: Was für ein Erbe?

DER FREMDE: Unverbesserlich! Unbarmherzig! Feige! Verlogen! Geh in Frieden, Bruder!

DER FÄRBER: Von welchem Erbe sprichst du?

DER FREMDE: Hör, Bruder Rudolf, jedenfalls Sohn meiner Mutter, du hast den Steinmetz reingebracht, weil er radiert hat ... Gut ... Aber du hast in meinem „Christoph Kolumbus oder die Entdeckung Amerikas" radiert ...

DER FÄRBER *geschlagen*: Was, was, was ...? „Kolumbus"?

DER FREMDE: Ja, mein Buch, das deins wurde! *Der Färber schweigt.* Ja, daß du die Lampe des Studenten in die Garderobe gestellt hast, das begreife ich, ich begreife alles, aber weißt du, daß der Eßtisch nicht aus Ebenholz war?

DER FÄRBER: Nicht aus Ebenholz?

DER FREMDE: Nein, aus Ahorn!

DER FÄRBER: Ahorn?

DER FREMDE: Die Ehre und der Stolz des Hauses, geschätzt auf zweitausend Kronen!

DER FÄRBER: Das auch? Das also auch Humbug!

DER FREMDE: Ja!

DER FÄRBER: Nein, so was!

DER FREMDE: Die Schuld gleicht sich aus! Der Prozeß wird eingestellt. Die Angelegenheit kann nicht verhandelt werden, die Parteien treten ab ...

DER FÄRBER *stürzt hinaus*: Ich bin ruiniert!

DER FREMDE *nimmt seinen Kranz vom Tisch*: Ich wollte mit diesem Kranz auf den Friedhof, zum Grab meiner Eltern. Aber ich werde ihn hier niederlegen, auf der Ruine meines Vaterhauses, des Heimes meiner Kindheit! *Spricht leise ein Gebet.* Und nun: wieder hinaus in die weite Welt, Wanderer!

Die Gespenstersonate

(Spöksonaten)

PERSONEN

Der Alte, *Direktor Hummel*
Der Student, *Arkenholz*
Das Milchmädchen *(Vision)*
Die Portiersfrau
Der Portier
Der Tote, *Konsul*
Die Dunkle Dame, *Tochter des Toten und der Portiersfrau*
Der Oberst
Die Mumie, *Frau des Obersten*
Seine Tochter, *ist die Tochter des Alten*
Der Vornehme, *Baron Skanskorg genannt. Verlobt mit der Tochter des Portiers*
Johansson, *Diener bei Hummel*
Bengtsson, *Diener beim Oberst*
Die Verlobte, *Hummels ehemalige Braut, eine weißhaarige Alte*

Erdgeschoß und erste Etage einer modernen Hausfassade, aber nur die Hausecke ist zu sehen, die im Erdgeschoß mit einem runden Salon abschließt, im Obergeschoß mit einem Balkon und einer Fahnenstange.
Durch das offene Fenster des runden Salons ist, wenn die Rouleaus hochgezogen werden, eine weiße Marmorstatue einer jungen Frau zu sehen, von Palmen umgeben, von Sonnenstrahlen stark beleuchtet. Im Fenster links Hyazinthen (blaue, weiße, hellrote) in Töpfen.
Auf der Balkonbrüstung im Obergeschoß sieht man eine blaue Bettdecke aus Seide und zwei weiße Kopfkissen. Die Fenster links sind mit weißen Laken verhängt. Es ist ein klarer Sonntagmorgen.
Vor dem Haus im Vordergrund steht eine grüne Bank.
Rechts im Vordergrund ist ein Springbrunnen; links eine Litfaßsäule.
Links im Hintergrund befindet sich die Eingangstür, durch die der Treppenaufgang zu sehen ist; die Treppenstufen sind aus weißem Marmor, das Treppengeländer aus Mahagoni und Messing; zu beiden Seiten der Tür stehen Lorbeerbäume in Kübeln auf dem Bürgersteig.
Die Ecke mit dem runden Salon zeigt zu einer Querstraße, die in den Hintergrund führt.
Links vom Eingang im Erdgeschoß ist ein Fenster mit einem Spiegel.
Wenn der Vorhang aufgeht, hört man aus der Ferne das Geläut mehrerer Kirchen.
Die Eingangstür ist offen, eine dunkelgekleidete Frau steht unbeweglich auf der Treppe.
Die Portiersfrau fegt den Flur, danach putzt sie die Messingteile der Tür und gießt die Lorbeerbäume.
In einem Rollstuhl neben der Anschlagsäule sitzt der Alte und liest die Zeitung; er ist weißhaarig, hat einen Bart und trägt eine Brille.
Das Milchmädchen kommt um die Ecke mit Flaschen in einem Korb aus Stahldraht; sie ist sommerlich gekleidet, trägt braune Schuhe, schwarze Strümpfe und eine weiße Haube. Sie nimmt

die Haube ab und hängt sie an den Springbrunnen; sie wischt den Schweiß aus der Stirn, trinkt einen Schluck aus der Schöpfkelle und wäscht sich die Hände, sie ordnet ihr Haar und spiegelt sich im Wasser.

Man hört die Glocke eines Dampfers, hin und wieder dringen die Bässe einer Orgel aus einer nahegelegenen Kirche durch die Stille.

Nachdem das Mädchen seine Toilette beendet hat, kommt nach einigen Minuten der Stille der Student von links, unausgeschlafen und unrasiert. Er geht direkt auf den Brunnen zu.

Pause.

DER STUDENT: Kann ich die Schöpfkelle haben? *Das Mädchen drückt die Schöpfkelle an sich.* Bist du nicht bald fertig? *Das Mädchen sieht ihn voller Entsetzen an.*

DER ALTE *für sich*: Mit wem spricht er? – Ich sehe niemand! – Ist er nicht bei Sinnen? *Sieht weiterhin mit großer Verwunderung den Studenten an.*

DER STUDENT: Was starrst du mich so an? Sehe ich so entsetzlich aus? – Ja, ich habe heute nacht nicht geschlafen, und du denkst natürlich, ich hätte die Nacht durchgebummelt? ... *Das Mädchen schaut wie zuvor.* Und Punsch getrunken, was? – Rieche ich nach Punsch? *Das Mädchen wie zuvor.* Ich bin unrasiert, ich weiß ... Gib mir einen Schluck Wasser, Mädchen, ich hab's verdient. *Pause.*

Nun, ich werd dir's sagen: Ich habe die Nacht Verletzte verbunden und bei Kranken gewacht; ich war nämlich gestern abend bei dem Hauseinsturz dabei ... Nun weißt du es. *Das Mädchen spült die Schöpfkelle aus und gibt ihm zu trinken.* Danke! *Das Mädchen bleibt weiterhin unbeweglich. Der Student langsam*: Willst du mir einen großen Dienst erweisen? *Pause.*

Die Sache ist nämlich die, meine Augen sind entzündet, wie du siehst, aber mit meinen Händen habe ich Verletzte und Leichen angefaßt, deshalb ist es nicht ungefährlich, wenn ich die Augen berühre ... Willst du nun mein sauberes Taschentuch nehmen, im frischen Wasser anfeuchten und meine armen Augen benetzen? – Willst du? – Willst du die barmherzige Samariterin sein? *Das Mädchen zögert, tut aber, was er verlangt.* Danke, mein Kind! *Holt sein Portemonnaie hervor. Das Mädchen macht eine abweisende Bewegung.* Verzeih meine Gedankenlosigkeit, aber ich bin sehr müde ...

DER ALTE *zum Studenten*: Entschuldigen Sie, daß ich Sie anspreche, aber ich habe gehört, Sie waren bei dem Unglück gestern abend dabei ... Ich lese gerade darüber in der Zeitung ...

DER STUDENT: Steht es schon drin?

DER ALTE: Ja, alles; und Ihr Bild ist auch dabei, aber man bedauert, daß man den Namen des tüchtigen Studenten nicht erfahren hat ...

DER STUDENT *schaut in das Blatt*: So? Ja, das bin ich!

DER ALTE: Wer war das, mit dem Sie gerade gesprochen haben?

DER STUDENT: Haben Sie's nicht gesehen?

Pause.

DER ALTE: Halten Sie es für vermessen, wenn ich mir erlaube ..., nach Ihrem werten Namen zu fragen?

DER STUDENT: Wozu soll das gut sein? Ich mag die Öffentlichkeit nicht – wird man gelobt, folgt auch der Tadel –, die Kunst, alles herabzusetzen, ist hoch entwickelt. – Im übrigen, ich verlange keine Belohnung ...

DER ALTE: Vielleicht vermögend?

DER STUDENT: Überhaupt nicht ..., im Gegenteil! Ich bin bötteIarm!

DER ALTE: Warten Sie ..., ich glaube, ich habe diese Stimme schon mal gehört ... Ich hatte einen Jugendfreund, der das Wort Fenster nicht richtig aussprechen konnte, er sagte immer Fönster. – Ich habe nur einen Menschen mit dieser Aussprache getroffen, und das war er; der zweite sind Sie ... Ist es möglich, daß Sie mit dem Großhändler Arkenholz verwandt sind?

DER STUDENT: Das war mein Vater.

DER ALTE: Eigenartig sind doch die Wege des Schicksals ... Ich habe Sie als kleines Kind gesehen, unter besonders schwierigen Verhältnissen...

DER STUDENT: Ja, man sagt, ich sei mitten in einem Konkurs zur Welt gekommen ...

DER ALTE: Ja, so ist es!

DER STUDENT: Darf ich vielleicht Ihren Namen erfahren?

DER ALTE: Ich bin Direktor Hummel ...

DER STUDENT: Sie – sind? Dann erinnere ich mich ...

DER ALTE: Sie haben meinen Namen oft in Ihrer Familie gehört?

DER STUDENT: Ja!

DER ALTE: Und vielleicht wurde er mit einem gewissen Unwillen genannt? *Der Student schweigt.* Doch, ich kann es mir denken! – Sicher sagte man auch, ich hätte Ihren Vater ruiniert? – Alle, die sich bei dummen Spekulationen ruiniert haben, meinen, daß sie von dem ruiniert worden sind, den sie nicht zu betrügen vermochten. *Pause.* Es verhält sich jedoch so, daß Ihr Vater mich um siebzehntausend Kronen brachte, die damals meine ganzen Ersparnisse waren.

DER STUDENT: Es ist doch eigenartig, wie eine Geschichte auf so entgegengesetzte Art erzählt werden kann.

DER ALTE: Sie glauben doch wohl nicht, daß ich die Unwahrheit sage?

DER STUDENT: Was soll ich glauben? Mein Vater hat nicht gelogen!

DER ALTE: Wie wahr, ein Vater lügt nie ... Aber ich bin auch Vater, folglich ...

DER STUDENT: Worauf wollen Sie hinaus?

DER ALTE: Ich habe Ihren Vater vor dem Elend bewahrt, und er belohnte mich mit dem furchtbaren Haß eines Menschen, der zu Dankbarkeit verpflichtet ist ... Er lehrte seine Familie, schlecht von mir zu reden.

DER STUDENT: Vielleicht haben Sie ihn undankbar gemacht, indem Sie die Hilfe mit unnötigen Demütigungen vergifteten.

DER ALTE: Jede Hilfe ist demütigend, mein Herr.

DER STUDENT: Was verlangen Sie von mir?

DER ALTE: Ich fordere nicht das Geld; aber wenn Sie mir kleine Dienste leisten wollen, so bin ich gut bezahlt. Sie sehen, ich bin ein Krüppel. Manche sagen, das sei meine eigene Schuld, andere schieben es auf meine Eltern. Ich selber möchte glauben, das ist das Leben selbst mit seiner Tücke; weicht man einer Falle aus, so läuft man mitten in die andere hinein. Ich kann keine Treppen steigen, keine Klingelzüge erreichen, deshalb sage ich Ihnen: Helfen Sie mir!

DER STUDENT: Was kann ich tun?

DER ALTE: Fürs erste, schieben Sie meinen Stuhl dorthin, so daß ich die Plakate lesen kann. Ich möchte sehen, was sie heute abend spielen.

DER STUDENT *schiebt den Rollstuhl ein Stück weiter*: Haben Sie keinen Diener mehr?

DER ALTE: Doch, aber er macht gerade eine Besorgung ..., kommt gleich wieder ... Sind Sie Mediziner?

DER STUDENT: Nein, ich studiere Sprachen, weiß aber nicht, was ich werden soll ...

DER ALTE: Aha! – Verstehen Sie etwas von Mathematik?

DER STUDENT: Ja, einiges.

DER ALTE: Das ist gut! – Möchten Sie vielleicht eine Stellung haben?

DER STUDENT: Ja, warum nicht?

DER ALTE: Gut! *Liest das Plakat.* Man gibt „Die Walküre" als Nachmittagsvorstellung ... Dann ist der Oberst mit Tochter da, und da er immer in der sechsten Reihe außen sitzt, so setze ich Sie daneben ... Bitte gehen Sie in die Telefonzelle dort und bestellen Sie eine Karte für die sechste Reihe, Nummer zweiundachtzig.

DER STUDENT: Soll ich heute nachmittag in die Oper gehen?

DER ALTE: Ja! Und wenn Sie mir gehorchen, wird es Ihnen gut ergehen! Ich will, daß Sie glücklich werden, reich und angesehen. Ihr Auftritt von gestern als mutiger Retter macht Sie morgen berühmt, und Ihr Name wird dann viel wert sein.

DER STUDENT *geht zur Telefonzelle*: Das ist ein lustiges Abenteuer.

DER ALTE: Sind Sie Sportler?

DER STUDENT: Ja, das ist mein Unglück gewesen ...

DER ALTE: Dann soll es Ihr Glück werden. – Telefonieren Sie jetzt.

Der Alte liest Zeitung.
Die dunkelgekleidete Dame ist auf den Bürgersteig gekommen und spricht mit der Portiersfrau; der Alte hört zu, das Publikum hört jedoch nichts. – Der Student kommt wieder zurück.

DER ALTE: Alles klar?

DER STUDENT: Alles erledigt!

DER ALTE: Sehen Sie das Haus dort?

DER STUDENT: Ich habe es bereits bemerkt ... Ich bin gestern hier vorbeigegangen, als die Sonne in die Fenster schien. –Und da stellte ich mir all die Schönheit und den ganzen Luxus dort drinnen vor und sagte zu meinem Kameraden: Wer jetzt eine Wohnung dort hätte, im vierten Stock, eine junge schöne Frau und zwei hübsche kleine Kinder und zwanzigtausend Kronen Zinsen ...

DER ALTE: Das haben Sie gesagt? Das haben Sie gesagt? Sieh da! Ich liebe dieses Haus auch ...

DER STUDENT: Spekulieren Sie mit Häusern?

DER ALTE: N-ja! Aber nicht auf die Art, wie Sie meinen ...

DER STUDENT: Kennen Sie die Leute, die dort wohnen?

DER ALTE: Alle. In meinem Alter kennt man alle Menschen, ihre Väter und Vorväter, und man ist immer auf irgendeine Weise verwandt mit ihnen. – Ich bin gerade achtzig Jahre geworden. Aber keiner kennt mich richtig. – Ich interessiere mich für die Schicksale der Menschen ...

Der Vorhang im runden Salon wird hochgezogen: der Oberst in Zivil ist drinnen zu sehen. Nachdem er auf das Thermometer gesehen hat, geht er in das Innere des Raumes und bleibt vor der Marmorstatue stehen.

DER ALTE: Sehen Sie, dort ist der Oberst, neben dem Sie heute nachmittag sitzen werden.

DER STUDENT: Ist das – der Oberst? Ich begreife nichts von all dem hier, es ist wie ein Märchen …

DER ALTE: Mein ganzes Leben ist wie ein Märchenbuch, mein Herr. Aber wenn auch die Märchen verschieden sind, so hängen sie doch alle an einem Faden zusammen, und das Leitmotiv kehrt regelmäßig wieder.

DER STUDENT: Wen stellt die Marmorstatue dort drinnen dar?

DER ALTE: Das ist natürlich seine Frau …

DER STUDENT: War sie denn so liebenswürdig?

DER ALTE: Nun ja! Ja!

DER STUDENT: Sagen Sie schon!

DER ALTE: Einen Menschen können wir nicht beurteilen, liebes Kind! – Und wenn ich Ihnen nun erzähle, daß er sie schlug, daß sie ihn verließ, daß sie wiederkam, sich wieder mit ihm verheiratete, daß sie jetzt dort drinnen wie eine Mumie sitzt und ihre eigene Statue verehrt, dann glauben Sie, daß ich verrückt bin.

DER STUDENT: Das verstehe ich nicht!

DER ALTE: Das kann ich mir denken! – Und nun das Hyazinthenfenster. Dort wohnt seine Tochter … Sie ist ausgeritten, aber sie kommt gleich nach Hause …

DER STUDENT: Wer ist die dunkle Dame, die mit der Portiersfrau dort spricht?

DER ALTE: Ja, sehen Sie, das ist etwas kompliziert, aber das steht mit dem Toten in Zusammenhang, dort oben, wo das weiße Laken zu sehen ist …

DER STUDENT: Wer war das?

DER ALTE: Das war ein Mensch wie wir, doch was am meisten bei ihm auffiel, war seine Eitelkeit … Wären wir Sonntagskinder, würden wir ihn bald aus der Tür kommen sehen, um die Konsulatsflagge auf Halbmast zu betrachten. – Er war nämlich Konsul und liebte Kronen, Löwen, Federn am Hut und farbige Bänder.

DER STUDENT: Sie sprechen von Sonntagskindern. – Ich soll wirklich an einem Sonntag geboren sein …

DER ALTE: Nein! Sie sind …? Ich hätte es mir denken können … Ich hab es an Ihrer Augenfarbe gesehen … Dann können Sie ja sehen, was andere nicht sehen. Haben Sie das schon gemerkt?

DER STUDENT: Ich weiß nicht, was andere sehen, aber manchmal ... Ja, darüber spricht man ja nicht!

DER ALTE: Ich habe es mir fast gedacht! Aber mit mir können Sie darüber sprechen, denn ich – verstehe so was ...

DER STUDENT: Zum Beispiel gestern ... Es zog mich zu dieser unbedeutenden Straße, wo das Haus dann einstürzte ... Ich kam dorthin und blieb vor dem Gebäude stehen, das ich nie zuvor gesehen hatte ... Da bemerkte ich einen Riß in der Wand, hörte, wie es in den Zwischendecken knackte. Ich sprang hinzu und riß ein Kind an mich, das an der Wand entlangging ... Schon in der nächsten Sekunde stürzte das Haus ein ... Ich war gerettet, aber in meinen Armen, in denen ich das Kind glaubte, war nichts ...

DER ALTE: Ich muß schon sagen ... Sicher glaubte ich ... Erklären Sie mir eins: weshalb gestikulierten Sie vorhin am Springbrunnen? Und warum führten Sie Selbstgespräche?

DER STUDENT: Haben Sie das Milchmädchen nicht gesehen, mit dem ich mich unterhalten habe?

DER ALTE *entsetzt*: Das Milchmädchen?

DER STUDENT: Ja gewiß, das mir die Schöpfkelle gab.

DER ALTE: So? War das so? ... Nun ja, ich kann nicht sehen, doch ich kann was anderes ...

Jetzt setzt sich eine weißhaarige Frau ans Fenster mit dem Reflexionsspiegel.

DER ALTE: Sehen Sie die Alte dort am Fenster? Sehen Sie sie? – Gut! Das war einmal meine Verlobte, vor sechzig Jahren ... Ich war zwanzig. – Haben Sie keine Angst, sie erkennt mich nicht wieder! Wir sehen uns jeden Tag, doch das macht nicht den geringsten Eindruck auf mich, obwohl wir uns damals ewige Treue schworen; auf ewig!

DER STUDENT: Wie unverständig sie doch früher waren! Jetzt sprechen wir mit unseren Mädchen nicht mehr über so was.

DER ALTE: Verzeih uns, Jüngling, wir verstanden es nicht besser!

Aber sehen Sie, daß diese Alte einst jung und schön war?

DER STUDENT: Das sieht man nicht. Ja, ihr Gesicht hat einen schönen Ausdruck, die Augen sehe ich nicht!

Die Portiersfrau kommt mit einem Korb heraus und streut Fichtenzweige.

DER ALTE: Die Portiersfrau, ja! – Die Dunkle Dame dort ist ihre Tochter, von dem Toten, und deshalb bekam der Mann die Stelle als Portier ... Doch die Dunkle Dame hat einen Freier, er ist ein Vornehmer, und sie glaubt, bald reich zu werden. Er läßt sich jetzt nämlich von seiner Frau scheiden, die ihm ein Steinhaus schenkt, um ihn loszuwerden. Dieser vornehme Freier ist der Schwiegersohn des Toten. Sie sehen, sein Bettzeug wird dort oben auf dem Balkon gelüftet ... Das ist verwickelt, meine ich!

DER STUDENT: Entsetzlich verwickelt!

DER ALTE: Ja, so ist es! Innen und außen, obwohl es einfach aussieht.

DER STUDENT: Aber wer war denn der Tote?

DER ALTE: Sie haben gerade gefragt, und ich habe geantwortet. Könnten Sie um die Ecke sehen, bis zur Hintertreppe, würden Sie eine Gruppe armer Leute bemerken, denen er geholfen hat ..., wenn es ihm gerade einfiel ...

DER STUDENT: Also ein barmherziger Mensch?

DER ALTE: Ja ..., manchmal.

DER STUDENT: Nicht immer?

DER ALTE: Nein ...! So sind die Menschen! Bitte, schieben Sie jetzt den Wagen etwas weiter, so daß er in der Sonne steht. Ich friere so sehr, wenn man sich nie bewegen kann, erstarrt das Blut – ich muß sicher bald sterben, das weiß ich; doch bis dahin habe ich noch ein wenig zu erledigen. – Nehmen Sie meine Hand und fühlen Sie, wie kalt ich bin.

DER STUDENT: Das ist entsetzlich! *Weicht zurück.*

DER ALTE: Verlassen Sie mich nicht, ich bin müde, ich bin einsam, aber ich bin nicht immer so gewesen, verstehen Sie. Ich habe ein unendlich langes Leben hinter mir – ein unendlich langes –, ich habe Menschen unglücklich gemacht, und mich haben Menschen unglücklich gemacht. Das eine gleicht das andere aus. – Doch bevor ich sterbe, will ich Sie glücklich sehen ... Unsere Geschicke sind durch Ihren Vater und durch anderes – miteinander verbunden ...

DER STUDENT: Lassen Sie doch meine Hand los! Sie nehmen mir ja die Kraft, Sie kühlen mich aus. Was wollen Sie?

DER ALTE: Geduld, und Sie werden sehen und verstehen ... Dort kommt das Fräulein ...

DER STUDENT: Die Tochter des Obersten?

DER ALTE: Ja! Die Tochter! Schauen Sie sie an! – Haben Sie jemals so ein Meisterwerk gesehen?

DER STUDENT: Sie sieht wie die Marmorstatue aus ...

DER ALTE: Das ist ja ihre Mutter!

DER STUDENT: Sie haben recht! Nie zuvor habe ich eine solche Frau gesehen – Selig der Mann, der sie zum Altar und in sein Heim führen darf!

DER ALTE: Sie können es sehen! – Nicht alle entdecken ihre Schönheit ... Gut, so soll es sein!

Das Fräulein kommt von links, in moderner englischer Reitkleidung. Sie geht langsam, ohne jemand anzusehen, zur Tür, wo sie stehenbleibt und ein paar Worte zur Portiersfrau sagt. Danach geht sie ins Haus.
Der Student hält die Hand vor die Augen.

DER ALTE: Weinen Sie?

DER STUDENT: Angesichts der Hoffnungslosigkeit bleibt nur die Verzweiflung!

DER ALTE: Ich kann Türen und Herzen öffnen, wenn ich nur einen Arm für meinen Willen finde ... Dienen Sie mir, und Sie werden herrschen ...

DER STUDENT: Soll das ein Pakt sein? Soll ich meine Seele verkaufen?

DER ALTE: Nichts soll verkauft werden! – Sehen Sie, ich habe genommen, mein ganzes Leben lang. Jetzt drängt es mich zu geben, zu geben! Aber niemand will etwas annehmen ...

Ich bin reich, sehr reich, und ich habe keine Erben; doch, einen Schurken, der mich zu Tode quält ... Werden Sie mir wie ein Sohn! Beerben Sie mich, solange ich noch lebe! Genießen Sie das Dasein, so daß ich es sehe, zumindest auf Abstand.

DER STUDENT: Was soll ich tun?

DER ALTE: Zuerst hören Sie sich „Die Walküre" an!

DER STUDENT: Das ist ja abgemacht! Was weiter?

DER ALTE: Heute abend werden Sie dort drinnen im runden Salon sitzen!

DER STUDENT: Wie soll ich dorthin kommen?

DER ALTE: Durch „Die Walküre"!

DER STUDENT: Weshalb haben Sie gerade mich zu Ihrem Medium gewählt? Haben Sie mich schon früher gekannt?

DER ALTE: Ja, natürlich! Ich habe schon seit langem ein Auge auf Sie ... Aber sehen Sie jetzt dort, sehen Sie, wie die Magd auf dem Balkon die Flagge wegen des Konsuls auf Halbmast setzt ... Und jetzt dreht sie das Bettzeug um ... Sehen Sie die blaue Decke? Sie war für zwei bestimmt, aber jetzt schläft nur einer darunter ...

Das Fräulein erscheint in einem anderen Kleid am Fenster und begießt die Hyazinthen.

DER ALTE: Dort ist mein kleines Mädchen, schauen Sie sie an! Sie spricht mit den Blumen. Sieht sie nicht selbst wie die blaue Hyazinthe aus? ... Sie gibt ihnen zu trinken, nur klares Wasser, und sie verwandeln das Wasser in Farbe und Duft ... Jetzt kommt der Oberst mit der Zeitung! – Er zeigt ihr den Einsturz des Hauses ... Jetzt zeigt er auf Ihr Bild! Es läßt sie nicht gleichgültig ... Sie liest von Ihrer Tat ... Ich glaube, es bewölkt sich. Sollte es regnen, bin ich schön dran, wenn Johansson nicht bald zurückkommt ... *Es bewölkt sich und wird dunkel. Die Alte am Reflexionsspiegel schließt ihr Fenster.* Jetzt schließt meine Braut das Fenster ..., neunundsiebzig Jahre ..., der Reflexionsspiegel ist der einzige Spiegel, den sie benutzt, denn in ihm sieht sie sich nicht selbst, nur die Außenwelt, und das von zwei Seiten. Aber die Welt kann sie sehen, daran hat sie nicht gedacht ... Übrigens, eine schöne Alte ...

Jetzt erscheint der Tote im Totenhemd in der Haustür.

DER STUDENT: Mein Gott, was sehe ich?
DER ALTE: Was sehen Sie?
DER STUDENT: Sehen Sie in der Tür nicht den Toten?
DER ALTE: Ich sehe nichts, aber ich habe es geradezu erwartet! Erzählen Sie ...
DER STUDENT: Er geht auf die Straße hinaus ... *Pause.* Jetzt dreht er den Kopf und betrachtet die Flagge.
DER ALTE: Was habe ich gesagt? Er wird auch noch die Kränze zählen und die Visitenkarten lesen ... Und wehe dem, der fehlt!
DER STUDENT: Jetzt geht er um die Ecke ...
DER ALTE: Er will die Armen an der Hintertreppe zählen ... Die Armen nehmen sich so gut aus: „Begleitet von den Segenswünschen vieler Trauernder!" Ja, meinen Segenswunsch bekommt er nicht! – Er war ein großer Lump, unter uns gesagt ...
DER STUDENT: Aber wohltätig ...
DER ALTE: Ein wohltätiger Schuft, der immer nur an ein schönes Begräbnis dachte . . . Als er das Ende nahen fühlte, erleichterte er den Staat um fünfzigtausend Kronen ... Jetzt drängt sich seine Tochter dort in eine fremde Ehe ein und möchte wissen, was aus dem Erbe wird ... Er, der Schuft, hört alles, was wir sagen, das sei ihm auch gegönnt! – Dort kommt Johansson! *Johansson kommt von links.* Berichte! – *Johansson spricht, ohne daß es zu hören ist.* – Also nicht zu Hause? Du bist ein Rindvieh! – Und der Telegraf? – Nichts! ... Weiter! ... Um sechs Uhr heute abend? Das ist gut! – Die Sondernummer? Den vollen Namen! Student Arkenholz, geboren ..., Eltern ..., ausgezeichnet ... Ich glaube, es fängt an zu regnen ... Was sagte er? – Ach so, ach so! – Er will nicht? Dann muß er! – Dort kommt der Vornehme! – Schieb mich um die Ecke, Johansson, dann kann ich hören, was die Armen sagen ...

Und Arkenholz, Sie warten hier auf mich, verstehen Sie! – Schnell, schnell! Beeilen Sie sich!

Johansson schiebt den Stuhl um die Ecke.
Der Student bleibt und betrachtet das Fräulein, das jetzt die Erde in den Blumentöpfen lockert.

DER VORNEHME *kommt in Trauerkleidern, spricht die Dunkle Dame an, die auf dem Bürgersteig auf und ab gegangen ist*: Ja, was kann man dagegen tun? – Wir müssen warten!

DIE DAME: Ich kann nicht warten!

DER VORNEHME: So? Dann müssen Sie aufs Land fahren!

DIE DAME: Das will ich nicht.

DER VORNEHME: Kommen Sie hierher, sonst hören sie, was wir sagen. *Sie gehen auf die Anschlagsäule zu und setzen das Gespräch fort, ohne daß etwas zu verstehen ist.*

JOHANSSON *kommt von rechts, zum Studenten*: Mein Herr bittet Sie, das andere nicht zu vergessen!

DER STUDENT *langsam*: Hören Sie, sagen Sie mir erst, wer ist Ihr Herr?

JOHANSSON: Ja, er ist so viel, und er ist alles gewesen.

DER STUDENT: Ist er klug?

JOHANSSON: Ja, was ist das? – Er hat sein ganzes Leben lang nach einem Sonntagskind gesucht, behauptet er, doch das braucht nicht wahr zu sein ...

DER STUDENT: Was will er? Ist er geizig?

JOHANSSON: Er will herrschen ... Den ganzen Tag zieht er in seinem Wagen umher wie der Gott Thor ... Er sieht sich Häuser an, schleift sie, öffnet Straßen, bebaut Plätze. Er bricht aber auch in Häuser ein, kriecht durch die Fenster, verwüstet Menschenschicksale, tötet seine Feinde und verzeiht nie. – Können Sie sich vorstellen, daß dieser kleine Lahme einmal ein Don Juan gewesen ist, auch wenn er immer seine Frauen verloren hat?

DER STUDENT: Wie paßt das zusammen?

JOHANSSON: Ja, er ist so listig, daß er die Frauen dazu bringt zu gehen, wenn er sie über hat ... Jetzt ist er wie ein Pferdedieb auf dem Menschenmarkt, er stiehlt Menschen auf vielerlei Art ... Mich hat er buchstäblich aus den Händen der Gerechtigkeit gestohlen ... Ich hatte nämlich einen Fehler begangen – hm –, von dem nur er wußte. Statt mich ins Gefängnis zu bringen, machte er mich zum Sklaven; ich muß ihm nur fürs Essen dienen, das nicht das beste ist ...

DER STUDENT: Was will er denn in diesem Haus machen?

JOHANSSON: Ja, das möchte ich nicht sagen! Das ist so verwickelt.

DER STUDENT: Ich glaube, ich mache, daß ich fortkomme ...

JOHANSSON: Das Fräulein, sehen Sie, hat sein Armband verloren, es ist aus dem Fenster gefallen ...

Das Fräulein hat das Armband aus dem offenen Fenster fallen lassen. Der Student geht langsam vor, nimmt das Armband auf und reicht es dem Fräulein, das sich steif bedankt. Der Student geht zu Johansson zurück.

JOHANSSON: So, Sie wollen gehen ... Das ist nicht so leicht, wie man glaubt, wenn e r einem das Netz über den Kopf geworfen hat ... Und er fürchtet nichts zwischen Himmel und Erde ... Doch, eine Sache oder richtiger, eine Person ...

DER STUDENT: Warten Sie, vielleicht weiß ich's!

JOHANSSON: Wie können Sie das wissen?

DER STUDENT: Ich rate! – Ist es ... ein kleines Milchmädchen, vor dem er Angst hat?

JOHANSSON: Er wendet sich immer ab, wenn er einem Milchwagen begegnet ..., und er spricht auch im Schlaf. Sicher ist er einmal in Hamburg gewesen ...

DER STUDENT: Kann man diesem Mann glauben?

JOHANSSON: Man kann – alles – von ihm glauben!

DER STUDENT: Was macht er jetzt dort hinten?

JOHANSSON: Er belauscht die Armen ... Er sät ein kleines Wort aus, löst einen Stein nach dem andern, bis das Haus einstürzt . . ., bildlich gesprochen . . . Ja, ich bin ein gebildeter Mensch und war einmal Buchhändler . . . Wollen Sie jetzt gehen?

DER STUDENT: Es fällt mir schwer, undankbar zu sein . . . Dieser Mann hat einmal meinen Vater gerettet, und nun verlangt er nur einen kleinen Gegendienst . . .

JOHANSSON: Was denn?

DER STUDENT: Ich soll in „Die Walküre" gehen . .

JOHANSSON: Das begreife ich nicht . . . Aber er hat immer wieder neue Einfälle . . . Sehen Sie, jetzt spricht er mit dem Polizisten . . . Er hält sich immer an die Polizisten, nimmt sie in Anspruch, weckt ihr Interesse, bindet sie durch falsche Versprechungen und Vorspiegelungen und horcht sie dabei aus. Sie werden sehen, noch vor Einbruch der Nacht wird er im runden Salon empfangen!

DER STUDENT: Was will er dort? Was hat er mit dem Oberst abzumachen?

JOHANSSON: Ja . . ., ich ahne es, aber ich weiß nichts! Sie werden es selbst sehen, wenn Sie dorthin kommen . . .!

DER STUDENT: Niemals komme ich dort hinein . . .

JOHANSSON: Das hängt von Ihnen selbst ab! – Gehen Sie in „Die Walküre" . . .

DER STUDENT: Ist das der Weg?

JOHANSSON: Ja, wenn er's gesagt hat! – Sehen Sie, sehen Sie ihn, auf dem Streitwagen, im Triumph gezogen von den Bettlern, die nicht eine Öre bekommen, nur die Andeutung, auf seinem Begräbnis werde es was geben!

DER ALTE *kommt, im Rollstuhl stehend, von einem Bettler gezogen, die anderen folgen*: Gegrüßt sei der edle Jüngling, der unter Gefahr für sein Leben bei dem Unglück gestern so viele gerettet hat! Heil dir, Arkenholz!

Die Bettler entblößen ihre Häupter, jedoch ohne hurra zu rufen.
Das Fräulein am Fenster winkt mit ihrem Taschentuch.
Der Oberst starrt aus seinem Fenster.
Die Alte erhebt sich an ihrem Fenster.
Die Magd auf dem Balkon zieht die Flagge ganz hoch.

DER ALTE: Klatscht in die Hände, Mitbürger! Zwar ist heute Sonntag, doch der Esel am Brunnen und die Ähre auf dem Felde erteilen uns Absolution. Und obwohl ich kein Sonntagskind bin, besitze ich doch Wahrsagergeist und Heilgabe, denn ich habe einst einen Ertrunkenen wieder ins Leben zurückgerufen ... Ja, das war in Hamburg an einem Sonntagvormittag wie heute...

Das Milchmädchen kommt herein, sie wird nur von dem Studenten und dem Alten gesehen. Sie hebt die Arme wie eine Ertrinkende und sieht den Alten starr an.

DER ALTE *setzt sich, danach sinkt er vor Entsetzen zusammen*: Johansson! Fahr mich weg! Schnell! – Arkenholz, vergessen Sie nicht „Die Walküre"!

DER STUDENT: Was soll das alles?

JOHANSSON: Wir werden sehen! Wir werden sehen!

Im runden Salon. Im Hintergrund ein weißer Kachelofen mit Kaminuhr und Leuchtern; rechts ein Flur mit Blick in ein grünes Zimmer mit Mahagonimöbeln; links steht die Statue, von Palmen beschattet, sie kann durch Vorhänge verborgen werden; links im Hintergrund eine Tür zum Hyazinthenzimmer, wo das Fräulein sitzt und liest. Im grünen Zimmer sieht man den Oberst, er sitzt mit dem Rücken zum Publikum und schreibt. Der Diener Bengtsson, in Livree, kommt vom Flur mit Johansson, der im Frack ist und ein weißes Halstuch trägt.

BENGTSSON: Jetzt werden Sie, Herr Johansson, servieren, und ich nehme die Mäntel entgegen. Haben Sie das früher schon gemacht?

JOHANSSON: Wie Sie wissen, schiebe ich am Tage ja einen Streitwagen, abends aber serviere ich auf Gesellschaften. Es ist immer schon mein Traum gewesen, in dieses Haus zu kommen ... Es sind sonderbare Leute, was?

BENGTSSON: Ja-a, etwas ungewöhnlich, das kann man sagen.

JOHANSSON: Ist es ein Musikabend? Oder was soll es werden?

BENGTSSON: Das ist das gewöhnliche Gespenstersouper, wie wir es nennen. Sie trinken Tee, sagen kein Wort, oder der Oberst spricht allein. Und dann knabbern sie Gebäck, alle auf einmal, das hört sich an wie Ratten in einer Bodenkammer.

JOHANSSON: Weshalb heißt es Gespenstersouper?

BENGTSSON: Sie sehen wie Gespenster aus ... Und so machen sie's nun schon zwanzig Jahre, immer dieselben Menschen, die dasselbe sagen oder schweigen, um sich nicht schämen zu müssen.

JOHANSSON: Ist nicht auch eine Frau da?

BENGTSSON: Doch, aber die ist verrückt. Sie sitzt in einer Kleiderkammer, weil ihre Augen das Licht nicht vertragen ... Sie sitzt hier! ... *Zeigt auf eine Tapetentür in der Wand.*

JOHANSSON: Dort?

BENGTSSON: Ja! Ich sagte ja, die Leute sind etwas ungewöhnlich ...

JOHANSSON: Wie sieht sie denn aus?

BENGTSSON: Wie eine Mumie ... Wollen Sie sie sehen? *Öffnet die Tapetentür.* Sehen Sie, dort sitzt sie!

JOHANSSON: O Gott ...

DIE MUMIE *plappert*: Warum öffnet man die Tür? Habe ich nicht gesagt, sie soll geschlossen bleiben ...

BENGTSSON *plappert*: Ta, ta, ta, ta! Mein kleines Vögelchen muß jetzt lieb sein, dann bekommt es auch was Gutes! – Schöner Geigei!

DIE MUMIE *wie ein Papagei*: Schöner Geigei! Oh, Jakob ist da? Kurrrrre!

BENGTSSON: Sie glaubt, daß sie ein Papagei sei, und das ist ja auch möglich ... *Zur Mumie*: Polly, pfeif uns was vor!

Die Mumie pfeift.

JOHANSSON: Ich hab schon vieles gesehen, aber so was noch nicht!

BENGTSSON: Sehen Sie, wenn ein Haus alt wird, dann verrottet es, und wenn Menschen lange zusammensitzen und sich gegenseitig quälen, dann werden sie verrückt. Die Frau des Hauses hier – still, Polly! –, diese Mumie sitzt hier seit vierzig Jahren ... Derselbe Mann, dieselben Möbel, dieselben Verwandten, dieselben Freunde ... *Er sperrt die Mumie wieder ein.* Und was hier im Hause passiert ist – das weiß ich kaum ... Sehen Sie die Statue hier, das ist die Frau, als sie jung war!

JOHANSSON: O mein Gott! – Ist das die Mumie?

BENGTSSON: Ja! – Das ist zum Weinen! – Aber diese Frau hat durch die Macht der Einbildung oder etwas anderes gewisse Eigenheiten des schwatzhaften Vogels angenommen ... So erträgt sie keine Krüppel und Kranke ... Sie erträgt ihre eigene Tochter nicht, weil sie krank ist ...

JOHANSSON: Das Fräulein ist krank?

BENGTSSON: Wußten Sie das nicht?

JOHANSSON: Nein! ... Und der Oberst, wer ist das?

BENGTSSON: Wir werden sehen!

JOHANSSON *betrachtet die Statue*: Es ist entsetzlich, sich vorzustellen ... Wie alt ist die Frau jetzt?

BENGTSSON: Das weiß niemand ..., doch es wird erzählt, daß sie, als sie fünfunddreißig war, aussah wie neunzehn, und das redete sie dem Oberst auch ein ... Hier im Haus ... Wissen Sie, wozu der schwarze japanische Wandschirm dient, dort neben der Chaiselongue? – Man nennt ihn Totenschirm, er wird davorgestellt, wenn jemand stirbt, genau wie im Krankenhaus ...

JOHANSSON: Das ist ja ein entsetzliches Haus ... Und hierher sehnte sich der Student wie nach dem Paradies ...

BENGTSSON: Welcher Student? Ach so, der! Der heute hierherkommen soll ... Der Oberst und das Fräulein haben ihn in der Oper getroffen, beide sind entzückt von ihm ... Hm! Aber jetzt bin ich an der Reihe zu fragen, wer ist Ihr Herr? Der Herr Direktor im Rollstuhl ...?

JOHANSSON: Ja! Ja! – Kommt er auch hierher?

BENGTSSON: Geladen ist er nicht.

JOHANSSON: Der kommt im Notfall ungeladen ...!

Der Alte erscheint im Flur, im Gehrock und mit Zylinder, mit Krücken. Er schleicht heran und lauscht.

BENGTSSON: Ein richtiger alter Gauner, was?

JOHANSSON: Ein ganz durchtriebener!

BENGTSSON: Er sieht wie der Teufel selber aus!

JOHANSSON: Und ein Zauberer ist er sicher auch, denn er geht durch geschlossene Türen ...

DER ALTE *tritt vor und faßt Johansson am Ohr*: Schurke! – Hüte dich! *Zu Bengtsson*: Melden Sie meinen Besuch dem Oberst!

BENGTSSON: Ja, aber man erwartet heute Gäste ...

DER ALTE: Das weiß ich! Aber mein Besuch wird fast erwartet, wenn nicht gar ersehnt ...

BENGTSSON: Ach so! Wie war der Name? Direktor Hummel?

DER ALTE: Vollkommen richtig!

Bengtsson geht durch den Flur in das grüne Zimmer, dessen Tür er hinter sich schließt.

DER ALTE *zu Johansson*: Verschwinde! *Johansson zögert.* Verschwinde!

Johansson verschwindet im Flur.

DER ALTE *sieht sich im Zimmer um, bleibt in tiefer Verwunderung vor der Statue stehen*: Amalia! ... Das ist sie! ... Sie! *Er geht durch das Zimmer und berührt einzelne Sachen mit der Hand, ordnet seine Perücke vor dem Spiegel, kehrt zur Statue zurück.*

DIE MUMIE *in der Garderobe*: Schönerrr Gei-gei!

DER ALTE *fährt zusammen*: Was ist das? Ist hier ein Papagei im Zimmer? Aber ich sehe keinen!

DIE MUMIE: Ist Jakob da?

DER ALTE: Es spukt!

DIE MUMIE: Jakob!

DER ALTE: Ich habe Angst! ... Solche Geheimnisse also gibt es in diesem Haus! *Er betrachtet ein Gemälde, mit dem Rücken zur Garderobe.* Das ist er! ... Er!

DIE MUMIE *kommt heraus und tritt hinter den Alten, zupft an seiner Perücke*: Kurrr-e! Ist das Kurrre?

DER ALTE *fährt zusammen*: O ewiger Gott im Himmel! – Wer ist das?

DIE MUMIE *mit menschlicher Stimme*: Ist das Jakob?

DER ALTE: Ich heiße Jakob, wirklich ...

DIE MUMIE *bewegt*: Und ich heiße Amalia!

DER ALTE: Nein, nein, nein ... O Herr Jesus ...

DIE MUMIE: Wie ich aussehe! Ja! – Und habe einmal so ausgesehen! Es ist erbaulich zu leben ..., meist lebe ich in der Garderobe, um nicht sehen zu müssen und um nicht gesehen zu werden ... Doch du, Jakob, was suchst du hier?

DER ALTE: Mein Kind! Unser Kind ...

DIE MUMIE: Sie sitzt dort.

DER ALTE: Wo?

DIE MUMIE: Dort, im Hyazinthenzimmer!

DER ALTE *betrachtet das Fräulein*: Ja, das ist sie! *Pause.* Was sagt ihr Vater, ich meine, der Oberst? Dein Mann?

DIE MUMIE: Ich war einmal böse auf ihn, da habe ich ihm alles gesagt ...

DER ALTE: Und?

DIE MUMIE: Er glaubte mir nicht, sondern antwortete: „Das pflegen alle Frauen zu sagen, wenn sie ihren Mann morden wollen!" – Auf jeden Fall war es ein schreckliches Verbrechen. Sein ganzes Leben ist ja gefälscht, seine Ahnentafel ebenfalls. Hin und wieder lese ich im Adelskalender, und dann denke ich: Sie hat ja einen falschen Geburtsschein wie eine Magd, und das wird mit Spinnhaus bestraft.

DER ALTE: Viele laufen so herum. Ich kann mich erinnern, bei dir war es ein falsches Geburtsjahr ...

DIE MUMIE: Das war meine Mutter, die mir das beigebracht hat ... Dafür kann ich nichts! ... Doch du trägst die größte Schuld an unserem Verbrechen ...

DER ALTE: Nein, dein Mann hat dieses Verbrechen verursacht, als er mir die Braut nahm! – Ich bin so geboren, daß ich nicht verzeihen kann, bevor ich gestraft habe. – Ich nahm das wie eine unumgängliche Pflicht ..., und das tue ich auch heute noch!

DIE MUMIE: Was suchst du hier im Hause? Was willst du? Wie bist du hereingekommen? – Ist es wegen meiner Tochter? Rührst du sie an, mußt du sterben!

DER ALTE: Ich will ihr Gutes!

DIE MUMIE: Aber du mußt ihren Vater schonen!

DER ALTE: Nein!

DIE MUMIE: Dann mußt du sterben, in diesem Zimmer, hinter diesem Schirm ...

DER ALTE: Mag sein ..., aber ich kann das Opfer nicht loslassen, wenn ich einmal zugebissen habe ...

DIE MUMIE: Du willst sie mit dem Studenten verheiraten? Warum? Er ist doch nichts und hat auch nichts.

DER ALTE: Er wird reich – durch mich!

DIE MUMIE: Bist du heute abend hier eingeladen?

DER ALTE: Nein, aber ich habe vor, mich zum Gespenstersouper hier einladen zu lassen!

DIE MUMIE: Weißt du, wer kommen wird?

DER ALTE: Nicht genau.

DIE MUMIE: Der Baron, der hier über uns wohnt und dessen Schwiegervater heute mittag begraben wurde ...

DER ALTE: Der, der sich scheiden lassen will, um sich mit der Tochter des Portiers zu verheiraten ... Der einmal dein – Liebhaber war?

DIE MUMIE: Und dann kommt deine frühere Braut, die mein Mann verführte ...

DER ALTE: Eine schöne Sammlung ...

DIE MUMIE: Gott, wenn wir doch sterben dürften! Wenn wir doch sterben dürften!

DER ALTE: Weshalb verkehrt ihr dann miteinander?

DIE MUMIE: Verbrechen und Geheimnisse und Schuld binden uns ja aneinander! – Wir haben unendlich oft miteinander gebrochen und sind auseinandergegangen, doch dann zieht es uns wieder zueinander ...

DER ALTE: Ich glaube, jetzt kommt der Oberst ...

DIE MUMIE: Dann gehe ich zu Adele hinein ... *Pause.* Jakob, überleg, was du tust! Schone ihn!

Pause. Sie geht.

DER OBERST *kommt herein, kalt und reserviert*: Bitte nehmen Sie Platz! *Der Alte setzt sich langsam. Pause. Der Oberst sieht den Alten scharf an.* Sind Sie der Herr, der diesen Brief geschrieben hat?

DER ALTE: Ja!

DER OBERST: Sie heißen Hummel?

DER ALTE: Ja!

Pause.

DER OBERST: Ich weiß jetzt, daß Sie alle meine ausstehenden Schuldscheine aufgekauft haben, und daraus folgt, daß ich mich in Ihrer Hand befinde. Was möchten Sie also?

DER ALTE: Ich will bezahlt haben – auf diese oder jene Weise.

DER OBERST: Auf welche Weise?

DER ALTE: Auf eine sehr einfache ... Wir wollen nicht über das Geld sprechen – dulden Sie mich nur in Ihrem Hause, als Gast!

DER OBERST: Wenn Ihnen mit so wenig geholfen ist ...

DER ALTE: Danke!

DER OBERST: Und dann?

DER ALTE: Entlassen Sie Bengtsson!

DER OBERST: Warum sollte ich das? Meinen treuen Diener, der ein Menschenalter bei mir gewesen ist – der die vaterländische Medaille für treue Dienste besitzt? Weshalb sollte ich das tun?

DER ALTE: All diese Verdienste, sie existieren nur in Ihrer Vorstellung. – Er ist nicht der, der er zu sein scheint!

DER OBERST: Wer ist das eigentlich?

DER ALTE *fährt zusammen*: Das ist wahr! Aber Bengtsson muß weg!

DER OBERST: Wollen Sie in meinem Haus bestimmen?

DER ALTE: Ja, da ich alles besitze, was man hier sieht – die Möbel, die Gardinen, das Geschirr, den Wäscheschrank ... und noch mehr!

DER OBERST: Was noch mehr?

DER ALTE: Alles! Alles, was man sieht, besitze ich, gehört mir!

DER OBERST: Gut, es gehört Ihnen! Aber mein Adelswappen und mein guter Name bleiben mir.

DER ALTE: Nein, nicht einmal das! *Pause.* Sie sind nicht adlig!

DER OBERST: Schämen Sie sich!

DER ALTE *holt ein Papier hervor*: Wenn Sie diesen Auszug aus dem Wappenbuch lesen, werden Sie sehen, daß das Geschlecht, dessen Namen Sie tragen, seit hundert Jahren ausgestorben ist!

DER OBERST *liest*: Sicher habe ich so ein Gerücht gehört, aber ich trage den Namen meines Vaters ... *Liest.* Das ist richtig! Sie haben recht ..., ich bin nicht adlig! – Nicht einmal das! Dann ziehe ich meinen Siegelring ab. – Das ist wahr, er gehört Ihnen ... Bitte!

DER ALTE *steckt den Ring ein*: Jetzt machen wir weiter! – Sie sind auch kein Oberst!

DER OBERST: Kein Oberst?

DER ALTE: Nein, kein Oberst! Sie sind früher einmal Oberst im amerikanischen Freiwilligendienst gewesen, doch nach dem Krieg auf Kuba und der Reorganisation der Armee wurden alle früheren Titel für ungültig erklärt ...

DER OBERST: Ist das wahr?

DER ALTE *greift in die Tasche*: Wollen Sie es lesen?

DER OBERST: Nein, ist nicht nötig! ... Wer sind Sie, woher nehmen Sie das Recht, mich auf diese Art zu entblößen?

DER ALTE: Wir werden sehen! Aber was das Entblößen betrifft ..., wissen Sie, wer Sie sind?

DER OBERST: Schämen Sie sich nicht?

DER ALTE: Nehmen Sie die Perücke ab und schauen Sie in den Spiegel, aber nehmen Sie auch das Gebiß heraus und rasieren Sie den Bart ab, lassen Sie Bengtsson das eiserne Mieder aufschnüren – dann werden wir sehen, ob der Diener XYZ sich nicht wiedererkennt, der einmal Schmarotzer in einer gewissen Küchenkammer war ... *Der Oberst greift nach der Glocke auf dem Tisch. Der Alte kommt ihm zuvor.* Rühren Sie die Glocke nicht an, rufen Sie Bengtsson nicht, sonst lasse ich ihn verhaften ... Jetzt kommen die Gäste ... Bleiben Sie ruhig, dann spielen wir unsere alten Rollen weiter!

DER OBERST: Wer sind Sie? Den Blick und den Tonfall erkenne ich wieder ...

DER ALTE: Forschen Sie nicht weiter nach, schweigen Sie und gehorchen Sie!

DER STUDENT *kommt herein, verbeugt sich vor dem Oberst*: Herr Oberst!

DER OBERST: Willkommen in meinem Hause, junger Mann! Ihr edles Verhalten bei dem großen Unglück hat Ihren Namen in aller Munde gebracht. Es ist mir eine Ehre, Sie in meinem Hause begrüßen zu dürfen ...

DER STUDENT: Herr Oberst, meine niedrige Herkunft ... Ihr leuchtender Name und Ihre edle Geburt ...

DER OBERST: Darf ich vorstellen: Kandidat Arkenholz, Direktor Hummel ... Bitte, Herr Kandidat, gehen Sie hinein und begrüßen Sie die Damen, ich muß noch das Gespräch mit dem Herrn Direktor beenden ...

Der Student wird in das Hyazinthenzimmer gewiesen, dort bleibt er sichtbar stehen, schüchtern mit dem Fräulein sprechend.

DER OBERST: Ein prächtiger junger Mann, musikalisch, singt, schreibt Gedichte ... Wäre er adlig und ebenbürtig, hätte ich nichts dagegen ..., ja ...

DER ALTE: Was denn?

DER OBERST: Meine Tochter ...

DER ALTE: Ihre Tochter! – Apropos, warum sitzt sie ständig dort im Zimmer?

DER OBERST: Sie muß im Hyazinthenzimmer sitzen, wenn sie nicht draußen ist! Das ist eine Eigenart von ihr ... Dort kommt Fräulein Beate von Holsteinkrona ..., ein charmantes

Frauenzimmer, Stiftsfräulein mit einer Rente, gerade ausreichend für ihren Stand und ihre Verhältnisse ...

DER ALTE *für sich*: Meine Verlobte!

Die Verlobte ist weißhaarig und sieht närrisch aus.

DER OBERST: Fräulein Holsteinkrona, Herr Direktor Hummel ... *Die Verlobte knickst und setzt sich.*

Der Vornehme kommt herein, geheimnisvoll, in Trauerkleidung, er setzt sich.

DER OBERST: Baron Skanskorg ...

DER ALTE *zur Seite, ohne sich zu erheben*: Ich glaube, das ist der Juwelendieb ... *Zum Oberst*: Lassen Sie die Mumie kommen, dann ist die Sammlung vollständig ...

DER OBERST *in der Tür zum Hyazinthenzimmer*: Polly!

DIE MUMIE *kommt herein*: Kurrrrr-e!

DER OBERST: Soll die Jugend auch herkommen?

DER ALTE: Nein, die Jugend nicht! Sie soll verschont werden ...

Alle sitzen jetzt stumm im Kreis.

DER OBERST: Wollen wir den Tee nehmen?

DER ALTE: Wozu soll das gut sein? Keiner mag Tee, deshalb wollen wir hier nicht sitzen und heucheln.

Pause.

DER OBERST: Wollen wir uns dann unterhalten?

DER ALTE *langsam und mit Pausen*: Vom Wetter sprechen, das wir kennen; fragen, wie es uns geht, was wir wissen. Ich ziehe das Schweigen vor, da hört man Gedanken und sieht die Vergangenheit. Schweigen kann nichts verbergen – was Worte können. Ich habe dieser Tage gelesen, daß die Unterschiede der Sprachen bei den wilden Völkern in der Absicht entstanden sind, die Geheimnisse des Stammes vor den anderen zu verbergen. Sprachen sind also Chiffren, und wer den Schlüssel findet, der versteht alle Sprachen der Welt. Aber das hindert nicht, daß Geheimnisse auch ohne Schlüssel entdeckt werden können, und besonders in den Fällen, wo die Vaterschaft bewiesen werden muß. Doch ein Beweis vor Gericht ist etwas anderes. Zwei falsche Zeugen liefern einen vollgültigen Beweis, wenn sie sich einig sind. Aber auf solche Streifzüge, die ich meine, nimmt man keine Zeugen mit. Die Natur selbst hat den Menschen ein Schamgefühl eingepflanzt, das zu verbergen versucht, was verborgen werden soll. Doch wir geraten, ohne es zu wollen, in gewisse Situationen, und Gelegenheiten ergeben sich mitunter, wo das Geheimste offenbart wird, wo dem Betrüger die Maske vom Gesicht gerissen wird, wo die Schurken entlarvt werden ... *Pause. Alle sehen sich schweigend an.* Wie still es geworden ist! *Langes Schweigen.* Hier zum Beispiel, in diesem hochgeschätzten Haus, in diesem schönen Heim, in dem sich Schönheit, Bildung und Wohlstand vereinen ... *Langes Schweigen.* Alle, die wir hier sitzen, wir wissen, wer wir sind ..., nicht wahr? ... Das brauche ich nicht zu sagen ..., und Sie kennen mich, wenn Sie auch so tun, als würden Sie mich nicht kennen ... Dort drinnen wiederum sitzt meine Tochter, m e i n e, das wissen Sie ebenfalls. Sie hatte die Lust verloren zu leben, ohne zu wissen, warum ... Aber sie verwelkte in dieser Luft von Verbrechen, Betrug und Falschheit aller Art ... Deshalb habe ich ihr einen Freund gesucht, in dessen Nähe sie das Licht und die Wärme einer edlen Tat spüren kann ... *Langes Schweigen.* Das ist meine Mission in diesem Haus: das Unkraut auszureißen, die Verbrechen zu enthüllen, einen Schlußstrich unter alles zu ziehen, so daß das junge Leben neu beginnen kann in diesem Heim, das ich ihnen geschenkt habe! *Langes Schweigen.* Nun gewähre ich jedem freien Rückzug, jedem einzelnen der Reihe nach. Den, der bleibt, lasse ich verhaften! *Langes Schweigen.* Hören Sie, wie die Uhr tickt, wie die Totenuhr in der Wand! Hören Sie, was sie sagt? „Die Zeit! Die Zeit! ..." Wenn sie schlägt, eine kleine Weile dauert's noch, dann ist Ihre Zeit abgelaufen, dann müssen Sie gehen, doch nicht früher. Aber sie warnt erst, bevor sie schlägt! – Hören Sie, jetzt warnt sie: „Die Uhr kann schlagen." ... Ich kann auch schlagen ... *Er schlägt mit der Krücke auf den Tisch.* Hören Sie?

Schweigen.

DIE MUMIE *geht zur Kaminuhr und hält sie an, danach deutlich und ernst*: Aber ich kann die Zeit in ihrem Lauf anhalten. – Ich kann das Vergangene zu nichts, das Geschehene ungeschehen machen, doch nicht durch Bestechung, nicht durch Drohung – sondern durch Leiden und Reue. *Geht zu dem Alten.* Wir sind arme Menschen, das wissen wir. Wir haben gesündigt, haben gefehlt, wir wie alle. Wir sind nicht die, die wir scheinen, denn im Grunde sind wir besser als wir selbst, wenn wir unsere Vergehen mißbilligen. Aber daß du, Jakob Hummel mit dem falschen Namen, unser Richter sein willst, das zeigt, daß du schlechter bist als wir Armen! Auch du bist nicht der, der du zu sein scheinst! – Du bist ein Menschendieb, denn du hast den Konsul hier ermordet, der heute begraben wurde, du hast ihn mit Schuldscheinen erwürgt; du hast den Studenten gestohlen, indem du ihn an dich gebunden hast durch eine fingierte Schuld seines Vaters, der dir nie auch nur eine Öre schuldig war ... *Der Alte hat versucht, sich zu erheben und das Wort zu ergreifen, ist jedoch auf den Stuhl zurückgefallen und in sich zusammengesunken. Während des Folgenden fällt er immer mehr in sich zusammen.* Aber es gibt einen schwarzen Punkt in deinem Leben, den ich nicht genau kenne, jedoch ahne ich ... Ich glaube, Bengtsson weiß es! *Läutet mit der Tischglocke.*

DER ALTE: Nein, nicht Bengtsson! Nicht ihn!

DIE MUMIE: Ach so, er weiß es! *Läutet wieder.*

Das kleine Milchmädchen erscheint an der Flurtür, sie wird von niemandem wahrgenommen, außer von dem Alten, der von Entsetzen gepackt wird. Das Mädchen verschwindet, als Bengtsson eintritt.

DIE MUMIE: Bengtsson, kennen Sie diesen Herrn?

BENGTSSON: Ja, ich kenne ihn, und er kennt mich. Das Leben ist wechselhaft, wie wir wissen. Ich habe bei ihm gedient, er ein anderes Mal bei mir. Zwei Jahre lang war er Schmarotzer in meiner Küche. – Weil er um drei Uhr weg mußte, war das Mittagessen um zwei fertig, und das ganze Haus mußte aufgewärmtes Essen wegen dieses Ochsen hier essen. – Aber er trank auch von der Brühe, die dann mit Wasser gestreckt werden mußte. – Er saß dort draußen wie ein Vampir und sog das Mark aus dem Hause, so daß wir fast zu Skeletten wurden. – Und er wollte uns ins Gefängnis bringen, als wir die Köchin eine Diebin nannten. Später traf ich diesen Mann unter einem anderen Namen in Hamburg wieder. Da war er Wucherer oder Blutsauger, aber er war auch angeklagt, ein Mädchen auf das Eis hinausgelockt zu haben, um es zu ertränken, da es Zeugin eines Verbrechens geworden war, dessen Entdeckung er fürchtete ...

DIE MUMIE *fährt mit der Hand über das Gesicht des Alten*: Das bist du! Heraus jetzt mit den Schuldscheinen und dem Testament!

Johansson erscheint an der Flurtür und betrachtet die Auseinandersetzung mit großem Interesse, da er jetzt aus der Knechtschaft befreit wird. – Der Alte zieht ein Bündel Papiere heraus und wirft es auf den Tisch.

DIE MUMIE *streicht dem Alten über den Rücken*: Gei-gei! Ist Jakob da?

DER ALTE *wie ein Papagei*: Jakob ist da! Kadadora! Dora!

DIE MUMIE: Kann die Uhr schlagen?

DER ALTE *gluckst*: Kuck-kuck! Kuck-kuck! Kuck-kuck! ...

DIE MUMIE *öffnet die Tür zur Garderobe*: Jetzt hat die Uhr geschlagen! – Steh auf, geh in die Garderobe, wo ich zwanzig Jahre lang gesessen und unser Vergehen beweint habe. – Dort drinnen hängt eine Schnur. Die kann den Strang vorstellen, mit dem du den Konsul dort oben erwürgt hast und mit dem du deinen Wohltäter erwürgen wolltest ... Geh jetzt! *Der Alte geht in die Garderobe. Die Mumie schließt die Tür.*

Bengtsson! Stell den Schirm davor! Den Totenschirm! *Bengtsson stellt den Schirm vor die Tür.* Es ist vollbracht! – Gott sei seiner Seele gnädig!

ALLE: Amen!

Langes Schweigen.

Im Hyazinthenzimmer sieht man, wie das Fräulein den Vortrag des Studenten auf der Harfe begleitet. Lied mit Vorspiel:

„Die Sonne sah ich, und mir schien es,
daß ich schaute den Verborgenen.
Jeder Mensch sein eigen Werk genieße
und selig, wen das Gute nicht verdrieße.
Deines Zornes Tat, die du begingest,
nun mit Bosheit nicht vergelte.
Tröste ihn, den du betrübtest,
mit deiner Güte, das wird dir frommen.
Niemand bebt, der Böses nicht getan;
schuldlos sein, hinfort dein Ziel allein."

Ein Zimmer in etwas bizarrem Stil mit orientalischen Motiven. Überall Hyazinthen in allen Farben. Auf dem Kachelofen ein großer sitzender Buddha mit einem Wurzelstück im Schoß, daraus ragt der Stengel einer Schalotte in die Höhe. Er trägt den kugelförmigen Blütenstand mit weißen Sternblüten.
Im Hintergrund rechts befindet sich die Tür zum runden Salon, dort sieht man den Oberst und die Mumie beschäftigungslos und still dasitzen. Ein Stück des Totenschirms ist zu sehen. Links befindet sich eine Tür zum Eßzimmer und zur Küche.
Der Student und das Fräulein (Adele) am Tisch; sie mit der Harfe, er steht.

DAS FRÄULEIN: Singen Sie jetzt für meine Blumen!

DER STUDENT: Ist das die Blume Ihrer Seele?

DAS FRÄULEIN: Es ist meine einzige! Lieben Sie Hyazinthen?

DER STUDENT: Ich liebe sie mehr als alle anderen, sie, die sich in jungfräulicher Gestalt schlank und rank aus der Zwiebel erhebt und ihre weißen, reinen Wurzeln in die farblose Flüssigkeit hinabsenkt. Ich liebe ihre Farben, die schneeweiße, unschuldige reine, die honiggelbe liebliche, die rosafarbene junge, die rote reife, vor allem jedoch die blaue, rein wie der Tau oder das Auge, die treue ... Ich liebe sie alle, mehr als Gold und Perlen, ich habe sie geliebt seit meiner Kindheit, sie bewundert, weil sie all die schönen Eigenschaften besitzen, die mir fehlen ... Doch ...

DAS FRÄULEIN: Was?

DER STUDENT: Meine Liebe wird nicht erwidert, denn die schönen Blumen hassen mich ...

DAS FRÄULEIN: Wieso?

DER STUDENT: Ihr Duft, stark und rein von den ersten Frühlingswinden, die über den schmelzenden Schnee hinweggefahren sind, verwirrt meine Sinne, betäubt mich, blendet mich, verdrängt mich aus dem Zimmer, beschießt mich mit giftigen Pfeilen, die mir das Herz krank und den Kopf heiß machen! Kennen Sie nicht die Sage dieser Blume?

DAS FRÄULEIN: Erzählen Sie!

DER STUDENT: Doch erst ihre Deutung. Die Wurzelknolle ist die Erde, die auf dem Wasser ruht oder im Humus liegt. Der Stengel schießt hervor, gerade wie die Weltenachse, und an seinem oberen Ende sitzen die sechsstrahligen Sternblüten.

DAS FRÄULEIN: Über der Erde die Sterne! Oh, das ist groß! Woher haben Sie das, wie haben Sie das gesehen?

DER STUDENT: Lassen Sie mich nachdenken! – In Ihren Augen! Es ist also ein Abbild des Kosmos ... Deshalb sitzt Buddha mit der Wurzelknolle Erde, brütet mit seinen Blicken, damit sie wächst und sich zu einem Himmel umbildet. – Die arme Erde soll ein Himmel werden! Darauf wartet Buddha!

DAS FRÄULEIN: Jetzt habe ich's erkannt ... Sind die Schneesterne nicht auch sechsstrahlig wie die Hyazinthenlilie?

DER STUDENT: Sie sagen es! – Dann sind die Schneesterne fallende Sterne ...

DAS FRÄULEIN: Und das Schneeglöckchen ein Schneestern ..., hervorgewachsen aus dem Schnee.

DER STUDENT: Aber Sirius, der größte und schönste Stern am Firmament, gelb und rot, das ist die Narzisse mit ihren gelben und roten Kelchen und sechs weißen Strahlen ...

DAS FRÄULEIN: Haben Sie die Schalotte blühen sehen?

DER STUDENT: Ja, gewiß! – Ihre Blüten bilden einen Ball, eine Kugel, die dem Himmelsglobus gleicht, mit weißen Sternen bestreut ...

DAS FRÄULEIN: Ja, Gott, wie großartig! Wessen Gedanke war das?

DER STUDENT: Deiner!

DAS FRÄULEIN: Deiner!

DER STUDENT: Unser. – Wir haben etwas gemeinsam geboren, wir sind getraut ...

DAS FRÄULEIN: Noch nicht ...

DER STUDENT: Was bleibt noch?

DAS FRÄULEIN: Das Warten, die Prüfungen, die Geduld!

DER STUDENT: Gut! Prüfe mich! *Pause.* Sage, warum sitzen die Eltern dort drinnen so still, ohne ein einziges Wort zu sagen?

DAS FRÄULEIN: Weil sie sich nichts zu sagen haben, weil der eine nicht glaubt, was der andere sagt. Mein Vater hat das so ausgedrückt: Was soll das Reden, wir können einander doch nicht täuschen.

DER STUDENT: Das hört sich entsetzlich an ...

DAS FRÄULEIN: Die Köchin kommt ... Sieh, wie groß und fett sie ist ...

DER STUDENT: Was will sie?

DAS FRÄULEIN: Sie will mich wegen des Mittagessens fragen, ich besorge nämlich den Haushalt während der Krankheit meiner Mutter ...

DER STUDENT: Was haben wir mit der Küche zu schaffen?

DAS FRÄULEIN: Wir müssen doch essen ... Sieh die Köchin an, ich kann sie nicht ertragen ...

DER STUDENT: Wer ist dieses Riesenweib?

DAS FRÄULEIN: Sie gehört zur Vampirfamilie Hummel; sie frißt uns auf ...

DER STUDENT: Weshalb wird sie nicht entlassen?

DAS FRÄULEIN: Sie geht nicht! Wir haben keine Macht über sie, wir haben sie für unsere Sünden bekommen ... Sehen Sie nicht, daß wir dahinsiechen, ausgezehrt werden ...

DER STUDENT: Bekommen Sie denn nichts zu essen?

DAS FRÄULEIN: Doch, wir bekommen viele Gerichte, doch alle Kraft ist fort ... Sie kocht das Fleisch aus, gibt uns die Fasern und das Wasser, während sie selbst die Brühe trinkt. Und wenn es Braten gibt, kocht sie erst den Saft aus, ißt die Soße, trinkt die Brühe. Alles, was sie anrührt, verliert seine Kraft, es ist, als saugte sie es mit den Augen aus. Wir bekommen den Satz, wenn sie Kaffee getrunken hat, sie trinkt aus den Weinflaschen und füllt Wasser nach ...

DER STUDENT: Jagen Sie sie fort!

DAS FRÄULEIN: Wir können nicht!

DER STUDENT: Warum nicht?

DAS FRÄULEIN: Das wissen wir nicht! Sie geht nicht! Keiner von uns hat Macht über sie – sie hat uns ja alle Kraft geraubt!

DER STUDENT: Soll ich sie fortjagen?

DAS FRÄULEIN: Nein! Es soll sicher so sein, wie es ist! – Jetzt kommt sie! Jetzt fragt sie, was es zu Mittag geben soll. Ich antworte, das und das; sie hat Einwände, und dann macht sie es so, wie sie will.

DER STUDENT: Lassen Sie sie dann doch selber bestimmen!

DAS FRÄULEIN: Das will sie nicht.

DER STUDENT: Ein sonderbares Haus! Es ist verhext!

DAS FRÄULEIN: Ja! – Aber jetzt dreht sie sich um, weil sie Sie gesehen hat!

DIE KÖCHIN *an der Tür*: Nein, nicht deswegen! *Grinst, daß die Zähne zu sehen sind.*

DER STUDENT: Hinaus, Weib!

DIE KÖCHIN: Wenn's mir paßt! *Pause.* Jetzt paßt es mir! *Verschwindet.*

DAS FRÄULEIN: Ereifern Sie sich nicht! – Üben Sie sich in Geduld. Sie gehört zu den Prüfungen, die wir hier im Hause durchmachen! Aber wir haben auch ein Hausmädchen! Hinter dem müssen wir ständig aufräumen!

DER STUDENT: Jetzt sinke ich! Cor in aethere! Lied!

DAS FRÄULEIN: Warten Sie!

DER STUDENT: Lied!

DAS FRÄULEIN: Geduld! – Dieses Zimmer nennt man das Prüfungszimmer. – Es sieht gut aus, besteht aber aus lauter Mängeln ...

DER STUDENT: Unglaublich! Aber die muß man übersehen! Schön ist es, aber etwas kalt. Warum wird nicht geheizt?

DAS FRÄULEIN: Weil der Ofen raucht.

DER STUDENT: Kann man nicht den Schornstein fegen lassen?

DAS FRÄULEIN: Das hilft nicht ...! Sehen Sie den Schreibtisch dort?

DER STUDENT: Außerordentlich schön!

DAS FRÄULEIN: Aber er wackelt. Ich lege jeden Tag eine Korkscheibe unter den Fuß, aber das Hausmädchen nimmt sie weg, wenn sie fegt, und ich muß eine neue schneiden. Der Federhalter ist jeden Morgen voller Tinte und das Schreibzeug auch. Ich muß das abwaschen, wenn sie dagewesen ist, jeden Morgen, den die Sonne bringt. *Pause.* Was ist das Schlimmste, das Sie kennen?

DER STUDENT: Wäsche zählen! Hu!

DAS FRÄULEIN: Das ist meine Arbeit! Hu!

DER STUDENT: Und weiter?

DAS FRÄULEIN: Im Nachtschlaf gestört werden, wenn man aufstehen und den oberen Haken am Fenster einhaken muß, den das Hausmädchen vergessen hat.

DER STUDENT: Und weiter?

DAS FRÄULEIN: Auf eine Leiter steigen, um die Schnur der Ofenklappe wieder anzubringen, die das Hausmädchen abgerissen hat.

DER STUDENT: Und weiter?

DAS FRÄULEIN: Hinter ihr kehren, hinter ihr Staub wischen, hinter ihr Feuer im Ofen machen, denn sie legt nur das Holz hinein! Die Ofenklappe schließen, die Gläser abtrocknen, den Tisch neu decken, die Flaschen aufmachen, die Fenster öffnen und lüften, mein Bett noch einmal machen, die Wasserkaraffe ausspülen, wenn sie von Algen grün wird, Streichhölzer und Seife kaufen, die immer fehlen, Zylinder reinigen und die Dochte beschneiden, weil sonst die Lampen rußen; und damit die Lampen nicht ausgehen, wenn Besuch ist, muß ich sie selber füllen ...

DER STUDENT: Lied!

DAS FRÄULEIN: Warten Sie! – Zuerst die Mühen, die Mühen, um das Unreine des Lebens von sich fernzuhalten.

DER STUDENT: Aber Sie sind doch vermögend, haben zwei Dienstboten!

DAS FRÄULEIN: Das nutzt nichts! Auch wenn man drei hätte! Es ist mühevoll zu leben, und mitunter bin ich müde ... Stellen Sie sich dann noch eine Kinderstube vor!

DER STUDENT: Die größte aller Freuden ...

DAS FRÄULEIN: Die teuerste ... Ist das Leben so viel Mühe wert?

DER STUDENT: Das hängt wohl von dem Lohn ab, den man für die Mühen erwartet. Ich würde nichts scheuen, um Ihre Hand zu gewinnen.

DAS FRÄULEIN: Sprechen Sie nicht so! – Sie können mich nie bekommen!

DER STUDENT: Warum nicht?

DAS FRÄULEIN: Das dürfen Sie nicht fragen.

Pause.

DER STUDENT: Ihr Armband ist aus dem Fenster gefallen ...

DAS FRÄULEIN: Weil meine Hand so schmal geworden ist ... *Pause. Die Köchin erscheint mit einer japanischen Flasche in der Hand.* Dort ist sie, die mich und uns alle verzehrt.

DER STUDENT: Was hat sie in der Hand?

DAS FRÄULEIN: Die Karamelflasche mit den Skorpionsbuchstaben! Das ist Soja, die Wasser in Brühe verwandelt, die Soße ersetzt, mit der man Kohl kocht, von der man Schildkrötensuppe macht.

DER STUDENT: Hinaus!

DIE KÖCHIN: Sie saugen uns den Saft aus und wir Ihnen. Wir nehmen das Blut, und Sie bekommen Wasser dafür, mit Karamel. Das ist Zuckercoleur! – Jetzt gehe ich, aber ich bleibe doch, solange ich will! *Geht.*

DER STUDENT: Wofür hat Bengtsson die Medaille bekommen?

DAS FRÄULEIN: Für seine großen Verdienste!

DER STUDENT: Hat er keine Fehler?

DAS FRÄULEIN: Doch, sehr große, aber dafür bekommt man keine Medaille. *Sie lachen.*

DER STUDENT: Es gibt viele Geheimnisse in diesem Haus.

DAS FRÄULEIN: Wie in allen anderen ... Lassen Sie uns unsere!

Pause.

DER STUDENT: Lieben Sie Aufrichtigkeit?

DAS FRÄULEIN: Ja, mäßig!

DER STUDENT: Mich erfaßt manchmal die rasende Begierde, alles zu sagen, was ich denke; doch ich weiß, die Welt würde zusammenstürzen, wenn man wirklich aufrichtig wäre. *Pause.* Ich war dieser Tage auf einem Begräbnis ... in der Kirche – es war sehr feierlich und schön!

DAS FRÄULEIN: Das war Direktor Hummels Begräbnis?

DER STUDENT: Meines falschen Wohltäters, ja! – Am Kopfende des Sarges stand ein älterer Freund des Verstorbenen, er trug auch den Trauerstab. Der Pfarrer beeindruckte mich besonders durch sein würdiges Auftreten und seine rührenden Worte. – Ich weinte, alle haben geweint. – Danach gingen wir in ein Wirtshaus ... Dort erfuhr ich, daß der Anführer des Leichenzuges den Sohn des Verstorbenen geliebt hatte ... *Das Fräulein sieht ihn an, um den Sinn der Worte zu ergründen.* Und daß der Verstorbene Geld von dem Bewunderer seines Sohnes geliehen hatte ... Am Tage danach wurde der Pfarrer verhaftet, weil er die Kirchenkasse unterschlagen hatte! – Das ist schön!

DAS FRÄULEIN: Oh!

Pause.

DER STUDENT: Wissen Sie, was ich jetzt über Sie denke?

DAS FRÄULEIN: Sagen Sie es nicht, denn dann sterbe ich!

DER STUDENT: Ich muß, sonst sterbe ich ...!

DAS FRÄULEIN: Im Krankenhaus sagt man alles, was man denkt ...

DER STUDENT: Ganz recht! Mein Vater endete im Irrenhaus.

DAS FRÄULEIN: War er krank?

DER STUDENT: Nein, er war gesund, aber er war verrückt! Nun ja, es brach einmal aus, unter folgenden Umständen: Er hatte, wie wir alle, Umgang mit einigen Leuten, die er der Kürze halber Freunde nannte. Es war natürlich ein Haufen elender Gestalten, so wie Menschen es meistens sind. Aber er mußte irgendeinen Umgang haben, weil er nicht allein dasitzen konnte. Nun ja, man sagt den Leuten gewöhnlich nicht, was man über sie denkt, und auch er tat das nicht. Er wußte sicher, wie falsch sie waren, er kannte ihre Treulosigkeit von Grund auf ... Aber er war ein weiser Mann und wohlerzogen, deshalb war er immer höflich. Eines Tages gab er eine große Gesellschaft. Es war abends; er war müde von der Arbeit des Tages und auch von der Anstrengung, teils zu schweigen, teils Unsinn mit den Gästen zu reden ... *Das Fräulein fährt entsetzt zusammen.* Nun ja, bei Tisch gebietet er Ruhe, erhebt sein Glas, um eine Rede zu halten ... Da brachen die Schleusen, und in einer längeren Ansprache entblößte er die ganze Gesellschaft, einen nach dem anderen, sagte ihnen all ihre Falschheit. Und müde setzte er sich dann mitten auf den Tisch und forderte die Gäste auf, sich zur Hölle zu scheren!

DAS FRÄULEIN: Nein!

DER STUDENT: Ich war dabei, und ich vergesse niemals, was danach geschah! ... Vater und Mutter schlugen sich, die Gäste stürzten zur Tür ..., und Vater wurde ins Irrenhaus gebracht, wo er starb! *Pause.* Wenn man zu lange schweigt, bildet sich stehendes Gewässer, das fault. Und so ist es in diesem Hause hier auch. Hier ist auch etwas faulig! Und ich glaubte, hier sei das Paradies, als ich Sie das erste Mal eintreten sah ... An einem Sonntagmorgen stand ich damals hier und sah hinein. Ich sah einen Oberst, der kein Oberst war, ich hatte einen Wohltäter, der ein Bandit war und sich aufhängen mußte, ich sah eine Mumie, die keine war, und eine Jungfrau, apropos, wo ist die Jungfräulichkeit zu finden? Wo ist die Schönheit? In der Natur und in meinem Gemüt, wenn es in Sonntagstracht gekleidet ist! Wo gibt es Ehre und Glauben? In den Märchen und den Kindervorstellungen! Wo gibt es das, was hält, was es verspricht? ... In meiner Phantasie! – Jetzt haben mich Ihre Blumen vergiftet, und ich habe Ihnen das Gift zurückgegeben. – Ich bat Sie, meine Frau zu werden in einem Heim, wir dichteten, sangen und spielten, und dann kam die Köchin herein ... Sursum Corda! Versuchen Sie noch einmal, Feuer und Purpur aus der goldenen Harfe zu locken ..., versuchen Sie es, ich bitte Sie, ich flehe Sie auf Knien an ... Gut, dann tue ich es selbst! *Nimmt die Harfe, aber die Saiten klingen nicht.* Sie ist stumm und taub! Daß die schönsten Blumen so giftig, am giftigsten sind. Der Fluch lastet ja auf der ganzen Schöpfung und dem ganzen Leben ... Weshalb wollen Sie nicht meine Braut werden? Weil Sie an der Quelle des Lebens krank sind ..., jetzt fühle ich, wie der Vampir in der Küche mich auszusaugen beginnt. Ich glaube, es ist eine Lamia, die Kinder säugt. Die Kinder der Familie werden ja immer in der Küche ins Herzblatt gezwickt, wenn es nicht im Schlafzimmer geschieht ... Es gibt Gifte, die das Sehvermögen schwächen, und Gifte, die die Augen öffnen. Ich bin sicher mit letzterem geboren, denn ich kann das Häßliche nicht als etwas Schönes sehen oder das Böse gut nennen. Ich kann das nicht! Jesus Christus stieg zur Hölle nieder, das war seine Wanderung auf Erden, zum Irrenhaus, Zuchthaus, Leichenhaus Erde. Und die Toren töteten ihn, als er sie befreien wollte, aber der Räuber wurde freigelassen, der Räuber hat immer Sympathie! – Wehe! Wehe uns allen! Erlöser der Welt, erlöse uns, wir vergehen!

Das Fräulein ist in sich zusammengesunken, scheint zu sterben, klingelt. Bengtsson kommt herein.

DAS FRÄULEIN: Den Schirm! Schnell – ich sterbe!

Bengtsson kommt mit dem Schirm zurück, den er vor das Fräulein stellt.

DER STUDENT: Der Befreier kommt! Willkommen, du bleicher, milder! – Schlaf, du Schöne, Unselige, Unschuldige, ohne Schuld an deinem Leiden, schlaf ohne Träume, und wenn du wieder erwachst ..., mögest du von einer Sonne begrüßt werden, die nicht brennt, in einem Heim ohne Staub, von Verwandten ohne Schande, von einer Liebe ohne Makel ... Du weiser, mildtätiger Buddha, der du dort sitzt und wartest, daß ein Himmel aus der Erde erwachsen möge, gib uns Geduld in der Prüfung, Reinheit im Willen, daß die Hoffnung nicht zuschanden werde!

Es rauscht in den Saiten der Harfe; der Raum füllt sich mit weißem Licht.

„Die Sonne sah ich, und mir schien es,
daß ich schaute den Verborgenen.
Jeder Mensch sein eigen Werk genieße
und selig, wen das Gute nicht verdrieße.
Deines Zornes Tat, die du begingest,
nun mit Bosheit nicht vergelte.
Tröste ihn, den du betrübtest,
mit deiner Güte, das wird dir frommen.
Niemand bebt, der Böses nicht getan;
schuldlos sein, hinfort dein Ziel allein."

Man hört ein Wimmern hinter dem Schirm.

Du armes, kleines Kind, Kind dieser Welt der Täuschungen, der Schuld, des Leidens und des Todes; der Welt des ewigen Wechsels, der Enttäuschungen und des Schmerzes! Der Herr des Himmels sei dir gnädig auf deiner Fahrt ...

Der Raum verschwindet; Böcklins Toteninsel wird Hintergrund. Von der Insel her ist leise Musik zu hören, ruhig, angenehm traurig.

Mit dem Feuer spielen
Sich verbrennen

Das photographische Auge

Man muß sich nur einmal die Photos ansehen, die etwa dreißig erhaltenen Selbstporträts und Familienbildnisse, die August Strindberg mit selbstgebastelten Kameras gemacht hat: tote Natur, durch lange Belichtungszeiten vor die starren Hintergründe gebannte Gesichter, ins Leere gerichtete, angestrengte, wie schlaflose Augen, die Lippen aufeinanderliegend, in äußerster Konzentration, der Atem scheint angehalten. Ein Gefühl größter Stille, eines sprachlosen Erschreckens geht von diesen Photos aus, als sähe der Photografierte sich in der Linse des Apparates als einen Toten.

Zwar weiß man, daß die technischen Bedingungen des neuen Mediums Photographie, von dem Strindberg überaus fasziniert war, zunächst zu einer Starre der Bilder verpflichteten. Belichtungszeiten von dreißig und mehr Sekunden mögen wohl immer so etwas wie eine Zeit des „Sterbens“ gewesen sein, der Entmaterialisierung des lebenden Objekts auf eine schwarzweiße Fläche hin. Aber Strindberg hat zweifellos diese ihm gesetzten technischen Begrenzungen des Mediums ästhetisch reflektiert und bewußt eingesetzt. Wieviel Trauer, sie zu verlieren, ist in den Bildern der Kinder, die er zur Zeit der Scheidung von Siri von Essen machte, fixiert, wenn sie auf zu großen Stühlen vor zu großem hellen Wandausschnitt und einer angeschnittenen Tür verloren und ernst dasitzen, Ausgesetzten gleich. Oder wenn sie mit ihm zusammen hinter seinem Schreibtisch, vor einer Bücherwand, hilflos und stumm wie scheue Tiere, kauern.

Es sind Bilder der Trennung auch dort, wo er den Selbstauslöser bedient hat und zusammen mit den drei Kindern Greta, Hans und Karin „vereint“ auf einem Photo ist. Die Leblosigkeit dieser

Bilder vermittelt das Gefühl eines sanften, man möchte fast sagen: friedlichen Schmerzes. Bannt er ihn, indem er den photographischen Apparat bedient, oder will er ihn festhalten? Es scheint, als sei ihm jenes stille Weh eine kostbare Erfahrung, die durch den photographischen Abzug gleichsam gerahmt und unverlierbar wird. So wie jene stolze Einsamkeit, die uns aus den Selbstporträts anblickt, den immer leicht herrischen Posen, den tiefliegenden, oft wie überreizt dreinschauenden Augen unter der klaren Stirn. Auf vielen Photos – auch denen von Berufsphotographen – wirkt der Mund leicht verkniffen, als verurteile er sich bewußt zur Stummheit. Ein Lächeln ist auf keinem der vorhandenen Porträts zu finden. Es ist, als sei dieser Mann Strindberg immerzu nur todes-ernst gewesen, besessen von dem leidenschaftlichen Gedanken, ernst genommen zu werden, und als habe dieser zähe Kampf mit einer Welt, die ihn zeitweise verhöhnte, verfolgte, beleidigte, sich eingegerbt in Stirn, Augen und Mund.
Auf manchen Photos erscheint diese Bitterkeit fast monumental überhöht, als wäre er dem Leben mit anderen bereits entrückt. Die mit dem Selbstauslöser gemachten Porträts sind noch wie mit einem weichen Schleier überzogen, ein melancholischer Zug, ob sich's denn verlohne, so einsam zu sein, ist unverkennbar. Er ist aber notwendigerweise nur die Bestätigung eben dieser Einsamkeit und mit Selbstironie – der letzten Rettung eines halbwegs lebenstüchtigen Schriftstellers – nicht mehr aufzufangen.
Es ist ihm einfach bitterernst, und er gibt das zu erkennen – er bekennt sich dazu, indem er das Einfrieren seines Gesichts selber photographiert. Das ist, wie jedes ausdrücklich formulierte und veröffentlichte Bekenntnis, auch als narzißtisch kritisierbar. Und zweifellos war Strindberg ein in sich selbst vernarrter, dem eigenen Eros immer wieder verfallender Mann. Ein Beobachter des eigenen Schmerzes, ausprobierend, wie weh es einem tun kann und wann denn der merkwürdige Verwandlungsprozeß einsetzt, der den Schmerz „schön" macht und auf eine andere Ebene des Fühlens hebt. Sobald er dem nahe war, hat er auf den Selbstauslöser gedrückt: das gilt sinnbildlich für seine literari-

sche Arbeit genauso. Deshalb ist noch auf den Bildern der äußersten Starre und Verlassenheit der Widerschein eines ungreifbaren Glücks zu ahnen: das Gefühl, der Realität, so sehr sie einen verfolgt, schweigend in ein anderes, ihr unerreichbares Land entfliehen zu können. Verwundet sehr, aber nie vergrämt schaut er uns an: Souveränität eines, der wenigstens sich selbst noch zu lieben weiß. Das wird man auch in der Praxis seines dramatischen Werkes bemerken: Seine Unerbittlichkeit, sein photographischer Blick reichen immer soweit, die Seele der Menschen sichtbar werden zu lassen, aber nie soweit, sie zu vernichten, zu verurteilen. Das macht: jene Identität, die seine Figuren heimlich mit ihm teilen, läßt er unzerstört. Das eigene Bild verbrennt er nicht, schaut vielmehr suchend in es hinein.

Die Auflösung der Gegenstände

Daß August Strindberg sich in Abständen immer wieder, meist in Phasen der Schreibhemmung, der literarischen Niederlagen, mit einer erstaunlichen Leidenschaft und mit verblüffenden Resultaten der Malerei zugewandt hat, ist erst in den letzten Jahren durch einige Ausstellungen seiner Bilder in unser Bewußtsein getreten. „Die Sonne geht im Meer unter", 1903 in Stockholm gemalt, ist eines der exemplarischen Werke: noch ahnt man die Dreiteilung des Bildes in eine hügelige Küstenlandschaft, das dahinter liegende Meer und, fast Zweidrittel des Bildes einnehmend, den gelbgefärbten Abendhimmel am Horizont. Aber eigentlich ist es schon eine abstrakte Komposition, die Gefühlsempfindungen, die die Staffelung von Land, Meer, Himmel hervorrufen, sind in expressive Valeurs eingebracht – nicht mehr die Natur selbst, sondern der Reflex, den sie auf dem Auge und im Gemüt des Betrachters hervorruft, sind das Thema der Darstellung.

Wiederum, wenn man so will, eine durchaus narzißtische Aneignung des Gegenstandes, beziehungsweise dessen, was einmal einer war. Die Befindlichkeit des Malenden bestimmt die Ordnung dieses Naturausschnitts; die heftige Erregung über jenen Moment, da ein Tag zur Neige geht, ballt sich als Wut des Auges und demgemäß des Farbauftrags zusammen mit der naturgemäßen Farbenblüte des Horizonts im Augenblick des Sonnenuntergangs. Der Maler steigert den Ausdruck des Himmels, der gelb sich verfärbt, in ein Bild bedrohlichster Schönheit: es scheint, als habe die Angst, die Sonne könne anderntags nie wieder aufgehen, den Duktus des Malens und die Intensität der Farbe bestimmt.

Angst-Bilder sind sie alle. See-Stücke zumeist mit herandrohenden sich überschlagenden Wogen, manchmal stürzen sie sich gegen spitze, dunkelschreckende Farbgebilde, die grade noch als Klippen zu erkennen sind, das Meer wütet, einmal kommt noch ein Schneesturm hinzu, die Farben auf den meisten dieser Bilder vermischen sich grünlich-blau ineinander, das Weiß der Gischt schwimmt in dem heftig bewegten Chaos herum wie ein Hoffnungsrest, letzter Widerstand gegen eine alles verschlingende Nacht.

Immer wieder kristallisieren sich bedrückende Höhlen-Motive heraus, eines von ihnen, 1901 gemalt, heißt „Inferno-Bild“ und ist ein Schlag ins Gesicht sämtlicher romantisierenden Höhlen-Ausblicke aufs Meer, die die Malerei des 19. Jahrhunderts geliefert hat. Strindbergs Phantasie bemächtigt sich der Natur und kehrt deren Schrecken gegen sich; läßt sich von ihnen reizen zu „wilden“ malerischen Gesten, bis er sich vom Schrecken über das, was er in ihr sieht, nur durch ihre Auflösung retten kann. Eine Höhle, vorher ganz offensichtlich mit mancherlei sexuellen Ängsten besetzt, kann dann auf einem anderen Bild sogar als blumenbesetztes „Wunderland“ wieder auftauchen.

Selten ist Ruhe in diesen Gemälden. Es ist als habe sich Strindberg, so wie man es von William Turner berichtet, mitten im Meeressturm an einen Mast binden lassen, um den Kampf der Elemente gleichsam von innen und in der emotionalen Wirkung auf sich selbst wahrnehmen zu können. Zweifellos hat er die Bilder Turners auch gekannt, er muß erregt gewesen sein von dessen Faszination an Schiffs-Havarien, Feuersbrünsten auf offenem Meer und jenen Spiralformen, zu denen das Chaos sich ordnet, ohne daß man weiß, ob es in ihnen einen alles verschlingenden Abgrund oder den Blick auf einen Hoffnungs-Stern öffnet.

Einmal gibt es ein Bild merkwürdiger Stille, es ist wohl eines der spätesten, es zeigt einen „Garten“: bewegte Kronen auf hohen, kahlen Stämmen, eingetaucht in das Licht einer Feuersbrunst, die vielleicht nur ein Sonnenuntergang ist. Ist es schon ein Endzeit-Bild oder eines voller Hoffnung? Man mag es angesichts der verstörenden Ruhe, die von diesem „Brand“ ausgeht, nicht entscheiden. Kann es sein, daß er – Strindberg – in der Vorstellung, sich soweit zu entflammen, daß er damit die Welt hätte entzünden können, seine äußerste Verwirklichung träumte?

Der Traum, sich zu verbrennen, muß jedenfalls mächtig in ihm gearbeitet haben. Man wird das Motiv in seinen Dramen immer wieder finden. Halb ist es die Angst, „mit dem Feuer zu spielen“, und halb auch der Reiz, von der Glut einer Liebe bis ins Verderben entzündet zu werden. Flammender Dornbusch und Scheiterhaufen, religiöses Mahnmal und die Sehnsucht nach einem Märtyrertum, das einem die höhere, befriedete Erlösung verschafft – das geht ihm alles durcheinander. Von der fixen pyromanischen Idee, mithilfe einer Brandstiftung und des Versicherungsbetrugs endlich einmal zu Geld zu kommen – so wie es im Stil der Zeit lag –, einmal ganz zu schweigen; auch das aber ein Motiv, das den Dichter nie wieder losgelassen hat.

Auf dem späten Gemälde des orangegefärbten Flammengartens scheinen all diese Obsessionen Einkehr in ein befriedetes Bild ungreifbar toter Natur zu halten. Es ist wie eine heilige Vermählung, eine, der kein Totentanz der Eheleute mehr folgen muß. Also doch eher ein Bild der erlösenden Aussicht? Oder schließt sich nur der Kreis zu einem der ganz frühen Bilder, jenem „Seestück im Mondschein“ von 1874, auf dem ein gelb zerfranster, neblig auslaufender Mond aus betörend totem blauen Himmel niederscheint auf etwas, das selber wie eine Mondlandschaft aussieht, abgestorbene, hoffnungslose Erde, und sich bei näherem Hinsehen als nächtlich-grünes Meer erweist?

Wohnen kann man jedenfalls nirgend auf diesen Bildern, der Mensch ist außerhalb seiner selbst, seiner Unordnung, seiner

Verstrickungen, gar nicht vorgesehen. Die Bilder wohnen vielmehr in ihm. Es sind die Psychogramme von Strindbergs Kampf mit den Gläubigern, den Frauen, der Herkunft, dem Theater, der Kritik und dem Publikum, den Freunden und Feinden, den sexuellen und ökonomischen und religiösen Ängsten. In den Metaphern von See, Mond, Sonne, Strand und Steinen hat er all das exemplarisch aus sich herausgemalt. Anrührend zu sehen, wenn ihm auf einem Bild, das er in Berlin, wohl mitten in einer der Krisen gemalt hat, ein „einsamer Giftpilz" vor einer Strand- und Wolkenlandschaft stehengeblieben ist oder wenn ihm ein Leuchtturm unterläuft, dessen phallischer Charakter beim besten Willen nicht zu übersehen ist.

Der Handfestigkeit des Theaters, die es notwendigerweise noch hat, selbst wenn der Dramatiker sich in Traumspiele vorwagt, der Fixierung an leibhaftige Figuren, die immer noch dazu tendieren, „sich auszusprechen", Seelisches zu verbalisieren und dadurch immer davon bedroht sind, in Begrifflichkeiten sich zu verlieren – dem hat Strindberg in seinen Bildern eine Utopie entgegengesetzt, die so nur im Medium der Malerei zu realisieren war. Aber die Vorstellung, das Theater möge sich immaterialisieren, der Seelenstoff möge zum eigentlichen Subjekt der Vorgänge auf der Bühne sich emanzipieren, und die Traumbewegungen und die Erscheinungen des Unbewußten möchten die wirkliche „Dramatik" eines Theatergeschehens ausmachen, hat sich als Wunsch-Vorstellung in all seine dramatischen Versuche eingefressen, sie sind ohne dieses immer wieder an der Leibhaftigkeit des Schauspielers und der Realität seiner Gesten und seiner Sprache sich reibende Verlangen gar nicht zu verstehen. Schon gar nicht dort, wo sie – scheinbar – scheitern.

Die Flucht in die Zeichen-Maschine

Man hat zum Beispiel dem langen Einakter „Fräulein Julie" (1888), den Strindberg wie zum Hohn auf die Schwierigkeiten dessen, was er vom Theater sich erträumte, ein „naturalistisches Trauerspiel" nannte, lange Zeit vorgeworfen, es scheitre an eben

jenem Zeichen-System, das Strindberg sich ausgedacht hat, um den Widerspruch, der der Gattungsbezeichnung innewohnt, als das eigentliche Thema zu instrumentieren.
Es ist eine Zeichen-Maschine: Der Herd. Der Topf, die Pfanne und das Messer. Das Fleisch. Der Hackklotz. Der Kühlschrank. Der Eßtisch. Das Telefon, über das der Graf, der Herr, sich meldet. Allesamt magische Dinge innerhalb einer Küche, die – in Strindbergs Bühnenbildanmerkungen ist das durchaus ablesbar – nicht als naturalistisches Ambiente gemeint sind, sondern als Zeichen innerhalb eines Vollzugs-Raumes für den rituellen Ablauf einer „besonderen", einer Ausnahme-Nacht.
Wir würden sie nicht „Symbole" nennen; jedenfalls nicht in dem abschätzigen, vulgären Sprachsinne, sondern eine Dingwelt von eigener Kraft, welche die Menschen, die in ihr agieren, „besetzt" und beherrscht. Denn die Dinge inszenieren die Figuren, nicht umgekehrt. Das gilt auch, vor allem, für den „Zauberbesen": das Rasiermesser. Die Welt der Küche ist chiffriert und es gelingt den Figuren nicht, sie zu de-chiffrieren; sie werden vielmehr von den Dingen noch enger eingeschlossen, gar vernichtet: Julie, die sich in ein Zeichensystem hineinbegibt, das nicht das ihr sozial zugehörige ist, auf eine exemplarische Weise. Sie ist ja eingesperrt in ein soziales System, das man wohl degeneriert nennen darf und das sich am ehesten in die sensibelsten seiner Bewohner (oder Gefangenen) eingefressen hat. Deshalb kann der Ausbruch aus einem solchen System nur ein „irrer" oder ein selbstmörderischer sein –: sie muß das Messer zwanghaft annehmen.
In ein Gefängnis gebannt hat Strindberg aber auch die beiden anderen Figuren: Jean, fixiert an Livree, Klingel und Stiefel als sein soziales, an die Mahlzeiten als sein sinnliches Gefängnis. Darin spielt so einer und läßt mit sich spielen, bis er müde wird und sich in die Einsamkeit seiner Unterdrückung zurückbegibt. Und Kristin, die er „diese Teufelin" nennt, findet ihren Halt, ihren Käfig, indem sie sich rücksichtslos zu dem sozialen Ort bekennt, an den sie – wir wissen nicht wie – geraten ist. Gott, würde sie sagen, hat sie dort hingestellt. „Die Letzten werden die Ersten sein": das ist ihre Sublimation allen Schmerzes, den

sie im ewiggleichen, von ihr stellvertretend ausgetragenen Kampf zwischen dem Mann und dem Weib erleidet.
Sie leben alle vier in ein und demselben Wahn-System. Alle vier? Ja, denn Strindberg wohnt unsichtbar mitten unter ihnen im Räderwerk der von ihm selbst ausgedachten Maschine; er objektiviert seine Figuren nicht, wie es ein anständiger Naturalist täte, er schlägt sich mal auf des einen, mal auf des anderen Seite, er lebt in allen dreien und bepackt sie mit seinen Obsessionen, die zumeist allerdings verschärfte Wahrnehmungen der Wirklichkeit sind. Er treibt sämtliche Sinne seiner Figuren auf die Spitze: das Sehen bis zur Hypnose; das Schmecken bis zur Wollust; das Hören bis ins Belauschen und in die Subordination unter akustische Zeichen; das Fühlen bis in die Verführung und in den Narzißmus; das Riechen bis in die Betäubung und den Ekel.
Das erotische System des Stückes besteht aus nichts anderem als daraus. „Liebe" ist da nur ein Wort, nicht einmal als Sexualität festzumachen, denn die wird gleich als „Sodomie" empfunden, als illegitimer Rausch, dessen Folgen – die Wiederholung – eher vermieden werden müssen. Das heißt aber nur: die äußerste Verfügung über die eigenen menschlichen Sinne kann nicht funktionieren innerhalb einer Struktur, die noch denjenigen, der sie beschreibt – das ist hier: August Strindberg –, als ihr Opfer festhält.
Es ist der verzweifelte Versuch Strindbergs erkennbar, zu so etwas wie einer objektiven Versuchsanordnung zu kommen: wie zwischen dem Sturm und den Wellen, dem Hügel und der Sonne, der Klippe und dem Malstrom – so auch zwischen Mann und Weib. Man kann es lächerlich nennen, wenn Jean sagt: „Denn es ist ein Unterschied zwischen uns!" und das Fräulein ihm entgegnet: „Weil Sie ein Mann sind und ich ein Weib bin? Was ist das für ein Unterschied?" Darauf Jean: „Derselbe Unterschied – wie – zwischen Mann und Weib!" Genauer weiß es auch der in seine eigene Versuchsanordnung eingeschraubte Strindberg nicht. Er versucht sich die Unterschiede auf dem Theater herbeizuinszenieren: seine Ängste, das Weib ziehe den Mann, der auf dem Wege aufwärts ist, hinab; seinen heimlichen

Wunschtraum, den er zugleich hegt: es sei das so. Aber weil er, Strindberg, in allen Figuren wechselweise anwesend ist, immerhin doch Gehirn der Maschine, mißlingt ihm der Beweis.

Soviel übers „Scheitern". Der Theaterautor scheitert, das ist die Logik seines Mediums, das sich der Objektivität verschließt, an den von ihm entworfenen Figuren. Aber spielend versucht er, sich beim Schopf aus dem Sumpf zu ziehen: er macht sich einen Spaß daraus, auch seine Figuren als Inszenatoren zu erleben, die einander Ängste und Träume übertragen, sich verzaubern, verhexen, hypnotisieren, sich etwas anverwünschen – und sie tun es solange, bis alle Ängste und Träume zwischen Mann und Weib einmal durchgespielt sind. Jean und Julie erreichen dabei den jeweils tiefsten Punkt ihrer Existenz. Den wohl einzigen Ausweg: Absprung in einen Mystizismus, wie ihn Strindbergs spätere Dramengestalten vorschlagen, verpassen sie, beziehungsweise: er verweigert sie ihnen noch. Noch bleibt die „Wanderung", von der Julie immerhin schon einmal spricht, eine in den Tod oder in die Subordination.

Sie stirbt wie der Zeisig: diesem schlägt Jean den Kopf ab, ihr suggeriert er das Rasiermesser. Man nennt das noch heute in Kritiken ein „aufdringliches" Symbol. Es ist aber jene Metapher, mit der Strindberg für einen Ausweg, den er nicht mehr naturalistisch zu bezeichnen weiß, persönlich einsteht.

Der Terror der Seelen

Er weiß, daß sich die gesellschaftlichen Verhältnisse, zu denen vornehmlich die zwischen Mann und Weib, zwischen Herren und Knechten, zwischen Gläubigern und Schuldigern gehören, in die Menschen hineingefressen haben und sie an ihrer Individuation hindern. Der Terror, der in den Menschen wohnt und den sie gegeneinander projizieren, wird zum zentralen Thema Strindbergs. Dem aber ist keine naturalistische, keine realistische Darstellungsweise mehr gewachsen: „Ich habe meine Figuren als moderne Charaktere entworfen, in all ihrer Unsicherheit und Zerrissenheit, zusammengesetzt aus Altem und Neuem, als Figuren einer Übergangszeit, die rascher und hysterischer dahinlebt als die vorhergegangene ... Meine Seelen (Charaktere) sind Konglomerate vergangener und gegenwärtiger Kulturstufen, Stücke aus Büchern und Zeitungen, Teile von Menschen, Fetzen und Lumpen von abgetragenen Festkleidern – so wie eben die Seele zusammengeflickt ist." (1888)

Man erkennt: bemerkenswert früh macht Strindberg auf einen Grundzug moderner Kunst aufmerksam – den der Collage. Wo die Welt nicht mehr als Ganzes greifbar erscheint, die geschlossenen Systeme ihre Fragwürdigkeit offenbart haben, bleibt nur der Versuch, die „Fetzen" und „Lumpen" zu einer neuen Feier zu collagieren, der Feier eines „hysterischen" Zeitalters. Strindbergs Gesellschaftsanalyse ist alles andere als genau; viel zu sehr ist er in erster Linie von allem, was in Disharmonie zur Wirklichkeit steht, fasziniert. Er beobachtet „die unregelmäßig arbeitenden Gehirne"; wie sie im Dialog einander verfehlen, wie ihr Kämpfen sinnlos wird, ein Schlagabtausch unter Verwundeten, die – etwa im „Vater" – ihren Schmerz blind weiterzugeben versuchen.

Laura und der Rittmeister, das Fräulein Julie und der Bediente Jean, Alice und Edgar, eingesperrt in ihrem Leuchtturm: sie alle reden ja nicht mehr miteinander, ihr Sprechen bewegt sich vielmehr in diskontinuierlichen Abläufen. Ihre Dialoge verdienen diesen Namen nicht mehr, denn in der Regel handelt es sich um isolierte, voneinander unabhängig sich machende Sprechakte, die sich allenfalls einmal kreuzen, auch einmal kollidieren. Ein Austausch von Gedanken und Argumenten scheint nicht mehr möglich, die Sprache beginnt bereits, sich zu verselbständigen, vom Sprechenden sich abzulösen, als reagierte sie hysterisch auf andere Sprachsplitter, die auf diesem Schlachtfeld umherirren.

Strindberg hat das – neben Anton Tschechow, aber ungleich wütender als jener – als einer der ersten beobachtet und festgehalten: wie die Charaktere die Verfügungsmacht über die Sprache zu verlieren beginnen, als sauge ein kranker sozialer Organismus sie gleich einem Vampir aus ihnen heraus und stelle sie in den Dienst eines Terrors zwischen den Menschen, der von seiner eigenen Hinfälligkeit ablenkt. Der marode soziale Körper scheint Besitz zu nehmen von den Seelen der Einzelnen – der Raub der Sprache ist das eine Mittel, die Übertragung der sozialen Ängste in die Psyche von Einzelnen, die der Sprachgebrauch vormals zurecht „Charaktere" nannte, ist das andere.

Wenn Strindberg formuliert, seine Zeit lebe „hysterischer" dahin, als vormalige Zeiten und das müsse doch Folgen haben für die Figurenzeichnung im Drama, dann meint er damit: die Neurosen, unter denen seine Figuren sich und die anderen quälen, sind nicht ihr Privat-Eigentum, sondern gleichsam eine Hypothek einer neurotischen Außenwelt. Die politische Ökonomie hat den je Einzelnen hypnotisiert – Strindberg formuliert das so nicht, aber er stellt es in immer neuen Varianten dar –, sie nimmt noch die Bewegungen seines, des sogenannten „bürgerlichen" Alltags in den Dienst ihrer Zwangsverhältnisse, ihrer chaotischen Zuordnungen von Gewinn und Verlust, Kredit und Konkurs. Strindberg bestreitet in allen Stücken, in denen das Geld eine Rolle spielt – und das sind die meisten –, die Rationalität der Politischen Ökonomie; er erklärt sie als einen irrationalen, dem einzelnen Charakter nicht begreif- und nicht verfügbaren Zusammenhang, in den er schuldhaft eingebunden oder aus dem er entlassen wird, ohne selber mitwirken zu können. Die Ökonomie ist an die Stelle der alten Götter getreten. Nun entscheidet sie darüber, ob es eine Komödie oder eine Tragödie ist, und meist ist es das letztere.

Die Übertragung der Schulden

Das hat er wohl geahnt: daß die Form des Realistischen Dramas darauf angelegt ist, dem bürgerlichen Alltag, der längst ein Scherbenhaufen ist, noch einmal zur Illusionierung zu verhelfen und ihm die Möglichkeit eines Glücks innerhalb des kleinen Kosmos „Familie" zuzuspielen. Es ist das aber ein Glück, welches die bürgerlichen Individuen paradoxerweise in eben jenem Augenblick, da sie sich gesellschaftlich emanzipierten

und ökonomisch organisierten, bereits verwirkt zu haben scheinen.
Strindbergs Figuren wissen davon nichts, aber sie ahnen es. Immer wieder gelangen sie zu Augenblicken des Verharrens, in denen sie stumm noch einmal den Anderen, das Gegenüber zu begreifen und womöglich auch zärtlich zu ergreifen suchen – und werden dann doch darauf rückverwiesen, daß jener nur im Besitz oder in der Vergewaltigung, sei es der Seele oder des Körpers, zu haben ist. Noch gelingt es ihnen zuweilen, ihre Geschichte zu erzählen, den Wert von Erinnerungen gegen die zersetzende Kraft des dahinreißenden Gegenwärtigen zu stemmen. Für Augenblicke wenigstens, kostbare Minuten, in denen ein anderer einem zuhört. Oder sie offenbaren einander ihre Träume, ein Vorgang äußerster Intimität, voll einer neuen, durch keine Abhängigkeiten besetzten erotischen Spannung. Aber dann folgt unweigerlich der Moment des Erschreckens: es ist ihnen, als hätten sie voreinander ein Schuld-Buch aufgeschlagen. Die zersetzende Kraft der Außenwelt hat sich bereits so sehr in ihren Seelen eingenistet, daß eine un-schuldige Begegnung zwischen zwei Menschen kaum mehr denkbar ist. Wenn sie nicht voreinander zurückweichen, um sich jeder für sich im Spiegel seiner Obsessionen zu verlieren, dann versuchen sie einander zu verschlingen, zu zernichten in einem sinnlosen Überlebens-Kampf, der den ökonomischen Wettbewerb in einen der Geschlechter, der Freunde, der Generationen, der Liebenden überträgt.
Weil sie, zwar ahnungsvoll, dennoch blind diesem Prozeß gegenüber bleiben, empfinden sie ihr eigenes Scheitern als Folge einer Schuld, die abzutragen ihnen aufgegeben ist. Doch wo ist der Gott geblieben, demgegenüber man sich zu stellen hätte? Die „hysterische Zeit“ hat ihn aufgefressen, er hat sich in der Ökonomie verflüchtigt. Der „Schuldige“, der das ahnt oder zu erkennen beginnt, gerät noch einige Spiralen tiefer in den Strudel, ihm bleibt nur der Wahnsinn, der Selbstmord, ein süchtiges Leben auf den Tod hin. Viele der Figuren Strindbergs versuchen es mit einer Art von Auto-Suggestion, sich selbst aus der als heillos empfundenen Wirklichkeit hinauszueskamotieren. Oder

sie schieben, in verzweifelt geistesgegenwärtigem Spiel, dem Andern den entscheidenden „Zug“ zu, der einen selbst aus der Misere hinausbefördert – so die Schuld im letzten Moment auf eine andere Seele übertragend.

Nur so gelingt es ihnen auch, die Sprache, die ihnen die erkrankte Realität absprechen will, noch einmal zu „binden“: indem man sie selber gleichsam hypnotisch einsetzt, um den Mitmenschen, den Geliebten, den Gläubiger, die Konkurrentin in einem Akt gewalttätigen, bezwingenden Sprechens ganz auf sich hin zu orientieren und das schuldige Ich auf ihn zu übertragen. Die Selbstbefreiung ist die Vergewaltigung des anderen: der psychische Vorgang, den Strindberg da – exemplarisch in dem Einakter „Die Stärkere“ – vorführt, läuft parallel zu den Mechanismen der Konkurrenzwirtschaft. Man kann sich nur auf Kosten der anderen „entschulden“. Die Kontobücher sprechen da verräterischerweise die gleiche Sprache wie die Seelen-Dramen.

Wenn man bedenkt, daß Strindberg in Paris Vorlesungen von Freuds Lehrer Charcot hörte, also gleichsam in den Entstehungs-Zusammenhang einer sich vortastenden neuen Wissenschaft von der Seele des Menschen eingebunden war, dann wird einem seine Manie für Suggestionsvorgänge, hypnotische Situationen in den Dramen, hysterische Selbsteinreden seiner Figuren, die Vorliebe für Traum-Offenbarungen ganz einleuchtend. Zugleich aber wird man sich der Erkenntnis nicht entziehen können, wie sehr diese neue Wissenschaft von Anfang an eingefangen war in den Kerker einer Anthropologie des bürgerlichen Menschen.

Nicht den Alltag, nicht die potentiellen Glücksbeziehungen, nicht den Charme der sich verfehlenden Lieben, nicht jene Konflikte, die an sich nur komische sind, weil sie darin beruhen, daß scheue Menschen, fehlbare, unbedacht sich erfühlende, ihr gemeinsames Glück wehmütig verfehlen – nicht dieses will Strindberg zeigen. Er zielt – noch einmal, und es scheint das schon vermessen – auf die Tragödie. Das ist gegen eine Gesellschaft gerichtet, die den exemplarischen Menschen, sei er ein Liebender, ein politisch Handelnder, ein Denker, ein Intrigant, ein Verbrecher, ein armer Wurm, aus dem Verkehr gezogen hat: um ihre „Menschlichkeit" zu beweisen, muß sie darauf beharren, daß alle Konflikte nur vorübergehende Störungen sind, Fehlverhalten von Schwachen, lösbare Krisen. Das ist die Stunde des Realismus, der alles und jedes mit einer Psychologie des alltäglichen Verhaltens begründen kann. Das monströse, erschreckende Gebilde, das man die Seele nennt, wird aufs Erklärbare reduziert: wie er sich verhält, und er verhält sich immer plausibel und in weichen Übergängen, so ist der Mensch.

Die Abschaffung der Tragödie durch eine gesellschaftliche Ordnung, die allerdings von sich behauptet, mit Hilfe ihrer Vernunft dem Unausweichlichen, der sittlich verordneten Notwendigkeit eines Untergangs das Wasser abgegraben zu haben. Die aber darin blamiert wurde, daß sie schon bei den ersten großen Krisen des Kapitals, inmitten der Konkursmassen, auch den neuen, den „untragischen" Menschen wieder zum Revolver greifen ließ.

Dem setzt Strindberg in einer großen persönlich verzehrenden Anstrengung noch einmal die Behauptung entgegen, es sei der Mensch entweder doch ein gottgebundenes oder aber ein verlorenes Wesen. So sehr er – wie auch nicht – von der nervösen Struktur der sich entfaltenden modernen Gesellschaft entzündet ist, so sehr spürt er fiebernd deren fataler Neigung zu Ausgrenzungen nach: Ausgrenzungen der Frauen von der Männerwirtschaft, der Kinder von den sich bekriegenden Eltern, der Eltern wiederum durch den windigen Aufschwung sogenannter neuer Generationen, der vielen Kranken von den wenigen Gesunden.

Die „neue" Tragödie Strindbergs ist eine Ausgrenzungs-Maschine. Die Erde sei eine Strafkolonie, hat er einmal gesagt. Aber er wußte auch, daß dem Inferno auf Erden immer eine konkrete Ordnung, mag sie noch so höllisch sich artikulieren, zugrundeliegt. Es mag Verbrechen geben, an deren Schuld wir tragen, auch wenn sie vor unserer Existenz verübt worden sein mögen. Aber es gibt auch leibhaftige, namhaft zu machende Verursacher. Man muß sie freilich suchen, aufspüren im Dikkicht der Transaktionen – wie etwa in der „Gespenstersonate".

Ein Debet auf dem Konto kettet dann die Generationen aneinander, die erotischen und die finanziellen Kuppeleien sind nicht mehr auseinanderzuhalten, die nie eingestandene, die nie verwirkte Schuld nagt noch – oder besser: schon – in den Gemütern einer kommenden Generation. Liebe zwischen den Jungen scheint, wie in der antiken Tragödie, nicht mehr möglich, weil die Last des Hauses, die Hypothek, die Schuld-Summe, all das Verschwiegene die Seelen der noch Liebesfähigen ausbleicht und ihre Körper lähmt.
Das Bürger-Gespenst grinst bereits aus den Wanduhren der Salons und fällt einem aus den Tapetentüren entgegen. Strindberg hat das hellsichtig, wohl weil er sich von diesen Spukgestalten einer Gesellschaft, der er selber pausenlos Geld schuldete, verfolgt glaubte, erkannt. In der „Gespenstersonate" hat er nicht die – wie Marx das nannte – „versteinerten", sondern die bereits entgeisterten Verhältnisse zum Tanzen gebracht. Ein Lemuren-Reigen, dem die betroffene Gesellschaft sich noch mit ästhetischen Vermutungen, es sei womöglich alles nur ein Traumgebilde, poetische Täuschung, entziehen konnte, obwohl den Hellsichtigen, die es ja auch in der Bourgeoisie gab, der Schrecken vor dem Weltenbrand, auf den diese Gespenstersonate hinmusizierte, bereits die Sprache verschlug.
Die Gläubiger in Strindbergs Stücken, die Kaufleute, Bankdirektoren, Konsuln, scheinen bereits angeknackst von der Brüchigkeit einer Ordnung, die noch zum Souper einlädt, ohne zu wissen, ob auch nur genügend Geschirr auf die Tische zu bringen ist. Die Ahnung einer bevorstehenden Tragödie steckt ihnen in den morschen Knochen, der Ruin hat sie ja schon gestreift, sie wehren sich eigentlich nur noch dagegen, die Konsequenzen zu ziehen: zwischen Irrsinn und Tod zu wählen. Strindberg straft sie damit, daß er ihre Häuser zu Asylen erklärt. Es muß nicht immer, wie beim Rittmeister, eine Zwangsjacke sein, schon der Salon, schon der immerwährende Ausblick auf einen Sonnenuntergang, die Fixierung an einen Morseapparat kann Kerker genug sein. Oft sind es „Apparate", durch deren Anblick Strindberg sie fesselt, ja foltert. Doch selbst eine Uhr, das Vergehen der Zeit, selbst der verordnete Blick aus dem

immergleichen Fenster auf die immergleichen Naturabläufe kann da zur Maschine in einer Strafkolonie werden.

Hat er sie gehaßt, diese Gefühl und Sprache und Liebe und Freundlichkeiten zerstörenden, meist schwarzbefrackten Geier? Er war kein Satiriker, er schrieb keine Karikaturen: auch in ihnen, die Leben zu zerstören schienen, sah er den eigenen Vater und sich als einen möglichen, gleichermaßen verletzenden, zerstörerischen Vater. Wenn er sie einsperrt, schließt er sich zum verzweifelten Dialog mit ihnen ein. Wenn er sie stürzen läßt, hat er soviel Mitleid mit ihnen, wie er auch für sich aufbringen muß, wenn er selber in seinen maßlosen Schwächen weiterexistieren will. Daß er ihnen die Möglichkeit der Tragödie einräumt, verrät den Wunsch, auch das absehbare oder doch immer androhende eigene Scheitern möchte sich nicht schmählich verkleckern, sondern – wenn es denn nötig wird – zum Ausmaß einer Tragödie fähig sein.

Man kann das auch komisch finden. Denn die Bestrafung, die er seinen Theaterfiguren zufügt, verrät sich als Selbstbestrafung, das Mitleid, mit dem er sie, vorm Sturz, noch einmal abfängt und wehklagen läßt, ist leicht als der Ausdruck seines eigenen Weh-Leids denunzierbar.

Zweifellos ist der Vorgang, daß dem Dramatiker beim Entwurf seiner Figuren immer wieder der eigne Schmerz auch in solche hineinrutscht, die er strafen möchte, ein eigentlich komischer Vorgang. Noch den Tanzfiguren einer von ihm bitter verachteten Gesellschaft billigt er plötzlich ein Pathos zu, ein Räsonnement, das dieser gar nicht zukommt, sondern Produkt jener Depressionen Strindbergs zu sein scheint, die keinen anderen Ausweg mehr wissen, als sich dort zu verankern, wo ihr Entstehungsgrund liegt.

Er kann sich ja nicht distanzieren; deshalb zahlt er noch für die Schulden jener mit, von denen er weiß, daß nicht er bei ihnen, sondern sie bei ihm in der Kreide stehen. Da deutet sich die Wendung, die das Spätwerk nehmen wird, schon zaghaft an: der bohrende Ernst, die geradezu wahr-sagerische Wollust, der neuen Zeit ihre Beschädigungen abzulesen, in ihre Kräche sich hineinzuhorchen und mit ihren Verirrungen auch des eigenen

Weges unsicher zu werden –: das mag vielleicht eines Tages diesen Mann bedrängen, seine Zweifel und Leiden, seine Skepsis, seine unerfüllte Glaubens-Wut als Passion begreifen zu wollen und sich selbst, weil mit den Jahren immer mehr zerfallen mit der Welt, als Hiob zu erleben: großer Leidender, großer Gerechter. Einer, der alle Schulden der Welt auf sich nimmt.

Gerechte und Gerichtete

Ein großer Gerechter: es ist einleuchtend, daß Strindberg sich im Laufe eines Lebens, das ihn fortwährend mit den Gerichten in Hader brachte, immer mehr in eine solche Rolle hineingesteigert hat. Ein Offenbarungseid, häufige Pfändungen, mehrere Rechtsstreitereien mit den Verlegern, drei Scheidungsprozesse, zwei Beschlagnahmen und Verhandlungen gegen seine Werke: die Justiz schien ihn auf eine geradezu tragikomische Weise zu verfolgen. Oftmals dienten ja wohl auch seine unsteten Kreuz- und Querbewegungen durch Europa dem Versuch, sich androhenden Prozessen, der Zustellung von Urkunden, den Forderungen der Gläubiger oder den Versorgungsansprüchen der Ehefrauen für eine Weile zu entziehen. Es hat ihn aber immer eingeholt; er muß diese Fluchtversuche, so lächerlich sie erscheinen wollen, in tiefer Angst vor Einkerkerung und öffentlicher Schande unternommen haben; ein genialischer Verdränger wohl auch, der sich vormachte, die hektischen Ortswechsel könnten den jeweiligen Rechtsgrund auslöschen: was er sich selbst gegenüber als real existierend bestreite, das sei tatsächlich ungeschehen.
In seinem Werk hat er die Summe des Verdrängten wieder abgearbeitet. Eigentlich ist in allen Stücken Gerichtstag, so wie in den meisten ja auch Mordtag ist, Verbrechen geplant, geheckt, enthüllt, tatsächlich begangen oder zumindest gewünscht werden. Man möchte ihn einen Kriminalschriftsteller nennen, so sehr ist sein dramatisches Werk von der Untersuchung geschehener oder erst geträumter Verbrechen beherrscht, vom Verbergen der Schuld, von Entwürfen des Tötens. Und seien es

„Seelenmorde“: jene unaufklärbaren Verbrechen, die die Figuren ausführen ohne zu einer anderen Tatwaffe zu greifen als dem Vernichtungswillen des Gehirns oder der zerstörenden Kraft der Suggestion.
Wie jeder gute Kriminalschriftsteller konnte Strindberg sich die Verbrechensentwürfe immer auch für seine eigene Person vorstellen. Geträumt hat er sie alle, und den Seelenmord an einer geliebten, gehaßten Frau hat er in der Wirklichkeit oft genug ausgeführt, die Biographen wissen davon ausführlich zu berichten. Den Betrug muß der Mittellose oft genug sich ausgemalt haben, und in der Tat mag wohl sein Umgang mit geliehenem Geld und die Art und Weise, wie er sich in dessen Besitz brachte, oft genug den Tatbestand des Betrugs erfüllt haben. Auch der – in „Rausch“ formulierte – Wunsch, das Kind, das einer mit einer anderen Frau gehabt hat, möchte tot sein, weil es sich zwischen die neue Beziehung, den neuen Rausch drängt, scheint nicht ganz aus der Luft gegriffen zu sein; Strindberg, der selber durch jede Hölle gegangen war, in die er, wie um sich für die eignen Qualen zu rächen, seine Figuren schickt, wird solchen Zwangsvorstellungen selber ausgesetzt gewesen sein. Und wahrscheinlich auch jener Angst, von der Henriette und Maurice gepeinigt werden: der Tötungswunsch möge sich übertragen und man stehe dann da im Verdachte des Mordes, ohne doch selber Hand angelegt zu haben.
Verfolgt zu werden für ein Verbrechen, das man nur im Kopf gehabt, nicht aber ausgeübt hat: das ist eine der bedrückendsten Obsessionen, von denen Strindberg sich verfolgt sieht. Oftmals, sowohl in „Rausch“ wie in „Gläubiger“, sind seine Figuren sich selbst die schlimmsten Richter. Der Prozeß, den sie gegen sich selbst anstrengen, die Entblößung der seelischen Untergründe, sind erbarmungsloser als ein irdisches Gericht es je sein könnte. Die sich selbst als Anzuklagende erkannt haben, scheuen, wenn sie ihren Seelenmorden auf der Spur sind, nicht davor zurück, sich selbst auf die Folter zu spannen oder – tückischer und masochistischer noch – dem geliebten Nächsten diese Aufgabe zu übertragen.
Für den Schmerz solcher Erkenntnisprozeduren rächt Strind-

berg sich wiederum an jenem Stand, dem der Richter, von dem er meint, ihm habe er die peinigenden Besessenheiten, den Wahn, verfolgt zu sein und gleichzeitig sich selber zu verfolgen, zu „verdanken“. In dem Drama „Advent“ treibt er einen korrupten Richter und dessen Frau durch alle irdische Höllenqualen und dann auch ins jenseitige Purgatorium. Man spürt, wenn er den beiden die abgründigsten Angstvisionen auferlegt, seinen eigenen phänomenalen Haß auf eine Justiz, die, wenn sie ihn – Strindberg – verfolgt, wohl nur „korrupt“, bis ins Mark verdorben sein kann. Ihr wünscht er alle Albträume an den Hals, die er selber, auf der Flucht vor ihr, erdulden mußte. Das hat etwas durchaus Hämisches, eine blinde Wut und bornierte Selbstgerechtigkeit toben sich da aus. Aber hinter aller Maßlosigkeit dieses Straf-Entwurfs, dieser Rache-Vision schimmert dann plötzlich, geradezu anrührend, es zu beobachten, doch durch, daß Strindberg sich in das von ihm entworfene Modell mit eingeschlossen fühlt. Er ist noch denen, die er haßt, so intim verbunden, daß er in ihnen auch die eigene Person haßt. Die Bestrafung dessen, an dem er seinen Verfolgungs-Wahn abreagiert, schlägt um in eine Selbstbestrafung. Es ist ihm, in seinen besten Werken, nie gegeben, sich von sich selbst zu distanzieren, immerzu frißt er sich in die Gehirne der von ihm erfundenen Figuren hinein. Vielleicht wären sie ohne diesen Vorgang, der uns manchmal wie ein Selbst-Opfer scheinen will, nur sogenannte realistische Alltagsbürger, Durchschnittsmenschen mit jenen harmlosen Glücks- und Schmerz- und Trauer- und Wehmut-Empfindungen, die es wahrscheinlich – glaubt man Strindberg – auch nur auf dem Theater, im sogenannten „pièce bien faite“ gibt, wo der Mensch auf eine funktionierende Theatervorstellung der klappenden Türen und funktionierenden Blickwechsel hin abgerichtet wird.
Strindberg hat diesem Genre, das am Théâtre libre Antoines gepflegt wurde, aber auch in den motorischen Farcen Feydeaus kulminierte, einen hochexplosiven Sprengsatz eingebaut: sich selbst. Das „well-made play“ enthält naturgemäß den Dramatiker nicht in sich. Der steht außen vor oder darüber und zieht die Fäden. Strindberg ist hineingekrochen in die Maschine und

hat die Figuren allesamt mit seinem Herzblut, seinen bösen Gedanken, seiner Galle und seinen Wahnvorstellungen infiziert. Nun laufen sie als Monster seiner häßlichen wie seiner hilflosen Phantasien auf der Bühne herum: Ausgeburten eines Mannes, der sich – wie ein juristischer Kommentator – Fall-Studien unter den modernen, den hoch aufeinander gereizten, den sich selbst nurmehr hysterisch begegnenden Menschen ausdachte. Selbstgerecht Richtender, sich selber richtender Gerechter. Eine Wahnsinns-Aufgabe, die dieser Mann sich gestellt oder in die er sich fliehend verrannt hat. Man versteht, daß er eines Tages die Ruhe, den Frieden wird suchen wollen.

Das Spiel von Liebe und Haß

Liest man die zeitgenössischen Kritiken über die ersten Aufführungen Strindbergs in Berlin, dann erschrickt man vor dem Maß an Chauvinismus, daß dieser Autor bei denen, die ihm wohlwollten, heraufzurufen imstande war. Ein Bericht Maximilian Hardens zum Beispiel über eine Aufführung der „Gläubiger" liest sich heute wie aus dem Wörterbuch des Herren-Menschen und Frauen-Verächters zusammengereimt. Ein Mißverständnis, männliches Vorurteil, oder die Erhellung einer insgeheimen Weiber-Feindlichkeit in Strindbergs Werken?
Natürlich war er, das wurde schon beschrieben, ein monumentaler Hasser. Und so wie er die falsch ihn dünkenden Freunde, die ihm unsäglich vorkommenden Schriftstellerkollegen, die bösartige infame Journaille, die ihn verfolgenden Gerichtspersonen und Anwälte hassen konnte – so natürlich auch die ihn „verfolgenden" Frauen. Er wird sie wohl in dem Maße gehaßt haben, wie sie ihn an der Abarbeitung seiner anderen Ängste und „Verrücktheiten" zu hindern schienen. Er brauchte sie; ein Erotomane ohnegleichen, der aus dem Besitz von Geld, der alchemistischen Suche nach Gold, dem Essen und Trinken, aus Feuersbrünsten und erniedrigenden Apparaturen gleichermaßen sexuelle Zwangsvorstellungen befriedigte.
Er brauchte sie als Objekte seiner Bewunderung: nicht zu über-

sehen, daß er sich dreimal in Frauen verrannte, die Schauspielerinnen waren (Siri von Essen, Harriet Bosse, Fanny Falkner) und in deren Verkörperung er sich die von ihm entworfenen Frauen auf dem Theater vorführen lassen konnte – ein Vorgang, der einer gewissen Perversität nicht entbehrt: er konnte die Figuren, die sie psychisch aufs äußerste entblößt spielten, als Seelenmörderinnen sich anschauen; barmens- und hassenswerte Geschöpfe, die da oben auf der Bühne Männer in den Wahnsinn trieben. Und er konnte zugleich die Frauen, die diese Figuren spielten, liebend vergöttern: den Sieg der Künstlerin über das Material, das er ihr zumeist im persönlichen Kampf, auf dem Schlachtfeld der eigenen Liebe entrissen hatte, bewundern.
„Die Zwietracht kommt von draußen wie der Wind": er war natürlich so blind in seinem Hassen nicht, daß er nicht auch gewußt hätte, wie sehr die Sehnsucht seiner Manns-Figuren (und die eigene), in den Frauen ein dialektisches Wesen aus Teufelin und Sklavin, Königin und Hure zu sehen, der Reflex auf die Impertinenz einer sich selbst nicht bezweifelnden männlichen Konkurrenzwirtschaft war. Der Zwangscharakter der geschlechtlichen Kämpfe wird von außen in sie hineingetragen, das hat auch Strindberg, bei aller persönlichen Verschlingung in diese, nicht übersehen wollen. Der Mann baut sich, selber Opfer der fatalen Ideologie männlicher Überlegenheit, die Angst- und Schreckens-Bilder weiblichen Wesens auf, um sie anschließend zerstören zu können – solange er es nicht zeitweise kitzelnder findet, sich von den monströsen Ausgeburten seiner Verdrängungswut masochistisch – schadenfroh, wie recht er hat – überwältigen zu lassen.
Diesen Teufelskreis, innerhalb dessen eine Frauensfigur so sehr zunächst erhöht werden muß, daß man sich von ihr gedemütigt fühlen kann, um sich dann durch die Demütigung eben dieses projizierten Bildes schadlos zu halten, ihn hat Strindberg mit einer Erbarmungslosigkeit beschrieben, daß es einen grausen mag. Immer wieder heiligt und feiert er die Weibs-Bilder, die in den Männer-Gehirnen herumspuken. Aber sobald er es geschafft hat, zu ihnen aufblicken zu müssen; sobald die so erhöhte Frau beginnt, ihre Fesseln abzustreifen und der insgeheimen

Verabredung, die Erhöhung sei eine Gnade, ein schöner Schein zum Zwecke der Illusionierung der wahren Verhältnisse, zuwiderhandelt: dann muß er sie, sei es auch um den Preis der Selbstverletzung, wieder „klein" machen, zertreten, zur Hexe, Teufelin erklären – in die Hölle schicken. So kritisieren seine ehelichen und außerehelichen Todes-Tänze und Gespenster-Reigen einerseits den vom Manne lediglich mit seiner eigenen Gattung ausgehandelten Gesellschaftsvertrag, doch andererseits befestigen sie diesen, indem sie mit theatralischer Lust und Perfektion auf seiner Unauflösbarkeit bestehen.

Die Kampf-Spirale, welche die Form seiner Stücke auszeichnet, wird mit einer Endgültigkeit verzeichnet, daß man glauben möchte, sie sei eine metaphysisch verankerte, gleichsam von Gott verordnet. Strindberg selber möchte es wohl auch so glauben; seine Sehnsucht nach der alles zermalmenden Tragödie paralysiert die Möglichkeit, diese Spirale als die notwendige Verlaufsform jener Illusion zu erkennen, die der Mann sich von seiner eigenen Lage und Omnipotenz macht. Daß es die von ihm verwaltete Ordnung ist, welche die Liebesunfähigkeiten gebiert und nurmehr die Begierden der Geschlechter, sich zu quälen und zu strafen, explodieren läßt: das darf ihm, will er nicht abdanken aus dieser Ordnung, ja nicht in den Kopf.

Als der Mann Strindberg sich aber ausreichend verbrannt hatte an den von ihm gezündeten Feuern, versucht er sich auf das zu besinnen, was immer auch in ihm wohnte: der zweifelnde, suchende, seiner selbst ungewisse Such-Traum nach einer Instanz, die von den Übeln, zu denen einer getrieben wird – ob diese nun von außen oder von innen, von dem vernichtenden Druck der Ordnungen oder der Zernichtungskraft eines Seelen-Drucks kommen –, erlösen möge. Er wußte nicht, wie er diese Instanz nennen durfte: mal hat er sie Gott genannt, dann hat er dessen Möglichkeit leidenschaftlich bestritten; er hat sich in Spekulationen über Magnetismus, in okkultistischen Phantasien, in haarsträubenden wissenschaftlich verbrämten Experimenten Ersatz-Götter zu konstruieren versucht; er hat die Welt auch als eine bösartige Laune lediglich scherzender Götter verstehen mögen; vielleicht war er aber imgrunde ein Gnostiker,

der als den einzigen glücklichen Zustand des Menschen jenen begreifen kann, der vor der Schöpfung liegt.
Die „Wanderungs-Bewegungen" nach Damaskus und in den Traumspielen wären dann ein verzweifelter Versuch, wenigstens auf dem Theater uns eine sinnliche Vorstellung von dem zu verschaffen, was dem konkreten weltlichen Denken so unzugänglich scheint: daß es einen Weg geben könne, die Geschichte, ja die Schöpfung umzustürzen; an der „universalen Korruption" nicht mehr teilzunehmen, sondern eine Art Unsterblichkeit in sich selbst zu erobern; das Böse aus sich herauszuträumen, Engel zu werden, den Tod zu widerlegen, indem man in die Unschuld zurück sich gebiert.
Noch ein strindbergisches Wahngebilde? Grotesker Versuch, sich am eigenen Schopf aus dem Inferno zu ziehen? Vielleicht nur die schlichte Suche nach Frieden, nach einer Einkehr von den Kämpfen, wissend freilich, daß dies als „bürgerliche" Ruhe nicht mehr zu haben ist, sondern nur noch auf die radikalste Weise: indem das Drama der Welt im Innern des Individuums aufgelöst, ausgeträumt, befriedet wird. Die geschichtliche Welt im Traum zersplittern, einer Transzendierung des Ich sich anheimträumen, dem grausamen Gott, dem immerzu richtenden, sich endgültig entziehen.
War es das – am Ende der Schmerzen und Unbarmherzigkeiten? Er starb 1912, kurz nachdem die Titanic untergegangen war und die geschichtliche Welt eine symbolkräftige, nicht zu vergessende Niederlage erlitten hatte. Er starb bald nach Siri von Essen, der Frau seiner Lieblingskämpfe. Er hatte sich den Magenkrebs anerzogen, eine Totenfeier verbat er sich, und wenn man den Augenzeugen glaubt, dann hatte der Tote „ein schönes Lächeln, beinahe schelmisch".
„Ist es möglich, daß all das Schreckliche, das ich erlebt habe, für mich inszeniert wurde, damit ich Dramatiker werden konnte und alle seelischen Zustände und Situationen schildern konnte?". Es mag wohl so gewesen sein.

Ernst Wendt, Juli 1983

Anmerkungen

MEISTER OLOF

Das historische Drama „Mäster Olof“ liegt in drei verschiedenen Fassungen vor. Hier wird die ursprüngliche Prosafassung von 1872 gegeben, für die Strindberg zunächst keinen Verleger und kein Theater fand. Erst 1881 erfolgten Druck und Uraufführung. 1874 legte Strindberg eine verkürzte Version vor, die jedoch künstlerisch der ersten Fassung nachsteht. 1876 schrieb er das Drama in Knittelverse um, nahm dabei auch Veränderungen in der Handlungsführung sowie im Personenensemble vor und verfaßte ein gesondertes Nachspiel.
Die deutsche Erstaufführung der Prosafassung erfolgte 1916 an der Volksbühne in Berlin.

5 *Olaus Petri* – Eigentlich Olof Petersson (1493–1552), schwedischer Reformator und Kirchenlieddichter, Schüler Luthers. Übersetzte zusammen mit Laurentius Andreae (um 1470–1552) und Laurentius Petri (1499–1572) die Bibel ins Schwedische.
13 *Hus* – Jan Hus (um 1370–1415), tschechischer Reformator.
Žiška – Žižka von Trocnov (um 1370–1424), hussitischer Heerführer.
34 *Belial* – Teufel, Verderber.
106 *Birgitta* – Birgitta Birgersdotter (um 1303–1373), bedeutendste Vertreterin der schwedischen Mystik, entstammte einem angesehenen Adelsgeschlecht, gewann durch die Stiftung des Birgittinerordens auch europäischen Einfluß und wurde 1391 heiliggesprochen.

DER VATER

Die schwedische Originalausgabe „Fadren“ erschien 1887, unmittelbar danach wurde das Drama in mehrere europäische Sprachen übersetzt. Die französische Ausgabe besorgte Strindberg selbst, sie erschien mit einem Nachwort von Emile Zola.
Die Uraufführung erfolgte 1887 in Kopenhagen, erst im darauffolgenden Jahr wurde das Stück in Schweden gegeben. Die erste deutsche Aufführung inszenierte 1889 die Freie Bühne in Berlin.
Seitdem zählt „Der Vater“, mit dem der Autor in Europa bekannt wurde, zu den meistgespielten Dramen Strindbergs.

130 *Stagnelius* – Erik Johan Stagnelius (1793–1823), schwedischer Dichter.

138 *„Wer weiß, wie nahe...“* – Strindberg läßt die Amme ein altes schwedisches Kirchenlied lesen, das von Johan Olof Wallin (1779–1839) verfaßt worden ist. Für die Übersetzung wurde ein deutsches Kirchenlied gewählt, das in seiner Grundstimmung dem Original entspricht. „Wer weiß, wie nahe mir mein Ende“ (Georg Österreicher 1615/Franz Buttstedt 1774) ist unter der Nummer 331 im „Evangelischen Kirchengesangbuch“, Berlin 1978, enthalten.

139 *„Ach, was ist das Leben doch...“* – Bei diesem Lied handelt es sich, wie Peter Weiss festgestellt hat, um eine schwedische Übersetzung aus dem Deutschen. Der Originaltext erschien 1683 in der „Gottseeligen Haus- und Kirchenandacht zu Diensten der Gemeinde der Teutschen Kirche in Stockholm“. Der Verfasser ist der Diakon Johannes Rosenthal zu Schmollen im Altenburger Gebiet, der Text wurde vor dem Jahr 1660 geschrieben.

FRÄULEIN JULIE

Die Erstausgabe von „Fröken Julie“ erschien im Jahre 1888, sie enthielt jedoch eine Reihe von Streichungen. Erst 1963 wurde eine kritische Ausgabe vorgelegt, die der vorliegenden Übersetzung zugrundeliegt. Die Uraufführung in Kopenhagen erfolgte, da sie von der Zensur verboten worden war, als geschlossene Vorstellung des Studentenvereins im Jahre 1889. Die ersten öffentlichen Aufführungen boten 1892 die Freie Bühne in Berlin sowie 1893 das Théâtre Libre in Paris. 1904 wurde das Drama von Max Reinhardt inszeniert. Im selben Jahr erlebte es in einer geschlossenen Veranstaltung seine schwedische Erstaufführung, erst zwei Jahre später konnte es dann in Schweden auch in einer öffentlichen Aufführung gebracht werden. „Fräulein Julie“ wurde seitdem in einer nahezu unüberschaubaren Anzahl von Inszenierungen aufgeführt, mehrfach verfilmt (u. a. 1951 von Alf Sjöberg) und als Ballett gestaltet.

182 *türkischer Pavillon* – Hier handelt es sich um einen Abort, wie er früher auf schwedischen Herrensitzen üblich war.

203 *24. Oktober* – Nach der schwedischen Gesindeordnung war der 24. Oktober Ziehtag, d. h., zu diesem Termin konnte ein Wechsel der Arbeitsstelle erfolgen.

GLÄUBIGER

Das Drama „Fordringsägare“ vollendete Strindberg im Jahre 1888. Die Uraufführung erfolgte ein Jahr später in Kopenhagen, unmittelbar danach erlebte das Stück seine schwedische Erstaufführung. Nach der Aufführung im Jahre 1893 als „Matinee zu wohltätigem Zweck“ am Residenztheater in Berlin wurde „Gläubiger“ zu einem vielgespielten Stück auf deutschen Bühnen.

242 *Bret Harte* – Francis Bret Harte (1836–1902), nordamerikanischer Schriftsteller.

248 *heilige Cäcilie* – Cecilia Månsdotter (um 1470–1522).

Maria Stuart – (1542–1587), Königin von Schottland, als idealisierte Dramenheldin u. a. auch von Schiller gestaltet.

Karin Månsdotter – (1550–1612), schwedische Königin.

Ebba Brahe – (1596–1674), Dame des schwedischen Hochadels, verheiratet mit de la Gardie.

263 *Fylgja* – (Pl. Fylgjen); in der nordischen Mythologie ein übernatürliches Wesen, Schutzgeist des Menschen, das sich als warnender Geist, oft in Frauengestalt, dem Menschen vor entscheidenden Begebenheiten – beispielsweise vor dem Tod – zeigt.

DIE LEUTE AUF HEMSÖ

Die Komödie „Hemsöborna", die Dramatisierung des gleichnamigen Romans von 1887, erlebte ihre Uraufführung im Jahre 1889 in Stockholm. 1906 wurde sie unter dem Titel „Die Hemsöer" erstmalig in deutscher Übersetzung in Hamburg gespielt.

288 *Berns Salon* – Bekanntes Restaurant in Stockholm.

MIT DEM FEUER SPIELEN

Der Einakter „Leka med elden" wurde 1892 abgeschlossen. Die Uraufführung erfolgte 1893 am Lessing-Theater in Berlin; erst 1907 hatte das Stück in Schweden Premiere.

NACH DAMASKUS

Der Dramenzyklus „Till Damaskus" entstand zwischen 1898 und 1901. Teil I und II erschienen 1898, drei Jahre später folgte dann Teil III. Strindberg hatte eine Ausweitung beabsichtigt, davon zeugen Bruchstücke eines geplanten Teils IV. Teil I erlebte 1900 seine Uraufführung in Stockholm, die deutsche Erstaufführung folgte 1914 am Lessing-Theater in Berlin. Die Teile II und III wurden erstmals in einer bearbeiteten Version 1916 in München inszeniert.

13 *Polykrates* – Einer der mächtigsten griechischen Herrscher, ließ großartige Bauten auf Samos errichten und förderte die Dichtkunst, 522 v. u. Z. gekreuzigt. Strindberg bezieht sich hier auf Schillers Ballade „Der Ring des Polykrates" nach Herodots Erzählung.

19 *Ave Maris Stella* – Marienhymnus, gewöhnlich zur Vesper an Marienfesten gesungen, insbesondere in Gemeinden, die mit der Seefahrt in Verbindung standen.

56 *Deuteronomium* – Bezeichnung für das 34 Kapitel umfassende 5. Buch Mose im Alten Testament.

108 *Sohar* – „Sohar" oder „Buch des Glanzes", Hauptwerk der jüdischen Geheimlehre der Kabbala, wurde von Moses ben Schemtow de León (um 1240–1305) um 1270 veröffentlicht. In Form von Erläuterungen zu einzelnen Teilen der Bibel entwickelt der „Sohar" eine verworrene Kosmologie.

118 *Albertus* – Albertus Magnus, Albert Graf von Bollstädt (geb. zwischen 1193 und 1207, gest. 1280), deutscher Gelehrter, Dominikaner. Er bemühte sich, nach dem Vorbild von Aristoteles und Avicenna das gesamte philosophische und naturwissenschaftliche Wissen seiner Zeit zusammenfassen und zu vermitteln, verfaßte u. a. die einzige bedeutende mineralogisch-geologische Schrift des Mittelalters: „Liber mineralium". Lehrer von Thomas von Aquino.

Paracelsus – Arzt, Naturforscher und Philosoph (1493–1541), Wegbereiter der neuzeitlichen Medizin.

221 *„Schweizer Robinson"* – Siehe Anmerkung „Ein Traumspiel".

228 *Candide* – Held des philosophischen Romans „Candide" von Voltaire (dt. 1759, 1962).

„Wollust, in der Jugend Wonnen ..." – Diese beiden Verse schreibt Strindberg wahrscheinlich irrtümlicherweise Voltaire zu. Sie konnten nicht als Voltaire-Zitat identifiziert werden.

RAUSCH

Das von Strindberg als Komödie bezeichnete Drama „Brott och Brott" (eigentlich „Verbrechen und Verbrechen") entstand 1899, es erlebte seine Uraufführung im Jahre 1900. Im selben Jahr wurde auch die deutsche Fassung in Breslau gespielt.

225 *Astarte* – Westsemitische Mutter-, Himmels-, Fruchtbarkeitsgöttin, dem Baal verbunden.

GUSTAV VASA

Das historische Drama „Gustav Vasa" vollendete Strindberg 1899, die Uraufführung im selben Jahr am Schwedischen Theater in Stockholm begründete den Erfolg des Stückes. Im Jahre 1900 wurde „Gustav Vasa" als erstes historisches Schauspiel Strindbergs in Deutschland vom Hoftheater Schwerin aufgeführt.

303 *König Gustav I.* – Gustav Eriksson Vasa (1496–1560), als Gustav I. Vasa 1523 bis 1560 König von Schweden.

305 *Kristian der Tyrann* – Kristian II. (1481–1559), König der Kalmarer Union.

307 *der große Reichshauptmann im vorigen Jahrhundert* – Anspielung auf Engelbrekt Engelbrektsson (um 1390–1436), Anführer des Aufstandes der Bauern, Grubenbesitzer und Bergleute gegen das königliche Joch. Der Bewegung, die im Juni 1434 im Bergbaugebiet Dalarna ihren Ausgang genommen hatte und sich rasch ausbreitete, schlossen sich auch Angehörige des niederen Adels an. Im Laufe des Jahres 1434 erfaßte der Aufstand ganz Schweden, der König wurde zu Zugeständnissen gezwungen. Die Stände wählten Engelbrekt 1435 zum Reichshauptmann der schwedischen Truppen. 1436 wurde er von einer Gruppe Adliger ermordet. Engelbrekt ist zu einem Nationalhelden des schwedischen Volkes geworden.

330 *Baruch* – Hebräisch: Gesegneter.

333 *Nils Dacke* – Führer des Dacke-Aufstandes (Dackefehde), gest. 1543.

345 *Filippa* – (1394–1430), Königin von Schweden, Dänemark und Norwegen.

ERIK XIV.

„Erik XIV" aus dem Zyklus schwedischer Königsdramen wurde 1899 geschrieben und am Schwedischen Theater uraufgeführt. Zu den herausragenden Inszenierungen gehören Alf Sjöbergs 1950 am Dramatischen Theater in Stockholm sowie Ingmar Bergmans 1956 am Stadttheater von Malmö.
„Erik XIV." wurde das im Ausland am meisten gespielte historische Drama Strindbergs. 1902 brachte das Hoftheater Schwerin die deutsche Erstaufführung. Eine der bedeutendsten Inszenierungen wurde von Wachtangow 1921 in der UdSSR herausgebracht.

393 *Erik XIV.* – (1533–1577), König von Schweden, Sohn Gustavs I. Vasa.

400 *Dänischer Krieg* – Dynastische Auseinandersetzungen zwischen Dänemark und Schweden seit 1448 um die schwedische Thronfolge, erst 1523 stürzte ein Volksaufstand die dänische Herrschaft, zugleich begann die Regierung der Dynastie Vasa.

410 *Sforza* – Bona Sforza (1493–1557), verheiratet mit Sigismund I. von Polen.

411 *Arboga-Artikel* – Bestimmungen, die auf einer Versammlung des Reichsrates und der Stände im Jahre 1436 angenommen wurden und die Macht des Königs zugunsten der Aristokratie einschränkten.

417 *Karl Knutssons Abrechnung* – Karl Knutsson Bonde (um 1408–1470), schwedischer König; Strindberg verweist hier auf die rücksichtslose Abrechnung Karl Knutssons mit seinen politischen Gegnern.

418 *Älvsborg* – Festung an der Westküste Schwedens.

419 *Uriasbrief* – Brief, der Unheil für den Überbringer enthält, nach der biblischen Gestalt des hethitischen Söldneroffiziers Urias.

444 *Ausgabe von 1541* – Erste vollständige schwedische Bibelübersetzung, auch Gustav-Vasa-Bibel genannt.

451 *Gastmahl von Nyköping* – Hinterhältige Gefangennahme der Herzöge Erik und Valdemar in Nyköping im Jahre 1317 durch König Birger Magnusson, Racheakt für das Spiel von Håtuna.

452 *Spiel von Håtuna* – König Birger Magnusson (1280–1321) wurde von seinen Brüdern 1306 auf dem Hof Håtuna (Uppland) überrumpelt und bis 1308 im Schloß Nyköping gefangengehalten. Um die Freiheit wiederzuerlangen, mußte er seinen Brüdern einen großen Teil des Reiches überlassen.

DER TOTENTANZ

Beide Teile des Dramas „Dödsdansen" vollendete Strindberg im Jahre 1900. Die Uraufführung erfolgte 1905 am Residenztheater in Köln, daran schloß sich eine Tournee durch vierzig Städte an. Die schwedische Premiere folgte 1909. Seitdem wurde „Der Totentanz" immer wieder inszeniert und hat entscheidend zur internationalen Wirkung Strindbergs beigetragen.

103 *Holofernes* – Anspielung auf den assyrischen Feldhauptmann Holofernes aus der biblischen Überlieferung.

KRISTINA

Das Drama „Kristina" vollendete Strindberg im Jahre 1901. Die Uraufführung am Intimen Theater 1908 in Stockholm endete mit einem Fiasko. Nach der Inszenierung 1910 in Wien folgten u. a. bald Aufführungen in Hamburg, München und Berlin.

123 *Kristina* – (1626–1683), Königin von Schweden, Tochter Gustavs II. Adolf.

125 *Gustav Adolfs Tott* – Ake Tott (1598–1640), schwedischer General.

127 *Vasaborg-Cabeljau* – Neben dem Bezug zum Adelsgeschlecht Vasa offensichtlich eine Anspielung auf den zeitgenössischen holländischen Kaufmann in Stockholm Abraham Cabiljau (1571–1645).

135 *Banér* – Johan Banér (1596–1641), schwedischer Oberbefehlshaber und Feldmarschall im Dreißigjährigen Krieg.

Torstenson – Lennart Torstenson (1603–1651), schwedischer Feldherr und Reichsrat.

Wrangel – Carl Gustaf Wrangel (1613–1676), schwedischer Graf und Feldherr.

137 *Messenius* – Strindberg nimmt hier Bezug auf eine Schrift des Kanzleischreibers Arnold Messenius, Sohn des Reichshistoriographen Arnold Johan Messenius, (um 1608–1651).

146 *Sigismund* – Sigismund III. Vasa (1566–1632), König von Polen seit 1587, 1592 bis 1599 auch von Schweden.

154 *Marie Euphrosyne* – (1625–1687), Schwester Karls X. Gustav, verheiratet mit Magnus Gabriel de la Gardie.

168 *Königsmarck* – Hans Christoffer von Königsmarck (1600–1663), Offizier in schwedischen Diensten, eroberte 1645 Bremen, wurde der erste schwedische Generalgouverneur in Bremen-Verden. Die Spannungen Schwedens mit der Stadt Bremen führten 1654 um offenen Krieg, dem ersten Bremer Krieg.

GUSTAV III.

Mit „Gustaf III“ schloß Strindberg 1902 seinen Zyklus schwedischer Königsdramen ab.
Die Uraufführung brachte 1916 das Neue Intime Theater in Stockholm, sie wurde zu einem triumphalen Erfolg und regte zu immer neuen Inszenierungen an. Die deutsche Erstaufführung 1924 am Landestheater in Stuttgart konnte ebenfalls überzeugen.

189 *Gustav III.* – (1746–1792), König von Schweden.

Armfelt – Gösta Mauritz Armfelt (1757–1814), schwedischer Politiker am Hofe Gustavs III.

Elis Schröderheim – (1747–1795), Beamter, Günstling Gustavs III., fiel wegen des Verkaufs von Pfarrämtern in Ungnade.

General Pechlin – Carl Fredrik Pechlin (1720–1796), Politiker, Gegner Gustavs III.

Horn – Claes Fredrik Horn (1763–1823), schwedischer Graf.

Ribbing – Adolf Ludvig Ribbing, Graf, (1765–1843), Politiker und Publizist.

Anckarström – Jacob Johan Anckarström (1762–1792), Gardeoffizier, der spätere Mörder Gustavs III.

Fersen – Axel von Fersen d. Jüngere (1755–1810), Beamter.

De Geer – Charles de Geer, Freiherr, (1747–1805), Politiker.

Munck – Adolf Fredrik Munck (1749–1831), Höfling, Beamter.

Taube – Evert Taube, Freiherr, (1737–1799), Offizier.

Liljensparre – Henrik Liljensparre (1738–1814), Beamter.

Kellgren – Johan Henric Kellgren (1751–1795), schwedischer Schriftsteller, Vertreter der Aufklärung.

Thorild – Thomas Thorild (1759–1808), schwedischer Schriftsteller, Vertreter der Aufklärung.

Bellman – Carl Mikael Bellman (1740–1795), schwedischer Lyriker.

Hallman – Carl Israel Hallman (1732–1800), schwedischer Schauspielverfasser.

Kexell – Olof Kexell (1748–1796), schwedischer Schriftsteller.

Halldin – Johan Gustaf Halldin (1737–1825), schwedischer Schriftsteller.

Badin – Adolf Badin (um 1747–1822), Kammerdiener und Hofsekretär.

190 *Russischer Krieg* – 1788 erklärte Gustav III. selbstherrlich Rußland den Krieg, was gegen die Verfassung von 1772 verstieß und entschlossene Aktionen der Adelsopposition auslöste.

191 *Verordnung über die Pressefreiheit* – Sie wurde 1766 in Schweden erlassen. Gustav III. bekräftigte 1774 erneut diese Verordnung, schränkte dann jedoch – zur Stärkung seiner absolutistischen Ordnung – das Werk bedeutend ein.

Kymendegård – Kymmenegård, Ort in Finnland.

192 *Anjalamänner* – Angehörige des Bundes von Anjala, genannt nach einer finnischen Ortschaft; die an dieser Verschwörung beteiligten Offiziere forderten von Gustav III. die Beendigung des Krieges mit Rußland, die Aufnahme von Friedensverhandlungen und die Rückkehr zur konstitutionellen Herrschaftsform.

Großer Seezoll – Alte Zollstation am Seeweg nach Stockholm.

Strömmen – „Der Strom", Gewässer und Anlegeplatz in Stockholm, Verbindung zwischen dem Mälar-See und der Ostsee.

193 *Borgå* – Provinzhauptstadt in Finnland, 50 km östlich von Helsinki an der Mündung des gleichnamigen Flusses gelegen.

194 *Marquis de Mirabeau* – Honoré Gabriel Victor Riqueti, Comte de, (1749–1791), französischer Staatsmann und Schriftsteller.

196 *Verfassung* – Eigentl. „Regierungsform", Staatsverfassung von 1720, die die absolutistische Königsgewalt einschränkte. Nach einem unblutigen Staatsstreich Gustavs III. erfolgte 1772 eine Änderung der „Regierungsform", die die Macht des Königs erneut stärkte, der nun allein regierte. Der Reichsrat und die Beamten waren jetzt dem König und nicht mehr dem Reichstag gegenüber verantwortlich. Der König lenkte die Außenpolitik, durfte jedoch ohne Einverständnis des Reichstags keinen Krieg beginnen.

197 *Mützen und Hüte* – Adelsgruppierungen. Die „Mützen" wurden vor allem vom niederen Adel, von der Geistlichkeit und von Beamten unterstützt, sie orientierten sich auf eine enge Verbindung zu Rußland und England. Die „Hüte" hingegen genossen die Unterstützung des Bürgertums und der Bauern. Außenpolitisch fanden sie die Unterstützung Frankreichs. Am Staatsstreich war die Ständepartei der „Hüte", die u.a. 1769 bis 1772 die Regierungsgewalt hatte, entscheidend beteiligt.

Olof Håkansson – (1695–1709), Sprecher des Bauernstandes.

203 *Kambio* – Im Mittelalter verbreitetes Kartenspiel.

204 *„Einen Schlemm ich spür und glaub ..."* – Carl Mikael Bellmans Epistel Nr. 42 „Über das Kartenspiel im Klub" aus „Fredmans Episteln", 1790.

205 *Struensee* – Johann Friedrich Graf von Struensee (1737–1772), dänischer

Staatsmann mit großem politischem Einfluß, erließ u. a. die dänische Verordnung über die Pressefreiheit, wurde 1772 gestürzt und hingerichtet.

208 *Varberg* – Festung auf einem Felsplateau an der schwedischen Westküste, diente u. a. auch als Gefängnis.

225 *Revolution von zweiundsiebzig* – Auf dem Reichstag von 1772 erhielten die „jüngeren Mützen" die Mehrheit in allen drei steuerpflichtigen Ständen. Auf ihr Betreiben wurden in den Königseid verbindliche Zusätze aufgenommen, die einer Einführung der Standesgleichheit bei den Amtsernennungen gleichkamen, was zu starken innenpolitischen Spannungen führte. Unmittelbar darauf bereitete Gustav III. am 19. August 1772 durch einen Staatsstreich dem Ständeparlamentarismus ein Ende, gewöhnlich als „Revolution" bezeichnet.

Gustav-Freund – Fredrik Horn ersuchte, als er 1772 von Gustav III. geadelt wurde, sich fortan Gustav-Freund nennen zu dürfen.

236 *Göran Persson* – (um 1530–1568), schwedischer königlicher Beamter, Sekretär der Regierung unter Gustav Vasa, er hatte großen Einfluß auf Erik XIV.; Persson war Anhänger einer starken Königsmacht und Gegner des Hochadels, er stand z. B. hinter den Morden an dem rivalisierenden Geschlecht der Sture 1567 und wurde nach dem Fall des Königs hingerichtet.

Blutbad von Linköping – Blutige Abrechnung Herzog Karls (später Karl IX.) am 20. März 1600 mit seinen Gegnern, Hinrichtung Gustav und Sten Banérs, Erik Sparres und Thure Bjelkes.

239 „*Soyons amis...*" – Zitat aus „Cinna on la clémence d'Auguste" von Pierre Corneille (1606–1684).

248 „*Europa, sieh hier, welch edler Monarch...*" – Gedicht von Carl Mikael Bellman „An König Gustav III. am 19. August 1772."

252 „*La Carmagnole*" – Chanson, das unmittelbar während der französischen Revolution entstand und populär wurde.

260 *Fredrikshald* – Festung in Norwegen, widerstand der Belagerung durch Karl XII. im Herbst 1718. Während eines Scharmützels vor der Festung kam Karl XII. ums Leben, möglicherweise durch die Hand eines Verschwörers.

EIN TRAUMSPIEL

Das Stück „Ett drömspel" verfaßte Strindberg im Herbst 1901. Es erlebte seine Uraufführung im Jahre 1907. Die deutsche Erstaufführung folgte 1916 am Theater in der Königgrätzerstraße in Berlin. Eine Opernversion wurde 1965 in Kiel vorgestellt. Die Inszenierungen von Olof Molander (u. a. 1935 in Stockholm) sowie von Max Reinhardt (1921 am Deutschen Theater) haben für die Wirkungsgeschichte dieses Dramas viele Impulse vermittelt.

268 *Indra* – König der Götter in der altindischen Mythologie. Später werden Brahma, Shiva und Vishnu zu Hauptgöttern.

275 *Schweizer Robinson* – Anspielung auf das in viele Sprachen übersetzte Jugendbuch „Robinson der Jüngere“ (1779/80), eine Bearbeitung von Defoes „Robinson Crusoe“ durch den Pädagogen und Schriftsteller Joachim Heinrich Campe (1746–1818).

291 *Fingalsgrotte* – Höhle an der Südküste der Insel Staffa (Innere Hebriden).

299 *Waruna* – höchster Gott in der altindischen Mythologie

301 *Ptah* – altägyptischer Stadtgott von Memphis, Beschützer von Kunst und Handwerk, galt in der Theologie von Memphis als Weltenschöpfer und Vater des Sonnengottes.

303 *Kalif Harun* – Harun ar–Raschid (760–809), war von 786 bis 809 abbasidischer Kalif in Bagdad. Sein Hof wurde zum Sammelpunkt berühmter Künstler und Gelehrter. In den Erzählungen von „1001 Nacht“ wird seine Herrschaft als Beispiel orientalischer Pracht- und Machtentfaltung stark idealisiert geschildert.

WETTERLEUCHTEN

„Oväder“ (1907) leitete eine Folge von Kammerspielen ein. Noch im selben Jahr erfolgte die Uraufführung am Intimen Theater in Stockholm. Die deutsche Erstaufführung brachte 1912 das Schauspielhaus in Dresden, 1913 folgte Max Reinhardts Inszenierung an den Berliner Kammerspielen.

DIE BRANDSTÄTTE

„Brända tomten“, von Strindberg als Opus 2 der Kammerspiele bezeichnet, erschien 1907. Noch im selben Jahr erlebte es seine Uraufführung am Intimen Theater in Stockholm. Die deutsche Erstaufführung folgte 1910 am Künstlerischen Theater in Berlin.

DIE GESPENSTERSONATE

Das Kammerspiel „Spöksonaten“ beendete Strindberg im März 1907. Der Titel deutet auf Beethovens Klaviersonate d-moll (op. 31, Nr. 2) hin.
Die Uraufführung erfolgte im Januar 1908 in Stockholm, doch erst die Inszenierung von Max Reinhardt am Deutschen Theater (1916) begründete den Welterfolg des Dramas, das u. a. auch von Ingmar Bergman und Olof Molander aufgeführt wurde.

Zeittafel

(Vgl. die jeweiligen Anmerkungen zur Entstehung und Aufführung der in der Ausgabe enthaltenen Dramen.)

1849 22. Januar: (Johan) August Strindberg als Sohn des Schiffsmaklers Carl Oscar Strindberg und dessen früherer Haushälterin in Stockholm geboren.

1862 Tod der Mutter.

1863 Gymnasiast. Wiederheirat des Vaters.

1867 Abitur. Strindberg beginnt in Uppsala Medizin zu studieren, gibt das Studium aber schon im 1. Semester auf.

1868 Hauslehrer in Stockholm.

1869 Nimmt Schauspielunterricht und bewirbt sich als Schauspieler am Dramatischen Theater in Stockholm. Nur kleinere Rollen, kein Erfolg.
Beginnt Dramen zu schreiben, u. a. „In Rom“ (I Rom). Uraufführung: September 1870 am Dramatischen Theater, Stockholm.

1871 „Der Friedlose“ (Den Fredlöse) 2. Fassung. Uraufführung: Oktober 1871 am Dramatischen Theater, Stockholm.
König Karl XV. bewilligt Strindberg ein Stipendium.
Erneutes Studium in Uppsala. Interesse vor allem für Ästhetik und lebende Sprachen.

1872 Sommer: Prosafassung von „Meister Olof“ (Mästar Olof).
Journalistische Tätigkeit für verschiedene Zeitungen.

1873–74 Redakteur an der Stockholmer Zeitung „Dagens Nyheter“.
Übersetzertätigkeit.

1874–82 Bibliothekar an der Königlichen Bibliothek, Stockholm.

1876 Oktober: erster Parisbesuch.

1877 30. Dezember: Eheschließung mit Siri von Essen (1850–1912).

1879 Der Roman „Das rote Zimmer“ (Röda rummet) erscheint und wird Strindbergs großes Durchbruchswerk.

1880 „Das Geheimnis der Gilde“ (Gillets hemlighet) abgeschlossen. Uraufführung: Mai 1880 am Dramatischen Theater, Stockholm.

1880–82 Es entstehen verschiedene populärwissenschaftliche Arbeiten: „Kulturhistorische Studien“ (Kulturhistoriska studier), „Das alte Stockholm“ (Gamla Stockholm), „Das schwedische Volk“ (Svenska folket).

1882 Das Märchenspiel „Glückspeters Reise“ (Lycko-Pers resa) abgeschlossen. Uraufführung: Dezember 1883 am Neuen Theater, Stockholm.
Juli–September: „Ritter Bengts Gattin: (Herr Bengts hustru). Uraufführung: November 1882 am Neuen Theater, Stockholm.
Die Streitschrift „Das neue Reich“ (Det nya riket) wird publiziert.

1882–92 Strindberg veröffentlicht eine Serie historischer Novellen: „Schwedische Schicksale und Abenteuer“ (Svenska öden och äventyr).

1883 Tod des Vaters. Strindberg verläßt Schweden.

1883–84 Unstetes Wanderleben: Frankreich, Schweiz, Deutschland, Dänemark.
Lernt in Paris Björnstjerne Björnson und Jonas Lie kennen. Begegnung mit Verner von Heidenstam, Georg Brandes, Émile Zola und Friedrich Nietzsche.

1884 Die Artikelsammlung „Gleiches und Ungleiches" (Likt och olikt) erscheint.
Strindberg wird aufgrund seines 1. Bandes der Novellensammlung „Heiraten" (Giftas) der Gotteslästerung angeklagt und freigesprochen. Der 2. Band erscheint 1885.

1885 „Schweizer Novellen" (Utopier i verkligheten).

1885–86 „Unter französischen Bauern" (Bland franska bönder); Veröffentlichung dieser „subjektiven Reiseschilderungen" erst 1889.

1886 Strindberg beginnt mit der Niederschrift seiner Lebensgeschichte „Der Sohn einer Magd" (Tjänstekvinnans son).

1887 Briefwechsel mit Zola.
Januar–15. Februar: „Der Vater" (Fadren).
Schreibt den Roman „Die Leute auf Hemsö" (Hemsöborna).

1887–88 Das zweite autobiographische Werk „Die Beichte eines Toren" (En dåres försvarstal) entsteht. Das französische Original „Le plaidoyer d'un fou" erscheint 1895, die schwedische Ausgabe 1915.

1888 Sommer: „Fräulein Julie" (Fröken Julie).
Herbst: „Gläubiger" (Fordringsägare).
Die Erzählungen „Das Leben der Schärenleute" (Skärkarlsliv) erscheinen.

1888–89 Jahreswende: „Die Stärkere" (Den starkare).
Uraufführung: März 1889 am Dagmar Theater, Kopenhagen.

1889 Januar: „Paria" (Paria). Uraufführung: März 1889 am Dagmar Theater, Kopenhagen.
Januar–Februar: Dramatisierung des eigenen Romans „Die Leute auf Hemsö" (Hemsöborna).
Rückkehr nach Schweden.
Februar–März: „Samum" (Samum). Uraufführung: März 1890 am Schwedischen Theater, Stockholm.

1890 Veröffentlichung des Romans „Am offenen Meer" (Vid havsbandet).

1891 Januar: Scheidung der Ehe mit Siri von Essen.

1892 Februar: „Die Schlüssel des Himmelreichs" (Himmelrikets nycklar) abgeschlossen. Uraufführung: Sommer 1962 bei den Schloßspielen in Uppsala als Freilichtaufführung.
März–September: verschiedene Einakter entstehen: „Die erste Warnung" (Första varningen). Uraufführung: Januar 1893 am Residenz-Theater, Berlin.
„Debet und Kredit" (Debet och kredit). Uraufführung: Mai 1900 am Residenz-Theater, Berlin.
„Mutterliebe" (Moderskärlek). Uraufführung: 1894 „Tournee Messthaler", Deutschland.
„Mit dem Feuer spielen" (Leka med elden). Uraufführung: s. Anmerkungen!

„Das Band“ (Bandet). Uraufführung: März 1902 am Kleinen Theater, Berlin.
September: Reise nach Deutschland. In Berlin Aufnahme in einen Künstlerkreis, dem u. a. Richard Dehmel, Paul Schlenther, Jan Sibelius und Edvard Munch angehören.

1893 2. Mai: Eheschließung mit der Journalistin Frida Uhl (1872–1943).

1893–94 Aufenthalte in England, Österreich und Frankreich.

1894 November: Trennung von Frida Uhl. Scheidung erst 1897.
Naturwissenschaftliche und alchimistische Studien.

1894–96 „Inferno“-Krise in Paris. Vorübergehender Aufenthalt in Schweden.

1897 Die autobiographischen Werke „Inferno“ (Inferno) und „Legenden“ (Legender) erscheinen.

1898 Rückkehr nach Schweden (Lund).
Der Dramenzyklus „Nach Damaskus“ (Till Damaskus) leitet eine neue dramatische Schaffensperiode ein. Wird 1901 abgeschlossen.
„Advent“ (Advent). Uraufführung: Dezember 1915 an den Kammerspielen, München.

1899 Übersiedlung nach Stockholm. Von nun an bis zu seinem Tode Strindbergs ständiger Wohnsitz.
„Rausch“ (Brott och Brott).
Juni–Juli: die historischen Schauspiele „Gustav Vasa“ (Gustav Vasa) und „Erik XIV.“ (Erik XIV) werden abgeschlossen.
September: „Gustav Adolf“ (Gustav Adolf). Uraufführung: Dezember 1903 am Berliner Theater, Berlin.

1900 „Der Totentanz“ (Dödsdansen).

1900–01 „Die Kronbraut“ (Kronbruden). Uraufführung: April 1906 am Schwedischen Theater, Helsinki.

1901 Eheschließung mit der Schauspielerin Harriet Bosse (1878–1961).
Märchen- und Mysterienspiele sowie weitere historische Dramen, u. a.:
September: „Kristina“ (Kristina).

1902 März: „Gustav III.“ (Gustav III).

1901 Oktober–November: „Ein Traumspiel“ (Ett drömspel).

1903 Strindberg zieht die Bilanz seines Lebens in „Einsam“ (Ensam).
Das Lutherdrama „Die Nachtigall von Wittenberg“ (Näktergalen i Wittenberg) erscheint. Uraufführung: Dezember 1914 am Deutschen Künstlertheater, Berlin.

1904 Der Roman „Die gotischen Zimmer“ (Götiska rummen) wird veröffentlicht.
Scheidung der Ehe mit Harriet Bosse.
„Schwarze Fahnen“ (Svarta fanor), eine weitere Fortsetzung der Autobiographie, abgeschlossen; gedruckt erst 1907.

1907 „Ein Blaubuch“ (En blå bok), eine Bestandsaufnahme der eigenen Entwicklung. Erschien nach 1907 in mehreren Teilen.
Januar–März: Entstehung der ersten drei Kammerspiele: „Wetterleuchten“ (Oväder). „Die Brandstätte“ (Brända tomten). „Die Gespenstersonate“ (Spöksonaten).
26. November: Eröffnung des Intimen Theaters. Gemeinsame Leitung mit dem Regisseur August Falk (1882–1938).

1908 „Memorandum für die Schauspieler des Intimen Theaters“.

Weitere Märchenspiele und historische Dramen, u. a. „Der Bjälbo-Jarl (Bjälbo-Jarlen). Uraufführung: März 1909 am Schwedischen Theater, Stockholm.

1909 Frühjahr: letztes Drama: „Die große Landstraße" (Stora landsvägen). Uraufführung: Februar 1910 am Intimen Theater, Stockholm.

1910 „Rede an die schwedische Nation..." (Tal till svenska nationen...). 11. Dezember: Schließung des Intimen Theaters mit einer Vorstellung von „Fräulein Julie".

1912 14. Mai: Tod August Strindbergs.

Zu dieser Ausgabe:

Den Übersetzungen wurden folgende Editionen zugrunde gelegt:

Samlade Skrifter av August Strindberg.
Utg. av J. Landquist. Stockholm 1912–1920.

August Strindbergs Dramer. Utg. av K. R. Smedmark.
Stockholm 1962–1970.

Weitere Ausgaben wurden zum Vergleich herangezogen.

Inhalt

Inhaltsübersicht

Wetterleuchten

Die Brandstätte

Gespenstersonate

Ernst Wendt,

Mit dem Feuer spielen.

Sich verbrennen

Anmerkungen

Zeittafel

Ludwig Marcuse

Strindberg

Das Leben der tragischen Seele

detebe 21780

Ludwig Marcuses Strindberg-Biographie, zum ersten Mal nach der Erstausgabe von 1922 wieder zugänglich in der Werkausgabe des Diogenes Verlags.

»Dies Buch fragt nicht: was hat Strindberg geleistet? Es fragt: wer ist Strindberg gewesen? Es will nicht an seiner Bedeutung für diese und jene Kulturzusammenhänge seinen Wert ablesen; vielmehr ist es ihm nur um die Formulierung seines tiefsten Existenzpunktes zu tun.« *Ludwig Marcuse*

»Strindberg hat so viele neue Gedanken szenisch formuliert und so viele neue szenische Formen gefunden, daß ein großer Teil der Dramatiker des 20. Jahrhunderts von ihm abhängig, zumindest aber bei ihm vorgeprägt erscheint.« *Georg Hensel*